ספר תהלים

TEHILIM

Commentaires du
Grand Rabbin Salomon Malka זצ"ל

TEHILIM ONLINE

**Le Rabbin Salomon Malka זצ"ל a
reçu le titre de Grand Rabbin à
titre posthume
Au mois de septembre 2021
Tichri 5782**

Deuxième parution: aout 2021
Code ISBN : 9798742036777

Logo: Roland Metzger
Mise en page Avi Nissim et Elie Malka

Recommandation

J'ai à cœur de saluer très chaleureusement la parution du Livre des Tehilim muni des commentaires de notre si cher et si regretté collègue, le Rabbin Salomon MALKA zatsal, à l'initiative de son fils Elie.

A l'origine, ce travail impressionnant avait été effectué à la demande de celui-ci pour lui permettre d'enrichir son site : tehilim online.com. Puis, à juste titre, ils avaient pris conscience que ce commentaire trouverait naturellement sa place également dans un Livre de Psaumes.

Il ne s'agit pas ici d'une traduction, ni d'un commentaire suivi de chaque verset, mais d'une présentation de chaque Psaume, mettant chaque fois l'accent sur une particularité du Psaume concerné, et lui conférant ainsi une identité propre. Quand on a connu le Rabbin Salomon MALKA, et la charge de travail qui était la sienne tant au sein de sa communauté de Berith Chalom que dans le cadre du Beth Din de Paris, on ne peut qu'être admiratif de constater qu'il avait su néanmoins trouver le temps pour des travaux d'écriture d'une telle ampleur !

Le commentaire est tout à son image : érudit mais sans ostentation, d'accès aisé, respirant la simplicité et la sobriété, tout en captivant l'attention et l'intérêt du lecteur. Ainsi la récitation des Psaumes s'en trouve bonifiée, et le récitant se sent accompagné et stimulé.

On notera aussi avec émotion, en lisant les remerciements, que la Rabanit Annette Malka et la fratrie d'Elie, outre son épouse, ont été étroitement associés à l'élaboration de cet ouvrage.

Et ce n'est sans doute pas un hasard si cet ouvrage paraît alors que s'achève le onzième mois de la disparition du Rabbin Salomon MALKA zatsal.

Puisse cette parution, ainsi que les lectures de Tehilim qui seront récitées dans le futur à partir de ce Livre, permettre à son âme de s'élever toujours plus dans la proximité d'Hachem.

Puisse son souvenir être une source de bénédictions !

Paris, le 20 mars 2021

Rav Michel Gugenheim
Grand Rabbin de Paris

Remerciements

Je tiens à remercier le Maître du monde ainsi que toutes les personnes qui ont participés de près ou de loin à la réalisation de ce projet:

Ma mère, la rabbanite Annette Malka, Avi Malka, Ledicia Zana, et en particulier Yamit mon épouse.

Je remercie également, mon père le **rabbin Salomon Malka zatsal** qui avait réalisé ce commentaire afin de m'aider dans la création de Tehilim-Online.com.
Il avait souhaité qu'un livre avec son commentaire voit aussi le jour. Je ne peux que regretter de ne pas y avoir répondu favorablement à l'époque. Cette erreur est, je l'espère, à présent réparée.
Que son mérite, continue de rejaillir sur nous et sur toutes les personnes qui lui ont été chères.

Elie Malka

לזכרון עולם ולעילוי נשמות

En souvenir éternel

01.05.2020	הרב שלמה מלכא בן ג׳מילה זצ״ל
14.09.1987	נסים מלכא בן זוהר ז״ל
16.10.1977	הרב עמרם דוד לובטון ז״ל
10.02.1996	אליעזר בן רחל אמזלג ז״ל
07.09.2018	יעקב בן שמואל זאנה ז״ל
13.09.2018	יצחק בן לדיסיה לובטון ז״ל
08.07.2021	ראובן בן רבקה סבאג ז"ל
22.03.2006	ג׳מילה מלכה בת עישה (אבנצור) ז״ל
18.09.1962	לדיסיה לובטון (בנון) ז״ל
23.10.2002	סטי בת לדיסיה כהן (לובטון) ז״ל
19.08.2020	מרגלית בת לדיסיה סבאג (לובטון) ז״ל

Que leurs âmes soient enveloppées
Dans le faisceau des vivants

ת.נ.צ.ב.ה.

Introduction

Les psaumes de David au nombre de 150 sont composés de versets sans ordre précis. Le psaume le plus court a deux versets (Ps.117) et le plus long 176 (Ps. 119).

Cinq chapitres inégaux se partagent l'ensemble. Les sages ont dispatché les Téhilim sur une période d'une semaine ou d'un mois permettant au lecteur de choisir son rythme. Le plus important reste leur lecture assidue et sans temps mort.

Au cours de notre découverte psaume par psaume nous essaierons de parler de leur contenu, de leur éventuel auteur sachant qu'une majorité a été l'œuvre du Roi David. Il faut ajouter que leur musicalité a permis aux poètes et interprètes de les chanter et de s'inspirer pour composer des chants et des mélodies faisant partie du rituel quotidien ou événementiel dans les temps joyeux et des périodes les plus attristées. On retrouve ces poésies dans les livres des fêtes et dans les élégies concernant la destruction des deux Temples de Jérusalem ainsi que les textes d'espoir chantés dans les communautés de la diaspora pour maintenir la foi et l'espérance de la venue du Machiah, libérateur et bâtisseur de Jérusalem éternelle.

Les commentateurs considèrent ces textes d'inspiration divine ayant des pouvoirs célestes et agissant comme une thérapie pour les angoissés, les malades, les personnes en difficulté de toute nature. Ils suggèrent de lire certains psaumes selon les circonstances temporelles pour demander à D. une assistance immédiate et un secours rapide. Certains Kabbalistes en scrutant ces versets arrivent à déceler les problèmes de ceux qui les consultent et leur proposent des solutions dans le cadre de leur vie en insistant sur un meilleur comportement moral et la mise en place d'une application des Mitsvot sans anicroche.

Rabbin Salomon Malka

Prière avant la lecture

יְהִי רָצוֹן מִלְּפָנֶיךָ יְיָ אֱלֹהֵינוּ וֵאלֹהֵי אֲבוֹתֵינוּ, הַבּוֹחֵר בְּדָוִד עַבְדּוֹ וּבְזַרְעוֹ אַחֲרָיו, וְהַבּוֹחֵר בְּשִׁירוֹת וְתִשְׁבָּחוֹת, שֶׁתֵּפֶן בְּרַחֲמִים אֶל קְרִיאַת מִזְמוֹרֵי תְהִלִּים שֶׁאֶקְרָא, כְּאִלּוּ אֲמָרָם דָּוִד הַמֶּלֶךְ עָלָיו הַשָּׁלוֹם בְּעַצְמוֹ, זְכוּתוֹ יָגֵן עָלֵינוּ. וְיַעֲמוֹד לָנוּ זְכוּת פְּסוּקֵי תְהִלִּים וּזְכוּת תֵּבוֹתֵיהֶם וְאוֹתִיּוֹתֵיהֶם וּנְקוּדּוֹתֵיהֶם וְטַעֲמֵיהֶם, וְהַשֵּׁמוֹת הַיּוֹצְאִים מֵהֶם מֵרָאשֵׁי תֵבוֹת וּמִסּוֹפֵי תֵבוֹת, לְכַפֵּר חַטֹּאתֵינוּ וַעֲווֹנוֹתֵינוּ וּפְשָׁעֵינוּ, וּלְזַמֵּר עָרִיצִים וּלְהַכְרִית כָּל הַחוֹחִים וְהַקּוֹצִים הַסּוֹבְבִים אֶת הַשּׁוֹשַׁנָּה הָעֶלְיוֹנָה, וּלְחַבֵּר אֵשֶׁת נְעוּרִים עִם דּוֹדָהּ בְּאַהֲבָה וְאַחֲוָה וְרֵעוּת. וּמִשָּׁם יִמָּשֵׁךְ לָנוּ שֶׁפַע לְנֶפֶשׁ רוּחַ וּנְשָׁמָה לְטַהֲרֵנוּ מֵעֲווֹנוֹתֵינוּ וְלִסְלוֹחַ חַטֹּאתֵינוּ וּלְכַפֵּר פְּשָׁעֵינוּ, כְּמוֹ שֶׁסָּלַחְתָּ לְדָוִד שֶׁאָמַר מִזְמוֹרִים אֵלּוּ לְפָנֶיךָ, כְּמוֹ שֶׁנֶּאֱמַר: גַּם יְיָ הֶעֱבִיר חַטָּאתְךָ לֹא תָמוּת. וְאַל תִּקָּחֵנוּ מֵהָעוֹלָם הַזֶּה קוֹדֶם זְמַנֵּנוּ, וְנִזְכֶּה לְחַיִּים אֲרוּכִּים טוֹבִים וּמְתוּקָּנִים, בְּאוֹפֶן שֶׁנּוּכַל לְתַקֵּן אֶת אֲשֶׁר שִׁחַתְנוּ. וּזְכוּת דָּוִד הַמֶּלֶךְ עָלָיו הַשָּׁלוֹם, יָגֵן עָלֵינוּ וּבַעֲדֵנוּ שֶׁתַּאֲרִיךְ אַפְּךָ עַד שׁוּבֵנוּ אֵלֶיךָ בִּתְשׁוּבָה שְׁלֵמָה לְפָנֶיךָ. וּמֵאוֹצַר מַתְּנַת חִנָּם חָנֵּנוּ כְּדִכְתִיב: וְחַנֹּתִי אֶת אֲשֶׁר אָחֹן וְרִחַמְתִּי אֶת אֲשֶׁר אֲרַחֵם. וּכְשֵׁם שֶׁאָנוּ אוֹמְרִים לְפָנֶיךָ שִׁירָה בָּעוֹלָם הַזֶּה, כָּךְ נִזְכֶּה לוֹמַר לְפָנֶיךָ יְיָ אֱלֹהֵינוּ שִׁיר וּשְׁבָחָה לָעוֹלָם הַבָּא. וְעַל יְדֵי אֲמִירַת תְּהִלִּים תִּתְעוֹרֵר חֲבַצֶּלֶת הַשָּׁרוֹן, וְלָשִׁיר בְּקוֹל נָעִים בְּגִילַת וָרֶנֶן, כְּבוֹד הַלְּבָנוֹן נִתַּן לָהּ, הוֹד וְהָדָר בְּבֵית אֱלֹהֵינוּ, בִּמְהֵרָה בְיָמֵינוּ, אָמֵן סֶלָה.

Le Chabbat, on commence directement ici :

לְכוּ נְרַנְּנָה לַייָ נָרִיעָה לְצוּר יִשְׁעֵנוּ. נְקַדְּמָה פָנָיו בְּתוֹדָה בִּזְמִרוֹת נָרִיעַ לוֹ. כִּי אֵל גָּדוֹל יְיָ וּמֶלֶךְ גָּדוֹל עַל כָּל אֱלֹהִים. וְאַתָּה קָדוֹשׁ יוֹשֵׁב תְּהִלּוֹת יִשְׂרָאֵל.

Premier livre

Psaume 1

Tehilim du Dimanche - Tehilim du jour: jour 1

Trois catégories d'êtres vils sont énoncés: Racha' le méchant semble le pire des trois puis vient le Hata: le fauteur et enfin le lets: le libertin. L'homme droit sera heureux s'il échappe au chemin du méchant, s'il fausse compagnie au fauteur et enfin s'il ne s'associe pas à la réunion du plaisantin.

Ce premier psaume de six versets utilise Achré, heureux celui qui…, une des dix élocutions les plus usitées en introduction.

Les neufs autres sont: Lamnatséah, au chef des chantres, Mizmor, cantique, Nigoun, mélodie, chir, chant, Hallel, louange, Téfila, prière, Hodaa, remerciement, Berakha, bénédiction et enfin Halélouah, louez D. Rachi propose dix hommes célèbres qui ont eu à utiliser un des modes cités. Il s'agit d'Adam, Malkitsédék, Abraham, Moché, David, Chélomo, Assaf, et les trois fils de Korah.

- Pour prévenir d'une fausse couche
- Se sentir rassuré
- Atteindre un objectif

א לחודש - ליום ראשון
פרק א

א אַשְׁרֵי-הָאִישׁ אֲשֶׁר | לֹא הָלַךְ בַּעֲצַת רְשָׁעִים וּבְדֶרֶךְ חַטָּאִים לֹא עָמָד וּבְמוֹשַׁב לֵצִים לֹא יָשָׁב: ב כִּי אִם בְּתוֹרַת יְהֹוָה חֶפְצוֹ וּבְתוֹרָתוֹ יֶהְגֶּה יוֹמָם וָלָיְלָה: ג וְהָיָה כְּעֵץ שָׁתוּל עַל-פַּלְגֵי מָיִם אֲשֶׁר פִּרְיוֹ | יִתֵּן בְּעִתּוֹ וְעָלֵהוּ לֹא-יִבּוֹל וְכֹל אֲשֶׁר-יַעֲשֶׂה יַצְלִיחַ: ד לֹא-כֵן הָרְשָׁעִים כִּי אִם-כַּמֹּץ אֲשֶׁר-תִּדְּפֶנּוּ רוּחַ: ה עַל-כֵּן | לֹא-יָקֻמוּ רְשָׁעִים בַּמִּשְׁפָּט וְחַטָּאִים בַּעֲדַת צַדִּיקִים: ו כִּי-יוֹדֵעַ יְהֹוָה דֶּרֶךְ צַדִּיקִים וְדֶרֶךְ רְשָׁעִים תֹּאבֵד:

4

Psaume 2

Tehilim du Dimanche - Tehilim du jour: jour 1

Ce psaume de 12 versets n'a pas d'auteur. Les avis sont partagés. Est-il dédié au Roi David par un compositeur anonyme qui veut se moquer des réactions des ennemis d'Israël (les philistins et autres adversaires politiques)? Il se peut aussi que cet auteur ait voulu chanter un hymne au Machiah, descendant de la lignée davidique. Il apparaîtra en temps voulu par D. malgré le scepticisme des nations et de certains coreligionnaires enfermés dans leurs hérésies.

- Contre une tempête en mer et le mal de tête
- Soulager ses ennuis
- Retrouver le calme autour de soi

א לחודש - ליום ראשון
פרק ב

א לָמָּה רָגְשׁוּ גוֹיִם וּלְאֻמִּים יֶהְגּוּ-רִיק: ב יִתְיַצְּבוּ | מַלְכֵי-אֶרֶץ וְרוֹזְנִים נוֹסְדוּ-יָחַד עַל-יְהוָה וְעַל-מְשִׁיחוֹ: ג נְנַתְּקָה אֶת-מוֹסְרוֹתֵימוֹ וְנַשְׁלִיכָה מִמֶּנּוּ עֲבֹתֵימוֹ: ד יוֹשֵׁב בַּשָּׁמַיִם יִשְׂחָק אֲדֹנָי יִלְעַג-לָמוֹ: ה אָז יְדַבֵּר אֵלֵימוֹ בְאַפּוֹ וּבַחֲרוֹנוֹ יְבַהֲלֵמוֹ: ו וַאֲנִי נָסַכְתִּי מַלְכִּי עַל-צִיּוֹן הַר-קָדְשִׁי: ז אֲסַפְּרָה אֶל חֹק יְהוָה אָמַר אֵלַי בְּנִי אַתָּה אֲנִי הַיּוֹם יְלִדְתִּיךָ: ח שְׁאַל מִמֶּנִּי וְאֶתְּנָה גוֹיִם נַחֲלָתֶךָ וַאֲחֻזָּתְךָ אַפְסֵי-אָרֶץ: ט תְּרֹעֵם בְּשֵׁבֶט בַּרְזֶל כִּכְלִי יוֹצֵר תְּנַפְּצֵם: י וְעַתָּה מְלָכִים הַשְׂכִּילוּ הִוָּסְרוּ שֹׁפְטֵי אָרֶץ: יא עִבְדוּ אֶת-יְהוָה בְּיִרְאָה וְגִילוּ בִּרְעָדָה: יב נַשְּׁקוּ-בַר פֶּן-יֶאֱנַף | וְתֹאבְדוּ דֶרֶךְ כִּי-יִבְעַר כִּמְעַט אַפּוֹ אַשְׁרֵי כָּל-חוֹסֵי בוֹ:

Psaume 3

Tehilim du Dimanche - Tehilim du jour: jour 1

L'épisode du Roi David fuyant devant son fils Absalon est rapporté ici. La fin tragique de l'aîné de ses enfants est mentionnée dans le livre II Samuel ch.18 v.15. David composera une élégie poignante après cette tragédie familiale (ch.19 v.1). Pourtant dans ce psaume le terme Mizmor, cantique,

semble inadéquat. La réponse des sages est connue. Cette annonce est un soulagement pour David. En effet, le prophète avait prédit contre lui des troubles graves. Lorsqu'il a su que son «ennemi» était son propre fils, il a préféré s'enfuir en attendant des temps plus cléments pour se réconcilier avec lui. S'il avait eu affaire à des ennemis coriaces il aurait été obligé de livrer combat et subir des pertes humaines inutiles même si l'issue devait le favoriser.

- Pour le mal à l'épaule ou à la tête
- En toutes occasions

א לחודש - ליום ראשון
פרק ג

א מִזְמוֹר לְדָוִד בְּבָרְחוֹ מִפְּנֵי | אַבְשָׁלוֹם בְּנוֹ: ב יְהוָה מָה-רַבּוּ צָרָי רַבִּים קָמִים עָלָי: ג רַבִּים אֹמְרִים לְנַפְשִׁי אֵין יְשׁוּעָתָה לּוֹ בֵאלֹהִים סֶלָה: ד וְאַתָּה יְהוָה מָגֵן בַּעֲדִי כְּבוֹדִי וּמֵרִים רֹאשִׁי: ה קוֹלִי אֶל-יְהוָה אֶקְרָא וַיַּעֲנֵנִי מֵהַר קָדְשׁוֹ סֶלָה: ו אֲנִי שָׁכַבְתִּי וָאִישָׁנָה הֱקִיצוֹתִי כִּי יְהוָה יִסְמְכֵנִי: ז לֹא-אִירָא מֵרִבְבוֹת עָם אֲשֶׁר סָבִיב שָׁתוּ עָלָי: ח קוּמָה יְהוָה | הוֹשִׁיעֵנִי אֱלֹהַי כִּי-הִכִּיתָ אֶת-כָּל-אֹיְבַי לֶחִי שִׁנֵּי רְשָׁעִים שִׁבַּרְתָּ: ט לַיהוָה הַיְשׁוּעָה עַל-עַמְּךָ בִרְכָתֶךָ סֶּלָה:

Psaume 4

Tehilim du Dimanche - Tehilim du jour: jour 1

Comme le précédent, il est composé de neuf versets. C'est la première fois que nous rencontrons ce terme introductif: Lamnatséah signifiant au chef des chantres. Probablement le Roi David a préparé ce texte et tous ceux qui lui ressemblent pour être interprété par les Lévites, chanteurs attitrés dans le déroulement des sacrifices. Il fallait des instruments de musique et un chef d'orchestre.

- En toutes occasions
- Pour qu'une demande soit acceptée

א לחודש - ליום ראשון
פרק ד

א לַמְנַצֵּחַ בִּנְגִינוֹת מִזְמוֹר לְדָוִד: ב בְּקָרְאִי עֲנֵנִי | אֱלֹהֵי
צִדְקִי בַּצָּר הִרְחַבְתָּ לִּי חָנֵּנִי וּשְׁמַע תְּפִלָּתִי: ג בְּנֵי אִישׁ עַד־
מֶה כְבוֹדִי לִכְלִמָּה תֶּאֱהָבוּן רִיק תְּבַקְשׁוּ כָזָב סֶלָה: ד וּדְעוּ
כִּי־הִפְלָה יְהוָה חָסִיד לוֹ יְהוָה יִשְׁמַע בְּקָרְאִי אֵלָיו: ה רִגְזוּ
וְאַל־תֶּחֱטָאוּ אִמְרוּ בִלְבַבְכֶם עַל־מִשְׁכַּבְכֶם וְדֹמּוּ סֶלָה:
ו זִבְחוּ זִבְחֵי־צֶדֶק וּבִטְחוּ אֶל־יְהוָה: ז רַבִּים אֹמְרִים מִי־
יַרְאֵנוּ טוֹב נְסָה־עָלֵינוּ אוֹר פָּנֶיךָ יְהוָה: ח נָתַתָּה שִׂמְחָה
בְלִבִּי מֵעֵת דְּגָנָם וְתִירוֹשָׁם רָבּוּ: ט בְּשָׁלוֹם יַחְדָּו אֶשְׁכְּבָה
וְאִישָׁן כִּי־אַתָּה יְהוָה לְבָדָד לָבֶטַח תּוֹשִׁיבֵנִי:

Psaume 5

Tehilim du Dimanche - Tehilim du jour: jour 1

Dans le précédent Neguinot, ici Néhilot, et ailleurs Guittit,
Alamot ou Yédoudoun tous font référence aux différents ins-
truments de musique utilisés dans le Temple. Ils accompa-
gnent les cantiques des Lévites alors que les Cohanim
s'affairaient à accomplir les sacrifices multiples du peuple
d'Israël. Cet hymne de 13 versets s'adresse à D. pour qu'Il
soit attentif à la supplique du juste contre les moqueries des
impies.

- Pour empêcher le mauvais esprit

א לחודש - ליום ראשון
פרק ה

א לַמְנַצֵּחַ אֶל־הַנְּחִילוֹת מִזְמוֹר לְדָוִד: ב אֲמָרַי הַאֲזִינָה |
יְהוָה בִּינָה הֲגִיגִי: ג הַקְשִׁיבָה | לְקוֹל שַׁוְעִי מַלְכִּי וֵאלֹהָי
כִּי־אֵלֶיךָ אֶתְפַּלָּל: ד יְהוָה בֹּקֶר תִּשְׁמַע קוֹלִי בֹּקֶר אֶעֱרָךְ־
לְךָ וַאֲצַפֶּה: ה כִּי | לֹא אֵל־חָפֵץ רֶשַׁע | אָתָּה לֹא יְגֻרְךָ רָע:
ו לֹא־יִתְיַצְּבוּ הוֹלְלִים לְנֶגֶד עֵינֶיךָ שָׂנֵאתָ כָּל־פֹּעֲלֵי אָוֶן:
ז תְּאַבֵּד דֹּבְרֵי כָזָב אִישׁ־דָּמִים וּמִרְמָה יְתָעֵב | יְהוָה: ח וַאֲנִי
בְּרֹב חַסְדְּךָ אָבוֹא בֵיתֶךָ אֶשְׁתַּחֲוֶה אֶל־הֵיכַל־קָדְשְׁךָ
בְּיִרְאָתֶךָ: ט יְהוָה | נְחֵנִי בְצִדְקָתֶךָ לְמַעַן שׁוֹרְרָי (הושר) הַיְשַׁר
לְפָנַי דַּרְכֶּךָ: י כִּי אֵין בְּפִיהוּ נְכוֹנָה קִרְבָּם הַוּוֹת קֶבֶר־פָּתוּחַ
גְּרוֹנָם לְשׁוֹנָם יַחֲלִיקוּן: יא הַאֲשִׁימֵם | אֱלֹהִים יִפְּלוּ

מִמֹּעֲצוֹתֵיהֶם בְּרֹב פִּשְׁעֵיהֶם הַדִּיחֵמוֹ כִּי־מָרוּ בָךְ׃ יב
וְיִשְׂמְחוּ כָל־חוֹסֵי בָךְ לְעוֹלָם יְרַנֵּנוּ וְתָסֵךְ עָלֵימוֹ וְיַעְלְצוּ
בְךָ אֹהֲבֵי שְׁמֶךָ׃ יג כִּי־אַתָּה תְּבָרֵךְ צַדִּיק יְהוָה כַּצִּנָּה רָצוֹן
תַּעְטְרֶנּוּ׃

Psaume 6

Tehilim du Dimanche - Tehilim du jour: jour 1

L'octacorde (Chéminite) est une cithare à huit cordes utilisée par les musiciens du Temple. Ce psaume de onze versets apporte un soulagement à ceux qui souffrent des yeux (selon les Kabbalistes). David demande à D. de le préserver de ses ennemis, cauchemar de ses nuits agitées.

- Ceux qui souffrent des yeux
A lire sept fois durant trois jours

א לחודש - ליום ראשון
פרק ו
א לַמְנַצֵּחַ בִּנְגִינוֹת עַל־הַשְּׁמִינִית מִזְמוֹר לְדָוִד׃ ב יְהוָה אַל־
בְּאַפְּךָ תוֹכִיחֵנִי וְאַל־בַּחֲמָתְךָ תְיַסְּרֵנִי׃ ג חָנֵּנִי יְהוָה כִּי
אֻמְלַל אָנִי רְפָאֵנִי יְהוָה כִּי נִבְהֲלוּ עֲצָמָי׃ ד וְנַפְשִׁי נִבְהֲלָה
מְאֹד (ואת) וְאַתָּה יְהוָה עַד־מָתָי׃ ה שׁוּבָה יְהוָה חַלְּצָה
נַפְשִׁי הוֹשִׁיעֵנִי לְמַעַן חַסְדֶּךָ׃ ו כִּי אֵין בַּמָּוֶת זִכְרֶךָ בִּשְׁאוֹל
מִי יוֹדֶה־לָּךְ׃ ז יָגַעְתִּי ׀ בְּאַנְחָתִי אַשְׂחֶה בְכָל־לַיְלָה מִטָּתִי
בְּדִמְעָתִי עַרְשִׂי אַמְסֶה׃ ח עָשְׁשָׁה מִכַּעַס עֵינִי עָתְקָה בְּכָל־
צוֹרְרָי׃ ט סוּרוּ מִמֶּנִּי כָּל־פֹּעֲלֵי אָוֶן כִּי־שָׁמַע יְהוָה קוֹל
בִּכְיִי׃ י שָׁמַע יְהוָה תְּחִנָּתִי יְהוָה תְּפִלָּתִי יִקָּח׃ יא יֵבֹשׁוּ ׀
וְיִבָּהֲלוּ מְאֹד כָּל־אֹיְבָי יָשֻׁבוּ יֵבֹשׁוּ רָגַע׃

Psaume 7

Tehilim du Dimanche - Tehilim du jour: jour 1

Le Chigayon fait dire aux commentateurs que le Roi David, musicien inné, savait jouer de tous les instruments dont celui-ci. D'autres comme Rachi pensent qu'il s'agit de la repentance du célèbre Roi d'avoir osé se réjouir de la mort du Roi Saül appelé Kouch fils de Yémini (autre nom de Binyamin

Psaume 8

tribu du premier roi d'Israël). Il aura fallu dix huit versets pour étaler sa verve et s'excuser de cette bavure.

- Pour repousser ses ennemis
- Pour plaire
- Pour un procès

א לחודש - ליום ראשון
פרק ז

א שִׁגָּיוֹן לְדָוִד אֲשֶׁר־שָׁר לַיהוָה עַל־דִּבְרֵי־כוּשׁ בֶּן־יְמִינִי: ב יְהוָה אֱלֹהַי בְּךָ חָסִיתִי הוֹשִׁיעֵנִי מִכָּל־רֹדְפַי וְהַצִּילֵנִי: ג פֶּן־יִטְרֹף כְּאַרְיֵה נַפְשִׁי פֹּרֵק וְאֵין מַצִּיל: ד יְהוָה אֱלֹהַי אִם־עָשִׂיתִי זֹאת אִם־יֶשׁ־עָוֶל בְּכַפָּי: ה אִם־גָּמַלְתִּי שׁוֹלְמִי רָע וָאֲחַלְּצָה צוֹרְרִי רֵיקָם: ו יִרַדֹּף אוֹיֵב נַפְשִׁי וְיַשֵּׂג וְיִרְמֹס לָאָרֶץ חַיָּי וּכְבוֹדִי לֶעָפָר יַשְׁכֵּן סֶלָה: ז קוּמָה יְהוָה בְּאַפֶּךָ הִנָּשֵׂא בְּעַבְרוֹת צוֹרְרָי וְעוּרָה אֵלַי מִשְׁפָּט צִוִּיתָ: ח וַעֲדַת לְאֻמִּים תְּסוֹבְבֶךָּ וְעָלֶיהָ לַמָּרוֹם שׁוּבָה: ט יְהוָה יָדִין עַמִּים שָׁפְטֵנִי יְהוָה כְּצִדְקִי וּכְתֻמִּי עָלָי: י יִגְמָר־נָא רַע רְשָׁעִים וּתְכוֹנֵן צַדִּיק וּבֹחֵן לִבּוֹת וּכְלָיוֹת אֱלֹהִים צַדִּיק: יא מָגִנִּי עַל־אֱלֹהִים מוֹשִׁיעַ יִשְׁרֵי־לֵב: יב אֱלֹהִים שׁוֹפֵט צַדִּיק וְאֵל זֹעֵם בְּכָל־יוֹם: יג אִם־לֹא יָשׁוּב חַרְבּוֹ יִלְטוֹשׁ קַשְׁתּוֹ דָרַךְ וַיְכוֹנְנֶהָ: יד וְלוֹ הֵכִין כְּלֵי־מָוֶת חִצָּיו לְדֹלְקִים יִפְעָל: טו הִנֵּה יְחַבֶּל־אָוֶן וְהָרָה עָמָל וְיָלַד שָׁקֶר: טז בּוֹר כָּרָה וַיַּחְפְּרֵהוּ וַיִּפֹּל בְּשַׁחַת יִפְעָל: יז יָשׁוּב עֲמָלוֹ בְרֹאשׁוֹ וְעַל קָדְקֳדוֹ חֲמָסוֹ יֵרֵד: יח אוֹדֶה יְהוָה כְּצִדְקוֹ וַאֲזַמְּרָה שֵׁם־יְהוָה עֶלְיוֹן:

Psaume 8

Tehilim du Dimanche - Tehilim du jour: jour 1

Dix versets composent ce psaume. L'homme poétiquement est appelé Enoch (petit fils d'Adam) ou fils d'Adam. Le psalmiste se réjouit parce que l'être humain est capable du meilleur dès lors qu'il s'applique à être à l'image de son Créateur.

- Trouver grâce devant une autorité
- Calme un enfant en pleurs

- Pour plaire

א לחודש - ליום ראשון
פרק ח

א לַמְנַצֵּחַ עַל-הַגִּתִּית מִזְמוֹר לְדָוִד: ב יְהוָה אֲדֹנֵינוּ מָה-אַדִּיר שִׁמְךָ בְּכָל-הָאָרֶץ אֲשֶׁר תְּנָה הוֹדְךָ עַל-הַשָּׁמָיִם: ג מִפִּי עוֹלְלִים | וְיֹנְקִים יִסַּדְתָּ עֹז לְמַעַן צוֹרְרֶיךָ לְהַשְׁבִּית אוֹיֵב וּמִתְנַקֵּם: ד כִּי-אֶרְאֶה שָׁמֶיךָ מַעֲשֵׂי אֶצְבְּעֹתֶיךָ יָרֵחַ וְכוֹכָבִים אֲשֶׁר כּוֹנָנְתָּה: ה מָה-אֱנוֹשׁ כִּי-תִזְכְּרֶנּוּ וּבֶן-אָדָם כִּי תִפְקְדֶנּוּ: ו וַתְּחַסְּרֵהוּ מְּעַט מֵאֱלֹהִים וְכָבוֹד וְהָדָר תְּעַטְּרֵהוּ: ז תַּמְשִׁילֵהוּ בְּמַעֲשֵׂי יָדֶיךָ כֹּל שַׁתָּה תַחַת-רַגְלָיו: ח צֹנֶה וַאֲלָפִים כֻּלָּם וְגַם בַּהֲמוֹת שָׂדָי: ט צִפּוֹר שָׁמַיִם וּדְגֵי הַיָּם עֹבֵר אָרְחוֹת יַמִּים: י יְהוָה אֲדֹנֵינוּ מָה-אַדִּיר שִׁמְךָ בְּכָל-הָאָרֶץ:

Psaume 9

Tehilim du Dimanche - Tehilim du jour: jour 1

Moutlaben a donné beaucoup de soucis aux rabbins pour le comprendre. Iben Ezra citant Rabbi Dounach Halévi pense qu'il s'agit d'un ennemi du peuple d'Israël qu'il a fallu combattre et éliminer. Le Roi David a composé ce psaume de 21 versets en l'honneur de D. pour l'avoir aidé à le neutraliser.

- Pour prévenir d'une fausse couche
- Se sentir rassuré
- Atteindre un objectif

א לחודש - ליום ראשון
פרק ט

א לַמְנַצֵּחַ עַלְמוּת לַבֵּן מִזְמוֹר לְדָוִד: ב אוֹדֶה יְהוָה בְּכָל-לִבִּי אֲסַפְּרָה כָּל-נִפְלְאוֹתֶיךָ: ג אֶשְׂמְחָה וְאֶעֶלְצָה בָךְ אֲזַמְּרָה שִׁמְךָ עֶלְיוֹן: ד בְּשׁוּב-אוֹיְבַי אָחוֹר יִכָּשְׁלוּ וְיֹאבְדוּ מִפָּנֶיךָ: ה כִּי-עָשִׂיתָ מִשְׁפָּטִי וְדִינִי יָשַׁבְתָּ לְכִסֵּא שׁוֹפֵט צֶדֶק: ו גָּעַרְתָּ גוֹיִם אִבַּדְתָּ רָשָׁע שְׁמָם מָחִיתָ לְעוֹלָם וָעֶד: ז הָאוֹיֵב | תַּמּוּ חֳרָבוֹת לָנֶצַח וְעָרִים נָתַשְׁתָּ אָבַד זִכְרָם הֵמָּה: ח וַיהוָה לְעוֹלָם יֵשֵׁב כּוֹנֵן לַמִּשְׁפָּט כִּסְאוֹ: ט וְהוּא יִשְׁפֹּט-תֵּבֵל

בְּצֶדֶק יָדִין לְאֻמִּים בְּמֵישָׁרִים׃ י וִיהִי יְהוָה מִשְׂגָּב לַדָּךְ
מִשְׂגָּב לְעִתּוֹת בַּצָּרָה׃ יא וְיִבְטְחוּ בְךָ יוֹדְעֵי שְׁמֶךָ כִּי לֹא-
עָזַבְתָּ דֹרְשֶׁיךָ יְהוָה׃ יב זַמְּרוּ לַיהוָה יֹשֵׁב צִיּוֹן הַגִּידוּ בָעַמִּים
עֲלִילוֹתָיו׃ יג כִּי-דֹרֵשׁ דָּמִים אוֹתָם זָכָר לֹא-שָׁכַח צַעֲקַת
(עניים) עֲנָוִים׃ יד חָנְנֵנִי יְהוָה רְאֵה עָנְיִי מִשֹּׂנְאָי מְרוֹמְמִי
מִשַּׁעֲרֵי מָוֶת׃ טו לְמַעַן אֲסַפְּרָה כָּל-תְּהִלָּתֶיךָ בְּשַׁעֲרֵי בַת-
צִיּוֹן אָגִילָה בִּישׁוּעָתֶךָ׃ טז טָבְעוּ גוֹיִם בְּשַׁחַת עָשׂוּ בְּרֶשֶׁת-
זוּ טָמָנוּ נִלְכְּדָה רַגְלָם׃ יז נוֹדַע ׀ יְהוָה מִשְׁפָּט עָשָׂה בְּפֹעַל
כַּפָּיו נוֹקֵשׁ רָשָׁע הִגָּיוֹן סֶלָה׃ יח יָשׁוּבוּ רְשָׁעִים לִשְׁאוֹלָה
כָּל-גּוֹיִם שְׁכֵחֵי אֱלֹהִים׃ יט כִּי לֹא לָנֶצַח יִשָּׁכַח אֶבְיוֹן תִּקְוַת
(ענוים) עֲנִיִּים תֹּאבַד לָעַד׃ כ קוּמָה יְהוָה אַל-יָעֹז אֱנוֹשׁ
יִשָּׁפְטוּ גוֹיִם עַל-פָּנֶיךָ׃ כא שִׁיתָה יְהוָה ׀ מוֹרָה לָהֶם יֵדְעוּ
גוֹיִם אֱנוֹשׁ הֵמָּה סֶּלָה׃

Psaume 10

Tehilim du Dimanche - Tehilim du jour: jour 2

Il semble que ce psaume de 18 versets n'a pas d'auteur. Le contenu et la texture se rapprochent des précédents. David est persuadé que le méchant, malgré sa quiétude à faire le mal, croit que D. est loin. Il échappera ainsi au châtiment. L'absence momentanée de la présence divine piège les impies. Leur sort est scellé parce que le jugement divin est sans appel.

- Pour un enfant malade

ב לחודש - ליום ראשון

פרק י

א לָמָה יְהוָה תַּעֲמֹד בְּרָחוֹק תַּעְלִים לְעִתּוֹת בַּצָּרָה׃ ב
בְּגַאֲוַת רָשָׁע יִדְלַק עָנִי יִתָּפְשׂוּ ׀ בִּמְזִמּוֹת זוּ חָשָׁבוּ׃ ג כִּי-
הִלֵּל רָשָׁע עַל-תַּאֲוַת נַפְשׁוֹ וּבֹצֵעַ בֵּרֵךְ נִאֵץ ׀ יְהוָה׃ ד רָשָׁע
כְּגֹבַהּ אַפּוֹ בַּל-יִדְרֹשׁ אֵין אֱלֹהִים כָּל-מְזִמּוֹתָיו׃ ה יָחִילוּ
(דרכו) דְרָכָיו ׀ בְּכָל-עֵת מָרוֹם מִשְׁפָּטֶיךָ מִנֶּגְדּוֹ כָּל-צוֹרְרָיו
יָפִיחַ בָּהֶם׃ ו אָמַר בְּלִבּוֹ בַּל-אֶמּוֹט לְדֹר וָדֹר אֲשֶׁר לֹא-
בְרָע׃ ז אָלָה פִּיהוּ מָלֵא וּמִרְמוֹת וָתֹךְ תַּחַת לְשׁוֹנוֹ עָמָל

וָאָוֶן: ח יֵשֵׁב | בְּמַאְרַב חֲצֵרִים בְּמִסְתָּרִים יַהֲרֹג נָקִי עֵינָיו
לְחֵלְכָה יִצְפֹּנוּ: ט יֶאֱרֹב בַּמִּסְתָּר | כְּאַרְיֵה בְסֻכֹּה יֶאֱרֹב
לַחֲטוֹף עָנִי יַחְטֹף עָנִי בְּמָשְׁכוֹ בְרִשְׁתּוֹ: י (ודכה) יִדְכֶּה יָשֹׁחַ
וְנָפַל בַּעֲצוּמָיו (חלכאים) חֵיל כָּאִים: יא אָמַר בְּלִבּוֹ שָׁכַח אֵל
הִסְתִּיר פָּנָיו בַּל-רָאָה לָנֶצַח: יב קוּמָה יְהוָֹה אֵל נְשָׂא יָדֶךָ
אַל-תִּשְׁכַּח (עניים) עֲנָוִים: יג עַל-מֶה | נִאֵץ רָשָׁע | אֱלֹהִים
אָמַר בְּלִבּוֹ לֹא תִּדְרֹשׁ: יד רָאִתָה כִּי-אַתָּה | עָמָל וָכַעַס |
תַּבִּיט לָתֵת בְּיָדֶךָ עָלֶיךָ יַעֲזֹב חֵלֵכָה יָתוֹם אַתָּה | הָיִיתָ
עוֹזֵר: טו שְׁבֹר זְרוֹעַ רָשָׁע וָרָע תִּדְרוֹשׁ-רִשְׁעוֹ בַל-תִּמְצָא: טז
יְהוָֹה מֶלֶךְ עוֹלָם וָעֶד אָבְדוּ גוֹיִם מֵאַרְצוֹ: יז תַּאֲוַת עֲנָוִים
שָׁמַעְתָּ יְהוָֹה תָּכִין לִבָּם תַּקְשִׁיב אָזְנֶךָ: יח לִשְׁפֹּט יָתוֹם וָדָךְ
בַּל-יוֹסִיף עוֹד לַעֲרֹץ אֱנוֹשׁ מִן-הָאָרֶץ:

Psaume 11

Tehilim du Dimanche - Tehilim du jour: jour 2

Sept versets montrent que le Roi David en s'adressant au chef des chantres sans instrument musical veut passer le message de sa prédilection: H.K.B.H depuis son trône a fait son choix. Il sait distinguer les actions des justes et abhorre celles des méchants.

- Pour détruire ses ennemis
- Pour la tranquillité

ב לחודש - ליום ראשון

פרק יא

א לַמְנַצֵּחַ לְדָוִד בַּיהוָֹה | חָסִיתִי אֵיךְ תֹּאמְרוּ לְנַפְשִׁי (נודו)
נוּדִי הַרְכֶם צִפּוֹר: ב כִּי הִנֵּה הָרְשָׁעִים יִדְרְכוּן קֶשֶׁת כּוֹנְנוּ
חִצָּם עַל-יֶתֶר לִירוֹת בְּמוֹ-אֹפֶל לְיִשְׁרֵי-לֵב: ג כִּי הַשָּׁתוֹת
יֵהָרֵסוּן צַדִּיק מַה-פָּעָל: ד יְהוָֹה | בְּהֵיכַל קָדְשׁוֹ יְהוָֹה
בַּשָּׁמַיִם כִּסְאוֹ עֵינָיו יֶחֱזוּ עַפְעַפָּיו יִבְחֲנוּ בְּנֵי אָדָם: ה יְהוָֹה
צַדִּיק יִבְחָן וְרָשָׁע וְאֹהֵב חָמָס שָׂנְאָה נַפְשׁוֹ: ו יַמְטֵר עַל-
רְשָׁעִים פַּחִים אֵשׁ וְגָפְרִית וְרוּחַ זִלְעָפוֹת מְנָת כּוֹסָם: ז
כִּי-צַדִּיק יְהוָֹה צְדָקוֹת אָהֵב יָשָׁר יֶחֱזוּ פָנֵימוֹ:

Psaume 12

Tehilim du Dimanche - Tehilim du jour: jour 2

Bien que Chéminite soit une cithare, les rabbins ont choisi ce psaume pour le chanter à Chémini Atsérét, le huitième jour après les sept jours de Souccot. C'est la fête de Simhat Torah qui clôture les solennités de Tichri. On fait allusion aux paroles de la Thora, paroles d'obédience divine, vérités permanentes.

- Contre la faiblesse
- Contre les mauvais conseils et les mauvaises décisions
- Pour ne pas fauter

ב לחודש - ליום ראשון

פרק יב

א לַמְנַצֵּ֥חַ עַֽל־הַשְּׁמִינִ֗ית מִזְמ֥וֹר לְדָוִֽד׃ ב הוֹשִׁ֣יעָה יְ֭הוָה כִּי־
גָמַ֣ר חָסִ֑יד כִּֽי־פַ֥סּוּ אֱ֝מוּנִ֗ים מִבְּנֵ֥י אָדָֽם׃ ג שָׁ֤וְא ׀ יְֽדַבְּרוּ֮
אִ֤ישׁ אֶת־רֵ֫עֵ֥הוּ שְׂפַ֥ת חֲלָק֑וֹת בְּלֵ֖ב וָלֵ֣ב יְדַבֵּֽרוּ׃ ד יַכְרֵ֣ת
יְ֭הוָה כָּל־שִׂפְתֵ֣י חֲלָק֑וֹת לָ֝שׁ֗וֹן מְדַבֶּ֥רֶת גְּדֹלֽוֹת׃ ה אֲשֶׁ֤ר
אָמְר֨וּ ׀ לִלְשֹׁנֵ֣נוּ נַ֭גְבִּיר שְׂפָתֵ֣ינוּ אִתָּ֑נוּ מִ֖י אָד֣וֹן לָֽנוּ׃ ו מִשֹּׁ֥ד
עֲנִיִּים֮ מֵאַנְקַ֪ת אֶבְי֫וֹנִ֥ים עַתָּ֣ה אָ֭קוּם יֹאמַ֣ר יְהוָ֑ה אָשִׁ֥ית
בְּ֝יֵ֗שַׁע יָפִ֥יחַֽ לֽוֹ׃ ז אִֽמֲר֣וֹת יְהוָה֮ אֲמָר֪וֹת טְהֹ֫ר֥וֹת כֶּ֣סֶף צָ֭רוּף
בַּעֲלִ֣יל לָאָ֑רֶץ מְ֝זֻקָּ֗ק שִׁבְעָתָֽיִם׃ ח אַתָּֽה־יְהוָ֥ה תִּשְׁמְרֵ֑ם
תִּצְּרֶ֓נּוּ ׀ מִן־הַדּ֖וֹר ז֣וּ לְעוֹלָֽם׃ ט סָבִ֗יב רְשָׁעִ֥ים יִתְהַלָּכ֑וּן
כֻּרֻ֥ם זֻ֝לּ֗וּת לִבְנֵ֥י אָדָֽם׃

Psaume 13

Tehilim du Dimanche - Tehilim du jour: jour 2

Six versets suffisent pour trois questions commençant par Ad Anna: Jusqu'à quand? David est-il désespéré de l'action divine qui tarde à mettre fin aux exactions de ses ennemis? La suite montre, au contraire, sa confiance totale. Le style interrogatif employé semble plus proche de l'exclamation donc de sa certitude.

- Pour échapper à une mort violente
- Remède pour les yeux

ב לחודש - ליום ראשון
פרק יג

א לַמְנַצֵּחַ מִזְמוֹר לְדָוִד: ב עַד-אָנָה יְהוָה תִּשְׁכָּחֵנִי נֶצַח עַד-אָנָה | תַּסְתִּיר אֶת-פָּנֶיךָ מִמֶּנִּי: ג עַד-אָנָה אָשִׁית עֵצוֹת בְּנַפְשִׁי יָגוֹן בִּלְבָבִי יוֹמָם עַד-אָנָה | יָרוּם אֹיְבִי עָלָי: ד הַבִּיטָה עֲנֵנִי יְהוָה אֱלֹהָי הָאִירָה עֵינַי פֶּן-אִישַׁן הַמָּוֶת: ה פֶּן-יֹאמַר אֹיְבִי יְכָלְתִּיו צָרַי יָגִילוּ כִּי אֶמּוֹט: ו וַאֲנִי | בְּחַסְדְּךָ בָטַחְתִּי יָגֵל לִבִּי בִּישׁוּעָתֶךָ אָשִׁירָה לַיהוָה כִּי גָמַל עָלָי:

Psaume 14

Tehilim du Dimanche - Tehilim du jour: jour 2

Naval, stupide est l'injure faite à l'homme qui ne se sert pas de ses méninges. D'après Rachi, David prophétise sur Nabuchodonosor qui détruira le premier Temple de Jérusalem. Il y aura retour triomphal des exilés et reconstruction de Sion. Le psaume suivant rappelle aussi la seconde destruction du Temple par Titus, l'autre stupide.

- Contre la peur
- Donne de l'assurance

ב לחודש - ליום ראשון
פרק יד

א לַמְנַצֵּחַ לְדָוִד אָמַר נָבָל בְּלִבּוֹ אֵין אֱלֹהִים הִשְׁחִיתוּ הִתְעִיבוּ עֲלִילָה אֵין עֹשֵׂה-טוֹב: ב יְהוָה מִשָּׁמַיִם הִשְׁקִיף עַל-בְּנֵי-אָדָם לִרְאוֹת הֲיֵשׁ מַשְׂכִּיל דֹּרֵשׁ אֶת-אֱלֹהִים: ג הַכֹּל סָר יַחְדָּו נֶאֱלָחוּ אֵין עֹשֵׂה-טוֹב אֵין גַּם-אֶחָד: ד הֲלֹא יָדְעוּ כָּל-פֹּעֲלֵי אָוֶן אֹכְלֵי עַמִּי אָכְלוּ לֶחֶם יְהוָה לֹא קָרָאוּ: ה שָׁם | פָּחֲדוּ פָחַד כִּי-אֱלֹהִים בְּדוֹר צַדִּיק: ו עֲצַת-עָנִי תָבִישׁוּ כִּי יְהוָה מַחְסֵהוּ: ז מִי יִתֵּן מִצִּיּוֹן יְשׁוּעַת יִשְׂרָאֵל בְּשׁוּב יְהוָה שְׁבוּת עַמּוֹ יָגֵל יַעֲקֹב יִשְׂמַח יִשְׂרָאֵל:

Psaume 15

Tehilim du Dimanche - Tehilim du jour: jour 2

Cinq versets le composent. David pense que celui qui aura le pouvoir de résider dans le sanctuaire de D. est un méritant. Il énumère les qualités requises: marcher droit, accomplir la justice, parler vrai, fuir la mauvaise langue et aimer à faire du bien. Au-delà de tout: mettre son argent au service de ceux qui ont besoin sans un esprit de profit.

- Pour tuer un démon et un mauvais esprit
- Écarter une mauvaise personne de son entourage
- Pour être apprécié par autrui

ב לחודש - ליום ראשון

פרק טו

א מִזְמ֗וֹר לְדָ֫וִ֥ד יְֽהוָ֗ה מִי-יָג֥וּר בְּאָהֳלֶ֑ךָ מִֽי-יִ֝שְׁכֹּ֗ן בְּהַ֣ר קָדְשֶֽׁךָ:
ב הוֹלֵ֣ךְ תָּ֭מִים וּפֹעֵ֣ל צֶ֑דֶק וְדֹבֵ֥ר אֱ֝מֶ֗ת בִּלְבָבֽוֹ: ג לֹֽא-רָגַ֨ל ׀
עַל-לְשֹׁנ֗וֹ לֹא-עָשָׂ֣ה לְרֵעֵ֣הוּ רָעָ֑ה וְ֝חֶרְפָּ֗ה לֹא-נָשָׂ֥א עַל-
קְרֹבֽוֹ: ד נִבְזֶ֤ה ׀ בְּֽעֵינָ֨יו נִמְאָ֗ס וְאֶת-יִרְאֵ֣י יְהוָ֣ה יְכַבֵּ֑ד נִשְׁבַּ֥ע
לְ֝הָרַ֗ע וְלֹ֣א יָמִֽר: ה כַּסְפּ֤וֹ ׀ לֹא-נָתַ֬ן בְּנֶ֗שֶׁךְ֮ וְשֹׁ֥חַד עַל-נָקִ֗י לֹ֥א
לָ֫קָ֥ח עֹֽשֵׂה-אֵ֑לֶּה לֹ֖א יִמּ֣וֹט לְעוֹלָֽם:

Psaume 16

Tehilim du Dimanche - Tehilim du jour: jour 2

Ces onze versets sont chantés à toutes les fins de chabbat avant Arvit dans certaines communautés issues d'Afrique du Nord. MIKHTAM est un terme musical très prisé par David (Kétem se veut cher, valeureux), selon la plupart des commentateurs. Rachi le décompose en deux mots MAKH, TAM voulant signifier que David n'a pas eu à être circoncis. L'incision Makh fut Tam parfaite.

D. est le rempart efficace pour ce Roi cherchant la protection céleste en permanence. D'ailleurs on a coutume de répéter le verset 8 (Je place D. devant moi constamment) tous les matins avant de commencer l'office proprement dit. (Avant Baroukh Chéamar).

- Pour découvrir un voleur
- Aide au déblocage de problèmes financiers

ב לחודש - ליום ראשון
פרק טז
א מִכְתָּם לְדָוִד שָׁמְרֵנִי אֵל כִּי-חָסִיתִי בָךְ: ב אָמַרְתְּ לַיהוָה
אֲדֹנָי אָתָּה טוֹבָתִי בַּל-עָלֶיךָ: ג לִקְדוֹשִׁים אֲשֶׁר-בָּאָרֶץ הֵמָּה
וְאַדִּירֵי כָּל-חֶפְצִי-בָם: ד יִרְבּוּ עַצְּבוֹתָם אַחֵר מָהָרוּ בַּל-
אַסִּיךְ נִסְכֵּיהֶם מִדָּם וּבַל-אֶשָּׂא אֶת-שְׁמוֹתָם עַל-שְׂפָתָי: ה
יְהוָה מְנָת-חֶלְקִי וְכוֹסִי אַתָּה תּוֹמִיךְ גּוֹרָלִי: ו חֲבָלִים
נָפְלוּ-לִי בַּנְּעִמִים אַף-נַחֲלָת שָׁפְרָה עָלָי: ז אֲבָרֵךְ אֶת-יְהוָה
אֲשֶׁר יְעָצָנִי אַף-לֵילוֹת יִסְּרוּנִי כִלְיוֹתָי: ח שִׁוִּיתִי יְהוָה
לְנֶגְדִּי תָמִיד כִּי מִימִינִי בַּל-אֶמּוֹט: ט לָכֵן | שָׂמַח לִבִּי וַיָּגֶל
כְּבוֹדִי אַף-בְּשָׂרִי יִשְׁכֹּן לָבֶטַח: י כִּי | לֹא-תַעֲזֹב נַפְשִׁי
לִשְׁאוֹל לֹא-תִתֵּן חֲסִידְךָ לִרְאוֹת שָׁחַת: יא תּוֹדִיעֵנִי אֹרַח
חַיִּים שֹׂבַע שְׂמָחוֹת אֶת-פָּנֶיךָ נְעִמוֹת בִּימִינְךָ נֶצַח:

Psaume 17

Tehilim du Dimanche - Tehilim du jour: jour 2

Ce psaume fait partie de trois autres qui commencent par Téfila Lé: Prière adressée par.. Ici c'est le Roi David qui en est l'auteur, (ainsi que le psaume 86 lu tous les matins lorsqu'on récite les supplications). Le psaume 90 est attribué à Moché Rabbénou et enfin le Psaume 102 concerne l'indigent ou l'exilé en général parmi le peuple d'Israël.
Dans ces 15 versets, David demande à D. de lui accorder toute son attention lorsqu'il se concentre dans sa fébrile implorion. Son angoisse est le silence de D. Il lui est insupportable. La méchanceté de ses ennemis n'a de parade que l'assistance divine, unique moyen efficace contre les projets maléfiques.

- Pour prendre la route

ב לחודש - ליום ראשון
פרק יז

א תְּפִלָּה לְדָוִד שִׁמְעָה יְהוָֹה ׀ צֶדֶק הַקְשִׁיבָה רִנָּתִי הַאֲזִינָה
תְפִלָּתִי בְּלֹא שִׂפְתֵי מִרְמָה: ב מִלְּפָנֶיךָ מִשְׁפָּטִי יֵצֵא עֵינֶיךָ
תֶּחֱזֶינָה מֵישָׁרִים: ג בָּחַנְתָּ לִבִּי ׀ פָּקַדְתָּ לַּיְלָה צְרַפְתַּנִי בַל-
תִּמְצָא זַמֹּתִי בַּל-יַעֲבָר-פִּי: ד לִפְעֻלּוֹת אָדָם בִּדְבַר שְׂפָתֶיךָ
אֲנִי שָׁמַרְתִּי אָרְחוֹת פָּרִיץ: ה תָּמֹךְ אֲשֻׁרַי בְּמַעְגְּלוֹתֶיךָ בַּל-
נָמוֹטּוּ פְעָמָי: ו אֲנִי-קְרָאתִיךָ כִי-תַעֲנֵנִי אֵל הַט-אָזְנְךָ לִי
שְׁמַע אִמְרָתִי: ז הַפְלֵה חֲסָדֶיךָ מוֹשִׁיעַ חוֹסִים
מִמִּתְקוֹמְמִים בִּימִינֶךָ: ח שָׁמְרֵנִי כְּאִישׁוֹן בַּת-עָיִן בְּצֵל
כְּנָפֶיךָ תַּסְתִּירֵנִי: ט מִפְּנֵי רְשָׁעִים זוּ שַׁדּוּנִי אֹיְבַי בְּנֶפֶשׁ
יַקִּיפוּ עָלָי: י חֶלְבָּמוֹ סָּגְרוּ פִּימוֹ דִּבְּרוּ בְגֵאוּת: יא אַשֻּׁרֵינוּ
עַתָּה (סבבוני) סְבָבוּנוּ עֵינֵיהֶם יָשִׁיתוּ לִנְטוֹת בָּאָרֶץ: יב
דִּמְיֹנוֹ כְּאַרְיֵה יִכְסוֹף לִטְרוֹף וְכִכְפִיר יֹשֵׁב בְּמִסְתָּרִים: יג
קוּמָה יְהוָֹה קַדְּמָה פָנָיו הַכְרִיעֵהוּ פַּלְּטָה נַפְשִׁי מֵרָשָׁע
חַרְבֶּךָ: יד מִמְתִים יָדְךָ ׀ יְהוָֹה מִמְתִים מֵחֶלֶד חֶלְקָם בַּחַיִּים
(וצפינך) וּצְפוּנְךָ תְּמַלֵּא בִטְנָם יִשְׂבְּעוּ בָנִים וְהִנִּיחוּ יִתְרָם
לְעוֹלְלֵיהֶם: טו אֲנִי בְּצֶדֶק אֶחֱזֶה פָנֶיךָ אֶשְׂבְּעָה בְהָקִיץ
תְּמוּנָתֶךָ:

Psaume 18

Tehilim du Dimanche - Tehilim du jour: jour 3

Il est composé en forme de Chira, chant qui rappelle le cantique de la mer entonné par Moché rabbénou après la traversée miraculeuse de la mer des joncs. Déborah interprétera une belle poésie dans le Livre des Juges (Ch.5) après sa victoire contre Sissera, général cananéen. Enfin David à son tour remerciera D. de l'avoir préservé de ses ennemis et de celui qui fut son beau-père le plus hargneux, Saül. 51 versets de louanges qui glorifient D. tant les épreuves furent rudes, acharnées et surtout incertaines dans leur conclusion. Nous trouvons dans Samuel II ch.22 le même cantique avec quelques variantes dont la plus importante est marquée par ce qui suit. La tradition a retenu le dernier verset pour parachever les actions de grâce (Bircat Hamazone). Dans ce psaume on lit Magdil, signifiant que D. multiplie les délivrances. Il est rappelé tous les jours de la semaine. Dans

l'autre mouture du livre de Samuel on trouve: Migdol (Le Nom de D. s'affermit). Il est préféré pour le Chabbat et les fêtes.

- Pour se protéger contre les hommes mauvais
- Pour se protéger contre les hommes puissants

ג לחודש - ליום ראשון
פרק יח

א לַמְנַצֵּחַ ׀ לְעֶבֶד יְהֹוָה לְדָוִד אֲשֶׁר דִּבֶּר ׀ לַיהֹוָה אֶת־דִּבְרֵי הַשִּׁירָה הַזֹּאת בְּיוֹם הִצִּיל־יְהֹוָה אוֹתוֹ מִכַּף כָּל־אֹיְבָיו וּמִיַּד שָׁאוּל: ב וַיֹּאמַר אֶרְחָמְךָ יְהֹוָה חִזְקִי: ג יְהֹוָה ׀ סַלְעִי וּמְצוּדָתִי וּמְפַלְטִי אֵלִי צוּרִי אֶחֱסֶה־בּוֹ מָגִנִּי וְקֶרֶן־יִשְׁעִי מִשְׂגַּבִּי: ד מְהֻלָּל אֶקְרָא יְהֹוָה וּמִן־אֹיְבַי אִוָּשֵׁעַ: ה אֲפָפוּנִי חֶבְלֵי־מָוֶת וְנַחֲלֵי בְלִיַּעַל יְבַעֲתוּנִי: ו חֶבְלֵי שְׁאוֹל סְבָבוּנִי קִדְּמוּנִי מוֹקְשֵׁי מָוֶת: ז בַּצַּר־לִי ׀ אֶקְרָא יְהֹוָה וְאֶל־אֱלֹהַי אֲשַׁוֵּעַ יִשְׁמַע מֵהֵיכָלוֹ קוֹלִי וְשַׁוְעָתִי לְפָנָיו ׀ תָּבוֹא בְאָזְנָיו: ח וַתִּגְעַשׁ וַתִּרְעַשׁ ׀ הָאָרֶץ וּמוֹסְדֵי הָרִים יִרְגָּזוּ וַיִּתְגָּעֲשׁוּ כִּי־חָרָה לוֹ: ט עָלָה עָשָׁן ׀ בְּאַפּוֹ וְאֵשׁ־מִפִּיו תֹּאכֵל גֶּחָלִים בָּעֲרוּ מִמֶּנּוּ: י וַיֵּט שָׁמַיִם וַיֵּרַד וַעֲרָפֶל תַּחַת רַגְלָיו: יא וַיִּרְכַּב עַל־כְּרוּב וַיָּעֹף וַיֵּדֶא עַל־כַּנְפֵי־רוּחַ: יב יָשֶׁת חֹשֶׁךְ ׀ סִתְרוֹ סְבִיבוֹתָיו סֻכָּתוֹ חֶשְׁכַת־מַיִם עָבֵי שְׁחָקִים: יג מִנֹּגַהּ נֶגְדּוֹ עָבָיו עָבְרוּ בָּרָד וְגַחֲלֵי־אֵשׁ: יד וַיַּרְעֵם בַּשָּׁמַיִם ׀ יְהֹוָה וְעֶלְיוֹן יִתֵּן קֹלוֹ בָּרָד וְגַחֲלֵי־אֵשׁ: טו וַיִּשְׁלַח חִצָּיו וַיְפִיצֵם וּבְרָקִים רָב וַיְהֻמֵּם: טז וַיֵּרָאוּ ׀ אֲפִיקֵי מַיִם וַיִּגָּלוּ מוֹסְדוֹת תֵּבֵל מִגַּעֲרָתְךָ יְהֹוָה מִנִּשְׁמַת רוּחַ אַפֶּךָ: יז יִשְׁלַח מִמָּרוֹם יִקָּחֵנִי יַמְשֵׁנִי מִמַּיִם רַבִּים: יח יַצִּילֵנִי מֵאֹיְבִי עָז וּמִשֹּׂנְאַי כִּי־אָמְצוּ מִמֶּנִּי: יט יְקַדְּמוּנִי בְיוֹם־אֵידִי וַיְהִי־יְהֹוָה לְמִשְׁעָן לִי: כ וַיּוֹצִיאֵנִי לַמֶּרְחָב יְחַלְּצֵנִי כִּי חָפֵץ בִּי: כא יִגְמְלֵנִי יְהֹוָה כְּצִדְקִי כְּבֹר יָדַי יָשִׁיב לִי: כב כִּי־שָׁמַרְתִּי דַּרְכֵי יְהֹוָה וְלֹא־רָשַׁעְתִּי מֵאֱלֹהָי: כג כִּי כָל־מִשְׁפָּטָיו לְנֶגְדִּי וְחֻקֹּתָיו לֹא־אָסִיר מֶנִּי: כד וָאֱהִי תָמִים עִמּוֹ וָאֶשְׁתַּמֵּר מֵעֲוֹנִי: כה וַיָּשֶׁב־יְהֹוָה לִי כְצִדְקִי כְּבֹר יָדַי לְנֶגֶד עֵינָיו: כו עִם־חָסִיד תִּתְחַסָּד עִם־גְּבַר תָּמִים תִּתַּמָּם: כז עִם־נָבָר תִּתְבָּרָר וְעִם־עִקֵּשׁ תִּתְפַּתָּל: כח כִּי־אַתָּה עַם־עָנִי תוֹשִׁיעַ וְעֵינַיִם רָמוֹת

תִּשְׁפִּיל: לֹּ כִּי־אַתָּה תָּאִיר נֵרִי יְהוָה אֱלֹהַי יַגִּיהַּ חָשְׁכִּי: לֹ
כִּי־בְךָ אָרֻץ גְּדוּד וּבֵאלֹהַי אֲדַלֶּג־שׁוּר: לֹא הָאֵל תָּמִים דַּרְכּוֹ
אִמְרַת־יְהוָה צְרוּפָה מָגֵן הוּא לְכֹל | הַחֹסִים בּוֹ: לֹב כִּי מִי
אֱלוֹהַּ מִבַּלְעֲדֵי יְהוָה וּמִי צוּר זוּלָתִי אֱלֹהֵינוּ: לֹג הָאֵל
הַמְאַזְּרֵנִי חָיִל וַיִּתֵּן תָּמִים דַּרְכִּי: לֹד מְשַׁוֶּה רַגְלַי כָּאַיָּלוֹת
וְעַל בָּמֹתַי יַעֲמִידֵנִי: לֹה מְלַמֵּד יָדַי לַמִּלְחָמָה וְנִחֲתָה קֶשֶׁת־
נְחוּשָׁה זְרוֹעֹתָי: לֹו וַתִּתֶּן־לִי מָגֵן יִשְׁעֶךָ וִימִינְךָ תִסְעָדֵנִי
וְעַנְוַתְךָ תַרְבֵּנִי: לֹז תַּרְחִיב צַעֲדִי תַחְתָּי וְלֹא מָעֲדוּ קַרְסֻלָּי:
לֹח אֶרְדּוֹף אוֹיְבַי וְאַשִּׂיגֵם וְלֹא־אָשׁוּב עַד־כַּלּוֹתָם: לֹט
אֶמְחָצֵם וְלֹא־יֻכְלוּ קוּם יִפְּלוּ תַּחַת רַגְלָי: מ וַתְּאַזְּרֵנִי חַיִל
לַמִּלְחָמָה תַּכְרִיעַ קָמַי תַּחְתָּי: מֹא וְאֹיְבַי נָתַתָּה לִּי עֹרֶף
וּמְשַׂנְאַי אַצְמִיתֵם: מֹב יְשַׁוְּעוּ וְאֵין־מוֹשִׁיעַ עַל־יְהוָה וְלֹא
עָנָם: מֹג וְאֶשְׁחָקֵם כְּעָפָר עַל־פְּנֵי־רוּחַ כְּטִיט חוּצוֹת
אֲרִיקֵם: מֹד תְּפַלְּטֵנִי מֵרִיבֵי עָם תְּשִׂימֵנִי לְרֹאשׁ גּוֹיִם עַם
לֹא־יָדַעְתִּי יַעַבְדוּנִי: מֹה לְשֵׁמַע אֹזֶן יִשָּׁמְעוּ לִי בְּנֵי־נֵכָר
יְכַחֲשׁוּ־לִי: מֹו בְּנֵי־נֵכָר יִבֹּלוּ וְיַחְרְגוּ מִמִּסְגְּרוֹתֵיהֶם: מֹז חַי־
יְהוָה וּבָרוּךְ צוּרִי וְיָרוּם אֱלוֹהֵי יִשְׁעִי: מֹח הָאֵל הַנּוֹתֵן
נְקָמוֹת לִי וַיַּדְבֵּר עַמִּים תַּחְתָּי: מֹט מְפַלְּטִי מֵאֹיְבָי אַף מִן־
קָמַי תְּרוֹמְמֵנִי מֵאִישׁ חָמָס תַּצִּילֵנִי: נ עַל־כֵּן | אוֹדְךָ בַגּוֹיִם
| יְהוָה וּלְשִׁמְךָ אֲזַמֵּרָה: נֹא (מִגְדֹּל) מַגְדִּיל יְשׁוּעוֹת מַלְכּוֹ
וְעֹשֶׂה חֶסֶד | לִמְשִׁיחוֹ לְדָוִד וּלְזַרְעוֹ עַד־עוֹלָם:

Psaume 19

Tehilim du Dimanche - Tehilim du jour: jour 3

Les sages recommandent ce psaume le Chabbat et les fêtes
parce qu'il parle de la grandeur de D. aussi bien dans les
cieux ou plutôt le Cosmos. Le soleil est un élément essentiel
pour la Terre et ses habitants. L'orfèvre en l'occurrence D. a
régi l'univers de telle sorte que chaque élément a sa place
essentielle dans la marche du temps.

- Pour la sagesse et la bonté
- Pour un bon accouchement

ג לחודש - ליום ראשון

פרק יט
א לַמְנַצֵּחַ מִזְמוֹר לְדָוִד: ב הַשָּׁמַיִם מְסַפְּרִים כְּבוֹד-אֵל
וּמַעֲשֵׂה יָדָיו מַגִּיד הָרָקִיעַ: ג יוֹם לְיוֹם יַבִּיעַ אֹמֶר וְלַיְלָה
לְּלַיְלָה יְחַוֶּה-דָּעַת: ד אֵין-אֹמֶר וְאֵין דְּבָרִים בְּלִי נִשְׁמָע
קוֹלָם: ה בְּכָל-הָאָרֶץ | יָצָא קַוָּם וּבִקְצֵה תֵבֵל מִלֵּיהֶם
לַשֶּׁמֶשׁ שָׂם-אֹהֶל בָּהֶם: ו וְהוּא כְּחָתָן יֹצֵא מֵחֻפָּתוֹ יָשִׂישׂ
כְּגִבּוֹר לָרוּץ אֹרַח: ז מִקְצֵה הַשָּׁמַיִם | מוֹצָאוֹ וּתְקוּפָתוֹ
עַל-קְצוֹתָם וְאֵין נִסְתָּר מֵחַמָּתוֹ: ח תּוֹרַת יְהוָה תְּמִימָה
מְשִׁיבַת נָפֶשׁ עֵדוּת יְהוָה נֶאֱמָנָה מַחְכִּימַת פֶּתִי: ט פִּקּוּדֵי
יְהוָה יְשָׁרִים מְשַׂמְּחֵי-לֵב מִצְוַת יְהוָה בָּרָה מְאִירַת עֵינָיִם:
י יִרְאַת יְהוָה | טְהוֹרָה עוֹמֶדֶת לָעַד מִשְׁפְּטֵי-יְהוָה אֱמֶת
צָדְקוּ יַחְדָּו: יא הַנֶּחֱמָדִים מִזָּהָב וּמִפַּז רָב וּמְתוּקִים מִדְּבַשׁ
וְנֹפֶת צוּפִים: יב גַּם-עַבְדְּךָ נִזְהָר בָּהֶם בְּשָׁמְרָם עֵקֶב רָב: יג
שְׁגִיאוֹת מִי-יָבִין מִנִּסְתָּרוֹת נַקֵּנִי: יד גַּם מִזֵּדִים | חֲשֹׂךְ
עַבְדֶּךָ אַל-יִמְשְׁלוּ-בִי אָז אֵיתָם וְנִקֵּיתִי מִפֶּשַׁע רָב: טו יִהְיוּ
לְרָצוֹן | אִמְרֵי-פִי וְהֶגְיוֹן לִבִּי לְפָנֶיךָ יְהוָה צוּרִי וְגֹאֲלִי:

Psaume 20

Tehilim du Dimanche - Tehilim du jour: jour 3

Ce psaume de dix versets a été retenu par nos sages pour ses prodiges magnifiques. Lorsqu'on est menacé ou dans une situation de détresse, ils recommandent de le lire sept fois avec conviction et concentration. Les effets bénéfiques sont presque immédiats. Il est question de la présence divine lorsque justement des jours d'adversité nous guettent. D. agit en faveur de tous ceux qui font appel à son secours. Nous retrouvons souvent ce thème dans d'autres psaumes.

- Pour les malades
- Pour un bon jugement
- Pour finir à bien un projet

ג לחודש - ליום ראשון

פרק כ
א לַמְנַצֵּחַ מִזְמוֹר לְדָוִד: ב יַעַנְךָ יְהוָה בְּיוֹם צָרָה יְשַׂגֶּבְךָ שֵׁם
| אֱלֹהֵי יַעֲקֹב: ג יִשְׁלַח-עֶזְרְךָ מִקֹּדֶשׁ וּמִצִּיּוֹן יִסְעָדֶךָּ: ד יִזְכֹּר

כָּל-מִנְחֹתֶךָ וְעוֹלָתְךָ יְדַשְּׁנֶה סֶלָה: ה יִתֶּן-לְךָ כִלְבָבֶךָ וְכָל-
עֲצָתְךָ יְמַלֵּא: ו נְרַנְּנָה | בִּישׁוּעָתֶךָ וּבְשֵׁם-אֱלֹהֵינוּ נִדְגֹּל
יְמַלֵּא יְהוָה כָּל-מִשְׁאֲלוֹתֶיךָ: ז עַתָּה יָדַעְתִּי כִּי הוֹשִׁיעַ |
יְהוָה מְשִׁיחוֹ יַעֲנֵהוּ מִשְּׁמֵי קָדְשׁוֹ בִּגְבֻרוֹת יֵשַׁע יְמִינוֹ: ח
אֵלֶּה בָרֶכֶב וְאֵלֶּה בַסּוּסִים וַאֲנַחְנוּ | בְּשֵׁם-יְהוָה אֱלֹהֵינוּ
נַזְכִּיר: ט הֵמָּה כָּרְעוּ וְנָפָלוּ וַאֲנַחְנוּ קַּמְנוּ וַנִּתְעוֹדָד: י יְהוָה
הוֹשִׁיעָה הַמֶּלֶךְ יַעֲנֵנוּ בְיוֹם-קָרְאֵנוּ:

Psaume 21

Tehilim du Dimanche - Tehilim du jour: jour 3

La célébration de la vie semble le principal thème de ce psaume de 14 versets. Il va s'en dire que la vie terrestre est un cadeau inestimable. Mais les rabbins pensent à la résurrection des morts au temps du Machiah, une des bases fondamentales de tout croyant.

- Avant d'aller devant une autorité

ג לחודש - ליום ראשון

פרק כא

א לַמְנַצֵּחַ מִזְמוֹר לְדָוִד: ב יְהוָה בְּעָזְּךָ יִשְׂמַח-מֶלֶךְ
וּבִישׁוּעָתְךָ מַה-יָּגֶיל מְאֹד: ג תַּאֲוַת לִבּוֹ נָתַתָּה לּוֹ וַאֲרֶשֶׁת
שְׂפָתָיו בַּל-מָנַעְתָּ סֶּלָה: ד כִּי-תְקַדְּמֶנּוּ בִּרְכוֹת טוֹב תָּשִׁית
לְרֹאשׁוֹ עֲטֶרֶת פָּז: ה חַיִּים | שָׁאַל מִמְּךָ נָתַתָּה לּוֹ אֹרֶךְ
יָמִים עוֹלָם וָעֶד: ו גָּדוֹל כְּבוֹדוֹ בִּישׁוּעָתֶךָ הוֹד וְהָדָר תְּשַׁוֶּה
עָלָיו: ז כִּי-תְשִׁיתֵהוּ בְרָכוֹת לָעַד תְּחַדֵּהוּ בְשִׂמְחָה אֶת-
פָּנֶיךָ: ח כִּי-הַמֶּלֶךְ בֹּטֵחַ בַּיהוָה וּבְחֶסֶד עֶלְיוֹן בַּל-יִמּוֹט: ט
תִּמְצָא יָדְךָ לְכָל-אֹיְבֶיךָ יְמִינְךָ תִּמְצָא שֹׂנְאֶיךָ: י תְּשִׁיתֵמוֹ |
כְּתַנּוּר אֵשׁ לְעֵת פָּנֶיךָ יְהוָה בְּאַפּוֹ יְבַלְּעֵם וְתֹאכְלֵם אֵשׁ:
יא פִּרְיָמוֹ מֵאֶרֶץ תְּאַבֵּד וְזַרְעָם מִבְּנֵי אָדָם: יב כִּי-נָטוּ עָלֶיךָ
רָעָה חָשְׁבוּ מְזִמָּה בַּל-יוּכָלוּ: יג כִּי תְּשִׁיתֵמוֹ שֶׁכֶם בְּמֵיתָרֶיךָ
תְּכוֹנֵן עַל-פְּנֵיהֶם: יד רוּמָה יְהוָה בְּעֻזֶּךָ נָשִׁירָה וּנְזַמְּרָה
גְּבוּרָתֶךָ:

Psaume 22

Tehilim du Dimanche - Tehilim du jour: jour 3

Cet hymne a été choisi pour être lu au cours des célébrations de Pourim. Les Vingt-deux versets ne parlent ni d'Esther ni de Mordéhaï. Les deux personnages centraux avaient la certitude d'être responsables de leurs malheurs. Ils se sont alors adressés au Saint-Béni-Soit-il par cette supplique: «Mon D., Mon D., pourquoi m'as-Tu abandonné»?
L'attache de D. aux enfants des patriarches n'est pas un vain mot. Il produit l'effet escompté. La sauvegarde de cette nation dépasse les événements temporels.

- Contre le chagrin
- Contre tous maux

ג לחודש - ליום ראשון

פרק כב

א לַֽמְנַצֵּ֭חַ עַל-אַיֶּ֥לֶת הַשַּׁ֗חַר מִזְמ֥וֹר לְדָוִֽד: ב אֵלִ֣י אֵ֭לִי לָמָ֣ה
עֲזַבְתָּ֑נִי רָח֥וֹק מִֽ֝ישׁוּעָתִ֗י דִּבְרֵ֥י שַׁאֲגָתִֽי: ג אֱֽלֹהַ֗י אֶקְרָ֣א
י֭וֹמָם וְלֹ֣א תַעֲנֶ֑ה וְ֝לַ֗יְלָה וְֽלֹא-דֽוּמִיָּ֥ה לִֽי: ד וְאַתָּ֥ה קָד֑וֹשׁ
י֝וֹשֵׁ֗ב תְּהִלּ֥וֹת יִשְׂרָאֵֽל: ה בְּ֭ךָ בָּטְח֣וּ אֲבֹתֵ֑ינוּ בָּ֝טְח֗וּ
וַֽתְּפַלְּטֵֽמוֹ: ו אֵלֶ֣יךָ זָעֲק֣וּ וְנִמְלָ֑טוּ בְּךָ֖ בָטְח֣וּ וְלֹא-בֽוֹשׁוּ: ז
וְאָנֹכִ֣י תוֹלַ֣עַת וְלֹא-אִ֑ישׁ חֶרְפַּ֥ת אָ֝דָ֗ם וּבְז֥וּי עָֽם: ח כָּל-רֹ֭אַי
יַלְעִ֣גוּ לִ֑י יַפְטִ֥ירוּ בְ֝שָׂפָ֗ה יָנִ֥יעוּ רֹֽאשׁ: ט גֹּ֣ל אֶל-יְהוָ֣ה
יְפַלְּטֵ֑הוּ יַ֝צִּילֵ֗הוּ כִּ֘י חָ֥פֵֽץ בּֽוֹ: י כִּֽי-אַתָּ֣ה גֹחִ֣י מִבָּ֑טֶן מַ֝בְטִיחִ֗י
עַל-שְׁדֵ֥י אִמִּֽי: יא עָ֭לֶיךָ הָשְׁלַ֣כְתִּי מֵרָ֑חֶם מִבֶּ֥טֶן אִ֝מִּ֗י אֵ֣לִי
אָֽתָּה: יב אַל-תִּרְחַ֣ק מִ֭מֶּנִּי כִּי-צָרָ֣ה קְרוֹבָ֑ה כִּי-אֵ֥ין עוֹזֵֽר: יג
סְ֭בָבוּנִי פָּרִ֣ים רַבִּ֑ים אַבִּירֵ֖י בָשָׁ֣ן כִּתְּרֽוּנִי: יד פָּצ֣וּ עָלַ֣י פִּיהֶ֑ם
אַ֝רְיֵ֗ה טֹרֵ֥ף וְשֹׁאֵֽג: טו כַּמַּ֥יִם נִשְׁפַּכְתִּי֮ וְהִתְפָּֽרְד֗וּ כָּֽל-עַצְמ֫וֹתָ֥י
הָיָ֣ה לִ֭בִּי כַּדּוֹנָ֑ג נָ֝מֵ֗ס בְּת֣וֹךְ מֵעָֽי: טז יָ֘בֵ֤שׁ כַּחֶ֨רֶשׂ ׀ כֹּ֗חִי
וּ֭לְשׁוֹנִי מֻדְבָּ֣ק מַלְקוֹחָ֑י וְֽלַעֲפַר-מָ֥וֶת תִּשְׁפְּתֵֽנִי: יז כִּ֥י סְבָב֗וּנִי
כְּלָ֫בִ֥ים עֲדַ֣ת מְ֭רֵעִים הִקִּיפ֑וּנִי כָּ֝אֲרִ֗י יָדַ֥י וְרַגְלָֽי: יח אֲסַפֵּ֥ר
כָּל-עַצְמוֹתָ֑י הֵ֥מָּה יַ֝בִּ֗יטוּ יִרְאוּ-בִֽי: יט יְחַלְּק֣וּ בְגָדַ֣י לָהֶ֑ם
וְעַל-לְ֝בוּשִׁ֗י יַפִּ֥ילוּ גוֹרָֽל: כ וְאַתָּ֣ה יְ֭הוָה אַל-תִּרְחָ֑ק אֱ֝יָלוּתִ֗י
לְעֶזְרָ֥תִי חֽוּשָׁה: כא הַצִּ֣ילָה מֵחֶ֣רֶב נַפְשִׁ֑י מִיַּד-כֶּ֝֗לֶב יְחִידָתִֽי:

כב הֽוֹשִׁיעֵנִי מִפִּי אַרְיֵה וּמִקַּרְנֵי רֵמִים עֲנִיתָֽנִי׃ כג אֲסַפְּרָה
שִׁמְךָ לְאֶחָי בְּתוֹךְ קָהָל אֲהַלְלֶֽךָּ׃ כד יִרְאֵי יְהוָה ׀ הַֽלְלוּהוּ
כָּל־זֶרַע יַעֲקֹב כַּבְּדוּהוּ וְגוּרוּ מִמֶּנּוּ כָּל־זֶרַע יִשְׂרָאֵֽל׃ כה כִּי
לֹא־בָזָה וְלֹא שִׁקַּץ עֱנוּת עָנִי וְלֹא־הִסְתִּיר פָּנָיו מִמֶּנּוּ
וּֽבְשַׁוְּעוֹ אֵלָיו שָׁמֵֽעַ׃ כו מֵאִתְּךָ תְּֽהִלָּתִי בְּקָהָל רָב נְדָרַי
אֲשַׁלֵּם נֶגֶד יְרֵאָֽיו׃ כז יֹאכְלוּ עֲנָוִים ׀ וְיִשְׂבָּעוּ יְהַלְלוּ יְהוָה
דֹּרְשָׁיו יְחִי לְבַבְכֶם לָעַֽד׃ כח יִזְכְּרוּ ׀ וְיָשֻׁבוּ אֶל־יְהוָה כָּל־
אַפְסֵי־אָרֶץ וְיִֽשְׁתַּחֲווּ לְפָנֶיךָ כָּל־מִשְׁפְּחוֹת גּוֹיִֽם׃ כט כִּי
לַיהוָה הַמְּלוּכָה וּמֹשֵׁל בַּגּוֹיִֽם׃ ל אָכְלוּ וַיִּֽשְׁתַּחֲוּוּ ׀ כָּל־
דִּשְׁנֵי־אֶרֶץ לְפָנָיו יִכְרְעוּ כָּל־יוֹרְדֵי עָפָר וְנַפְשׁוֹ לֹא חִיָּֽה׃ לא
זֶרַע יַֽעַבְדֶנּוּ יְסֻפַּר לַאדֹנָי לַדּֽוֹר׃ לב יָבֹאוּ וְיַגִּידוּ צִדְקָתוֹ
לְעַם נוֹלָד כִּי עָשָֽׂה׃

Psaume 23

Tehilim du Dimanche - Tehilim du jour: jour 4

Six versets rappellent le premier métier de David, berger. C'est aussi une des affinités divines. Jacob et Moché l'ont été. Mais l'agneau ou la brebis, petit bétail fragile et exposé à tous les dangers, ce sont les serviteurs de D., et notamment l'illustre Roi. Il a pu traverser son temps grâce à la présence du Pâtre à tous les instants.

- Pour expliquer un rêve
- Trouver une explication

ד לחודש - ליום ראשון

פרק כג

א מִזְמוֹר לְדָוִד יְהוָה רֹעִי לֹא אֶחְסָֽר׃ ב בִּנְאוֹת דֶּשֶׁא
יַרְבִּיצֵנִי עַל־מֵי מְנֻחוֹת יְנַהֲלֵֽנִי׃ ג נַפְשִׁי יְשׁוֹבֵב יַנְחֵנִי
בְמַעְגְּלֵי־צֶדֶק לְמַעַן שְׁמֽוֹ׃ ד גַּם כִּֽי־אֵלֵךְ בְּגֵיא צַלְמָוֶת לֹא־
אִירָא רָע כִּי־אַתָּה עִמָּדִי שִׁבְטְךָ וּמִשְׁעַנְתֶּךָ הֵמָּה יְנַֽחֲמֻֽנִי׃
ה תַּעֲרֹךְ לְפָנַי ׀ שֻׁלְחָן נֶגֶד צֹרְרָי דִּשַּׁנְתָּ בַשֶּׁמֶן רֹאשִׁי כּוֹסִי
רְוָיָה׃ ו אַךְ ׀ טוֹב וָחֶסֶד יִרְדְּפוּנִי כָּל־יְמֵי חַיָּי וְשַׁבְתִּי בְּבֵית־
יְהוָה לְאֹרֶךְ יָמִים׃

Psaume 24

Tehilim du Dimanche - Tehilim du jour: jour 4

Les rabbins ont choisi ce psaume de dix versets comme une parade aux difficultés économiques. Il est vain de croire que nos efforts seuls trouveront la solution aux crises qui secouent le monde agricole ou globalement la subsistance des êtres humains.
D. n'est pas confiné dans les cieux. La Terre et tout ce qu'elle contient Lui appartiennent.
Les nantis savent que leur richesse, intrinsèquement, n'est pas le fruit de leur labeur exclusif. D. y a contribué même si certains le nient farouchement.

- Pour être sauvé d'une inondation

ד לחודש - ליום ראשון

פרק כד

א לְדָוִד מִזְמוֹר לַיהוָה הָאָרֶץ וּמְלוֹאָהּ תֵּבֵל וְיֹשְׁבֵי בָהּ: ב
כִּי-הוּא עַל-יַמִּים יְסָדָהּ וְעַל-נְהָרוֹת יְכוֹנְנֶהָ: ג מִי-יַעֲלֶה
בְהַר-יְהוָה וּמִי-יָקוּם בִּמְקוֹם קָדְשׁוֹ: ד נְקִי כַפַּיִם וּבַר-לֵבָב
אֲשֶׁר | לֹא-נָשָׂא לַשָּׁוְא (נפשו) נַפְשִׁי וְלֹא נִשְׁבַּע לְמִרְמָה: ה
יִשָּׂא בְרָכָה מֵאֵת יְהוָה וּצְדָקָה מֵאֱלֹהֵי יִשְׁעוֹ: ו זֶה דּוֹר
(דרשו) דֹּרְשָׁיו מְבַקְשֵׁי פָנֶיךָ יַעֲקֹב סֶלָה: ז שְׂאוּ שְׁעָרִים |
רָאשֵׁיכֶם וְהִנָּשְׂאוּ פִּתְחֵי עוֹלָם וְיָבוֹא מֶלֶךְ הַכָּבוֹד: ח מִי
זֶה מֶלֶךְ הַכָּבוֹד יְהוָה עִזּוּז וְגִבּוֹר יְהוָה גִּבּוֹר מִלְחָמָה: ט
שְׂאוּ שְׁעָרִים | רָאשֵׁיכֶם וּשְׂאוּ פִּתְחֵי עוֹלָם וְיָבֹא מֶלֶךְ
הַכָּבוֹד: י מִי הוּא זֶה מֶלֶךְ הַכָּבוֹד יְהוָה צְבָאוֹת הוּא מֶלֶךְ
הַכָּבוֹד סֶלָה:

Psaume 25

Tehilim du Dimanche - Tehilim du jour: jour 4

Le précédent psaume et ceux qui suivent commencent par cette interpellation: «Lédavid». En effet le Roi David aborde des thèmes qui lui sont familiers. Ici il s'agit de marcher dans les voies multiples non évidentes et qui n'ont pas souvent

d'issue. Il est difficile après de rebrousser chemin. Si D. con-
duit l'être dans la voie la plus droite, il y a gain de temps qui
sera utilisé pour d'autres actions positives.
C'est le premier psaume qui respecte l'ordre chronologique
de l'Alphabet hébraïque. Il est lu tous les jours en dehors du
Chabbat et des jours sans supplications.

- Conjurer le malheur

ד לחודש - ליום ראשון
פרק כה

א לְדָוִד אֵלֶיךָ יְהֹוָה נַפְשִׁי אֶשָּׂא: ב אֱלֹהַי בְּךָ בָטַחְתִּי אַל-
אֵבוֹשָׁה אַל-יַעַלְצוּ אֹיְבַי לִי: ג גַּם כָּל-קֹוֶיךָ לֹא יֵבֹשׁוּ יֵבֹשׁוּ
הַבּוֹגְדִים רֵיקָם: ד דְּרָכֶיךָ יְהֹוָה הוֹדִיעֵנִי אֹרְחוֹתֶיךָ לַמְּדֵנִי:
ה הַדְרִיכֵנִי בַאֲמִתֶּךָ | וְלַמְּדֵנִי כִּי-אַתָּה אֱלֹהֵי יִשְׁעִי אוֹתְךָ
קִוִּיתִי כָּל-הַיּוֹם: ו זְכֹר-רַחֲמֶיךָ יְהֹוָה וַחֲסָדֶיךָ כִּי מֵעוֹלָם
הֵמָּה: ז חַטֹּאות נְעוּרַי | וּפְשָׁעַי אַל-תִּזְכֹּר כְּחַסְדְּךָ זְכָר-לִי-
אַתָּה לְמַעַן טוּבְךָ יְהֹוָה: ח טוֹב-וְיָשָׁר יְהֹוָה עַל-כֵּן יוֹרֶה
חַטָּאִים בַּדָּרֶךְ: ט יַדְרֵךְ עֲנָוִים בַּמִּשְׁפָּט וִילַמֵּד עֲנָוִים דַּרְכּוֹ:
י כָּל-אָרְחוֹת יְהֹוָה חֶסֶד וֶאֱמֶת לְנֹצְרֵי בְרִיתוֹ וְעֵדֹתָיו: יא
לְמַעַן-שִׁמְךָ יְהֹוָה וְסָלַחְתָּ לַעֲוֹנִי כִּי רַב-הוּא: יב מִי-זֶה
הָאִישׁ יְרֵא יְהֹוָה יוֹרֶנּוּ בְּדֶרֶךְ יִבְחָר: יג נַפְשׁוֹ בְּטוֹב תָּלִין
וְזַרְעוֹ יִירַשׁ אָרֶץ: יד סוֹד יְהֹוָה לִירֵאָיו וּבְרִיתוֹ לְהוֹדִיעָם:
טו עֵינַי תָּמִיד אֶל-יְהֹוָה כִּי הוּא-יוֹצִיא מֵרֶשֶׁת רַגְלָי: טז פְּנֵה-
אֵלַי וְחָנֵּנִי כִּי-יָחִיד וְעָנִי אָנִי: יז צָרוֹת לְבָבִי הִרְחִיבוּ
מִמְּצוּקוֹתַי הוֹצִיאֵנִי: יח רְאֵה עָנְיִי וַעֲמָלִי וְשָׂא לְכָל-
חַטֹּאותָי: יט רְאֵה-אוֹיְבַי כִּי-רָבּוּ וְשִׂנְאַת חָמָס שְׂנֵאוּנִי:
כ שָׁמְרָה נַפְשִׁי וְהַצִּילֵנִי אַל-אֵבוֹשׁ כִּי-חָסִיתִי בָךְ: כא תָּם-
וָיֹשֶׁר יִצְּרוּנִי כִּי קִוִּיתִיךָ: כב פְּדֵה אֱלֹהִים אֶת-יִשְׂרָאֵל מִכֹּל
צָרוֹתָיו:

Psaume 26

Tehilim du Dimanche - Tehilim du jour: jour 4

David demande à D. de le mettre à l'épreuve. Ailleurs
(Psaume 143) il dit le contraire sachant que personne ne peut
prétendre aborder le jugement divin sans appréhension. En

réalité, Le Roi ose se comparer aux impies. Il est persuadé que son comportement exemplaire l'emportera très largement. Par contre, il est plus réservé s'il doit se mesurer à d'autres justes.

- Contre le danger et le malheur

ד לחודש - ליום ראשון

פרק כו

א לְדָוִד ׀ שָׁפְטֵנִי יְהוָה כִּי־אֲנִי בְּתֻמִּי הָלַכְתִּי וּבַיהוָה
בָּטַחְתִּי לֹא אֶמְעָד: ב בְּחָנֵנִי יְהוָה וְנַסֵּנִי (צרופה) צָרְפָה
כִלְיוֹתַי וְלִבִּי: ג כִּי־חַסְדְּךָ לְנֶגֶד עֵינָי וְהִתְהַלַּכְתִּי בַּאֲמִתֶּךָ: ד
לֹא־יָשַׁבְתִּי עִם־מְתֵי־שָׁוְא וְעִם נַעֲלָמִים לֹא אָבוֹא: ה
שָׂנֵאתִי קְהַל מְרֵעִים וְעִם־רְשָׁעִים לֹא אֵשֵׁב: ו אֶרְחַץ
בְּנִקָּיוֹן כַּפָּי וַאֲסֹבְבָה אֶת־מִזְבַּחֲךָ יְהוָה: ז לַשְׁמִעַ בְּקוֹל
תּוֹדָה וּלְסַפֵּר כָּל־נִפְלְאוֹתֶיךָ: ח יְהוָה אָהַבְתִּי מְעוֹן בֵּיתֶךָ
וּמְקוֹם מִשְׁכַּן כְּבוֹדֶךָ: ט אַל־תֶּאֱסֹף עִם־חַטָּאִים נַפְשִׁי וְעִם־
אַנְשֵׁי דָמִים חַיָּי: י אֲשֶׁר־בִּידֵיהֶם זִמָּה וִימִינָם מָלְאָה
שֹּׁחַד: יא וַאֲנִי בְּתֻמִּי אֵלֵךְ פְּדֵנִי וְחָנֵּנִי: יב רַגְלִי עָמְדָה
בְמִישׁוֹר בְּמַקְהֵלִים אֲבָרֵךְ יְהוָה:

Psaume 27

Tehilim du Dimanche - Tehilim du jour: jour 4

Ce psaume de quatorze versets est célèbre. Dans les communautés séfarades il est lu tous les soirs avant Arvit. En outre, il conclut l'office du matin pendant les quarante jours qui séparent le premier Eloul à Kippour. Loulé est l'anicroche de Eloul (verset 13), époque de suppliques avant le Jour du Jugement.

Le roi David aurait composé ce psaume à la fin de sa vie. Il est question de jour et de nuit, du temps présent et du départ de ce monde. Qui aura le mérite d'être «éclairé» après la mort? Ce sont ces questions qui nous taraudent soit le soir avant de dormir soit au crépuscule de l'existence.

- Contre les bêtes sauvages

ד לחודש - ליום ראשון
פרק כז

א לְדָוִד ׀ יְהוָה ׀ אוֹרִי וְיִשְׁעִי מִמִּי אִירָא יְהוָה מָעוֹז-חַיַּי
מִמִּי אֶפְחָד: ב בִּקְרֹב עָלַי ׀ מְרֵעִים לֶאֱכֹל אֶת-בְּשָׂרִי צָרַי
וְאֹיְבַי לִי הֵמָּה כָשְׁלוּ וְנָפָלוּ: ג אִם-תַּחֲנֶה עָלַי ׀ מַחֲנֶה לֹא-
יִירָא לִבִּי אִם-תָּקוּם עָלַי מִלְחָמָה בְּזֹאת אֲנִי בוֹטֵחַ: ד
אַחַת ׀ שָׁאַלְתִּי מֵאֵת-יְהוָה אוֹתָהּ אֲבַקֵּשׁ שִׁבְתִּי בְּבֵית-
יְהוָה כָּל-יְמֵי חַיַּי לַחֲזוֹת בְּנֹעַם-יְהוָה וּלְבַקֵּר בְּהֵיכָלוֹ: ה כִּי
יִצְפְּנֵנִי ׀ בְּסֻכֹּה בְּיוֹם רָעָה יַסְתִּרֵנִי בְּסֵתֶר אָהֳלוֹ בְּצוּר
יְרוֹמְמֵנִי: ו וְעַתָּה יָרוּם רֹאשִׁי עַל אֹיְבַי סְבִיבוֹתַי וְאֶזְבְּחָה
בְאָהֳלוֹ זִבְחֵי תְרוּעָה אָשִׁירָה וַאֲזַמְּרָה לַיהוָה: ז שְׁמַע-
יְהוָה קוֹלִי אֶקְרָא וְחָנֵּנִי וַעֲנֵנִי: ח לְךָ ׀ אָמַר לִבִּי בַּקְּשׁוּ פָנָי
אֶת-פָּנֶיךָ יְהוָה אֲבַקֵּשׁ: ט אַל-תַּסְתֵּר פָּנֶיךָ ׀ מִמֶּנִּי אַל-תַּט-
בְּאַף עַבְדֶּךָ עֶזְרָתִי הָיִיתָ אַל-תִּטְּשֵׁנִי וְאַל-תַּעַזְבֵנִי אֱלֹהֵי
יִשְׁעִי: י כִּי-אָבִי וְאִמִּי עֲזָבוּנִי וַיהוָה יַאַסְפֵנִי: יא הוֹרֵנִי יְהוָה
דַּרְכֶּךָ וּנְחֵנִי בְּאֹרַח מִישׁוֹר לְמַעַן שׁוֹרְרָי: יב אַל-תִּתְּנֵנִי
בְּנֶפֶשׁ צָרָי כִּי קָמוּ-בִי עֵדֵי-שֶׁקֶר וִיפֵחַ חָמָס: יג לוּלֵא
הֶאֱמַנְתִּי לִרְאוֹת בְּטוּב-יְהוָה בְּאֶרֶץ חַיִּים: יד קַוֵּה אֶל-יְהוָה
חֲזַק וְיַאֲמֵץ לִבֶּךָ וְקַוֵּה אֶל-יְהוָה:

Psaume 28

Tehilim du Dimanche - Tehilim du jour: jour 4

On peut supposer que ce psaume a été dédié à David par un poète anonyme ou comme les autres c'est le Roi lui-même qui l'a composé (d'après Abraham Iben Ezra). Le Rocher est une des appellations divines souvent utilisées lorsque l'homme est plongé dans une détresse inexpliquée. Le secours ne touche pas l'individu. Il se propage à tout le peuple d'Israël.

- Pour qu'une prière soit acceptée
- Pour faire la paix avec un ennemi

ד לחודש - ליום ראשון
פרק כח

א לְדָוִד אֵלֶיךָ יְהוָה | אֶקְרָא צוּרִי אַל-תֶּחֱרַשׁ מִמֶּנִּי פֶּן-
תֶּחֱשֶׁה מִמֶּנִּי וְנִמְשַׁלְתִּי עִם-יוֹרְדֵי בוֹר: ב שְׁמַע קוֹל
תַּחֲנוּנַי בְּשַׁוְּעִי אֵלֶיךָ בְּנָשְׂאִי יָדַי אֶל-דְּבִיר קָדְשֶׁךָ: ג אַל-
תִּמְשְׁכֵנִי עִם-רְשָׁעִים וְעִם-פֹּעֲלֵי אָוֶן דֹּבְרֵי שָׁלוֹם עִם-
רֵעֵיהֶם וְרָעָה בִּלְבָבָם: ד תֶּן-לָהֶם כְּפָעֳלָם וּכְרֹעַ מַעַלְלֵיהֶם
כְּמַעֲשֵׂה יְדֵיהֶם תֵּן לָהֶם הָשֵׁב גְּמוּלָם לָהֶם: ה כִּי לֹא יָבִינוּ
אֶל-פְּעֻלֹּת יְהוָה וְאֶל-מַעֲשֵׂה יָדָיו יֶהֶרְסֵם וְלֹא יִבְנֵם: ו
בָּרוּךְ יְהוָה כִּי-שָׁמַע קוֹל תַּחֲנוּנָי: ז יְהוָה | עֻזִּי וּמָגִנִּי בּוֹ
בָטַח לִבִּי וְנֶעֱזָרְתִּי וַיַּעֲלֹז לִבִּי וּמִשִּׁירִי אֲהוֹדֶנּוּ: ח יְהוָה עֹז-
לָמוֹ וּמָעוֹז יְשׁוּעוֹת מְשִׁיחוֹ הוּא: ט הוֹשִׁיעָה | אֶת-עַמֶּךָ
וּבָרֵךְ אֶת-נַחֲלָתֶךָ וּרְעֵם וְנַשְּׂאֵם עַד-הָעוֹלָם:

Psaume 29

Tehilim du Dimanche - Tehilim du jour: jour 5

Un des psaumes les plus célèbres parce que sa musicalité a attiré de nombreux compositeurs. Il est chanté le Vendredi soir avant Lékha Dodi, poème écrit par Chlomo Iben Gabriol pendant l'âge d'or espagnol, déclamant tendrement la fiancée Chabbat.

Onze versets qui contiennent sept fois le terme Kol, la voix, l'appel. On sait que D. fit entendre sa puissance voix en énonçant les deux premières paroles sur les dix sur le Mont Sinaï. Le peuple hébreu a demandé à Moché de devenir le «porte-parole» de D. et de faire entendre les huit commandements restants par son Kol, son organe humain.

- Pour prier contre l'esprit du mal

ה לחודש - ליום ראשון

פרק כט

א מִזְמוֹר לְדָוִד הָבוּ לַיהוָה בְּנֵי אֵלִים הָבוּ לַיהוָה כָּבוֹד
וָעֹז: ב הָבוּ לַיהוָה כְּבוֹד שְׁמוֹ הִשְׁתַּחֲווּ לַיהוָה בְּהַדְרַת-
קֹדֶשׁ: ג קוֹל יְהוָה עַל-הַמָּיִם אֵל-הַכָּבוֹד הִרְעִים יְהוָה עַל-
מַיִם רַבִּים: ד קוֹל-יְהוָה בַּכֹּחַ קוֹל יְהוָה בֶּהָדָר: ה קוֹל יְהוָה
שֹׁבֵר אֲרָזִים וַיְשַׁבֵּר יְהוָה אֶת-אַרְזֵי הַלְּבָנוֹן: ו וַיַּרְקִידֵם
כְּמוֹ-עֵגֶל לְבָנוֹן וְשִׂרְיֹן כְּמוֹ בֶן-רְאֵמִים: ז קוֹל-יְהוָה חֹצֵב

לַהֲבוֹת אֵשׁ: ח קוֹל יְהוָה יָחִיל מִדְבָּר יָחִיל יְהוָה מִדְבַּר
קָדֵשׁ: ט קוֹל יְהוָה | יְחוֹלֵל אַיָּלוֹת וַיֶּחֱשֹׂף יְעָרוֹת וּבְהֵיכָלוֹ
כֻּלּוֹ אֹמֵר כָּבוֹד: י יְהוָה לַמַּבּוּל יָשָׁב וַיֵּשֶׁב יְהוָה מֶלֶךְ
לְעוֹלָם: יא יְהוָה עֹז לְעַמּוֹ יִתֵּן יְהוָה | יְבָרֵךְ אֶת-עַמּוֹ
בַשָּׁלוֹם:

Psaume 30

Tehilim du Lundi - Tehilim du jour: jour 5

C'est Le roi Salomon qui construisit le premier Temple de Jérusalem. David son père a anticipé en entonnant ce psaume de treize versets. Il est toujours chanté à chaque fois qu'un appartement, une synagogue, un édifice religieux sont inaugurés. Il est aussi utilisé durant les huit jours de Hanoucca pour rappeler le miracle de la fiole d'huile et le rallumage du candélabre, signe de reprise des sacrifices dans le second Temple de Jérusalem. Il sera récité assurément lorsque le troisième Temple sera érigé définitivement.

- Contre toutes les mauvaises choses

ה לחודש - ליום שני
פרק ל

א מִזְמוֹר שִׁיר-חֲנֻכַּת הַבַּיִת לְדָוִד: ב אֲרוֹמִמְךָ יְהוָה כִּי
דִלִּיתָנִי וְלֹא-שִׂמַּחְתָּ אֹיְבַי לִי: ג יְהוָה אֱלֹהָי שִׁוַּעְתִּי אֵלֶיךָ
וַתִּרְפָּאֵנִי: ד יְהוָה הֶעֱלִיתָ מִן-שְׁאוֹל נַפְשִׁי חִיִּיתַנִי (מיורדי)
מִיָּרְדִי-בוֹר: ה זַמְּרוּ לַיהוָה חֲסִידָיו וְהוֹדוּ לְזֵכֶר קָדְשׁוֹ: ו כִּי
רֶגַע | בְּאַפּוֹ חַיִּים בִּרְצוֹנוֹ בָּעֶרֶב יָלִין בֶּכִי וְלַבֹּקֶר רִנָּה: ז
וַאֲנִי אָמַרְתִּי בְשַׁלְוִי בַּל-אֶמּוֹט לְעוֹלָם: ח יְהוָה בִּרְצוֹנְךָ
הֶעֱמַדְתָּה לְהַרְרִי עֹז הִסְתַּרְתָּ פָנֶיךָ הָיִיתִי נִבְהָל: ט אֵלֶיךָ
יְהוָה אֶקְרָא וְאֶל-אֲדֹנָי אֶתְחַנָּן: י מַה-בֶּצַע בְּדָמִי בְּרִדְתִּי
אֶל-שָׁחַת הֲיוֹדְךָ עָפָר הֲיַגִּיד אֲמִתֶּךָ: יא שְׁמַע-יְהוָה וְחָנֵּנִי
יְהוָה הֱיֵה-עֹזֵר לִי: יב הָפַכְתָּ מִסְפְּדִי לְמָחוֹל לִי פִּתַּחְתָּ שַׂקִּי
וַתְּאַזְּרֵנִי שִׂמְחָה: יג לְמַעַן | יְזַמֶּרְךָ כָבוֹד וְלֹא יִדֹּם יְהוָה
אֱלֹהַי לְעוֹלָם אוֹדֶךָּ:

Psaume 31

Tehilim du Lundi - Tehilim du jour: jour 5

Nous retrouvons dans ce psaume de 28 versets les thèmes chers au Roi David. D. est le rempart absolu contre les ennemis du Roi. Ils sont aussi les ennemis de D. et des justes d'Israël.

Il parle à la première personne du singulier sachant que ces suppliques peuvent être utilisées par quiconque qui se sent menacé par des personnes peu scrupuleuses.

- Contre le mauvais œil

ה לחודש - ליום שני

פרק לא

א לַמְנַצֵּחַ מִזְמוֹר לְדָוִד: ב בְּךָ יְהוָה חָסִיתִי אַל-אֵבוֹשָׁה
לְעוֹלָם בְּצִדְקָתְךָ פַלְּטֵנִי: ג הַטֵּה אֵלַי | אָזְנְךָ מְהֵרָה הַצִּילֵנִי
הֱיֵה לִי | לְצוּר-מָעוֹז לְבֵית מְצוּדוֹת לְהוֹשִׁיעֵנִי: ד כִּי-סַלְעִי
וּמְצוּדָתִי אָתָּה וּלְמַעַן שִׁמְךָ תַּנְחֵנִי וּתְנַהֲלֵנִי: ה תּוֹצִיאֵנִי
מֵרֶשֶׁת זוּ טָמְנוּ לִי כִּי-אַתָּה מָעוּזִּי: ו בְּיָדְךָ אַפְקִיד רוּחִי
פָּדִיתָה אוֹתִי יְהוָה אֵל אֱמֶת: ז שָׂנֵאתִי הַשֹּׁמְרִים הַבְלֵי-
שָׁוְא וַאֲנִי אֶל-יְהוָה בָּטָחְתִּי: ח אָגִילָה וְאֶשְׂמְחָה בְּחַסְדֶּךָ
אֲשֶׁר רָאִיתָ אֶת-עָנְיִי יָדַעְתָּ בְּצָרוֹת נַפְשִׁי: ט וְלֹא הִסְגַּרְתַּנִי
בְּיַד-אוֹיֵב הֶעֱמַדְתָּ בַמֶּרְחָב רַגְלָי: י חָנֵּנִי יְהוָה כִּי צַר-לִי
עָשְׁשָׁה בְכַעַס עֵינִי נַפְשִׁי וּבִטְנִי: יא כִּי כָלוּ בְיָגוֹן חַיַּי
וּשְׁנוֹתַי בַּאֲנָחָה כָּשַׁל בַּעֲוֹנִי כֹחִי וַעֲצָמַי עָשֵׁשׁוּ: יב מִכָּל-
צֹרְרַי הָיִיתִי חֶרְפָּה וְלִשְׁכֵנַי | מְאֹד וּפַחַד לִמְיֻדָּעָי רֹאַי
בַּחוּץ נָדְדוּ מִמֶּנִּי: יג נִשְׁכַּחְתִּי כְּמֵת מִלֵּב הָיִיתִי כִּכְלִי אֹבֵד:
יד כִּי שָׁמַעְתִּי | דִּבַּת רַבִּים מָגוֹר מִסָּבִיב בְּהִוָּסְדָם יַחַד עָלַי
לָקַחַת נַפְשִׁי זָמָמוּ: טו וַאֲנִי | עָלֶיךָ בָטַחְתִּי יְהוָה אָמַרְתִּי
אֱלֹהַי אָתָּה: טז בְּיָדְךָ עִתֹּתָי הַצִּילֵנִי מִיַּד-אוֹיְבַי וּמֵרֹדְפָי: יז
הָאִירָה פָנֶיךָ עַל-עַבְדֶּךָ הוֹשִׁיעֵנִי בְחַסְדֶּךָ: יח יְהוָה אַל-
אֵבוֹשָׁה כִּי קְרָאתִיךָ יֵבֹשׁוּ רְשָׁעִים יִדְּמוּ לִשְׁאוֹל: יט
תֵּאָלַמְנָה שִׂפְתֵי שָׁקֶר הַדֹּבְרוֹת עַל-צַדִּיק עָתָק בְּגַאֲוָה
וָבוּז: כ מָה רַב-טוּבְךָ אֲשֶׁר-צָפַנְתָּ לִּירֵאֶיךָ פָּעַלְתָּ לַחֹסִים
בָּךְ נֶגֶד בְּנֵי אָדָם: כא תַּסְתִּירֵם | בְּסֵתֶר פָּנֶיךָ מֵרֻכְסֵי אִישׁ

תִּצְפְּנֵם בְּסֻכָּה מֵרִיב לְשֹׁנוֹת: כב בָּרוּךְ יְהֹוָה כִּי הִפְלִיא
חַסְדּוֹ לִי בְּעִיר מָצוֹר: כג וַאֲנִי | אָמַרְתִּי בְחָפְזִי נִגְרַזְתִּי מִנֶּגֶד
עֵינֶיךָ אָכֵן שָׁמַעְתָּ קוֹל תַּחֲנוּנַי בְּשַׁוְּעִי אֵלֶיךָ: כד אֶהֱבוּ אֶת-
יְהֹוָה כָּל-חֲסִידָיו אֱמוּנִים נֹצֵר יְהֹוָה וּמְשַׁלֵּם עַל-יֶתֶר
עֹשֵׂה גַאֲוָה: כה חִזְקוּ וְיַאֲמֵץ לְבַבְכֶם כָּל-הַמְיַחֲלִים לַיהֹוָה:

Psaume 32

Tehilim du Lundi - Tehilim du jour: jour 5

Aussi étonnant que cela peut paraître David ne désespère pas de la capacité des impies au repentir. Il est même optimiste dans la mesure où il suffit qu'ils subissent des « douleurs» pour qu'ils croient dans la bonté divine. D. alors les entoure de Son amour.

- Pour demander miséricorde

ה לחודש - ליום שני

פרק לב

א לְדָוִד מַשְׂכִּיל אַשְׁרֵי נְשׂוּי-פֶּשַׁע כְּסוּי חֲטָאָה: ב אַשְׁרֵי
אָדָם לֹא יַחְשֹׁב יְהֹוָה לוֹ עָוֹן וְאֵין בְּרוּחוֹ רְמִיָּה: ג כִּי-
הֶחֱרַשְׁתִּי בָּלוּ עֲצָמָי בְּשַׁאֲגָתִי כָּל-הַיּוֹם: ד כִּי | יוֹמָם וָלַיְלָה
תִּכְבַּד עָלַי יָדֶךָ נֶהְפַּךְ לְשַׁדִּי בְּחַרְבֹנֵי קַיִץ סֶלָה: ה חַטָּאתִי
אוֹדִיעֲךָ וַעֲוֹנִי לֹא-כִסִּיתִי אָמַרְתִּי אוֹדֶה עֲלֵי פְשָׁעַי לַיהֹוָה
וְאַתָּה נָשָׂאתָ עֲוֹן חַטָּאתִי סֶלָה: ו עַל-זֹאת יִתְפַּלֵּל כָּל-
חָסִיד | אֵלֶיךָ לְעֵת מְצֹא רַק לְשֵׁטֶף מַיִם רַבִּים אֵלָיו לֹא
יַגִּיעוּ: ז אַתָּה | סֵתֶר לִי מִצַּר תִּצְּרֵנִי רָנֵּי פַלֵּט תְּסוֹבְבֵנִי
סֶלָה: ח אַשְׂכִּילְךָ | וְאוֹרְךָ בְּדֶרֶךְ-זוּ תֵלֵךְ אִיעֲצָה עָלֶיךָ עֵינִי:
ט אַל-תִּהְיוּ | כְּסוּס כְּפֶרֶד אֵין הָבִין בְּמֶתֶג-וָרֶסֶן עֶדְיוֹ
לִבְלוֹם בַּל קְרֹב אֵלֶיךָ: י רַבִּים מַכְאוֹבִים לָרָשָׁע וְהַבּוֹטֵחַ
בַּיהֹוָה חֶסֶד יְסוֹבְבֶנּוּ: יא שִׂמְחוּ בַיהֹוָה וְגִילוּ צַדִּיקִים
וְהַרְנִינוּ כָּל-יִשְׁרֵי-לֵב:

Psaume 33

Tehilim du Lundi - Tehilim du jour: jour 5

Ce psaume anonyme et le suivant font partie des psaumes lus le Chabbat et les fêtes avant d'entamer le corps de la prière du matin. Il s'agit de textes qui chantent l'honneur de D. se rappelant tous les bienfaits attribués à ceux qui marchent dans ses voies.
Vingt-deux versets parlent de la reconnaissance de l'homme en opposition au cheval et autres animaux «sans mémoire» malgré la disponibilité des êtres pensants à leurs besoins.

- Pour une mère qui a perdu ses enfants

ה לחודש - ליום שני

פרק לג

א רַנְּנוּ צַדִּיקִים בַּיהוָה לַיְשָׁרִים נָאוָה תְהִלָּה: ב הוֹדוּ
לַיהוָה בְּכִנּוֹר בְּנֵבֶל עָשׂוֹר זַמְּרוּ-לוֹ: ג שִׁירוּ-לוֹ שִׁיר חָדָשׁ
הֵיטִיבוּ נַגֵּן בִּתְרוּעָה: ד כִּי-יָשָׁר דְּבַר-יְהוָה וְכָל-מַעֲשֵׂהוּ
בֶּאֱמוּנָה: ה אֹהֵב צְדָקָה וּמִשְׁפָּט חֶסֶד יְהוָה מָלְאָה הָאָרֶץ:
ו בִּדְבַר יְהוָה שָׁמַיִם נַעֲשׂוּ וּבְרוּחַ פִּיו כָּל-צְבָאָם: ז כֹּנֵס
כַּנֵּד מֵי הַיָּם נֹתֵן בְּאֹצָרוֹת תְּהוֹמוֹת: ח יִירְאוּ מֵיְהוָה כָּל-
הָאָרֶץ מִמֶּנּוּ יָגוּרוּ כָּל-יֹשְׁבֵי תֵבֵל: ט כִּי הוּא אָמַר וַיֶּהִי
הוּא-צִוָּה וַיַּעֲמֹד: י יְהוָה הֵפִיר עֲצַת-גּוֹיִם הֵנִיא מַחְשְׁבוֹת
עַמִּים: יא עֲצַת יְהוָה לְעוֹלָם תַּעֲמֹד מַחְשְׁבוֹת לִבּוֹ לְדֹר
וָדֹר: יב אַשְׁרֵי הַגּוֹי אֲשֶׁר-יְהוָה אֱלֹהָיו הָעָם | בָּחַר לְנַחֲלָה
לוֹ: יג מִשָּׁמַיִם הִבִּיט יְהוָה רָאָה אֶת-כָּל-בְּנֵי הָאָדָם: יד
מִמְּכוֹן-שִׁבְתּוֹ הִשְׁגִּיחַ אֶל כָּל-יֹשְׁבֵי הָאָרֶץ: טו הַיֹּצֵר יַחַד
לִבָּם הַמֵּבִין אֶל-כָּל-מַעֲשֵׂיהֶם: טז אֵין-הַמֶּלֶךְ נוֹשָׁע בְּרָב-
חָיִל גִּבּוֹר לֹא-יִנָּצֵל בְּרָב-כֹּחַ: יז שֶׁקֶר הַסּוּס לִתְשׁוּעָה וּבְרֹב
חֵילוֹ לֹא יְמַלֵּט: יח הִנֵּה עֵין יְהוָה אֶל-יְרֵאָיו לַמְיַחֲלִים
לְחַסְדּוֹ: יט לְהַצִּיל מִמָּוֶת נַפְשָׁם וּלְחַיּוֹתָם בָּרָעָב: כ נַפְשֵׁנוּ
חִכְּתָה לַיהוָה עֶזְרֵנוּ וּמָגִנֵּנוּ הוּא: כא כִּי-בוֹ יִשְׂמַח לִבֵּנוּ כִּי
בְשֵׁם קָדְשׁוֹ בָטָחְנוּ: כב יְהִי-חַסְדְּךָ יְהוָה עָלֵינוּ כַּאֲשֶׁר
יִחַלְנוּ לָךְ:

Psaume 34

Tehilim du Lundi - Tehilim du jour: jour 5

Psaume 34

L'ordre alphabétique y est respecté. C'est David qui rappelle un épisode douloureux de son errance. Alors qu'il fuit le roi Saül pour échapper à ses menaces réelles, il se réfugie chez les philistins. Le voilà pris au piège: le Roi des philistins Avimélekh (Akhich) d'un côté qui veut venger la mort de Goliath et Saül qui ne va pas tarder à le capturer. (Samuel I ch.13 v.21) Il fait le fou bavant sur sa barbe. Avimélekh est persuadé que cet écervelé n'a rien à voir avec le sémillant David. Il le laisse partir.

David avait demandé à D. de débarrasser l'univers des êtres inutiles comme les malades mentaux. Il subit une leçon magistrale par cette expérience de la vie, et nous avons hérité d'un psaume superbe.

- Pendant la route

ה לחודש - ליום שני
פרק לד

א לְדָוִד בְּשַׁנּוֹתוֹ אֶת-טַעְמוֹ לִפְנֵי אֲבִימֶלֶךְ וַיְגָרְשֵׁהוּ וַיֵּלַךְ: ב אֲבָרְכָה אֶת-יְהוָה בְּכָל-עֵת תָּמִיד תְּהִלָּתוֹ בְּפִי: ג בַּיהוָה תִּתְהַלֵּל נַפְשִׁי יִשְׁמְעוּ עֲנָוִים וְיִשְׂמָחוּ: ד גַּדְּלוּ לַיהוָה אִתִּי וּנְרוֹמְמָה שְׁמוֹ יַחְדָּו: ה דָּרַשְׁתִּי אֶת-יְהוָה וְעָנָנִי וּמִכָּל-מְגוּרוֹתַי הִצִּילָנִי: ו הִבִּיטוּ אֵלָיו וְנָהָרוּ וּפְנֵיהֶם אַל-יֶחְפָּרוּ: ז זֶה עָנִי קָרָא וַיהוָה שָׁמֵעַ וּמִכָּל-צָרוֹתָיו הוֹשִׁיעוֹ: ח חֹנֶה מַלְאַךְ-יְהוָה סָבִיב לִירֵאָיו וַיְחַלְּצֵם: ט טַעֲמוּ וּרְאוּ כִּי-טוֹב יְהוָה אַשְׁרֵי הַגֶּבֶר יֶחֱסֶה-בּוֹ: י יְראוּ אֶת-יְהוָה קְדֹשָׁיו כִּי-אֵין מַחְסוֹר לִירֵאָיו: יא כְּפִירִים רָשׁוּ וְרָעֵבוּ וְדֹרְשֵׁי יְהוָה לֹא-יַחְסְרוּ כָל-טוֹב: יב לְכוּ-בָנִים שִׁמְעוּ-לִי יִרְאַת יְהוָה אֲלַמֶּדְכֶם: יג מִי-הָאִישׁ הֶחָפֵץ חַיִּים אֹהֵב יָמִים לִרְאוֹת טוֹב: יד נְצֹר לְשׁוֹנְךָ מֵרָע וּשְׂפָתֶיךָ מִדַּבֵּר מִרְמָה: טו סוּר מֵרָע וַעֲשֵׂה-טוֹב בַּקֵּשׁ שָׁלוֹם וְרָדְפֵהוּ: טז עֵינֵי יְהוָה אֶל-צַדִּיקִים וְאָזְנָיו אֶל-שַׁוְעָתָם: יז פְּנֵי יְהוָה בְּעֹשֵׂי רָע לְהַכְרִית מֵאֶרֶץ זִכְרָם: יח צָעֲקוּ וַיהוָה שָׁמֵעַ וּמִכָּל-צָרוֹתָם הִצִּילָם: יט קָרוֹב יְהוָה לְנִשְׁבְּרֵי-לֵב וְאֶת-דַּכְּאֵי-רוּחַ יוֹשִׁיעַ: כ רַבּוֹת רָעוֹת צַדִּיק וּמִכֻּלָּם יַצִּילֶנּוּ יְהוָה: כא שֹׁמֵר כָּל-עַצְמוֹתָיו אַחַת מֵהֵנָּה לֹא נִשְׁבָּרָה: כב תְּמוֹתֵת רָשָׁע רָעָה

וְשֹׂנְאֵי צַדִּיק יֶאְשָׁמוּ: כג פּוֹדֶה יְהוָה נֶפֶשׁ עֲבָדָיו וְלֹא
יֶאְשְׁמוּ כָּל-הַחֹסִים בּוֹ:

Psaume 35

Tehilim du Lundi - Tehilim du jour: jour 6

Ce psaume de vingt-huit versets est aussi dédié aux exploits de David qui n'ont pu être réalisés que par la Providence divine permanente. Il emploie des termes guerriers comme le bouclier, la lance, les pièges pour demander à D. d'annihiler les projets ennemis.

David croyant à l'amitié et à la solidarité avait jeûné lorsque ces pseudos amis se trouvaient malades. Il découvrit leurs fourberies et leur jouissance le jour où il se débattait dans ses difficultés.

- Contre ses rivaux et des gens venus se disputer

ו לחודש - ליום שני

פרק לה

א לְדָוִד | רִיבָה יְהוָה אֶת-יְרִיבַי לְחַם אֶת-לֹחֲמָי: ב הַחֲזֵק
מָגֵן וְצִנָּה וְקוּמָה בְּעֶזְרָתִי: ג וְהָרֵק חֲנִית וּסְגֹר לִקְרַאת
רֹדְפָי אֱמֹר לְנַפְשִׁי יְשֻׁעָתֵךְ אָנִי: ד יֵבֹשׁוּ וְיִכָּלְמוּ מְבַקְשֵׁי
נַפְשִׁי יִסֹּגוּ אָחוֹר וְיַחְפְּרוּ חֹשְׁבֵי רָעָתִי: ה יִהְיוּ כְּמֹץ לִפְנֵי-
רוּחַ וּמַלְאַךְ יְהוָה דּוֹחֶה: ו יְהִי-דַרְכָּם חֹשֶׁךְ וַחֲלַקְלַקּוֹת
וּמַלְאַךְ יְהוָה רֹדְפָם: ז כִּי-חִנָּם טָמְנוּ-לִי שַׁחַת רִשְׁתָּם חִנָּם
חָפְרוּ לְנַפְשִׁי: ח תְּבוֹאֵהוּ שׁוֹאָה לֹא-יֵדָע וְרִשְׁתּוֹ אֲשֶׁר-טָמַן
תִּלְכְּדוֹ בְּשׁוֹאָה יִפָּל-בָּהּ: ט וְנַפְשִׁי תָּגִיל בַּיהוָה תָּשִׂישׂ
בִּישׁוּעָתוֹ: י כָּל עַצְמוֹתַי | תֹּאמַרְנָה יְהוָה מִי כָמוֹךָ מַצִּיל
עָנִי מֵחָזָק מִמֶּנּוּ וְעָנִי וְאֶבְיוֹן מִגֹּזְלוֹ: יא יְקוּמוּן עֵדֵי חָמָס
אֲשֶׁר לֹא-יָדַעְתִּי יִשְׁאָלוּנִי: יב יְשַׁלְּמוּנִי רָעָה תַּחַת טוֹבָה
שְׁכוֹל לְנַפְשִׁי: יג וַאֲנִי | בַּחֲלוֹתָם לְבוּשִׁי שָׂק עִנֵּיתִי בַצּוֹם
נַפְשִׁי וּתְפִלָּתִי עַל-חֵיקִי תָשׁוּב: יד כְּרֵעַ-כְּאָח לִי הִתְהַלָּכְתִּי
כַּאֲבֶל-אֵם קֹדֵר שַׁחוֹתִי: טו וּבְצַלְעִי שָׂמְחוּ וְנֶאֱסָפוּ נֶאֶסְפוּ
עָלַי נֵכִים וְלֹא יָדַעְתִּי קָרְעוּ וְלֹא-דָמּוּ: טז בְּחַנְפֵי לַעֲגֵי מָעוֹג
חָרֹק עָלַי שִׁנֵּימוֹ: יז אֲדֹנָי כַּמָּה תִּרְאֶה הָשִׁיבָה נַפְשִׁי
מִשֹּׁאֵיהֶם מִכְּפִירִים יְחִידָתִי: יח אוֹדְךָ בְּקָהָל רָב בְּעַם עָצוּם

אֲהַלְלֶךָּ׃ יט אַל-יִשְׂמְחוּ-לִי אֹיְבַי שֶׁקֶר שֹׂנְאַי חִנָּם יִקְרְצוּ-
עָיִן׃ כ כִּי לֹא שָׁלוֹם יְדַבֵּרוּ וְעַל רִגְעֵי-אֶרֶץ דִּבְרֵי מִרְמוֹת
יַחֲשֹׁבוּן׃ כא וַיַּרְחִיבוּ עָלַי פִּיהֶם אָמְרוּ הֶאָח | הֶאָח רָאֲתָה
עֵינֵינוּ׃ כב רָאִיתָה יְהוָה אַל-תֶּחֱרַשׁ אֲדֹנָי אַל-תִּרְחַק מִמֶּנִּי׃
כג הָעִירָה וְהָקִיצָה לְמִשְׁפָּטִי אֱלֹהַי וַאדֹנָי לְרִיבִי׃ כד שָׁפְטֵנִי
כְצִדְקְךָ יְהוָה אֱלֹהָי וְאַל-יִשְׂמְחוּ-לִי׃ כה אַל-יֹאמְרוּ בְלִבָּם
הֶאָח נַפְשֵׁנוּ אַל-יֹאמְרוּ בִּלַּעֲנוּהוּ׃ כו יֵבֹשׁוּ וְיַחְפְּרוּ | יַחְדָּו
שְׂמֵחֵי רָעָתִי יִלְבְּשׁוּ-בֹשֶׁת וּכְלִמָּה הַמַּגְדִּילִים עָלָי׃ כז יָרֹנּוּ
וְיִשְׂמְחוּ חֲפֵצֵי צִדְקִי וְיֹאמְרוּ תָמִיד יִגְדַּל יְהוָה הֶחָפֵץ
שְׁלוֹם עַבְדּוֹ׃ כח וּלְשׁוֹנִי תֶּהְגֶּה צִדְקֶךָ כָּל-הַיּוֹם תְּהִלָּתֶךָ׃

Psaume 36

Tehilim du Lundi - Tehilim du jour: jour 6

Comme le psaume 18 il est question du Roi David ayant un une dénomination peu commune: serviteur de D. C'est un titre rare nominé pour quelques privilégiés comme les trois patriarches et Moché Rabbénou. Probablement il faut atteindre l'âge de la sagesse et de la vieillesse pour mériter cette noble appellation. Le contenu est une suite de «performances» divines réservées aux connaisseurs de la chose céleste.

- Pour détruire les méchants

ו לחודש - ליום שני

פרק לו

א לַמְנַצֵּחַ | לְעֶבֶד-יְהוָה לְדָוִד׃ ב נְאֻם-פֶּשַׁע לָרָשָׁע בְּקֶרֶב
לִבִּי אֵין-פַּחַד אֱלֹהִים לְנֶגֶד עֵינָיו׃ ג כִּי-הֶחֱלִיק אֵלָיו בְּעֵינָיו
לִמְצֹא עֲוֺנוֹ לִשְׂנֹא׃ ד דִּבְרֵי-פִיו אָוֶן וּמִרְמָה חָדַל לְהַשְׂכִּיל
לְהֵיטִיב׃ ה אָוֶן | יַחְשֹׁב עַל-מִשְׁכָּבוֹ יִתְיַצֵּב עַל-דֶּרֶךְ לֹא-טוֹב
רָע לֹא יִמְאָס׃ ו יְהוָה בְּהַשָּׁמַיִם חַסְדֶּךָ אֱמוּנָתְךָ עַד-
שְׁחָקִים׃ ז צִדְקָתְךָ | כְּהַרְרֵי-אֵל מִשְׁפָּטֶךָ תְּהוֹם רַבָּה אָדָם-
וּבְהֵמָה תוֹשִׁיעַ יְהוָה׃ ח מַה-יָּקָר חַסְדְּךָ אֱלֹהִים וּבְנֵי אָדָם
בְּצֵל כְּנָפֶיךָ יֶחֱסָיוּן׃ ט יִרְוְיֻן מִדֶּשֶׁן בֵּיתֶךָ וְנַחַל עֲדָנֶיךָ
תַשְׁקֵם׃ י כִּי-עִמְּךָ מְקוֹר חַיִּים בְּאוֹרְךָ נִרְאֶה-אוֹר׃ יא מְשֹׁךְ
חַסְדְּךָ לְיֹדְעֶיךָ וְצִדְקָתְךָ לְיִשְׁרֵי-לֵב׃ יב אַל-תְּבוֹאֵנִי רֶגֶל

גַּאֲוָה וְיַד-רְשָׁעִים אַל-תְּנִדֵנִי: יג שָׁם נָפְלוּ פֹּעֲלֵי אָוֶן דֹּחוּ
וְלֹא-יָכְלוּ קוּם:

Psaume 37

Tehilim du Lundi - Tehilim du jour: jour 6

La question posée par le Roi David sur la confiance en D. est suivie de faits célestes qui ont été réalisés sans contrepartie humaine. D. a de la patience à en revendre. Le méchant se laisse bercer par ses illusions et le piège se referme sur lui. Sa disparition est programmée. Contrairement au juste qui attend sa vieillesse sereinement parce qu'il a mis tout son crédit sur le compte ouvert de ses prouesses à faire du bien. Le message « quitte le mal et fais du bien» peut paraître redondant. En réalité, le mal même infime ne peut vivre avec le bien aussi immense prodigué.

- Pour une location et pour faire passer un moment d'ivresse

ו לחודש - ליום שני

פרק לז

א לְדָוִד | אַל-תִּתְחַר בַּמְּרֵעִים אַל-תְּקַנֵּא בְּעֹשֵׂי עַוְלָה: ב כִּי
כֶחָצִיר מְהֵרָה יִמָּלוּ וּכְיֶרֶק דֶּשֶׁא יִבּוֹלוּן: ג בְּטַח בַּיהוָה
וַעֲשֵׂה-טוֹב שְׁכָן-אֶרֶץ וּרְעֵה אֱמוּנָה: ד וְהִתְעַנַּג עַל-יְהוָה
וְיִתֶּן-לְךָ מִשְׁאֲלֹת לִבֶּךָ: ה גּוֹל עַל-יְהוָה דַּרְכֶּךָ וּבְטַח עָלָיו
וְהוּא יַעֲשֶׂה: ו וְהוֹצִיא כָאוֹר צִדְקֶךָ וּמִשְׁפָּטֶךָ כַּצָּהֳרָיִם: ז
דּוֹם | לַיהוָה וְהִתְחוֹלֵל לוֹ אַל-תִּתְחַר בְּמַצְלִיחַ דַּרְכּוֹ
בְּאִישׁ עֹשֶׂה מְזִמּוֹת: ח הֶרֶף מֵאַף וַעֲזֹב חֵמָה אַל-תִּתְחַר
אַךְ-לְהָרֵעַ: ט כִּי-מְרֵעִים יִכָּרֵתוּן וְקֹוֵי יְהוָה הֵמָּה יִירְשׁוּ-
אָרֶץ: י וְעוֹד מְעַט וְאֵין רָשָׁע וְהִתְבּוֹנַנְתָּ עַל-מְקוֹמוֹ
וְאֵינֶנּוּ: יא וַעֲנָוִים יִירְשׁוּ-אָרֶץ וְהִתְעַנְּגוּ עַל-רֹב שָׁלוֹם: יב
זֹמֵם רָשָׁע לַצַּדִּיק וְחֹרֵק עָלָיו שִׁנָּיו: יג אֲדֹנָי יִשְׂחַק-לוֹ כִּי-
רָאָה כִּי-יָבֹא יוֹמוֹ: יד חֶרֶב | פָּתְחוּ רְשָׁעִים וְדָרְכוּ קַשְׁתָּם
לְהַפִּיל עָנִי וְאֶבְיוֹן לִטְבוֹחַ יִשְׁרֵי-דָרֶךְ: טו חַרְבָּם תָּבוֹא
בְלִבָּם וְקַשְּׁתוֹתָם תִּשָּׁבַרְנָה: טז טוֹב-מְעַט לַצַּדִּיק מֵהֲמוֹן
רְשָׁעִים רַבִּים: יז כִּי זְרוֹעוֹת רְשָׁעִים תִּשָּׁבַרְנָה וְסוֹמֵךְ

צַדִּיקִים יְהוָה: יח יוֹדֵעַ יְהוָה יְמֵי תְמִימִם וְנַחֲלָתָם לְעוֹלָם
תִּהְיֶה: יט לֹא-יֵבֹשׁוּ בְּעֵת רָעָה וּבִימֵי רְעָבוֹן יִשְׂבָּעוּ: כ כִּי
רְשָׁעִים | יֹאבֵדוּ וְאֹיְבֵי יְהוָה כִּיקַר כָּרִים כָּלוּ בֶעָשָׁן כָּלוּ:
כא לֹוֶה רָשָׁע וְלֹא יְשַׁלֵּם וְצַדִּיק חוֹנֵן וְנוֹתֵן: כב כִּי מְבֹרָכָיו
יִירְשׁוּ אָרֶץ וּמְקֻלָּלָיו יִכָּרֵתוּ: כג מֵיְהוָה מִצְעֲדֵי-גֶבֶר כּוֹנָנוּ
וְדַרְכּוֹ יֶחְפָּץ: כד כִּי-יִפֹּל לֹא-יוּטָל כִּי-יְהוָה סוֹמֵךְ יָדוֹ: כה נַעַר
| הָיִיתִי גַּם-זָקַנְתִּי וְלֹא-רָאִיתִי צַדִּיק נֶעֱזָב וְזַרְעוֹ מְבַקֶּשׁ-
לָחֶם: כו כָּל-הַיּוֹם חוֹנֵן וּמַלְוֶה וְזַרְעוֹ לִבְרָכָה: כז סוּר מֵרָע
וַעֲשֵׂה-טוֹב וּשְׁכֹן לְעוֹלָם: כח כִּי יְהוָה | אֹהֵב מִשְׁפָּט וְלֹא-
יַעֲזֹב אֶת-חֲסִידָיו לְעוֹלָם נִשְׁמָרוּ וְזֶרַע רְשָׁעִים נִכְרָת: כט
צַדִּיקִים יִירְשׁוּ-אָרֶץ וְיִשְׁכְּנוּ לָעַד עָלֶיהָ: ל פִּי-צַדִּיק יֶהְגֶּה
חָכְמָה וּלְשׁוֹנוֹ תְּדַבֵּר מִשְׁפָּט: לא תּוֹרַת אֱלֹהָיו בְּלִבּוֹ לֹא
תִמְעַד אֲשֻׁרָיו: לב צוֹפֶה רָשָׁע לַצַּדִּיק וּמְבַקֵּשׁ לַהֲמִיתוֹ: לג
יְהוָה לֹא-יַעַזְבֶנּוּ בְיָדוֹ וְלֹא יַרְשִׁיעֶנּוּ בְּהִשָּׁפְטוֹ: לד קַוֵּה אֶל-
יְהוָה | וּשְׁמֹר דַּרְכּוֹ וִירוֹמִמְךָ לָרֶשֶׁת אָרֶץ בְּהִכָּרֵת רְשָׁעִים
תִּרְאֶה: לה רָאִיתִי רָשָׁע עָרִיץ וּמִתְעָרֶה כְּאֶזְרָח רַעֲנָן: לו
וַיַּעֲבֹר וְהִנֵּה אֵינֶנּוּ וָאֲבַקְשֵׁהוּ וְלֹא נִמְצָא: לז שְׁמָר-תָּם
וּרְאֵה יָשָׁר כִּי-אַחֲרִית לְאִישׁ שָׁלוֹם: לח וּפֹשְׁעִים נִשְׁמְדוּ
יַחְדָּו אַחֲרִית רְשָׁעִים נִכְרָתָה: לט וּתְשׁוּעַת צַדִּיקִים מֵיְהוָה
מָעוּזָּם בְּעֵת צָרָה: מ וַיַּעְזְרֵם יְהוָה וַיְפַלְּטֵם יְפַלְּטֵם
מֵרְשָׁעִים וְיוֹשִׁיעֵם כִּי-חָסוּ בוֹ:

Psaume 38

Tehilim du Lundi - Tehilim du jour: jour 6

David qui a subi les foudres divines pour des méfaits subalternes craint que les «flèches» du Ciel, qui ne ratent jamais la cible, puissent l'atteindre. Il demande à D. de le préserver parce que ses ennemis, tapis pour lui faire du mal, attendent ce moment propice. Malgré la douleur il ne se plaint pas empêchant ainsi ses détracteurs de se réjouir de ses malheurs.

- Contre les mauvais conseils et les mauvaises paroles des gens sur nous

ו לחודש - ליום שני

פרק לח

א מִזְמוֹר לְדָוִד לְהַזְכִּיר: ב יְהֹוָה אַל-בְּקֶצְפְּךָ תוֹכִיחֵנִי וּבַחֲמָתְךָ תְיַסְּרֵנִי: ג כִּי-חִצֶּיךָ נִחֲתוּ בִי וַתִּנְחַת עָלַי יָדֶךָ: ד אֵין-מְתֹם בִּבְשָׂרִי מִפְּנֵי זַעְמֶךָ אֵין-שָׁלוֹם בַּעֲצָמַי מִפְּנֵי חַטָּאתִי: ה כִּי עֲוֹנֹתַי עָבְרוּ רֹאשִׁי כְּמַשָּׂא כָבֵד יִכְבְּדוּ מִמֶּנִּי: ו הִבְאִישׁוּ נָמַקּוּ חַבּוּרֹתָי מִפְּנֵי אִוַּלְתִּי: ז נַעֲוֵיתִי שַׁחֹתִי עַד-מְאֹד כָּל-הַיּוֹם קֹדֵר הִלָּכְתִּי: ח כִּי-כְסָלַי מָלְאוּ נִקְלֶה וְאֵין מְתֹם בִּבְשָׂרִי: ט נְפוּגוֹתִי וְנִדְכֵּיתִי עַד-מְאֹד שָׁאַגְתִּי מִנַּהֲמַת לִבִּי: י אֲדֹנָי נֶגְדְּךָ כָל-תַּאֲוָתִי וְאַנְחָתִי מִמְּךָ לֹא-נִסְתָּרָה: יא לִבִּי סְחַרְחַר עֲזָבַנִי כֹחִי וְאוֹר-עֵינַי גַּם-הֵם אֵין אִתִּי: יב אֹהֲבַי | וְרֵעַי מִנֶּגֶד נִגְעִי יַעֲמֹדוּ וּקְרוֹבַי מֵרָחֹק עָמָדוּ: יג וַיְנַקְשׁוּ | מְבַקְשֵׁי נַפְשִׁי וְדֹרְשֵׁי רָעָתִי דִּבְּרוּ הַוּוֹת וּמִרְמוֹת כָּל-הַיּוֹם יֶהְגּוּ: יד וַאֲנִי כְחֵרֵשׁ לֹא אֶשְׁמָע וּכְאִלֵּם לֹא יִפְתַּח-פִּיו: טו וָאֱהִי כְּאִישׁ אֲשֶׁר לֹא-שֹׁמֵעַ וְאֵין בְּפִיו תּוֹכָחוֹת: טז כִּי-לְךָ יְהֹוָה הוֹחָלְתִּי אַתָּה תַעֲנֶה אֲדֹנָי אֱלֹהָי: יז כִּי-אָמַרְתִּי פֶּן-יִשְׂמְחוּ-לִי בְּמוֹט רַגְלִי עָלַי הִגְדִּילוּ: יח כִּי-אֲנִי לְצֶלַע נָכוֹן וּמַכְאוֹבִי נֶגְדִּי תָמִיד: יט כִּי-עֲוֹנִי אַגִּיד אֶדְאַג מֵחַטָּאתִי: כ וְאֹיְבַי חַיִּים עָצֵמוּ וְרַבּוּ שֹׂנְאַי שָׁקֶר: כא וּמְשַׁלְּמֵי רָעָה תַּחַת טוֹבָה יִשְׂטְנוּנִי תַּחַת (רדופי) רָדְפִי-טוֹב: כב אַל-תַּעַזְבֵנִי יְהֹוָה אֱלֹהַי אַל-תִּרְחַק מִמֶּנִּי: כג חוּשָׁה לְעֶזְרָתִי אֲדֹנָי תְּשׁוּעָתִי:

Psaume 39

Tehilim du Lundi - Tehilim du jour: jour 7

David a composé ce psaume de quatorze versets pour le chef des chantres. Le terme Yédoutoun divise les commentateurs. Les uns pensent qu'il s'agit d'un chanteur bien né parce que sa voix est belle alors que d'autres considèrent que cette appellation fait référence à un instrument de musique.

Les derniers réagissent au contenu du psaume qui est une quémande de David à la justice divine. Pourquoi D. ne dévoile-t-Il pas à l'homme la date de son départ de ce monde? Question qui restera sans réponse.

- Pour celui qui jeûne

ז לחודש - ליום שני
פרק לט
א לַמְנַצֵּחַ (לידיתון) לִידוּתוּן מִזְמוֹר לְדָוִד: ב אָמַרְתִּי אֶשְׁמְרָה
דְרָכַי מֵחֲטוֹא בִלְשׁוֹנִי אֶשְׁמְרָה לְפִי מַחְסוֹם בְּעֹד רָשָׁע
לְנֶגְדִּי: ג נֶאֱלַמְתִּי דוּמִיָּה הֶחֱשֵׁיתִי מִטּוֹב וּכְאֵבִי נֶעְכָּר: ד
חַם-לִבִּי | בְּקִרְבִּי בַּהֲגִיגִי תִבְעַר-אֵשׁ דִּבַּרְתִּי בִּלְשׁוֹנִי: ה
הוֹדִיעֵנִי יְהוָֹה | קִצִּי וּמִדַּת יָמַי מַה-הִיא אֵדְעָה מֶה-חָדֵל
אָנִי: ו הִנֵּה טְפָחוֹת | נָתַתָּה יָמַי וְחֶלְדִּי כְאַיִן נֶגְדֶּךָ אַךְ כָּל-
הֶבֶל כָּל-אָדָם נִצָּב סֶלָה: ז אַךְ-בְּצֶלֶם | יִתְהַלֶּךְ-אִישׁ אַךְ-
הֶבֶל יֶהֱמָיוּן יִצְבֹּר וְלֹא-יֵדַע מִי-אֹסְפָם: ח וְעַתָּה מַה-קִּוִּיתִי
אֲדֹנָי תּוֹחַלְתִּי לְךָ הִיא: ט מִכָּל-פְּשָׁעַי הַצִּילֵנִי חֶרְפַּת נָבָל
אַל-תְּשִׂימֵנִי: י נֶאֱלַמְתִּי לֹא אֶפְתַּח-פִּי כִּי אַתָּה עָשִׂיתָ: יא
הָסֵר מֵעָלַי נִגְעֶךָ מִתִּגְרַת יָדְךָ אֲנִי כָלִיתִי: יב בְּתוֹכָחוֹת עַל-
עָוֹן | יִסַּרְתָּ אִישׁ וַתֶּמֶס כָּעָשׁ חֲמוּדוֹ אַךְ הֶבֶל כָּל-אָדָם
סֶלָה: יג שִׁמְעָה-תְפִלָּתִי | יְהוָֹה וְשַׁוְעָתִי | הַאֲזִינָה אֶל-
דִּמְעָתִי אַל-תֶּחֱרַשׁ כִּי גֵר אָנֹכִי עִמָּךְ תּוֹשָׁב כְּכָל-אֲבוֹתָי: יד
הָשַׁע מִמֶּנִּי וְאַבְלִיגָה בְּטֶרֶם אֵלֵךְ וְאֵינֶנִּי:

Psaume 40

Tehilim du Lundi - Tehilim du jour: jour 7

Nous revenons au classique psaume comme David aime à chanter. La modestie de cet illustre Roi est aussi manifeste que ces prédécesseurs les plus célèbres comme Moché ou les patriarches. Il prétend être pauvre et indigent dans la connaissance de D. Il pense ne pas mériter les sollicitations célestes, contrairement à ceux qui ont toujours su marcher dans les voies du Très-Haut.

- Pour échapper à un mauvais esprit

ז לחודש - ליום שני
פרק מ
א לַמְנַצֵּחַ לְדָוִד מִזְמוֹר: ב קַוֹּה קִוִּיתִי יְהוָֹה וַיֵּט אֵלַי
וַיִּשְׁמַע שַׁוְעָתִי: ג וַיַּעֲלֵנִי | מִבּוֹר שָׁאוֹן מִטִּיט הַיָּוֵן וַיָּקֶם
עַל-סֶלַע רַגְלַי כּוֹנֵן אֲשֻׁרָי: ד וַיִּתֵּן בְּפִי | שִׁיר חָדָשׁ תְּהִלָּה

לֵאלֹהֵינוּ יִרְאוּ רַבִּים וְיִירָאוּ וְיִבְטְחוּ בַּיהוָה: ה אַשְׁרֵי הַגֶּבֶר
אֲשֶׁר-שָׂם יְהוָה מִבְטַחוֹ וְלֹא-פָנָה אֶל-רְהָבִים וְשָׂטֵי כָזָב:
ו רַבּוֹת עָשִׂיתָ | אַתָּה | יְהוָה אֱלֹהַי נִפְלְאֹתֶיךָ וּמַחְשְׁבֹתֶיךָ
אֵלֵינוּ אֵין | עֲרֹךְ אֵלֶיךָ אַגִּידָה וַאֲדַבֵּרָה עָצְמוּ מִסַּפֵּר: ז זֶבַח
וּמִנְחָה | לֹא-חָפַצְתָּ אָזְנַיִם כָּרִיתָ לִּי עוֹלָה וַחֲטָאָה לֹא
שָׁאָלְתָּ: ח אָז אָמַרְתִּי הִנֵּה-בָאתִי בִּמְגִלַּת-סֵפֶר כָּתוּב עָלָי:
ט לַעֲשׂוֹת-רְצוֹנְךָ אֱלֹהַי חָפָצְתִּי וְתוֹרָתְךָ בְּתוֹךְ מֵעָי: י
בִּשַּׂרְתִּי צֶדֶק | בְּקָהָל רָב הִנֵּה שְׂפָתַי לֹא אֶכְלָא יְהוָה אַתָּה
יָדָעְתָּ: יא צִדְקָתְךָ לֹא-כִסִּיתִי | בְּתוֹךְ לִבִּי אֱמוּנָתְךָ
וּתְשׁוּעָתְךָ אָמָרְתִּי לֹא-כִחַדְתִּי חַסְדְּךָ וַאֲמִתְּךָ לְקָהָל רָב: יב
אַתָּה יְהוָה לֹא-תִכְלָא רַחֲמֶיךָ מִמֶּנִּי חַסְדְּךָ וַאֲמִתְּךָ תָּמִיד
יִצְּרוּנִי: יג כִּי אָפְפוּ-עָלַי | רָעוֹת עַד-אֵין מִסְפָּר הִשִּׂיגוּנִי
עֲוֹנֹתַי וְלֹא-יָכֹלְתִּי לִרְאוֹת עָצְמוּ מִשַּׂעֲרוֹת רֹאשִׁי וְלִבִּי
עֲזָבָנִי: יד רְצֵה יְהוָה לְהַצִּילֵנִי יְהוָה לְעֶזְרָתִי חוּשָׁה: טו יֵבֹשׁוּ
וְיַחְפְּרוּ | יַחַד מְבַקְשֵׁי נַפְשִׁי לִסְפּוֹתָהּ יִסֹּגוּ אָחוֹר וְיִכָּלְמוּ
חֲפֵצֵי רָעָתִי: טז יָשֹׁמּוּ עַל-עֵקֶב בָּשְׁתָּם הָאֹמְרִים לִי הֶאָח |
הֶאָח: יז יָשִׂישׂוּ וְיִשְׂמְחוּ | בְּךָ כָּל-מְבַקְשֶׁיךָ יֹאמְרוּ תָמִיד
יִגְדַּל יְהוָה אֹהֲבֵי תְּשׁוּעָתֶךָ: יח וַאֲנִי | עָנִי וְאֶבְיוֹן אֲדֹנָי
יַחֲשָׁב לִי עֶזְרָתִי וּמְפַלְטִי אַתָּה אֱלֹהַי אַל-תְּאַחַר:

Psaume 41

Tehilim du Lundi - Tehilim du jour: jour 7

C'est le dernier psaume du premier chapitre. Il est composé de quatorze versets. Il ressemble au précédent et au premier psaume parce qu'il fait l'éloge (Achré) à l'homme qui prend sous ses ailes protectrices le malheureux. La conclusion est toujours heureuse comme toute étude qui se termine par un vibrant remerciement à D. Le double Amen confirme plus intensément les convictions du psalmiste.

- Pour ne pas perdre son emploi
- Aide à la Parnassah

ז לחודש - ליום שני

פרק מא

א לַמְנַצֵּחַ מִזְמוֹר לְדָוִד׃ ב אַשְׁרֵי מַשְׂכִּיל אֶל־דָּל בְּיוֹם רָעָה
יְמַלְּטֵהוּ יְהוָה׃ ג יְהוָה ׀ יִשְׁמְרֵהוּ וִיחַיֵּהוּ (יאשר) וְאֻשַּׁר
בָּאָרֶץ וְאַל־תִּתְּנֵהוּ בְּנֶפֶשׁ אֹיְבָיו׃ ד יְהוָה יִסְעָדֶנּוּ עַל־עֶרֶשׂ
דְּוָי כָּל־מִשְׁכָּבוֹ הָפַכְתָּ בְחָלְיוֹ׃ ה אֲנִי־אָמַרְתִּי יְהוָה חָנֵּנִי
רְפָאָה נַפְשִׁי כִּי־חָטָאתִי לָךְ׃ ו אוֹיְבַי יֹאמְרוּ רַע לִי מָתַי
יָמוּת וְאָבַד שְׁמוֹ׃ ז וְאִם־בָּא לִרְאוֹת ׀ שָׁוְא יְדַבֵּר לִבּוֹ
יִקְבָּץ־אָוֶן לוֹ יֵצֵא לַחוּץ יְדַבֵּר׃ ח יַחַד עָלַי יִתְלַחֲשׁוּ כָּל־
שֹׂנְאָי עָלַי ׀ יַחְשְׁבוּ רָעָה לִי׃ ט דְּבַר־בְּלִיַּעַל יָצוּק בּוֹ וַאֲשֶׁר
שָׁכַב לֹא־יוֹסִיף לָקוּם׃ י גַּם־אִישׁ שְׁלוֹמִי ׀ אֲשֶׁר־בָּטַחְתִּי
בוֹ אוֹכֵל לַחְמִי הִגְדִּיל עָלַי עָקֵב׃ יא וְאַתָּה יְהוָה חָנֵּנִי
וַהֲקִימֵנִי וַאֲשַׁלְּמָה לָהֶם׃ יב בְּזֹאת יָדַעְתִּי כִּי־חָפַצְתָּ בִּי כִּי
לֹא־יָרִיעַ אֹיְבִי עָלָי׃ יג וַאֲנִי בְּתֻמִּי תָּמַכְתָּ בִּי וַתַּצִּיבֵנִי
לְפָנֶיךָ לְעוֹלָם׃ יד בָּרוּךְ יְהוָה ׀ אֱלֹהֵי יִשְׂרָאֵל מֵהָעוֹלָם וְעַד
הָעוֹלָם אָמֵן ׀ וְאָמֵן׃

Deuxième livre

Psaume 42, 43

Tehilim du Lundi - Tehilim du jour: jour 7

Les enfants de Korah font leur apparition. Qui sont-ils? D'après le livre des Nombres ch.16 Korah, riche enfant de la tribu Lévi et cousin de Moché, avait fomenté une rébellion contre le chef historique de la sortie d'Égypte. L'affaire n'a pu se dénouer que tragiquement. La terre s'est ouverte sous les pieds de Korah, sa famille et toute sa bande soit deux cent cinquante juges. Tout ce monde fut englouti. Dans Nombres ch.26 v.11 la Thora annonce que les enfants de Korah ne sont pas morts. Les commentateurs ajoutent qu'à la dernière minute les trois frères (Assir, Elkana et Aviassaf) se sont désolidarisés de leur père et purent ainsi être préservés. Ils ont entonné plusieurs louanges dont la première est ce psaume de douze versets suivi de Psaume 43 de cinq versets (Rachi). Abraham Ibn Ezra croit savoir que c'est plutôt un fils des enfants de Heiman, lui-même petit-fils du prophète Samuel, descendant de Korah qui depuis son exil en Babylonie a composé ces psaumes d'espoir après la destruction du Premier Temple.

Ces deux louanges sont lues au cours de la fête de Souccot. Par trois fois (allusion au devoir de tout un chacun de «voir» le Temple lors des trois fêtes de pèlerinage), le psalmiste se pose la question des exilés: Quand pourra-t-on avoir la possibilité d'accomplir la Mitsva de visitation?

- Avant de construire une maison
- Avant d'entreprendre un grand projet

ז לחודש - ליום שני

פרק מב

א לַמְנַצֵּחַ מַשְׂכִּיל לִבְנֵי-קֹרַח: ב כְּאַיָּל תַּעֲרֹג עַל-אֲפִיקֵי-
מָיִם כֵּן נַפְשִׁי תַעֲרֹג אֵלֶיךָ אֱלֹהִים: ג צָמְאָה נַפְשִׁי ׀
לֵאלֹהִים לְאֵל חָי מָתַי אָבוֹא וְאֵרָאֶה פְּנֵי אֱלֹהִים: ד הָיְתָה-
לִּי דִמְעָתִי לֶחֶם יוֹמָם וָלָיְלָה בֶּאֱמֹר אֵלַי כָּל-הַיּוֹם אַיֵּה

אֱלֹהֶיךָ: ה אֵלֶּה אֶזְכְּרָה ׀ וְאֶשְׁפְּכָה עָלַי ׀ נַפְשִׁי כִּי אֶעֱבֹר ׀
בַּסָּךְ אֶדַּדֵּם עַד־בֵּית אֱלֹהִים בְּקוֹל־רִנָּה וְתוֹדָה הָמוֹן חוֹגֵג:
ו מַה־תִּשְׁתּוֹחֲחִי ׀ נַפְשִׁי וַתֶּהֱמִי עָלָי הוֹחִילִי לֵאלֹהִים כִּי־
עוֹד אוֹדֶנּוּ יְשׁוּעוֹת פָּנָיו: ז אֱלֹהַי עָלַי נַפְשִׁי תִשְׁתּוֹחָח עַל־
כֵּן אֶזְכָּרְךָ מֵאֶרֶץ יַרְדֵּן וְחֶרְמוֹנִים מֵהַר מִצְעָר: ח תְּהוֹם־
אֶל־תְּהוֹם קוֹרֵא לְקוֹל צִנּוֹרֶיךָ כָּל־מִשְׁבָּרֶיךָ וְגַלֶּיךָ עָלַי
עָבָרוּ: ט יוֹמָם ׀ יְצַוֶּה יְהוָה ׀ חַסְדּוֹ וּבַלַּיְלָה (שירה) שִׁירֹו
עִמִּי תְּפִלָּה לְאֵל חַיָּי: י אוֹמְרָה ׀ לְאֵל סַלְעִי לָמָה שְׁכַחְתָּנִי
לָמָּה־קֹדֵר אֵלֵךְ בְּלַחַץ אוֹיֵב: יא בְּרֶצַח ׀ בְּעַצְמוֹתַי חֵרְפוּנִי
צוֹרְרָי בְּאָמְרָם אֵלַי כָּל־הַיּוֹם אַיֵּה אֱלֹהֶיךָ: יב מַה־
תִּשְׁתּוֹחֲחִי ׀ נַפְשִׁי וּמַה־תֶּהֱמִי עָלָי הוֹחִילִי לֵאלֹהִים כִּי־
עוֹד אוֹדֶנּוּ יְשׁוּעֹת פָּנַי וֵאלֹהָי:

Psaume 43

Tehilim du Lundi - Tehilim du jour: jour 7

- Avant de construire une maison

ז לחודש - ליום שני

פרק מג

א שָׁפְטֵנִי אֱלֹהִים ׀ וְרִיבָה רִיבִי מִגּוֹי לֹא־חָסִיד מֵאִישׁ־
מִרְמָה וְעַוְלָה תְפַלְּטֵנִי: ב כִּי־אַתָּה ׀ אֱלֹהֵי מָעוּזִּי לָמָה
זְנַחְתָּנִי לָמָּה־קֹדֵר אֶתְהַלֵּךְ בְּלַחַץ אוֹיֵב: ג שְׁלַח־אוֹרְךָ
וַאֲמִתְּךָ הֵמָּה יַנְחוּנִי יְבִיאוּנִי אֶל־הַר־קָדְשְׁךָ וְאֶל־
מִשְׁכְּנוֹתֶיךָ: ד וְאָבוֹאָה ׀ אֶל־מִזְבַּח אֱלֹהִים אֶל־אֵל שִׂמְחַת
גִּילִי וְאוֹדְךָ בְכִנּוֹר אֱלֹהִים אֱלֹהָי: ה מַה־תִּשְׁתּוֹחֲחִי ׀ נַפְשִׁי
וּמַה־תֶּהֱמִי עָלָי הוֹחִילִי לֵאלֹהִים כִּי־עוֹד אוֹדֶנּוּ יְשׁוּעֹת
פָּנַי וֵאלֹהָי:

Psaume 44

Tehilim du Lundi - Tehilim du jour: jour 8

Ce texte appartient aussi aux enfants de Korah. Maskil est un terme qui se retrouve souvent. Les sages sont partagés sur sa signification. Il se pourrait être le nom d'un chef des chantres. Ce terme est aussi un substantif voulant dire, le

perspicace. Enfin Maskil est un mode musical que seuls les professionnels connaissent pour l'harmonie de l'interprétation.

L'importance de l'histoire donc de la mémoire est chantée dans ces vingt-sept versets. Le monde a tendance à oublier lorsque le malheur frappe à ses portes. On suggère de ne pas incriminer D. sachant que le mauvais temps finira par s'estomper.

- Pour échapper à un mauvais esprit

ח לחודש - ליום שני
פרק מד

א לַמְנַצֵּחַ לִבְנֵי-קֹרַח מַשְׂכִּיל: ב אֱלֹהִים ׀ בְּאָזְנֵינוּ שָׁמַעְנוּ אֲבוֹתֵינוּ סִפְּרוּ-לָנוּ פֹּעַל פָּעַלְתָּ בִימֵיהֶם בִּימֵי קֶדֶם: ג אַתָּה ׀ יָדְךָ גּוֹיִם הוֹרַשְׁתָּ וַתִּטָּעֵם תָּרַע לְאֻמִּים וַתְּשַׁלְּחֵם: ד כִּי לֹא בְחַרְבָּם יָרְשׁוּ אָרֶץ וּזְרוֹעָם לֹא-הוֹשִׁיעָה לָּמוֹ כִּי-יְמִינְךָ וּזְרוֹעֲךָ וְאוֹר פָּנֶיךָ כִּי רְצִיתָם: ה אַתָּה-הוּא מַלְכִּי אֱלֹהִים צַוֵּה יְשׁוּעוֹת יַעֲקֹב: ו בְּךָ צָרֵינוּ נְנַגֵּחַ בְּשִׁמְךָ נָבוּס קָמֵינוּ: ז כִּי לֹא בְקַשְׁתִּי אֶבְטָח וְחַרְבִּי לֹא תוֹשִׁיעֵנִי: ח כִּי הוֹשַׁעְתָּנוּ מִצָּרֵינוּ וּמְשַׂנְאֵינוּ הֱבִישׁוֹתָ: ט בֵּאלֹהִים הִלַּלְנוּ כָל-הַיּוֹם וְשִׁמְךָ ׀ לְעוֹלָם נוֹדֶה סֶלָה: י אַף-זָנַחְתָּ וַתַּכְלִימֵנוּ וְלֹא-תֵצֵא בְּצִבְאוֹתֵינוּ: יא תְּשִׁיבֵנוּ אָחוֹר מִנִּי-צָר וּמְשַׂנְאֵינוּ שָׁסוּ לָמוֹ: יב תִּתְּנֵנוּ כְּצֹאן מַאֲכָל וּבַגּוֹיִם זֵרִיתָנוּ: יג תִּמְכֹּר-עַמְּךָ בְלֹא-הוֹן וְלֹא-רִבִּיתָ בִּמְחִירֵיהֶם: יד תְּשִׂימֵנוּ חֶרְפָּה לִשְׁכֵנֵינוּ לַעַג וָקֶלֶס לִסְבִיבוֹתֵינוּ: טו תְּשִׂימֵנוּ מָשָׁל בַּגּוֹיִם מְנוֹד-רֹאשׁ בַּל-אֻמִּים: טז כָּל-הַיּוֹם כְּלִמָּתִי נֶגְדִּי וּבֹשֶׁת פָּנַי כִּסָּתְנִי: יז מִקּוֹל מְחָרֵף וּמְגַדֵּף מִפְּנֵי אוֹיֵב וּמִתְנַקֵּם: יח כָּל-זֹאת בָּאַתְנוּ וְלֹא שְׁכַחֲנוּךָ וְלֹא-שִׁקַּרְנוּ בִּבְרִיתֶךָ: יט לֹא-נָסוֹג אָחוֹר לִבֵּנוּ וַתֵּט אֲשֻׁרֵינוּ מִנִּי אָרְחֶךָ: כ כִּי דִכִּיתָנוּ בִּמְקוֹם תַּנִּים וַתְּכַס עָלֵינוּ בְצַלְמָוֶת: כא אִם-שָׁכַחְנוּ שֵׁם אֱלֹהֵינוּ וַנִּפְרֹשׂ כַּפֵּינוּ לְאֵל זָר: כב הֲלֹא אֱלֹהִים יַחֲקָר-זֹאת כִּי-הוּא יֹדֵעַ תַּעֲלֻמוֹת לֵב: כג כִּי-עָלֶיךָ הֹרַגְנוּ כָל-הַיּוֹם נֶחְשַׁבְנוּ כְּצֹאן טִבְחָה: כד עוּרָה ׀ לָמָּה תִישַׁן ׀ אֲדֹנָי הָקִיצָה אַל-תִּזְנַח לָנֶצַח: כה לָמָּה-פָנֶיךָ תַסְתִּיר

תִּשְׁכַּח עָנְיֵנוּ וְלַחֲצֵנוּ: כו כִּי שָׁחָה לֶעָפָר נַפְשֵׁנוּ דָּבְקָה
לָאָרֶץ בִּטְנֵנוּ: כז קוּמָה עֶזְרָתָה לָּנוּ וּפְדֵנוּ לְמַעַן חַסְדֶּךָ:

Psaume 45

Tehilim du Lundi - Tehilim du jour: jour 8

Il a été choisi pour le déclamer à l'occasion d'un mariage. Il est question du « chant des bien-aimés».

Rachi dédie ces versets aux maîtres des études rabbiniques. Ils sont comme les roses si tendres, si parfumées et surtout si faciles à se reproduire.

La jeune épousée se distingue par son comportement pudique alors qu'elle se pare d'or. Elle réussira à avoir des enfants qui suivront le chemin de leurs pères, vœu des aïeux.

- Pour celui qui a une épouse méchante

ח לחודש - ליום שני

פרק מה

א לַמְנַצֵּחַ עַל־שֹׁשַׁנִּים לִבְנֵי־קֹרַח מַשְׂכִּיל שִׁיר יְדִידֹת: ב
רָחַשׁ לִבִּי | דָּבָר טוֹב אֹמֵר אָנִי מַעֲשַׂי לְמֶלֶךְ לְשׁוֹנִי עֵט |
סוֹפֵר מָהִיר: ג יָפְיָפִיתָ מִבְּנֵי אָדָם הוּצַק חֵן בְּשְׂפְתוֹתֶיךָ
עַל־כֵּן בֵּרַכְךָ אֱלֹהִים לְעוֹלָם: ד חֲגוֹר־חַרְבְּךָ עַל־יָרֵךְ גִּבּוֹר
הוֹדְךָ וַהֲדָרֶךָ: ה וַהֲדָרְךָ | צְלַח רְכַב עַל־דְּבַר־אֱמֶת וְעַנְוָה־
צֶדֶק וְתוֹרְךָ נוֹרָאוֹת יְמִינֶךָ: ו חִצֶּיךָ שְׁנוּנִים עַמִּים תַּחְתֶּיךָ
יִפְּלוּ בְּלֵב אוֹיְבֵי הַמֶּלֶךְ: ז כִּסְאֲךָ אֱלֹהִים עוֹלָם וָעֶד שֵׁבֶט
מִישֹׁר שֵׁבֶט מַלְכוּתֶךָ: ח אָהַבְתָּ צֶּדֶק וַתִּשְׂנָא רֶשַׁע עַל־כֵּן |
מְשָׁחֲךָ אֱלֹהִים אֱלֹהֶיךָ שֶׁמֶן שָׂשׂוֹן מֵחֲבֵרֶיךָ: ט מֹר־וַאֲהָלוֹת
קְצִיעוֹת כָּל־בִּגְדֹתֶיךָ מִן־הֵיכְלֵי שֵׁן מִנִּי שִׂמְּחוּךָ: י בְּנוֹת
מְלָכִים בְּיִקְּרוֹתֶיךָ נִצְּבָה שֵׁגַל לִימִינְךָ בְּכֶתֶם אוֹפִיר: יא
שִׁמְעִי־בַת וּרְאִי וְהַטִּי אָזְנֵךְ וְשִׁכְחִי עַמֵּךְ וּבֵית אָבִיךְ: יב
וְיִתְאָו הַמֶּלֶךְ יָפְיֵךְ כִּי־הוּא אֲדֹנַיִךְ וְהִשְׁתַּחֲוִי־לוֹ: יג וּבַת־צֹר
| בְּמִנְחָה פָּנַיִךְ יְחַלּוּ עֲשִׁירֵי עָם: יד כָּל־כְּבוּדָּה בַת־מֶלֶךְ
פְּנִימָה מִמִּשְׁבְּצוֹת זָהָב לְבוּשָׁהּ: טו לִרְקָמוֹת תּוּבַל לַמֶּלֶךְ
בְּתוּלוֹת אַחֲרֶיהָ רֵעוֹתֶיהָ מוּבָאוֹת לָךְ: טז תּוּבַלְנָה בִּשְׂמָחֹת
וָגִיל תְּבֹאֶינָה בְּהֵיכַל מֶלֶךְ: יז תַּחַת אֲבֹתֶיךָ יִהְיוּ בָנֶיךָ

תַּשִׁיתֵמוֹ לְשָׂרִים בְּכָל-הָאָרֶץ: יח אַזְכִּירָה שִׁמְךָ בְּכָל-דֹּר וָדֹר
עַל-כֵּן עַמִּים יְהוֹדֻךָ לְעֹלָם וָעֶד:

Psaume 46

Tehilim du Lundi - Tehilim du jour: jour 8

Les Alamot annoncés dans ce psaume ressemblent à des instruments de musique ou à un nom d'un compositeur vivant au temps du roi Ezecchias. Abraham Ibn Ezra pense que ce terme vient du verbe ALAM, disparaître. Il rappelle les guerres d'Israël et la cuisante défaite de Jérusalem. Il lance un cri d'espoir: D. n'abandonnera jamais son peuple.

- Si un homme hait sa femme

ח לחודש - ליום שני
פרק מו
א לַמְנַצֵּחַ לִבְנֵי-קֹרַח עַל-עֲלָמוֹת שִׁיר: ב אֱלֹהִים לָנוּ
מַחֲסֶה וָעֹז עֶזְרָה בְצָרוֹת נִמְצָא מְאֹד: ג עַל-כֵּן לֹא-נִירָא
בְּהָמִיר אָרֶץ וּבְמוֹט הָרִים בְּלֵב יַמִּים: ד יֶהֱמוּ יֶחְמְרוּ
מֵימָיו יִרְעֲשׁוּ-הָרִים בְּגַאֲוָתוֹ סֶלָה: ה נָהָר פְּלָגָיו יְשַׂמְּחוּ
עִיר-אֱלֹהִים קְדֹשׁ מִשְׁכְּנֵי עֶלְיוֹן: ו אֱלֹהִים בְּקִרְבָּהּ בַּל-
תִּמּוֹט יַעְזְרֶהָ אֱלֹהִים לִפְנוֹת בֹּקֶר: ז הָמוּ גוֹיִם מָטוּ
מַמְלָכוֹת נָתַן בְּקוֹלוֹ תָּמוּג אָרֶץ: ח יְהוָה צְבָאוֹת עִמָּנוּ
מִשְׂגָּב-לָנוּ אֱלֹהֵי יַעֲקֹב סֶלָה: ט לְכוּ-חֲזוּ מִפְעֲלוֹת יְהוָה
אֲשֶׁר-שָׂם שַׁמּוֹת בָּאָרֶץ: י מַשְׁבִּית מִלְחָמוֹת עַד-קְצֵה
הָאָרֶץ קֶשֶׁת יְשַׁבֵּר וְקִצֵּץ חֲנִית עֲגָלוֹת יִשְׂרֹף בָּאֵשׁ: יא
הַרְפּוּ וּדְעוּ כִּי-אָנֹכִי אֱלֹהִים אָרוּם בַּגּוֹיִם אָרוּם בָּאָרֶץ: יב
יְהוָה צְבָאוֹת עִמָּנוּ מִשְׂגָּב-לָנוּ אֱלֹהֵי יַעֲקֹב סֶלָה:

Psaume 47

Tehilim du Lundi - Tehilim du jour: jour 8

S'il fallait un psaume pour introduire les sonneries du Choffar à Roch Hachana, il ne pouvait être que celui-là. Certaines communautaires le lisent sept fois rappelant ainsi un épisode miraculeux. Les trompettes des Cohanim ont brisé les sept remparts de Jéricho à l'époque de Josué.

Psaume 48

La datation exacte reste floue. Les uns pensent qu'il a été composé à l'époque de David ramenant l'arche à Jérusalem. D'autres considèrent qu'il s'agit des exilés de Babylonie se préparant à leur retour annoncé et les derniers l'attribuent aux temps messianiques.

- Pour faire pénitence

ח לחודש - ליום שני

פרק מז

א לַמְנַצֵּחַ ׀ לִבְנֵי-קֹרַח מִזְמוֹר: ב כָּל-הָעַמִּים תִּקְעוּ-כָף
הָרִיעוּ לֵאלֹהִים בְּקוֹל רִנָּה: ג כִּי-יְהוָה עֶלְיוֹן נוֹרָא מֶלֶךְ
גָּדוֹל עַל-כָּל-הָאָרֶץ: ד יַדְבֵּר עַמִּים תַּחְתֵּינוּ וּלְאֻמִּים תַּחַת
רַגְלֵינוּ: ה יִבְחַר-לָנוּ אֶת-נַחֲלָתֵנוּ אֶת גְּאוֹן יַעֲקֹב אֲשֶׁר-
אָהֵב סֶלָה: ו עָלָה אֱלֹהִים בִּתְרוּעָה יְהוָה בְּקוֹל שׁוֹפָר: ז
זַמְּרוּ אֱלֹהִים זַמֵּרוּ זַמְּרוּ לְמַלְכֵּנוּ זַמֵּרוּ: ח כִּי מֶלֶךְ כָּל-
הָאָרֶץ אֱלֹהִים זַמְּרוּ מַשְׂכִּיל: ט מָלַךְ אֱלֹהִים עַל-גּוֹיִם
אֱלֹהִים יָשַׁב ׀ עַל-כִּסֵּא קָדְשׁוֹ: י נְדִיבֵי עַמִּים ׀ נֶאֱסָפוּ עַם
אֱלֹהֵי אַבְרָהָם כִּי לֵאלֹהִים מָגִנֵּי-אֶרֶץ מְאֹד נַעֲלָה:

Psaume 48

Tehilim du Lundi - Tehilim du jour: jour 8

Lamnatséah a disparu dans ce psaume. Il est récité tous les lundi, invoquant les chants des lévites au temple de Jérusalem. On pense à la guerre de Gog et Magog, annonciatrice des temps de la rédemption. Le Mont Sion fait bonne figure comme un lieu d'allégresse comme il l'a été lorsque les deux Temples fonctionnaient.

- Pour faire peur à ses ennemis

ח לחודש - ליום שני

פרק מח

א שִׁיר מִזְמוֹר לִבְנֵי-קֹרַח: ב גָּדוֹל יְהוָה וּמְהֻלָּל מְאֹד בְּעִיר
אֱלֹהֵינוּ הַר-קָדְשׁוֹ: ג יְפֵה נוֹף מְשׂוֹשׂ כָּל-הָאָרֶץ הַר-צִיּוֹן
יַרְכְּתֵי צָפוֹן קִרְיַת מֶלֶךְ רָב: ד אֱלֹהִים בְּאַרְמְנוֹתֶיהָ נוֹדַע
לְמִשְׂגָּב: ה כִּי-הִנֵּה הַמְּלָכִים נוֹעֲדוּ עָבְרוּ יַחְדָּו: ו הֵמָּה רָאוּ

ז כֵּן תָּמָהוּ נִבְהֲלוּ נֶחְפָּזוּ׃ ז רְעָדָה אֲחָזָתַם שָׁם חִיל כַּיּוֹלֵדָה׃
ח בְּרוּחַ קָדִים תְּשַׁבֵּר אֳנִיּוֹת תַּרְשִׁישׁ׃ ט כַּאֲשֶׁר שָׁמַעְנוּ ׀ כֵּן
רָאִינוּ בְּעִיר־יְהוָה צְבָאוֹת בְּעִיר אֱלֹהֵינוּ אֱלֹהִים יְכוֹנְנֶהָ
עַד־עוֹלָם סֶלָה׃ י דִּמִּינוּ אֱלֹהִים חַסְדֶּךָ בְּקֶרֶב הֵיכָלֶךָ׃ יא
כְּשִׁמְךָ אֱלֹהִים כֵּן תְּהִלָּתְךָ עַל־קַצְוֵי־אֶרֶץ צֶדֶק מָלְאָה
יְמִינֶךָ׃ יב יִשְׂמַח ׀ הַר־צִיּוֹן תָּגֵלְנָה בְּנוֹת יְהוּדָה לְמַעַן
מִשְׁפָּטֶיךָ׃ יג סֹבּוּ צִיּוֹן וְהַקִּיפוּהָ סִפְרוּ מִגְדָּלֶיהָ׃ יד שִׁיתוּ
לִבְּכֶם ׀ לְחֵילָה פַּסְּגוּ אַרְמְנוֹתֶיהָ לְמַעַן תְּסַפְּרוּ לְדוֹר
אַחֲרוֹן׃ טו כִּי זֶה ׀ אֱלֹהִים אֱלֹהֵינוּ עוֹלָם וָעֶד הוּא יְנַהֲגֵנוּ
עַל־מוּת׃

Psaume 49

Tehilim du Lundi - Tehilim du jour: jour 9

Il est récité dans une maison de deuil parce que la fin de la vie terrestre est rappelée par deux fois. Dans le verset 11 on évoque la mort des sages comme celle des plus impies alors que leur sort dans le monde futur n'est pas le même, les premiers connaissent la félicité et les seconds, la géhenne. Puis dans le verset 18 l'être humain en quittant ce monde n'emporte pas ses biens matériels avec lui. C'est une évidence que beaucoup oublient et qu'il est bon de rappeler.

- Contre la fièvre

ט לחודש - ליום שני

פרק מט

א לַמְנַצֵּחַ ׀ לִבְנֵי־קֹרַח מִזְמוֹר׃ ב שִׁמְעוּ־זֹאת כָּל־הָעַמִּים
הַאֲזִינוּ כָּל־יֹשְׁבֵי חָלֶד׃ ג גַּם־בְּנֵי אָדָם גַּם־בְּנֵי־אִישׁ יַחַד
עָשִׁיר וְאֶבְיוֹן׃ ד פִּי יְדַבֵּר חָכְמוֹת וְהָגוּת לִבִּי תְבוּנוֹת׃ ה
אַטֶּה לְמָשָׁל אָזְנִי אֶפְתַּח בְּכִנּוֹר חִידָתִי׃ ו לָמָּה אִירָא בִּימֵי
רָע עֲוֺן עֲקֵבַי יְסוּבֵּנִי׃ ז הַבֹּטְחִים עַל־חֵילָם וּבְרֹב עָשְׁרָם
יִתְהַלָּלוּ׃ ח אָח לֹא־פָדֹה יִפְדֶּה אִישׁ לֹא־יִתֵּן לֵאלֹהִים
כָּפְרוֹ׃ ט וְיֵקַר פִּדְיוֹן נַפְשָׁם וְחָדַל לְעוֹלָם׃ י וִיחִי־עוֹד לָנֶצַח
לֹא יִרְאֶה הַשָּׁחַת׃ יא כִּי יִרְאֶה ׀ חֲכָמִים יָמוּתוּ יַחַד כְּסִיל
וָבַעַר יֹאבֵדוּ וְעָזְבוּ לַאֲחֵרִים חֵילָם׃ יב קִרְבָּם בָּתֵּימוֹ ׀
לְעוֹלָם מִשְׁכְּנֹתָם לְדֹר וָדֹר קָרְאוּ בִשְׁמוֹתָם עֲלֵי אֲדָמוֹת׃

יֹּ וְאָדָם בִּיקָר בַּל־יָלִין נִמְשַׁל כַּבְּהֵמוֹת נִדְמוּ: יֹּ זֶה דַרְכָּם
כֵּסֶל לָמוֹ וְאַחֲרֵיהֶם | בְּפִיהֶם יִרְצוּ סֶלָה: יֹּ כַּצֹּאן | לִשְׁאוֹל
שַׁתּוּ מָוֶת יִרְעֵם וַיִּרְדּוּ בָם יְשָׁרִים | לַבֹּקֶר (וצירם) וְצוּרָם
לְבַלּוֹת שְׁאוֹל מִזְּבֻל לוֹ: יֹּ אַךְ־אֱלֹהִים יִפְדֶּה נַפְשִׁי מִיַּד־
שְׁאוֹל כִּי יִקָּחֵנִי סֶלָה: יֹּ אַל־תִּירָא כִּי־יַעֲשִׁר אִישׁ כִּי־יִרְבֶּה
כְּבוֹד בֵּיתוֹ: יֹּ כִּי לֹא בְמוֹתוֹ יִקַּח הַכֹּל לֹא־יֵרֵד אַחֲרָיו
כְּבוֹדוֹ: יֹּ כִּי־נַפְשׁוֹ בְּחַיָּיו יְבָרֵךְ וְיוֹדֻךָ כִּי־תֵיטִיב לָךְ: יֹּ תָּבוֹא
עַד־דּוֹר אֲבוֹתָיו עַד־נֵצַח לֹא יִרְאוּ־אוֹר: יֹּ אָדָם בִּיקָר וְלֹא
יָבִין נִמְשַׁל כַּבְּהֵמוֹת נִדְמוּ:

Psaume 50

Tehilim du Lundi - Tehilim du jour: jour 9

Mizmor léassaf, chant pour ou de Assaf. La famille Assaf a
fourni les grands noms des cantors de la tribu de Lévi, plu-
sieurs fois cités dans le livre de Ezra (Ch.2 v.41) ou Néhémie
(Ch.7 v.44) dans les Chroniques I(Ch.16 v.5) et dans d'autres
références.

Les commentateurs sont unanimes. Le contenu annonce un
temps eschatologique. Les sacrifices expiatoires ne seront
plus un gage de fidélité. Seuls les les animaux offerts en re-
merciement pour les multiples cadeaux célestes, Zivhé
Toda, auront cours dans le futur.

- Pour échapper aux brigands

ט לחודש - ליום שני
פרק נ

א מִזְמוֹר לְאָסָף אֵל | אֱלֹהִים יְהֹוָה דִּבֶּר וַיִּקְרָא־אָרֶץ
מִמִּזְרַח־שֶׁמֶשׁ עַד־מְבֹאוֹ: בֹ מִצִּיּוֹן מִכְלַל־יֹפִי אֱלֹהִים
הוֹפִיעַ: גֹ יָבֹא אֱלֹהֵינוּ וְאַל־יֶחֱרַשׁ אֵשׁ־לְפָנָיו תֹּאכֵל
וּסְבִיבָיו נִשְׂעֲרָה מְאֹד: דֹ יִקְרָא אֶל־הַשָּׁמַיִם מֵעָל וְאֶל־
הָאָרֶץ לָדִין עַמּוֹ: הֹ אִסְפוּ־לִי חֲסִידָי כֹּרְתֵי בְרִיתִי עֲלֵי־זָבַח:
וֹ וַיַּגִּידוּ שָׁמַיִם צִדְקוֹ כִּי־אֱלֹהִים | שֹׁפֵט הוּא סֶלָה: זֹ שִׁמְעָה
עַמִּי | וַאֲדַבֵּרָה יִשְׂרָאֵל וְאָעִידָה בָּךְ אֱלֹהִים אֱלֹהֶיךָ אָנֹכִי:
חֹ לֹא עַל־זְבָחֶיךָ אוֹכִיחֶךָ וְעוֹלֹתֶיךָ לְנֶגְדִּי תָמִיד: טֹ לֹא־אֶקַּח
מִבֵּיתְךָ פָר מִמִּכְלְאֹתֶיךָ עַתּוּדִים: יֹ כִּי־לִי כָל־חַיְתוֹ־יָעַר

בְּהֵמוֹת בְּהַרְרֵי-אָלֶף: יא יָדַעְתִּי כָּל-עוֹף הָרִים וְזִיז שָׂדַי
עִמָּדִי: יב אִם-אֶרְעַב לֹא-אֹמַר לָךְ כִּי-לִי תֵּבֵל וּמְלֹאָהּ: יג
הַאוֹכַל בְּשַׂר אַבִּירִים וְדַם עַתּוּדִים אֶשְׁתֶּה: יד זְבַח
לֵאלֹהִים תּוֹדָה וְשַׁלֵּם לְעֶלְיוֹן נְדָרֶיךָ: טו וּקְרָאֵנִי בְּיוֹם צָרָה
אֲחַלֶּצְךָ וּתְכַבְּדֵנִי: טז וְלָרָשָׁע | אָמַר אֱלֹהִים מַה-לְּךָ לְסַפֵּר
חֻקָּי וַתִּשָּׂא בְרִיתִי עֲלֵי-פִיךָ: יז וְאַתָּה שָׂנֵאתָ מוּסָר וַתַּשְׁלֵךְ
דְּבָרַי אַחֲרֶיךָ: יח אִם-רָאִיתָ גַנָּב וַתִּרֶץ עִמּוֹ וְעִם מְנָאֲפִים
חֶלְקֶךָ: יט פִּיךָ שָׁלַחְתָּ בְרָעָה וּלְשׁוֹנְךָ תַּצְמִיד מִרְמָה: כ תֵּשֵׁב
בְּאָחִיךָ תְדַבֵּר בְּבֶן-אִמְּךָ תִּתֶּן-דֹּפִי: כא אֵלֶּה עָשִׂיתָ |
וְהֶחֱרַשְׁתִּי דִּמִּיתָ הֱיוֹת-אֶהְיֶה כָמוֹךָ אוֹכִיחֲךָ וְאֶעֶרְכָה
לְעֵינֶיךָ: כב בִּינוּ-נָא זֹאת שֹׁכְחֵי אֱלוֹהַּ פֶּן-אֶטְרֹף וְאֵין מַצִּיל:
כג זֹבֵחַ תּוֹדָה יְכַבְּדָנְנִי וְשָׂם דֶּרֶךְ אַרְאֶנּוּ בְּיֵשַׁע אֱלֹהִים:

Psaume 51

Tehilim du Mardi - Tehilim du jour: jour 9

On retrouve le classique psaume de David. Il s'agit d'une expiation célèbre que le Roi adresse à D. avoir l'affaire de Bat Chéva. Le prophète Nathan annonce à David que son pardon a été accepté et qu'il ne sera pas puni de mort. David en vingt et un versets énonce les dangers de nos errements face à la justice immanente. Le plus grave est le rejet divin, insupportable. L'introduction de la Amida par ces mots: « Mon D. ouvre mes lèvres afin que ma bouche déclame Ta louange» donne pouvoir à la parole qui doit s'adresser directement à D. sans intermédiaire et sans fioriture.

- Contre un débauché

ט לחודש - ליום שלישי

פרק נא

א לַמְנַצֵּחַ מִזְמוֹר לְדָוִד: ב בְּבוֹא-אֵלָיו נָתָן הַנָּבִיא כַּאֲשֶׁר-
בָּא אֶל-בַּת-שָׁבַע: ג חָנֵּנִי אֱלֹהִים כְּחַסְדֶּךָ כְּרֹב רַחֲמֶיךָ מְחֵה
פְשָׁעָי: ד (הרבה) הֶרֶב כַּבְּסֵנִי מֵעֲוֹנִי וּמֵחַטָּאתִי טַהֲרֵנִי: ה כִּי-
פְשָׁעַי אֲנִי אֵדָע וְחַטָּאתִי נֶגְדִּי תָמִיד: ו לְךָ לְבַדְּךָ | חָטָאתִי
וְהָרַע בְּעֵינֶיךָ עָשִׂיתִי לְמַעַן תִּצְדַּק בְּדָבְרֶךָ תִּזְכֶּה בְשָׁפְטֶךָ:
ז הֵן-בְּעָווֹן חוֹלָלְתִּי וּבְחֵטְא יֶחֱמַתְנִי אִמִּי: ח הֵן-אֱמֶת

חָפַצְתָּ בַטֻּחוֹת וּבְסָתֻם חָכְמָה תוֹדִיעֵנִי: תְּחַטְּאֵנִי בְאֵזוֹב
וְאֶטְהָר תְּכַבְּסֵנִי וּמִשֶּׁלֶג אַלְבִּין: תַּשְׁמִיעֵנִי שָׂשׂוֹן וְשִׂמְחָה
תָּגֵלְנָה עֲצָמוֹת דִּכִּיתָ: הַסְתֵּר פָּנֶיךָ מֵחֲטָאָי וְכָל-עֲוֹנֹתַי
מְחֵה: לֵב טָהוֹר בְּרָא-לִי אֱלֹהִים וְרוּחַ נָכוֹן חַדֵּשׁ בְּקִרְבִּי:
אַל-תַּשְׁלִיכֵנִי מִלְּפָנֶיךָ וְרוּחַ קָדְשְׁךָ אַל-תִּקַּח מִמֶּנִּי:
הָשִׁיבָה לִּי שְׂשׂוֹן יִשְׁעֶךָ וְרוּחַ נְדִיבָה תִסְמְכֵנִי: אֲלַמְּדָה
פֹשְׁעִים דְּרָכֶיךָ וְחַטָּאִים אֵלֶיךָ יָשׁוּבוּ: הַצִּילֵנִי מִדָּמִים |
אֱלֹהִים אֱלֹהֵי תְּשׁוּעָתִי תְּרַנֵּן לְשׁוֹנִי צִדְקָתֶךָ: אֲדֹנָי
שְׂפָתַי תִּפְתָּח וּפִי יַגִּיד תְּהִלָּתֶךָ: כִּי | לֹא-תַחְפֹּץ זֶבַח
וְאֶתֵּנָה עוֹלָה לֹא תִרְצֶה: זִבְחֵי אֱלֹהִים רוּחַ נִשְׁבָּרָה לֵב-
נִשְׁבָּר וְנִדְכֶּה אֱלֹהִים לֹא תִבְזֶה: הֵיטִיבָה בִרְצוֹנְךָ אֶת-
צִיּוֹן תִּבְנֶה חוֹמוֹת יְרוּשָׁלָ͏ִם: אָז תַּחְפֹּץ זִבְחֵי-צֶדֶק עוֹלָה
וְכָלִיל אָז יַעֲלוּ עַל-מִזְבַּחֲךָ פָרִים:

Psaume 52

Tehilim du Mardi - Tehilim du jour: jour 9

Ce fait historique est rapporté dans le livre de Samuel
1ch.22. Doeg l'Iduméen s'est rendu chez le Roi Saül et lui a
appris que David a trouvé gîte et couvert à Nov, le village
des prêtres hébreux et notamment auprès d'Ahimélekh. Saül
convoque ce dernier et lui signifie que lui et les siens sont
désormais considérés comme des conspirateurs contre le roi.
Il les condamne à mort. C'est Doeg qui aura la tâche d'exé-
cuter quatre-vingt-cinq prêtres. Un seul a pu échapper au
massacre. Il s'agit de Evyatar. Il rejoindra David et aura ainsi
la vie sauve.

En regardant bien, David en guématria est égal à 14 Doég
aussi est égal à 14. Les deux auraient fait une paire insépa-
rable. Mais contre la trahison la sentence est sans appel.

Ce psaume de onze versets décrit l'état d'âme du Roi David
qui est persuadé que cet ignoble personnage finira par être
rattrapé pour ses méfaits et paiera de sa vie, sa félonie.

- Contre la tentation de la médisance

ט לחודש - ליום שלישי

פרק נב

א לַמְנַצֵּחַ מַשְׂכִּיל לְדָוִד: ב בְּבוֹא | דּוֹאֵג הָאֲדֹמִי וַיַּגֵּד
לְשָׁאוּל וַיֹּאמֶר לוֹ בָּא דָוִד אֶל-בֵּית אֲחִימֶלֶךְ: ג מַה-
תִּתְהַלֵּל בְּרָעָה הַגִּבּוֹר חֶסֶד אֵל כָּל-הַיּוֹם: ד הַוּוֹת תַּחְשֹׁב
לְשׁוֹנֶךָ כְּתַעַר מְלֻטָּשׁ עֹשֵׂה רְמִיָּה: ה אָהַבְתָּ רָּע מִטּוֹב שֶׁקֶר
| מִדַּבֵּר צֶדֶק סֶלָה: ו אָהַבְתָּ כָל-דִּבְרֵי-בָלַע לְשׁוֹן מִרְמָה: ז
גַּם-אֵל יִתָּצְךָ לָנֶצַח יַחְתְּךָ וְיִסָּחֲךָ מֵאֹהֶל וְשֵׁרֶשְׁךָ מֵאֶרֶץ
חַיִּים סֶלָה: ח וְיִרְאוּ צַדִּיקִים וְיִירָאוּ וְעָלָיו יִשְׂחָקוּ: ט הִנֵּה
הַגֶּבֶר לֹא יָשִׂים אֱלֹהִים מָעוּזּוֹ וַיִּבְטַח בְּרֹב עָשְׁרוֹ יָעֹז
בְּהַוָּתוֹ: י וַאֲנִי | כְּזַיִת רַעֲנָן בְּבֵית אֱלֹהִים בָּטַחְתִּי בְחֶסֶד-
אֱלֹהִים עוֹלָם וָעֶד: יא אוֹדְךָ לְעוֹלָם כִּי עָשִׂיתָ וַאֲקַוֶּה שִׁמְךָ
כִּי-טוֹב נֶגֶד חֲסִידֶיךָ:

Psaume 53

Tehilim du Mardi - Tehilim du jour: jour 9

La revue des hommes qui se sont opposés à David se poursuit. Il s'agit de Naval, un nom propre mais aussi un nom commun signifiant sot, sans envergure.
Ce riche terrien a refusé de donner de la nourriture aux hommes de David alors qu'ils étaient dans une situation précaire à cause de Saül. David a voulu punir cet homme arrogant. L'épouse de Naval, Abigail prend l'initiative d'aller à la rencontre du Roi et de faire excuser les bêtises de son époux. David consent d'épargner Naval. (Samuel I ch.25)
Mahalat est un instrument de Musique. David dénonce la cupidité des hommes riches qui croient pouvoir distribuer le pain à leur guise. Le bien en leur possession est le piège que D. leur tend.

- Pour faire peur à ses ennemis

ט לחודש - ליום שלישי

פרק נג

א לַמְנַצֵּחַ עַל-מָחֲלַת מַשְׂכִּיל לְדָוִד: ב אָמַר נָבָל בְּלִבּוֹ אֵין
אֱלֹהִים הִשְׁחִיתוּ וְהִתְעִיבוּ עָוֶל אֵין עֹשֵׂה-טוֹב: ג אֱלֹהִים
מִשָּׁמַיִם הִשְׁקִיף עַל-בְּנֵי אָדָם לִרְאוֹת הֲיֵשׁ מַשְׂכִּיל דֹּרֵשׁ

אֶת-אֱלֹהִֽים: ד כֻּלּ֥וֹ סָג֮ יַחְדָּ֪ו נֶ֫אֱלָ֥חוּ אֵ֤ין עֹֽשֵׂה-ט֑וֹב אֵ֝֗ין גַּם-
אֶחָֽד: ה הֲלֹ֥א יָדְע֗וּ פֹּ֤עֲלֵי אָ֫וֶן אֹכְלֵ֣י עַ֭מִּי אָ֣כְלוּ לֶ֑חֶם אֱ֝לֹהִ֗ים
לֹ֣א קָרָֽאוּ: ו שָׁ֤ם | פָּֽחֲדוּ-פַחַד֮ לֹא-הָ֪יָה פָ֫חַד כִּֽי-אֱלֹהִ֗ים פִּ֭זַּר
עַצְמ֣וֹת חֹנָ֑ךְ הֱ֝בִשֹׁ֗תָה כִּֽי-אֱלֹהִ֥ים מְאָסָֽם: ז מִ֥י יִתֵּ֣ן מִצִּיּוֹן֮
יְשֻׁע֪וֹת יִשְׂרָ֫אֵ֥ל בְּשׁ֣וּב אֱ֭לֹהִים שְׁב֣וּת עַמּ֑וֹ יָגֵ֥ל יַ֝עֲקֹ֗ב יִשְׂמַ֥ח
יִשְׂרָאֵֽל:

Psaume 54

Tehilim du Mardi - Tehilim du jour: jour 9

Les Zifim sont des de nomades de la contrée de Zif en terre de Canaan vivant dans le désert. David et ses hommes ont trouvé refuge dans une des grottes leur appartenant. (Samuel I ch.23). Ils vont aussi trahir la confiance de leur hôte en le dénonçant à Saül. David arrive à pénétrer dans la tente de Saül. Il réussit à déchirer un pan de sa cape. Le lendemain il montre à son haineux beau-père qu'il avait la possibilité de l'éliminer mais qu'il a préféré lui sauver la vie. Saül accepte un pacte de paix momentané.
C'est un hymne à D. qui a su déjouer les complots des méchants, juifs ou non.

- Pour se venger de ses ennemis

ט לחודש - ליום שלישי
פרק נד
א לַמְנַצֵּ֥חַ בִּנְגִינֹ֗ת מַשְׂכִּ֥יל לְדָוִֽד: ב בְּב֣וֹא הַ֭זִּיפִים וַיֹּאמְר֣וּ
לְשָׁא֑וּל הֲלֹ֥א דָ֝וִ֗ד מִסְתַּתֵּ֥ר עִמָּֽנוּ: ג אֱ֭לֹהִים בְּשִׁמְךָ֣
הוֹשִׁיעֵ֑נִי וּבִגְבוּרָתְךָ֥ תְדִינֵֽנִי: ד אֱ֭לֹהִים שְׁמַ֣ע תְּפִלָּתִ֑י
הַ֝אֲזִ֗ינָה לְאִמְרֵי-פִֽי: ה כִּ֤י זָרִ֨ים | קָ֤מוּ עָלַ֗י וְ֭עָרִיצִים בִּקְשׁ֣וּ
נַפְשִׁ֑י לֹ֤א שָׂ֨מוּ אֱלֹהִ֖ים לְנֶגְדָּ֣ם סֶֽלָה: ו הִנֵּ֣ה אֱ֭לֹהִים עֹזֵ֣ר לִ֑י
אֲ֝דֹנָ֗י בְּֽסֹמְכֵ֥י נַפְשִֽׁי: ז (ישוב) יָשִׁ֣יב הָ֭רַע לְשֹׁרְרָ֑י בַּ֝אֲמִתְּךָ֗
הַצְמִיתֵֽם: ח בִּנְדָבָ֥ה אֶזְבְּחָה-לָּ֑ךְ אוֹדֶ֥ה שִּׁמְךָ֖ יְהֹוָ֣ה כִּי-טֽוֹב:
ט כִּ֣י מִכָּל-צָ֭רָה הִצִּילָ֑נִי וּ֝בְאֹיְבַ֗י רָאֲתָ֥ה עֵינִֽי:

Psaume 55

Tehilim du Mardi - Tehilim du jour: jour 10

Nous continuons à découvrir la vie tumultueuse de David. Dans sa course pour échapper aux mille pièges tendus par Saül, la nuit et l'insomnie peuvent être fatales au Roi fuyant. Lorsque l'ennemi est identifié, il est plus aisé de le combattre. Malheureusement l'ennemi se tapit. Il peut surgir de nulle part. David croit en la Hachgaha pratite, une présence divine permanente qui le préserve plus que les armes et les tactiques militaires. Le verset 17 est éloquent: « J'appelle D., Il me répond». On peut ajouter immédiatement.

- Contre toutes les mauvaises choses

י לחודש - ליום שלישי

פרק נה

א לַמְנַצֵּחַ בִּנְגִינֹת מַשְׂכִּיל לְדָוִד: ב הַאֲזִינָה אֱלֹהִים תְּפִלָּתִי
וְאַל-תִּתְעַלַּם מִתְּחִנָּתִי: ג הַקְשִׁיבָה לִּי וַעֲנֵנִי אָרִיד בְּשִׂיחִי
וְאָהִימָה: ד מִקּוֹל אוֹיֵב מִפְּנֵי עָקַת רָשָׁע כִּי-יָמִיטוּ עָלַי אָוֶן
וּבְאַף יִשְׂטְמוּנִי: ה לִבִּי יָחִיל בְּקִרְבִּי וְאֵימוֹת מָוֶת נָפְלוּ
עָלָי: ו יִרְאָה וָרַעַד יָבֹא בִי וַתְּכַסֵּנִי פַּלָּצוּת: ז וָאֹמַר מִי-
יִתֶּן-לִּי אֵבֶר כַּיּוֹנָה אָעוּפָה וְאֶשְׁכֹּנָה: ח הִנֵּה אַרְחִיק נְדֹד
אָלִין בַּמִּדְבָּר סֶלָה: ט אָחִישָׁה מִפְלָט לִי מֵרוּחַ סֹעָה
מִסָּעַר: י בַּלַּע אֲדֹנָי פַּלַּג לְשׁוֹנָם כִּי-רָאִיתִי חָמָס וְרִיב
בָּעִיר: יא יוֹמָם וָלַיְלָה יְסוֹבְבֻהָ עַל-חוֹמֹתֶיהָ וְאָוֶן וְעָמָל
בְּקִרְבָּהּ: יב הַוּוֹת בְּקִרְבָּהּ וְלֹא-יָמִישׁ מֵרְחֹבָהּ תֹּךְ וּמִרְמָה:
יג כִּי לֹא-אוֹיֵב יְחָרְפֵנִי וְאֶשָּׂא לֹא-מְשַׂנְאִי עָלַי הִגְדִּיל
וְאֶסָּתֵר מִמֶּנּוּ: יד וְאַתָּה אֱנוֹשׁ כְּעֶרְכִּי אַלּוּפִי וּמְיֻדָּעִי: טו
אֲשֶׁר יַחְדָּו נַמְתִּיק סוֹד בְּבֵית אֱלֹהִים נְהַלֵּךְ בְּרָגֶשׁ: טז
(ישימות) יַשִּׁי מָוֶת | עָלֵימוֹ יֵרְדוּ שְׁאוֹל חַיִּים כִּי-רָעוֹת
בִּמְגוּרָם בְּקִרְבָּם: יז אֲנִי אֶל-אֱלֹהִים אֶקְרָא וַיהוָֹה
יוֹשִׁיעֵנִי: יח עֶרֶב וָבֹקֶר וְצָהֳרַיִם אָשִׂיחָה וְאֶהֱמֶה וַיִּשְׁמַע
קוֹלִי: יט פָּדָה בְשָׁלוֹם נַפְשִׁי מִקֲּרָב-לִי כִּי-בְרַבִּים הָיוּ עִמָּדִי:
כ יִשְׁמַע | אֵל | וְיַעֲנֵם וְיֹשֵׁב קֶדֶם סֶלָה אֲשֶׁר אֵין חֲלִיפוֹת
לָמוֹ וְלֹא יָרְאוּ אֱלֹהִים: כא שָׁלַח יָדָיו בִּשְׁלֹמָיו חִלֵּל בְּרִיתוֹ:
כב חָלְקוּ | מַחְמָאֹת פִּיו וּקְרָב-לִבּוֹ רַכּוּ דְבָרָיו מִשֶּׁמֶן וְהֵמָּה
פְתִחוֹת: כג הַשְׁלֵךְ עַל-יְהוָֹה | יְהָבְךָ וְהוּא יְכַלְכְּלֶךָ לֹא-יִתֵּן
לְעוֹלָם מוֹט לַצַּדִּיק: כד וְאַתָּה אֱלֹהִים | תּוֹרִדֵם | לִבְאֵר

שַׁחַת אַנְשֵׁי דָמִים וּמִרְמָה לֹא-יֶחֱצוּ יְמֵיהֶם וַאֲנִי אֶבְטַח-בָּךְ:

Psaume 56

Tehilim du Mardi - Tehilim du jour: jour 10

David évoque un des premiers épisodes de sa fuite devant Saül. Il est à Gatte devant le roi Akhich (frère de Goliath) roi des philistins, ennemis héréditaires du peuple d'Israël. Il imagine un stratagème. Il bave sur sa barbe et fait le fou. Le doute s'installe chez le roi (d'après le midrach ce roi devait s'occuper de sa femme et de sa fille, atteintes de schizophrénie). Il le renvoie sans ménagement et lui sauve la vie en même temps. (Samuel I ch.21 v.11 à 16).

David remercie D. de l'avoir sauvé d'une mort certaine. On retrouve ici et à plusieurs reprises le terme Mikhtam qui vient de la racine KETEM signifiant valeur comme l'or parmi les métaux. David a dû souffrir jusqu'à en pleurer. Les sages déduisent que nos larmes sincères sont recueillies dans une sorte d'outre et gardées à jamais devant D.

- Pour un détenu

י לחודש - ליום שלישי
פרק נו

א לַמְנַצֵּחַ ׀ עַל-יוֹנַת אֵלֶם רְחֹקִים לְדָוִד מִכְתָּם בֶּאֱחֹז אֹתוֹ פְלִשְׁתִּים בְּגַת: ב חָנֵּנִי אֱלֹהִים כִּי-שְׁאָפַנִי אֱנוֹשׁ כָּל-הַיּוֹם לֹחֵם יִלְחָצֵנִי: ג שָׁאֲפוּ שׁוֹרְרַי כָּל-הַיּוֹם כִּי-רַבִּים לֹחֲמִים לִי מָרוֹם: ד יוֹם אִירָא אֲנִי אֵלֶיךָ אֶבְטָח: ה בֵּאלֹהִים אֲהַלֵּל דְּבָרוֹ בֵּאלֹהִים בָּטַחְתִּי לֹא אִירָא מַה-יַּעֲשֶׂה בָשָׂר לִי: ו כָּל-הַיּוֹם דְּבָרַי יְעַצֵּבוּ עָלַי כָּל-מַחְשְׁבֹתָם לָרָע: ז יָגוּרוּ ׀ (יצפינו) יִצְפּוֹנוּ הֵמָּה עֲקֵבַי יִשְׁמֹרוּ כַּאֲשֶׁר קִוּוּ נַפְשִׁי: ח עַל-אָוֶן פַּלֶּט-לָמוֹ בְּאַף עַמִּים ׀ הוֹרֵד אֱלֹהִים: ט נֹדִי סָפַרְתָּה אָתָּה שִׂימָה דִמְעָתִי בְנֹאדֶךָ הֲלֹא בְּסִפְרָתֶךָ: י אָז יָשׁוּבוּ אוֹיְבַי אָחוֹר בְּיוֹם אֶקְרָא זֶה-יָדַעְתִּי כִּי-אֱלֹהִים לִי: יא בֵּאלֹהִים אֲהַלֵּל דָּבָר בַּיהוָה אֲהַלֵּל דָּבָר: יב בֵּאלֹהִים בָּטַחְתִּי לֹא אִירָא מַה-יַּעֲשֶׂה אָדָם לִי: יג עָלַי אֱלֹהִים נְדָרֶיךָ

אֲשַׁלֵּם תּוֹדֹת לָךְ: יד כִּי הִצַּלְתָּ נַפְשִׁי מִמָּוֶת הֲלֹא רַגְלַי
מִדֶּחִי לְהִתְהַלֵּךְ לִפְנֵי אֱלֹהִים בְּאוֹר הַחַיִּים:

Psaume 57

Tehilim du Mardi - Tehilim du jour: jour 10

Nous suivons David dans ses caches multiples alors que la mort le guette à cause de Saül. Il se pourrait que ce psaume ait été écrit pour remercier D. de l'avoir sauvegardé alors qu'il devait s'exiler dans le pays de Moab. (Samuel I ch.22 v.1 à 3).

Le début de ce poème comme les deux suivants commencent par Al Tachhet Mikhtam. Mikhtam a été déjà expliqué. Al Tachhet veut dire «ne détruis pas». Les sages déduisent que David n'a pas eu peur de mourir si D. avait décidé de le faire disparaître. Tant qu'il sera vivant, il dormira serein dans l'antre aux lions (allusion aux deux gardes corps de Saül: Avner et Amassa). Il ne craindra pas les flèches et les lances coupantes (Saül a plusieurs fois essayé d'atteindre David par sa lance mais sans jamais l'atteindre). Son seul désir est de prendre sa lyre et chanter ses poèmes aux premières lueurs du jour.

- Pour la réussite

י לחודש - ליום שלישי

פרק נז

א לַמְנַצֵּחַ אַל-תַּשְׁחֵת לְדָוִד מִכְתָּם בְּבָרְחוֹ מִפְּנֵי-שָׁאוּל
בַּמְּעָרָה: ב חָנֵּנִי אֱלֹהִים | חָנֵּנִי כִּי בְךְ חָסָיָה נַפְשִׁי וּבְצֵל-
כְּנָפֶיךְ אֶחְסֶה עַד יַעֲבֹר הַוּוֹת: ג אֶקְרָא לֵאלֹהִים עֶלְיוֹן
לָאֵל גֹּמֵר עָלָי: ד יִשְׁלַח מִשָּׁמַיִם | וְיוֹשִׁיעֵנִי חֵרֵף שֹׁאֲפִי
סֶלָה יִשְׁלַח אֱלֹהִים חַסְדּוֹ וַאֲמִתּוֹ: ה נַפְשִׁי | בְּתוֹךְ לְבָאִם
אֶשְׁכְּבָה לֹהֲטִים בְּנֵי-אָדָם שִׁנֵּיהֶם חֲנִית וְחִצִּים וּלְשׁוֹנָם
חֶרֶב חַדָּה: ו רוּמָה עַל-הַשָּׁמַיִם אֱלֹהִים עַל כָּל-הָאָרֶץ
כְּבוֹדֶךְ: ז רֶשֶׁת | הֵכִינוּ לִפְעָמַי כָּפַף נַפְשִׁי כָּרוּ לְפָנַי שִׁיחָה
נָפְלוּ בְתוֹכָהּ סֶלָה: ח נָכוֹן לִבִּי אֱלֹהִים נָכוֹן לִבִּי אָשִׁירָה
וַאֲזַמֵּרָה: ט עוּרָה כְבוֹדִי עוּרָה הַנֵּבֶל וְכִנּוֹר אָעִירָה שָּׁחַר:

י אוֹדְךָ בָעַמִּים | אֲדֹנָי אֲזַמֶּרְךָ בַּל-אֻמִּים: יא כִּי-גָדֹל עַד-
שָׁמַיִם חַסְדֶּךָ וְעַד-שְׁחָקִים אֲמִתֶּךָ: יב רוּמָה עַל-שָׁמַיִם
אֱלֹהִים עַל כָּל-הָאָרֶץ כְּבוֹדֶךָ:

Psaume 58

Tehilim du Mardi - Tehilim du jour: jour 10

David a eu plusieurs opportunités de tuer Saül. Il a pu pénétrer dans sa tente entourée de gardes et subtiliser sa lance et son pot de chambre. Le lendemain, il montre à son beau-père la preuve de sa fidélité. Il prie D. de l'aider à persuader Saül qu'il n'est pas son ennemi. Les malentendus et les mauvaises langues contre lui sont seuls responsables de cette haine incompréhensible.

- Contre un chien méchant

י לחודש - ליום שלישי

פרק נח

א לַמְנַצֵּחַ אַל-תַּשְׁחֵת לְדָוִד מִכְתָּם: ב הַאֻמְנָם אֵלֶם צֶדֶק
תְּדַבֵּרוּן מֵישָׁרִים תִּשְׁפְּטוּ בְּנֵי אָדָם: ג אַף-בְּלֵב עוֹלֹת
תִּפְעָלוּן בָּאָרֶץ חֲמַס יְדֵיכֶם תְּפַלֵּסוּן: ד זֹרוּ רְשָׁעִים מֵרָחֶם
תָּעוּ מִבֶּטֶן דֹּבְרֵי כָזָב: ה חֲמַת-לָמוֹ כִּדְמוּת חֲמַת-נָחָשׁ
כְּמוֹ-פֶתֶן חֵרֵשׁ יַאְטֵם אָזְנוֹ: ו אֲשֶׁר לֹא-יִשְׁמַע לְקוֹל
מְלַחֲשִׁים חוֹבֵר חֲבָרִים מְחֻכָּם: ז אֱלֹהִים הֲרָס-שִׁנֵּימוֹ
בְּפִימוֹ מַלְתְּעוֹת כְּפִירִים נְתֹץ | יְהוָה: ח יִמָּאֲסוּ כְמוֹ-מַיִם
יִתְהַלְּכוּ-לָמוֹ יִדְרֹךְ (חצו) חִצָּיו כְּמוֹ יִתְמֹלָלוּ: ט כְּמוֹ שַׁבְּלוּל
תֶּמֶס יַהֲלֹךְ נֵפֶל אֵשֶׁת בַּל-חָזוּ שָׁמֶשׁ: י בְּטֶרֶם יָבִינוּ
סִירֹתֵיכֶם אָטָד כְּמוֹ-חַי כְּמוֹ-חָרוֹן יִשְׂעָרֶנּוּ: יא יִשְׂמַח צַדִּיק
כִּי-חָזָה נָקָם פְּעָמָיו יִרְחַץ בְּדַם הָרָשָׁע: יב וְיֹאמַר אָדָם אַךְ-
פְּרִי לַצַּדִּיק אַךְ יֵשׁ-אֱלֹהִים שֹׁפְטִים בָּאָרֶץ:

Psaume 59

Tehilim du Mardi - Tehilim du jour: jour 10

Il est la suite logique de ses déboires et des pièges tendus par Saül. Dans Samuel I ch.19 v. 11et 12) David aura la vie

sauve grâce à sa femme Mikhal (fille du roi Saül) qui va l'aider à échapper de leur maison par la fenêtre alors qu'elle est cernée par les sbires de son père.
Dix-huit versets sont nécessaires pour montrer la confiance de David en D. devant les ingéniosités des méchants à attenter à sa vie. Le seul refuge sûr c'est sa conviction sans borne au D. de bonté.

- Contre le Mauvais Penchant

י לחודש - ליום שלישי

פרק נט

א לַמְנַצֵּחַ אַל-תַּשְׁחֵת לְדָוִד מִכְתָּם בִּשְׁלֹחַ שָׁאוּל וַיִּשְׁמְרוּ
אֶת-הַבַּיִת לַהֲמִיתוֹ: ב הַצִּילֵנִי מֵאֹיְבַי | אֱלֹהָי מִמִּתְקוֹמְמַי
תְּשַׂגְּבֵנִי: ג הַצִּילֵנִי מִפֹּעֲלֵי אָוֶן וּמֵאַנְשֵׁי דָמִים הוֹשִׁיעֵנִי: ד
כִּי הִנֵּה אָרְבוּ לְנַפְשִׁי יָגוּרוּ עָלַי עַזִּים לֹא-פִשְׁעִי וְלֹא-
חַטָּאתִי יְהוָה: ה בְּלִי-עָוֹן יְרוּצוּן וְיִכּוֹנָנוּ עוּרָה לִקְרָאתִי
וּרְאֵה: ו וְאַתָּה יְהוָה-אֱלֹהִים | צְבָאוֹת אֱלֹהֵי יִשְׂרָאֵל
הָקִיצָה לִפְקֹד כָּל-הַגּוֹיִם אַל-תָּחֹן כָּל-בֹּגְדֵי אָוֶן סֶלָה: ז
יָשׁוּבוּ לָעֶרֶב יֶהֱמוּ כַכָּלֶב וִיסוֹבְבוּ עִיר: ח הִנֵּה | יַבִּיעוּן
בְּפִיהֶם חֲרָבוֹת בְּשִׂפְתוֹתֵיהֶם כִּי-מִי שֹׁמֵעַ: ט וְאַתָּה יְהוָה
תִּשְׂחַק-לָמוֹ תִּלְעַג לְכָל-גּוֹיִם: י עֻזּוֹ אֵלֶיךָ אֶשְׁמֹרָה כִּי-
אֱלֹהִים מִשְׂגַּבִּי: יא אֱלֹהֵי (חסדו) חַסְדִּי יְקַדְּמֵנִי אֱלֹהִים
יַרְאֵנִי בְשֹׁרְרָי: יב אַל-תַּהַרְגֵם | פֶּן-יִשְׁכְּחוּ עַמִּי הֲנִיעֵמוֹ
בְחֵילְךָ וְהוֹרִידֵמוֹ מָגִנֵּנוּ אֲדֹנָי: יג חַטַּאת-פִּימוֹ דְּבַר-
שְׂפָתֵימוֹ וְיִלָּכְדוּ בִגְאוֹנָם וּמֵאָלָה וּמִכַּחַשׁ יְסַפֵּרוּ: יד כַּלֵּה
בְחֵמָה כַּלֵּה וְאֵינֵמוֹ וְיֵדְעוּ כִּי-אֱלֹהִים מֹשֵׁל בְּיַעֲקֹב לְאַפְסֵי
הָאָרֶץ סֶלָה: טו וְיָשׁוּבוּ לָעֶרֶב יֶהֱמוּ כַכָּלֶב וִיסוֹבְבוּ עִיר: טז
הֵמָּה (ינועון) יְנִיעוּן לֶאֱכֹל אִם-לֹא יִשְׂבְּעוּ וַיָּלִינוּ: יז וַאֲנִי |
אָשִׁיר עֻזֶּךָ וַאֲרַנֵּן לַבֹּקֶר חַסְדֶּךָ כִּי-הָיִיתָ מִשְׂגָּב לִי וּמָנוֹס
בְּיוֹם צַר-לִי: יח עֻזִּי אֵלֶיךָ אֲזַמֵּרָה כִּי-אֱלֹהִים מִשְׂגַּבִּי אֱלֹהֵי
חַסְדִּי:

Psaume 60

Tehilim du Mardi - Tehilim du jour: jour 11

Psaume 60

La guerre du Roi David contre Edom (Samuel II ch.8 et dans Chroniques I ch.18 v.12) peut sembler en contradiction avec la Thora (Deutéronome ch.2 v.9) qui recommande de ne pas s'en prendre à ses habitants (les descendants d'Esaü)). Les édomites ont fait souffrir le peuple hébreu pendant la période des juges en se coalisant avec ses ennemis. David a obtenu l'accord divin de les faire punir pour avoir trahi les accords pacifiques conclus avec eux depuis Moché. Les chiffres des tués ne concordent pas entre ici (12000) et le livre des Rois et des chroniques (18000). Les commentateurs parlent de deux généraux de David. Avichaï avait trucidé 6000 et Yoav 12000.
Chouchan Edouth dans le premier verset sont des instruments de musique pour certains interprètes alors que d'autres pensent que Chouchan ce sont les Sanhédrin qui ont témoigné (Edouth) de la légitimité de David d'entrer en guerre contre les ennemis d'Israël.

- Pour aller en Guerre

יא לחודש - ליום שלישי

פרק ס

א לַמְנַצֵּחַ עַל-שׁוּשַׁן עֵדוּת מִכְתָּם לְדָוִד לְלַמֵּד: ב בְּהַצּוֹתוֹ
| אֶת אֲרַם נַהֲרַיִם וְאֶת-אֲרַם צוֹבָה וַיָּשָׁב יוֹאָב וַיַּךְ אֶת-
אֱדוֹם בְּגֵיא-מֶלַח שְׁנֵים עָשָׂר אָלֶף: ג אֱלֹהִים זְנַחְתָּנוּ
פְרַצְתָּנוּ אָנַפְתָּ תְּשׁוֹבֵב לָנוּ: ד הִרְעַשְׁתָּה אֶרֶץ פְּצַמְתָּהּ
רְפָה שְׁבָרֶיהָ כִי-מָטָה: ה הִרְאִיתָה עַמְּךָ קָשָׁה הִשְׁקִיתָנוּ יַיִן
תַּרְעֵלָה: ו נָתַתָּה לִּירֵאֶיךָ נֵּס לְהִתְנוֹסֵס מִפְּנֵי קֹשֶׁט סֶלָה:
ז לְמַעַן יֵחָלְצוּן יְדִידֶיךָ הוֹשִׁיעָה יְמִינְךָ (ועננו) וַעֲנֵנִי: ח
אֱלֹהִים | דִּבֶּר בְּקָדְשׁוֹ אֶעְלֹזָה אֲחַלְּקָה שְׁכֶם וְעֵמֶק סֻכּוֹת
אֲמַדֵּד: ט לִי גִלְעָד | וְלִי מְנַשֶּׁה וְאֶפְרַיִם מָעוֹז רֹאשִׁי יְהוּדָה
מְחֹקְקִי: י מוֹאָב | סִיר רַחְצִי עַל-אֱדוֹם אַשְׁלִיךְ נַעֲלִי עָלַי
פְּלֶשֶׁת הִתְרֹעָעִי: יא מִי יֹבִלֵנִי עִיר מָצוֹר מִי נָחַנִי עַד-אֱדוֹם:
יב הֲלֹא-אַתָּה אֱלֹהִים זְנַחְתָּנוּ וְלֹא-תֵצֵא אֱלֹהִים
בְּצִבְאוֹתֵינוּ: יג הָבָה-לָּנוּ עֶזְרָת מִצָּר וְשָׁוְא תְּשׁוּעַת אָדָם:
יד בֵּאלֹהִים נַעֲשֶׂה-חָיִל וְהוּא יָבוּס צָרֵינוּ:

Psaume 61

Tehilim du Mardi - Tehilim du jour: jour 11

David poursuit sa reconnaissance à D. de l'avoir soutenu dans ses difficultés à conquérir le pays pour lui donner un territoire viable. D. A été pour David un refuge, Mahssé, repris après par Maguen, le fameux bouclier de David). Il promet au Très-Haut de payer sa dette par des louanges journalières (Yom-Yom)

- Pour celui qui a peur de rester à la maison

יא לחודש - ליום שלישי
פרק סא

א לַמְנַצֵּחַ | עַל-נְגִינַת לְדָוִד: ב שִׁמְעָה אֱלֹהִים רִנָּתִי הַקְשִׁיבָה תְּפִלָּתִי: ג מִקְצֵה הָאָרֶץ | אֵלֶיךָ אֶקְרָא בַּעֲטֹף לִבִּי בְּצוּר-יָרוּם מִמֶּנִּי תַנְחֵנִי: ד כִּי-הָיִיתָ מַחְסֶה לִי מִגְדַּל-עֹז מִפְּנֵי אוֹיֵב: ה אָגוּרָה בְאָהָלְךָ עוֹלָמִים אֶחֱסֶה בְסֵתֶר כְּנָפֶיךָ סֶּלָה: ו כִּי-אַתָּה אֱלֹהִים שָׁמַעְתָּ לִנְדָרָי נָתַתָּ יְרֻשַּׁת יִרְאֵי שְׁמֶךָ: ז יָמִים עַל-יְמֵי-מֶלֶךְ תּוֹסִיף שְׁנוֹתָיו כְּמוֹ-דֹר וָדֹר: ח יֵשֵׁב עוֹלָם לִפְנֵי אֱלֹהִים חֶסֶד וֶאֱמֶת מַן יִנְצְרֻהוּ: ט כֵּן אֲזַמְּרָה שִׁמְךָ לָעַד לְשַׁלְּמִי נְדָרַי | יוֹם | יוֹם:

Psaume 62

Tehilim du Mardi - Tehilim du jour: jour 11

Nous avons expliqué que Yedoutoun est un instrument de musique utilisé pour accompagner les lévites dans leur concert liturgique. Son nom exprime aussi une notion de justice immanente (Din) qui a été la raison des victoires obtenues par les armées de David contre tous leurs ennemis. D. utilise la force bienveillante (Oz et Hessed) pour toute action humaine.

- Après les prières de Minha et Arvit

יא לחודש - ליום שלישי
פרק סב

א לַמְנַצֵּחַ עַל-יְדוּתוּן מִזְמוֹר לְדָוִד: ב אַךְ אֶל-אֱלֹהִים דּוּמִיָּה
נַפְשִׁי מִמֶּנּוּ יְשׁוּעָתִי: ג אַךְ-הוּא צוּרִי וִישׁוּעָתִי מִשְׂגַּבִּי לֹא-
אֶמּוֹט רַבָּה: ד עַד-אָנָה | תְּהוֹתְתוּ עַל אִישׁ תְּרָצְּחוּ כֻלְּכֶם
כְּקִיר נָטוּי גָּדֵר הַדְּחוּיָה: ה אַךְ מִשְּׂאֵתוֹ | יָעֲצוּ לְהַדִּיחַ יִרְצוּ
כָזָב בְּפִיו יְבָרֵכוּ וּבְקִרְבָּם יְקַלְלוּ-סֶלָה: ו אַךְ לֵאלֹהִים דּוֹמִּי
נַפְשִׁי כִּי-מִמֶּנּוּ תִּקְוָתִי: ז אַךְ-הוּא צוּרִי וִישׁוּעָתִי מִשְׂגַּבִּי
לֹא אֶמּוֹט: ח עַל-אֱלֹהִים יִשְׁעִי וּכְבוֹדִי צוּר-עֻזִּי מַחְסִי
בֵּאלֹהִים: ט בִּטְחוּ בוֹ בְכָל-עֵת | עָם שִׁפְכוּ-לְפָנָיו לְבַבְכֶם
אֱלֹהִים מַחֲסֶה-לָּנוּ סֶלָה: י אַךְ | הֶבֶל בְּנֵי-אָדָם כָּזָב בְּנֵי
אִישׁ בְּמֹאזְנַיִם לַעֲלוֹת הֵמָּה מֵהֶבֶל יָחַד: יא אַל-תִּבְטְחוּ
בְעֹשֶׁק וּבְגָזֵל אַל-תֶּהְבָּלוּ חַיִל | כִּי-יָנוּב אַל-תָּשִׁיתוּ לֵב: יב
אַחַת | דִּבֶּר אֱלֹהִים שְׁתַּיִם-זוּ שָׁמָעְתִּי כִּי עֹז לֵאלֹהִים: יג
וּלְךָ-אֲדֹנָי חָסֶד כִּי-אַתָּה תְשַׁלֵּם לְאִישׁ כְּמַעֲשֵׂהוּ:

Psaume 63

Tehilim du Mardi - Tehilim du jour: jour 11

David revient sur un des épisodes où il a trouvé refuge dans le désert de Juda alors qu'il était poursuivi par son beau-père Saül (Samuel I ch.27). Il avait voulu se rapprocher du lieu où était déposée l'arche du Sanctuaire. Il rêvait de se trouver dans ce lieu sacré aux premières lueurs de l'aube. Il réalisera son rêve le jour où il transportera cette arche dans la ville qui porte son nom (Samuel II ch.2 v.16).

- Pour réussir dans les affaires

יא לחודש - ליום שלישי

פרק סג

א מִזְמוֹר לְדָוִד בִּהְיוֹתוֹ בְּמִדְבַּר יְהוּדָה: ב אֱלֹהִים | אֵלִי
אַתָּה אֲשַׁחֲרֶךָּ צָמְאָה לְךָ | נַפְשִׁי כָּמַהּ לְךָ בְשָׂרִי בְּאֶרֶץ-צִיָּה
וְעָיֵף בְּלִי-מָיִם: ג כֵּן בַּקֹּדֶשׁ חֲזִיתִיךָ לִרְאוֹת עֻזְּךָ וּכְבוֹדֶךָ: ד
כִּי-טוֹב חַסְדְּךָ מֵחַיִּים שְׂפָתַי יְשַׁבְּחוּנְךָ: ה כֵּן אֲבָרֶכְךָ בְחַיָּי
בְּשִׁמְךָ אֶשָּׂא כַפָּי: ו כְּמוֹ חֵלֶב וָדֶשֶׁן תִּשְׂבַּע נַפְשִׁי וְשִׂפְתֵי
רְנָנוֹת יְהַלֶּל-פִּי: ז אִם-זְכַרְתִּיךָ עַל-יְצוּעָי בְּאַשְׁמֻרוֹת
אֶהְגֶּה-בָּךְ: ח כִּי-הָיִיתָ עֶזְרָתָה לִּי וּבְצֵל כְּנָפֶיךָ אֲרַנֵּן: ט דָּבְקָה

נַפְשִׁי אַחֲרֶיךָ בִּי תָּמְכָה יְמִינֶךָ: י וְהֵמָּה לְשׁוֹאָה יְבַקְשׁוּ
נַפְשִׁי יָבֹאוּ בְּתַחְתִּיּוֹת הָאָרֶץ: יא יַגִּירֻהוּ עַל-יְדֵי-חָרֶב מְנָת
שֻׁעָלִים יִהְיוּ: יב וְהַמֶּלֶךְ יִשְׂמַח בֵּאלֹהִים יִתְהַלֵּל כָּל-הַנִּשְׁבָּע
בּוֹ כִּי יִסָּכֵר פִּי דוֹבְרֵי-שָׁקֶר:

Psaume 64

Tehilim du Mardi - Tehilim du jour: jour 11

J'ai l'impression que les six psaumes suivants sont l'œuvre du poète, de l'homme qui se laisse griser par le verbe et la verve quand il veut chanter la grandeur du Béni-Soit-il.
Ce texte si beau est une supplique à D. de l'écouter sachant qu'à l'extérieur de l'enceinte où il se trouve les pièges mortels ne manquent pas.

- Avant de traverser une rivière

יא לחודש - ליום שלישי
פרק סד
א לַמְנַצֵּחַ מִזְמוֹר לְדָוִד: ב שְׁמַע-אֱלֹהִים קוֹלִי בְשִׂיחִי
מִפַּחַד אוֹיֵב תִּצֹּר חַיָּי: ג תַּסְתִּירֵנִי מִסּוֹד מְרֵעִים מֵרִגְשַׁת
פֹּעֲלֵי אָוֶן: ד אֲשֶׁר שָׁנְנוּ כַחֶרֶב לְשׁוֹנָם דָּרְכוּ חִצָּם דָּבָר מָר:
ה לִירֹת בַּמִּסְתָּרִים תָּם פִּתְאֹם יֹרֻהוּ וְלֹא יִירָאוּ: ו יְחַזְּקוּ-
לָמוֹ ׀ דָּבָר רָע יְסַפְּרוּ לִטְמוֹן מוֹקְשִׁים אָמְרוּ מִי יִרְאֶה-
לָּמוֹ: ז יַחְפְּשׂוּ-עוֹלֹת תַּמְנוּ חֵפֶשׂ מְחֻפָּשׂ וְקֶרֶב אִישׁ וְלֵב
עָמֹק: ח וַיֹּרֵם אֱלֹהִים חֵץ פִּתְאוֹם הָיוּ מַכּוֹתָם: ט
וַיַּכְשִׁילוּהוּ עָלֵימוֹ לְשׁוֹנָם יִתְנֹדְדוּ כָּל-רֹאֵה בָם: י וַיִּירְאוּ
כָּל-אָדָם וַיַּגִּידוּ פֹּעַל אֱלֹהִים וּמַעֲשֵׂהוּ הִשְׂכִּילוּ: יא יִשְׂמַח
צַדִּיק בַּיהוָה וְחָסָה בוֹ וְיִתְהַלְלוּ כָּל-יִשְׁרֵי-לֵב:

Psaume 65

Tehilim du Mardi - Tehilim du jour: jour 11

David reprend un de ses thèmes favoris. Heureux ceux que D. aime. Il les protège et les assigne dans Son Sanctuaire. Il leur montre Ses prodiges et ces êtres privilégiés ne manquent de rien.

Psaume 66

- Pour obtenir quelque chose de quelqu’un

יא לחודש - ליום שלישי
פרק סה
א לַמְנַצֵּחַ מִזְמוֹר לְדָוִד שִׁיר׃ ב לְךָ דֻמִיָּה תְהִלָּה אֱלֹהִים
בְּצִיּוֹן וּלְךָ יְשֻׁלַּם-נֶדֶר׃ ג שֹׁמֵעַ תְּפִלָּה עָדֶיךָ כָּל-בָּשָׂר יָבֹאוּ׃
ד דִּבְרֵי עֲוֹנֹת גָּבְרוּ מֶנִּי פְּשָׁעֵינוּ אַתָּה תְכַפְּרֵם׃ ה אַשְׁרֵי ׀
תִּבְחַר וּתְקָרֵב יִשְׁכֹּן חֲצֵרֶיךָ נִשְׂבְּעָה בְּטוּב בֵּיתֶךָ קְדֹשׁ
הֵיכָלֶךָ׃ ו נוֹרָאוֹת ׀ בְּצֶדֶק תַּעֲנֵנוּ אֱלֹהֵי יִשְׁעֵנוּ מִבְטָח כָּל-
קַצְוֵי-אֶרֶץ וְיָם רְחֹקִים׃ ז מֵכִין הָרִים בְּכֹחוֹ נֶאְזָר בִּגְבוּרָה׃
ח מַשְׁבִּיחַ ׀ שְׁאוֹן יַמִּים שְׁאוֹן גַּלֵּיהֶם וַהֲמוֹן לְאֻמִּים׃ ט
וַיִּירְאוּ ׀ יֹשְׁבֵי קְצָוֹת מֵאוֹתֹתֶיךָ מוֹצָאֵי-בֹקֶר וָעֶרֶב תַּרְנִין׃
י פָּקַדְתָּ הָאָרֶץ ׀ וַתְּשֹׁקְקֶהָ רַבַּת תַּעְשְׁרֶנָּה פֶּלֶג אֱלֹהִים
מָלֵא מָיִם תָּכִין דְּגָנָם כִּי-כֵן תְּכִינֶהָ׃ יא תְּלָמֶיהָ רַוֵּה נַחֵת
גְּדוּדֶיהָ בִּרְבִיבִים תְּמֹגְגֶנָּה צִמְחָהּ תְּבָרֵךְ׃ יב עִטַּרְתָּ שְׁנַת
טוֹבָתֶךָ וּמַעְגָּלֶיךָ יִרְעֲפוּן דָּשֶׁן׃ יג יִרְעֲפוּ נְאוֹת מִדְבָּר וְגִיל
גְּבָעוֹת תַּחְגֹּרְנָה׃ יד לָבְשׁוּ כָרִים ׀ הַצֹּאן וַעֲמָקִים יַעַטְפוּ-
בָר יִתְרוֹעֲעוּ אַף-יָשִׁירוּ׃

Psaume 66

Tehilim du Mardi - Tehilim du jour: jour 12

Ce texte est anonyme. Il fait dire aux commentateurs qu'il a été composé soit par David soit par un des psautiers pour la gloire de Roi. Il fait référence à la sonnerie du Choffar, trompette utilisée par les prêtres puis par les lévites au cours des différents sacrifices dans le Sanctuaire.
Les miracles sur la Mer (la traversée de la mer des joncs par Moché ou le Jourdain par Josué) n'ont pu être réalisés qu'à l'appel à l'aide adressée à D.

- Pour un possédé du démon

יב לחודש - ליום שלישי
פרק סו
א לַמְנַצֵּחַ שִׁיר מִזְמוֹר הָרִיעוּ לֵאלֹהִים כָּל-הָאָרֶץ׃ ב זַמְּרוּ
כְבוֹד-שְׁמוֹ שִׂימוּ כָבוֹד תְּהִלָּתוֹ׃ ג אִמְרוּ לֵאלֹהִים מַה-

נוֹרָא מַעֲשֶׂיךָ בְּרֹב עֻזְּךָ יְכַחֲשׁוּ לְךָ אֹיְבֶיךָ: ד כָּל-הָאָרֶץ |
יִשְׁתַּחֲווּ לְךָ וִיזַמְּרוּ-לָךְ יְזַמְּרוּ שִׁמְךָ סֶלָה: ה לְכוּ וּרְאוּ
מִפְעֲלוֹת אֱלֹהִים נוֹרָא עֲלִילָה עַל-בְּנֵי אָדָם: ו הָפַךְ יָם |
לְיַבָּשָׁה בַּנָּהָר יַעַבְרוּ בְרָגֶל שָׁם נִשְׂמְחָה-בּוֹ: ז מֹשֵׁל
בִּגְבוּרָתוֹ | עוֹלָם עֵינָיו בַּגּוֹיִם תִּצְפֶּינָה הַסּוֹרְרִים | אַל-
(ירימו) יָרוּמוּ לָמוֹ סֶלָה: ח בָּרְכוּ עַמִּים | אֱלֹהֵינוּ וְהַשְׁמִיעוּ
קוֹל תְּהִלָּתוֹ: ט הַשָּׂם נַפְשֵׁנוּ בַּחַיִּים וְלֹא-נָתַן לַמּוֹט רַגְלֵנוּ:
י כִּי-בְחַנְתָּנוּ אֱלֹהִים צְרַפְתָּנוּ כִּצְרָף-כָּסֶף: יא הֲבֵאתָנוּ
בַמְּצוּדָה שַׂמְתָּ מוּעָקָה בְמָתְנֵינוּ: יב הִרְכַּבְתָּ אֱנוֹשׁ
לְרֹאשֵׁנוּ בָּאנוּ-בָאֵשׁ וּבַמַּיִם וַתּוֹצִיאֵנוּ לָרְוָיָה: יג אָבוֹא
בֵיתְךָ בְעוֹלוֹת אֲשַׁלֵּם לְךָ נְדָרָי: יד אֲשֶׁר-פָּצוּ שְׂפָתָי וְדִבֶּר-
פִּי בַּצַּר-לִי: טו עֹלוֹת מֵחִים אַעֲלֶה-לָּךְ עִם-קְטֹרֶת אֵילִים
אֶעֱשֶׂה בָקָר עִם-עַתּוּדִים סֶלָה: טז לְכוּ-שִׁמְעוּ וַאֲסַפְּרָה כָּל-
יִרְאֵי אֱלֹהִים אֲשֶׁר עָשָׂה לְנַפְשִׁי: יז אֵלָיו פִּי-קָרָאתִי וְרוֹמַם
תַּחַת לְשׁוֹנִי: יח אָוֶן אִם-רָאִיתִי בְלִבִּי לֹא יִשְׁמַע | אֲדֹנָי: יט
אָכֵן שָׁמַע אֱלֹהִים הִקְשִׁיב בְּקוֹל תְּפִלָּתִי: כ בָּרוּךְ אֱלֹהִים
אֲשֶׁר לֹא-הֵסִיר תְּפִלָּתִי וְחַסְדּוֹ מֵאִתִּי:

Psaume 67

Tehilim du Mardi - Tehilim du jour: jour 12

Huit versets composent ce psaume. Il est magique parce qu'il est lu et plusieurs fois par jour. Les cabalistes l'ont dessiné en forme de Ménora, chandelier aux sept branches. Les mots s'intègrent parfaitement. On n'oublierait son contenu tant sa forme s'est imposée définitivement. On le porte dans ses papiers comme une relique.

Là encore l'auteur est inconnu. Les versets 4 et 6 sont identiques. Le nom de D. (Elo-him) est celui de la rigueur. On a l'impression d'entendre la bénédiction des pontifes adressée à la communauté. La source provient du Ciel quelque soient les termes humains prononcés.

- Contre une fièvre persistante

יב לחודש - ליום שלישי

פרק סז

Psaume 68

א לַמְנַצֵּחַ בִּנְגִינֹת מִזְמוֹר שִׁיר: ב אֱלֹהִים יְחָנֵּנוּ וִיבָרְכֵנוּ
יָאֵר פָּנָיו אִתָּנוּ סֶלָה: ג לָדַעַת בָּאָרֶץ דַּרְכֶּךָ בְּכָל-גּוֹיִם
יְשׁוּעָתֶךָ: ד יוֹדוּךָ עַמִּים | אֱלֹהִים יוֹדוּךָ עַמִּים כֻּלָּם: ה
יִשְׂמְחוּ וִירַנְּנוּ לְאֻמִּים כִּי-תִשְׁפֹּט עַמִּים מִישֹׁר וּלְאֻמִּים |
בָּאָרֶץ תַּנְחֵם סֶלָה: ו יוֹדוּךָ עַמִּים | אֱלֹהִים יוֹדוּךָ עַמִּים
כֻּלָּם: ז אֶרֶץ נָתְנָה יְבוּלָהּ יְבָרְכֵנוּ אֱלֹהִים אֱלֹהֵינוּ: ח יְבָרְכֵנוּ
אֱלֹהִים וְיִירְאוּ אֹתוֹ כָּל-אַפְסֵי-אָרֶץ:

Psaume 68

Tehilim du Mardi - Tehilim du jour: jour 12

Le nom de David réapparaît. Les rabbins ont destiné ce psaume à la fête de Chavouot. Il est question du Mont Sinaï pris de secousses le jour où D. a donné la Thora au peuple d'Israël (v.9 et 18). La nouveauté dans ce rappel historique est d'apprendre que toute la terre a aussi tremblé. L'universalité du message divin n'est plus à démontrer. La conséquence de cet événement planétaire est que la pluie bienfaitrice a permis à toute l'humanité d'en tirer profit. Le Roi David termine cette invocation par le son des instruments de musique apportant une touche agréable au chant, si apprécié par les humains et les hauteurs célestes.

- Contre le mauvais esprit

יב לחודש - ליום שלישי

פרק סח

א לַמְנַצֵּחַ לְדָוִד מִזְמוֹר שִׁיר: ב יָקוּם אֱלֹהִים יָפוּצוּ אוֹיְבָיו
וְיָנוּסוּ מְשַׂנְאָיו מִפָּנָיו: ג כְּהִנְדֹּף עָשָׁן תִּנְדֹּף כְּהִמֵּס דּוֹנַג
מִפְּנֵי-אֵשׁ יֹאבְדוּ רְשָׁעִים מִפְּנֵי אֱלֹהִים: ד וְצַדִּיקִים יִשְׂמְחוּ
יַעַלְצוּ לִפְנֵי אֱלֹהִים וְיָשִׂישׂוּ בְשִׂמְחָה: ה שִׁירוּ | לֵאלֹהִים
זַמְּרוּ שְׁמוֹ סֹלּוּ לָרֹכֵב בָּעֲרָבוֹת בְּיָהּ שְׁמוֹ וְעִלְזוּ לְפָנָיו: ו
אֲבִי יְתוֹמִים וְדַיַּן אַלְמָנוֹת אֱלֹהִים בִּמְעוֹן קָדְשׁוֹ: ז אֱלֹהִים
| מוֹשִׁיב יְחִידִים | בַּיְתָה מוֹצִיא אֲסִירִים בַּכּוֹשָׁרוֹת אַךְ
סוֹרֲרִים שָׁכְנוּ צְחִיחָה: ח אֱלֹהִים בְּצֵאתְךָ לִפְנֵי עַמֶּךָ
בְּצַעְדְּךָ בִישִׁימוֹן סֶלָה: ט אֶרֶץ רָעָשָׁה | אַף-שָׁמַיִם נָטְפוּ
מִפְּנֵי אֱלֹהִים זֶה סִינַי מִפְּנֵי אֱלֹהִים אֱלֹהֵי יִשְׂרָאֵל: י גֶּשֶׁם

נְדָבוֹת תָּנִיף אֱלֹהִים נַחֲלָתְךָ וְנִלְאָה אַתָּה כוֹנַנְתָּהּ: יא
חַיָּתְךָ יָשְׁבוּ-בָהּ תָּכִין בְּטוֹבָתְךָ לֶעָנִי אֱלֹהִים: יב אֲדֹנָי יִתֶּן-
אֹמֶר הַמְבַשְּׂרוֹת צָבָא רָב: יג מַלְכֵי צְבָאוֹת יִדֹּדוּן יִדֹּדוּן
וּנְוַת בַּיִת תְּחַלֵּק שָׁלָל: יד אִם-תִּשְׁכְּבוּן בֵּין שְׁפַתָּיִם כַּנְפֵי
יוֹנָה נֶחְפָּה בַכֶּסֶף וְאֶבְרוֹתֶיהָ בִּירַקְרַק חָרוּץ: טו בְּפָרֵשׂ שַׁדַּי
מְלָכִים בָּהּ תַּשְׁלֵג בְּצַלְמוֹן: טז הַר-אֱלֹהִים הַר-בָּשָׁן הַר
גַּבְנֻנִּים הַר-בָּשָׁן: יז לָמָּה | תְּרַצְּדוּן הָרִים גַּבְנֻנִּים הָהָר חָמַד
אֱלֹהִים לְשִׁבְתּוֹ אַף-יְהוָה יִשְׁכֹּן לָנֶצַח: יח רֶכֶב אֱלֹהִים
רִבֹּתַיִם אַלְפֵי שִׁנְאָן אֲדֹנָי בָם סִינַי בַּקֹּדֶשׁ: יט עָלִיתָ לַמָּרוֹם
| שָׁבִיתָ שֶּׁבִי לָקַחְתָּ מַתָּנוֹת בָּאָדָם וְאַף סוֹרְרִים לִשְׁכֹּן |
יָהּ אֱלֹהִים: כ בָּרוּךְ אֲדֹנָי יוֹם | יוֹם יַעֲמָס-לָנוּ הָאֵל
יְשׁוּעָתֵנוּ סֶלָה: כא הָאֵל | לָנוּ אֵל לְמוֹשָׁעוֹת (וְלֵיהוִה)
וְלֵאלֹהִים אֲדֹנָי לַמָּוֶת תּוֹצָאוֹת: כב אַךְ-אֱלֹהִים יִמְחַץ רֹאשׁ
אֹיְבָיו קָדְקֹד שֵׂעָר מִתְהַלֵּךְ בַּאֲשָׁמָיו: כג אָמַר אֲדֹנָי מִבָּשָׁן
אָשִׁיב אָשִׁיב מִמְּצֻלוֹת יָם: כד לְמַעַן | תִּמְחַץ רַגְלְךָ בְּדָם
לְשׁוֹן כְּלָבֶיךָ מֵאֹיְבִים מִנֵּהוּ: כה רָאוּ הֲלִיכוֹתֶיךָ אֱלֹהִים
הֲלִיכוֹת אֵלִי מַלְכִּי בַקֹּדֶשׁ: כו קִדְּמוּ שָׁרִים אַחַר נֹגְנִים
בְּתוֹךְ עֲלָמוֹת תּוֹפֵפוֹת: כז בְּמַקְהֵלוֹת בָּרְכוּ אֱלֹהִים יְהוָה
מִמְּקוֹר יִשְׂרָאֵל: כח שָׁם בִּנְיָמִן | צָעִיר רֹדֵם שָׂרֵי יְהוּדָה
רִגְמָתָם שָׂרֵי זְבֻלוּן שָׂרֵי נַפְתָּלִי: כט צִוָּה אֱלֹהֶיךָ עֻזֶּךָ עוּזָּה
אֱלֹהִים זוּ פָּעַלְתָּ לָּנוּ: ל מֵהֵיכָלֶךָ עַל-יְרוּשָׁלָם לְךָ יוֹבִילוּ
מְלָכִים שָׁי: לא גְּעַר חַיַּת קָנֶה עֲדַת אַבִּירִים | בְּעֶגְלֵי עַמִּים
מִתְרַפֵּס בְּרַצֵּי-כָסֶף בִּזַּר עַמִּים קְרָבוֹת יֶחְפָּצוּ: לב יֶאֱתָיוּ
חַשְׁמַנִּים מִנִּי מִצְרָיִם כּוּשׁ תָּרִיץ יָדָיו לֵאלֹהִים: לג
מַמְלְכוֹת הָאָרֶץ שִׁירוּ לֵאלֹהִים זַמְּרוּ אֲדֹנָי סֶלָה: לד לָרֹכֵב
בִּשְׁמֵי שְׁמֵי-קֶדֶם הֵן יִתֵּן בְּקוֹלוֹ קוֹל עֹז: לה תְּנוּ עֹז
לֵאלֹהִים עַל-יִשְׂרָאֵל גַּאֲוָתוֹ וְעֻזּוֹ בַּשְּׁחָקִים: לו נוֹרָא
אֱלֹהִים מִמִּקְדָּשֶׁיךָ אֵל יִשְׂרָאֵל הוּא נֹתֵן | עֹז וְתַעֲצֻמוֹת
לָעָם בָּרוּךְ אֱלֹהִים:

Psaume 69

Tehilim du Mardi - Tehilim du jour: jour 13

Psaume 69

L'entrée en matière fait référence aux Chouchanim: les roses. Il est destiné selon certains commentateurs aux enfants d'Israël comparés aux roses. Leur particularité est probablement la bonne odeur mais aussi les épines qui empêchent quiconque de les arracher de peur d'être piqué. Le contenu rappelle un épisode douloureux. David est stressé se voyant noyé dans des profondeurs sans fin de l'abîme. Il adresse une supplique poignante au Très-Haut pour le relever de cette dangereuse position. Le jeûne et les mortifications physiques s'ajoutent aux cris de secours..
Il sera sauvé et retrouvera son trône à Sion ainsi que les autres territoires promis à Juda.

- Pour un homme cupide et débauché

יג לחודש - ליום שלישי

פרק סט

א לַמְנַצֵּחַ עַל-שׁוֹשַׁנִּים לְדָוִד: ב הוֹשִׁיעֵנִי אֱלֹהִים כִּי בָאוּ
מַיִם עַד-נָפֶשׁ: ג טָבַעְתִּי | בִּיוֵן מְצוּלָה וְאֵין מָעֳמָד בָּאתִי
בְמַעֲמַקֵּי-מַיִם וְשִׁבֹּלֶת שְׁטָפָתְנִי: ד יָגַעְתִּי בְקָרְאִי נִחַר
גְּרוֹנִי כָּלוּ עֵינַי מְיַחֵל לֵאלֹהָי: ה רַבּוּ | מִשַּׂעֲרוֹת רֹאשִׁי
שֹׂנְאַי חִנָּם עָצְמוּ מַצְמִיתַי אֹיְבַי שֶׁקֶר אֲשֶׁר לֹא-גָזַלְתִּי אָז
אָשִׁיב: ו אֱלֹהִים אַתָּה יָדַעְתָּ לְאִוַּלְתִּי וְאַשְׁמוֹתַי מִמְּךָ לֹא-
נִכְחָדוּ: ז אַל-יֵבֹשׁוּ בִי | קֹוֶיךָ אֲדֹנָי (יְהוִֹה) אֱלֹהִים צְבָאוֹת
אַל-יִכָּלְמוּ בִי מְבַקְשֶׁיךָ אֱלֹהֵי יִשְׂרָאֵל: ח כִּי-עָלֶיךָ נָשָׂאתִי
חֶרְפָּה כִּסְּתָה כְלִמָּה פָנָי: ט מוּזָר הָיִיתִי לְאֶחָי וְנָכְרִי לִבְנֵי
אִמִּי: י כִּי-קִנְאַת בֵּיתְךָ אֲכָלָתְנִי וְחֶרְפּוֹת חוֹרְפֶיךָ נָפְלוּ
עָלָי: יא וָאֶבְכֶּה בַצּוֹם נַפְשִׁי וַתְּהִי לַחֲרָפוֹת לִי: יב וָאֶתְּנָה
לְבוּשִׁי שָׂק וָאֱהִי לָהֶם לְמָשָׁל: יג יָשִׂיחוּ בִי יֹשְׁבֵי שָׁעַר
וּנְגִינוֹת שׁוֹתֵי שֵׁכָר: יד וַאֲנִי תְפִלָּתִי-לְךָ | יְהוָה עֵת רָצוֹן
אֱלֹהִים בְּרָב-חַסְדֶּךָ עֲנֵנִי בֶּאֱמֶת יִשְׁעֶךָ: טו הַצִּילֵנִי מִטִּיט
וְאַל-אֶטְבָּעָה אִנָּצְלָה מִשֹּׂנְאַי וּמִמַּעֲמַקֵּי-מָיִם: טז אַל-
תִּשְׁטְפֵנִי | שִׁבֹּלֶת מַיִם וְאַל-תִּבְלָעֵנִי מְצוּלָה וְאַל-תֶּאְטַר-
עָלַי בְּאֵר פִּיהָ: יז עֲנֵנִי יְהוָה כִּי-טוֹב חַסְדֶּךָ כְּרֹב רַחֲמֶיךָ
פְּנֵה אֵלָי: יח וְאַל-תַּסְתֵּר פָּנֶיךָ מֵעַבְדֶּךָ כִּי-צַר-לִי מַהֵר עֲנֵנִי:
יט קָרְבָה אֶל-נַפְשִׁי גְאָלָהּ לְמַעַן אֹיְבַי פְּדֵנִי: כ אַתָּה יָדַעְתָּ

חֶרְפָּתִי וּבָשְׁתִּי וּכְלִמָּתִי נֶגְדְּךָ כָּל-צוֹרְרָי: כא חֶרְפָּה | שָׁבְרָה
לִבִּי וָאָנוּשָׁה וָאֲקַוֶּה לָנוּד וָאַיִן וְלַמְנַחֲמִים וְלֹא מָצָאתִי:
כב וַיִּתְּנוּ בְּבָרוּתִי רֹאשׁ וְלִצְמָאִי יַשְׁקוּנִי חֹמֶץ: כג יְהִי-
שֻׁלְחָנָם לִפְנֵיהֶם לְפָח וְלִשְׁלוֹמִים לְמוֹקֵשׁ: כד תֶּחְשַׁכְנָה
עֵינֵיהֶם מֵרְאוֹת וּמָתְנֵיהֶם תָּמִיד הַמְעַד: כה שְׁפָךְ-עֲלֵיהֶם
זַעְמֶךָ וַחֲרוֹן אַפְּךָ יַשִּׂיגֵם: כו תְּהִי-טִירָתָם נְשַׁמָּה בְּאָהֳלֵיהֶם
אַל-יְהִי יֹשֵׁב: כז כִּי-אַתָּה אֲשֶׁר-הִכִּיתָ רָדָפוּ וְאֶל-מַכְאוֹב
חֲלָלֶיךָ יְסַפֵּרוּ: כח תְּנָה-עָוֹן עַל-עֲוֹנָם וְאַל-יָבֹאוּ בְּצִדְקָתֶךָ:
כט יִמָּחוּ מִסֵּפֶר חַיִּים וְעִם צַדִּיקִים אַל-יִכָּתֵבוּ: ל וַאֲנִי עָנִי
וְכוֹאֵב יְשׁוּעָתְךָ אֱלֹהִים תְּשַׂגְּבֵנִי: לא אֲהַלְלָה שֵׁם-אֱלֹהִים
בְּשִׁיר וַאֲגַדְּלֶנּוּ בְתוֹדָה: לב וְתִיטַב לַיהוָה מִשּׁוֹר פָּר מַקְרִן
מַפְרִיס: לג רָאוּ עֲנָוִים יִשְׂמָחוּ דֹּרְשֵׁי אֱלֹהִים וִיחִי לְבַבְכֶם:
לד כִּי-שֹׁמֵעַ אֶל-אֶבְיוֹנִים יְהוָה וְאֶת-אֲסִירָיו לֹא בָזָה: לה
יְהַלְלוּהוּ שָׁמַיִם וָאָרֶץ יַמִּים וְכָל-רֹמֵשׂ בָּם: לו כִּי אֱלֹהִים |
יוֹשִׁיעַ צִיּוֹן וְיִבְנֶה עָרֵי יְהוּדָה וְיָשְׁבוּ שָׁם וִירֵשׁוּהָ: לז וְזֶרַע
עֲבָדָיו יִנְחָלוּהָ וְאֹהֲבֵי שְׁמוֹ יִשְׁכְּנוּ-בָהּ:

Psaume 70

Tehilim du Mardi - Tehilim du jour: jour 13

David fait appel à la mémoire et prononce en six versets son état d'âme. Lui qui règne sur le peuple chéri de D. n'est qu'un «pauvre et indigent». Sans la promptitude du Ciel il ne tiendra pas longtemps.

- En temps de guerre

יג לחודש - ליום שלישי

פרק ע

א לַמְנַצֵּחַ לְדָוִד לְהַזְכִּיר: ב אֱלֹהִים לְהַצִּילֵנִי יְהוָה לְעֶזְרָתִי
חוּשָׁה: ג יֵבֹשׁוּ וְיַחְפְּרוּ מְבַקְשֵׁי נַפְשִׁי יִסֹּגוּ אָחוֹר וְיִכָּלְמוּ
חֲפֵצֵי רָעָתִי: ד יָשׁוּבוּ עַל-עֵקֶב בָּשְׁתָּם הָאֹמְרִים הֶאָח |
הֶאָח: ה יָשִׂישׂוּ וְיִשְׂמְחוּ | בְּךָ כָּל-מְבַקְשֶׁיךָ וְיֹאמְרוּ תָמִיד
יִגְדַּל אֱלֹהִים אֹהֲבֵי יְשׁוּעָתֶךָ: ו וַאֲנִי | עָנִי וְאֶבְיוֹן אֱלֹהִים
חוּשָׁה-לִּי עֶזְרִי וּמְפַלְטִי אַתָּה יְהוָה אַל-תְּאַחַר:

Psaume 71

Tehilim du Mardi - Tehilim du jour: jour 13

Ce psaume paraît être anonyme. Pourtant tous les commentateurs sont d'accord qu'il est de la même facture que le précédent. L'espoir du Roi n'a pas évolué depuis sa tendre enfance. Il est le même maintenant qu'il atteint «le temps de la vieillesse». Qui mieux que David est capable de chanter les louanges à D.? Nous avons l'impression qu'il ouvre la bouche ou remuer les lèvres uniquement pour déclamer un chant en l'honneur du Créateur (voit l'introduction à la Amida si ressemblante).

- Pour plaire

יג לחודש - ליום שלישי

פרק עא

א בְּךָ-יְהוָה חָסִיתִי אַל-אֵבוֹשָׁה לְעוֹלָם: ב בְּצִדְקָתְךָ תַּצִּילֵנִי
וּתְפַלְּטֵנִי הַטֵּה-אֵלַי אָזְנְךָ וְהוֹשִׁיעֵנִי: ג הֱיֵה לִי | לְצוּר מָעוֹן
לָבוֹא תָּמִיד צִוִּיתָ לְהוֹשִׁיעֵנִי כִּי-סַלְעִי וּמְצוּדָתִי אָתָּה: ד
אֱלֹהַי פַּלְּטֵנִי מִיַּד רָשָׁע מִכַּף מְעַוֵּל וְחוֹמֵץ: ה כִּי-אַתָּה
תִקְוָתִי אֲדֹנָי (יְהוִֹה) אֱלֹהִים מִבְטַחִי מִנְּעוּרָי: ו עָלֶיךָ |
נִסְמַכְתִּי מִבֶּטֶן מִמְּעֵי אִמִּי אַתָּה גוֹזִי בְּךָ תְהִלָּתִי תָמִיד: ז
כְּמוֹפֵת הָיִיתִי לְרַבִּים וְאַתָּה מַחֲסִי-עֹז: ח יִמָּלֵא פִי תְּהִלָּתֶךָ
כָּל-הַיּוֹם תִּפְאַרְתֶּךָ: ט אַל-תַּשְׁלִיכֵנִי לְעֵת זִקְנָה כִּכְלוֹת כֹּחִי
אַל-תַּעַזְבֵנִי: י כִּי-אָמְרוּ אוֹיְבַי לִי וְשֹׁמְרֵי נַפְשִׁי נוֹעֲצוּ
יַחְדָּו: יא לֵאמֹר אֱלֹהִים עֲזָבוֹ רִדְפוּ וְתִפְשׂוּהוּ כִּי-אֵין מַצִּיל:
יב אֱלֹהִים אַל-תִּרְחַק מִמֶּנִּי אֱלֹהַי לְעֶזְרָתִי (חישה) חוּשָׁה: יג
יֵבֹשׁוּ יִכְלוּ שֹׂטְנֵי נַפְשִׁי יַעֲטוּ חֶרְפָּה וּכְלִמָּה מְבַקְשֵׁי רָעָתִי:
יד וַאֲנִי תָּמִיד אֲיַחֵל וְהוֹסַפְתִּי עַל-כָּל-תְּהִלָּתֶךָ: טו פִּי | יְסַפֵּר
צִדְקָתֶךָ כָּל-הַיּוֹם תְּשׁוּעָתֶךָ כִּי לֹא יָדַעְתִּי סְפֹרוֹת: טז אָבוֹא
בִּגְבֻרוֹת אֲדֹנָי (יְהוִה) אֱלֹהִים אַזְכִּיר צִדְקָתְךָ לְבַדֶּךָ: יז
אֱלֹהִים לִמַּדְתַּנִי מִנְּעוּרָי וְעַד-הֵנָּה אַגִּיד נִפְלְאוֹתֶיךָ: יח וְגַם
עַד-זִקְנָה | וְשֵׂיבָה אֱלֹהִים אַל-תַּעַזְבֵנִי עַד-אַגִּיד זְרוֹעֲךָ
לְדוֹר לְכָל-יָבוֹא גְּבוּרָתֶךָ: יט וְצִדְקָתְךָ אֱלֹהִים עַד-מָרוֹם
אֲשֶׁר-עָשִׂיתָ גְדֹלוֹת אֱלֹהִים מִי כָמוֹךָ: כ אֲשֶׁר (הראיתנו)

הִרְאִיתַנִי | צָרוֹת רַבּוֹת וְרָעוֹת תָּשׁוּב (תחיינו) תְּחַיֵּנִי
וּמִתְּהֹמוֹת הָאָרֶץ תָּשׁוּב תַּעֲלֵנִי: כא תֶּרֶב | גְּדֻלָּתִי וְתִסֹּב
תְּנַחֲמֵנִי: כב גַּם-אֲנִי | אוֹדְךָ בִכְלִי-נֶבֶל אֲמִתְּךָ אֱלֹהָי אֲזַמְּרָה
לְךָ בְכִנּוֹר קְדוֹשׁ יִשְׂרָאֵל: כג תְּרַנֵּנָּה שְׂפָתַי כִּי אֲזַמְּרָה-לָּךְ
וְנַפְשִׁי אֲשֶׁר פָּדִיתָ: כד גַּם-לְשׁוֹנִי כָּל-הַיּוֹם תֶּהְגֶּה צִדְקָתֶךָ
כִּי-בֹשׁוּ כִי-חָפְרוּ מְבַקְשֵׁי רָעָתִי:

Psaume 72

Tehilim du Mardi - Tehilim du jour: jour 14

Le dernier psaume du second livre appartient-il au Roi Salomon? L'a-t-il écrit en souvenir de son illustre père? Les mots de conclusion «Ici s'achèvent les louanges de David» prouvent le contraire. On peut suivre l'avis de Rachi et d'autres rabbins qui pensent que David a voulu dédier son dernier poème à son fils avant de lui céder le trône. Le roi Salomon s'est illustré durant toute sa vie par sa grande sagesse. C'est son père qui a prié pour que D. lui accorde cette faculté. (v.1 et 2)

En fait l'expérience de roi va servir de trame pour tous les autres rois et particulièrement Salomon. La feuille de route est ainsi tracée. Les actions royales seront concentrées sur le social, assurant à leur auteur reconnaissance et respect. Les guerres et les conquêtes ne suffisent pas à asseoir une réputation.

- Pour trouver grâce

יד לחודש - ליום שלישי

פרק עב

א לִשְׁלֹמֹה | אֱלֹהִים מִשְׁפָּטֶיךָ לְמֶלֶךְ תֵּן וְצִדְקָתְךָ לְבֶן-מֶלֶךְ:
ב יָדִין עַמְּךָ בְצֶדֶק וַעֲנִיֶּיךָ בְמִשְׁפָּט: ג יִשְׂאוּ הָרִים שָׁלוֹם
לָעָם וּגְבָעוֹת בִּצְדָקָה: ד יִשְׁפֹּט | עֲנִיֵּי-עָם יוֹשִׁיעַ לִבְנֵי
אֶבְיוֹן וִידַכֵּא עוֹשֵׁק: ה יִירָאוּךָ עִם-שָׁמֶשׁ וְלִפְנֵי יָרֵחַ דּוֹר
דּוֹרִים: ו יֵרֵד כְּמָטָר עַל-גֵּז כִּרְבִיבִים זַרְזִיף אָרֶץ: ז יִפְרַח-
בְּיָמָיו צַדִּיק וְרֹב שָׁלוֹם עַד-בְּלִי יָרֵחַ: ח וְיֵרְדְּ מִיָּם עַד-יָם
וּמִנָּהָר עַד-אַפְסֵי-אָרֶץ: ט לְפָנָיו יִכְרְעוּ צִיִּים וְאֹיְבָיו עָפָר

יְלַחֵֽכוּ׃ י מַלְכֵ֬י תַרְשִׁ֣ישׁ וְ֭אִיִּים מִנְחָ֣ה יָשִׁ֑יבוּ מַלְכֵ֥י שְׁבָ֥א
וּ֝סְבָ֗א אֶשְׁכָּ֥ר יַקְרִֽיבוּ׃ יא וְיִשְׁתַּחֲווּ־ל֥וֹ כָל־מְלָכִ֑ים כָּל־גּ֝וֹיִ֗ם
יַֽעַבְדֽוּהוּ׃ יב כִּֽי־יַ֭צִּיל אֶבְי֣וֹן מְשַׁוֵּ֑עַ וְ֝עָנִ֗י וְאֵין־עֹזֵ֥ר לֽוֹ׃ יג יָ֭חֹס
עַל־דַּ֣ל וְאֶבְי֑וֹן וְנַפְשׁ֖וֹת אֶבְיוֹנִ֣ים יוֹשִֽׁיעַ׃ יד מִתּ֣וֹךְ וּ֭מֵחָמָס
יִגְאַ֣ל נַפְשָׁ֑ם וְיֵיקַ֖ר דָּמָ֣ם בְּעֵינָֽיו׃ טו וִיחִ֗י וְיִתֶּן־לוֹ֮ מִזְּהַ֪ב
שְׁ֫בָ֥א וְיִתְפַּלֵּ֣ל בַּעֲד֣וֹ תָמִ֑יד כָּל־הַ֝יּ֗וֹם יְבָרְכֶֽנְהוּ׃ טז יְהִ֤י פִסַּת־
בַּ֨ר ׀ בָּאָרֶץ֮ בְּרֹ֪אשׁ הָ֫רִ֥ים יִרְעַ֣שׁ כַּלְּבָנ֣וֹן פִּרְי֑וֹ וְיָצִ֥יצוּ מֵ֝עִ֗יר
כְּעֵ֣שֶׂב הָאָֽרֶץ׃ יז יְהִ֤י שְׁמ֨וֹ לְֽעוֹלָ֗ם לִפְנֵי־שֶׁ֭מֶשׁ (ינין) יִנּ֣וֹן שְׁמ֑וֹ
וְיִתְבָּ֥רְכוּ ב֑וֹ כָּל־גּוֹיִ֥ם יְאַשְּׁרֽוּהוּ׃ יח בָּר֤וּךְ ׀ יְהוָ֣ה אֱ֭לֹהִים
אֱלֹהֵ֣י יִשְׂרָאֵ֑ל עֹשֵׂ֖ה נִפְלָא֣וֹת לְבַדּֽוֹ׃ יט וּבָר֤וּךְ ׀ שֵׁ֥ם כְּבוֹד֗וֹ
לְע֫וֹלָ֥ם וְיִמָּלֵ֣א כְ֭בוֹדוֹ אֶת־כֹּ֣ל הָאָ֑רֶץ אָ֝מֵ֗ן ׀ וְאָמֵֽן׃ כ כָּלּ֥וּ
תְפִלּ֑וֹת דָּ֝וִ֗ד בֶּן־יִשָֽׁי׃

Troisième livre

Psaume 73

Tehilim du Mercredi - Tehilim du jour: jour 14

Onze psaumes sur dix-sept de ce chapitre ont été composés ou déclamés par Assaf. Rappelons que ce cantor est de la tribu de Lévi. Il a déjà eu les honneurs de son nom au psaume 50.

La particule «mo» qui finit ces termes «enemo», «Anaktemo» et «'Enémo» n'ajoute rien à la définition hormis sa musicalité. (Il est emprunté à d'autres poésies comme l'hymne sur la mer de Moché dans Chémot ch.15) Le thème abordé est la bêtise de l'impie qui prétend que le Ciel ignore ce qui se passe sur la Terre. C'est pourquoi il s'aventure dans un chemin tortueux sans craindre les foudres célestes. La distance qui sépare ces deux mondes est comblée en un clin d'œil comme la pensée qui gambade sans cesse.

- Pour conjurer la haine

יד לחודש - ליום רביעי
פרק עג

א מִזְמוֹר לְאָסָף אַךְ טוֹב לְיִשְׂרָאֵל אֱלֹהִים לְבָרֵי לֵבָב: ב וַאֲנִי כִּמְעַט (נטוי) נָטָיוּ רַגְלָי כְּאַיִן (שפכה) שֻׁפְּכוּ אֲשֻׁרָי: ג כִּי-קִנֵּאתִי בַּהוֹלְלִים שְׁלוֹם רְשָׁעִים אֶרְאֶה: ד כִּי אֵין חַרְצֻבּוֹת לְמוֹתָם וּבָרִיא אוּלָם: ה בַּעֲמַל אֱנוֹשׁ אֵינֵמוֹ וְעִם-אָדָם לֹא יְנֻגָּעוּ: ו לָכֵן עֲנָקַתְמוֹ גַאֲוָה יַעֲטָף-שִׁית חָמָס לָמוֹ: ז יָצָא מֵחֵלֶב עֵינֵמוֹ עָבְרוּ מַשְׂכִּיּוֹת לֵבָב: ח יָמִיקוּ | וִידַבְּרוּ בְרָע עֹשֶׁק מִמָּרוֹם יְדַבֵּרוּ: ט שַׁתּוּ בַשָּׁמַיִם פִּיהֶם וּלְשׁוֹנָם תִּהֲלַךְ בָּאָרֶץ: י לָכֵן | (ישיב) יָשׁוּב עַמּוֹ הֲלֹם וּמֵי מָלֵא יִמָּצוּ לָמוֹ: יא וְאָמְרוּ אֵיכָה יָדַע-אֵל וְיֵשׁ דֵּעָה בְעֶלְיוֹן: יב הִנֵּה-אֵלֶּה רְשָׁעִים וְשַׁלְוֵי עוֹלָם הִשְׂגּוּ-חָיִל: יג אַךְ-רִיק זִכִּיתִי לְבָבִי וָאֶרְחַץ בְּנִקָּיוֹן כַּפָּי: יד וָאֱהִי נָגוּעַ כָּל-הַיּוֹם וְתוֹכַחְתִּי לַבְּקָרִים: טו אִם-אָמַרְתִּי אֲסַפְּרָה כְמוֹ הִנֵּה דוֹר בָּנֶיךָ בָגָדְתִּי: טז וָאֲחַשְּׁבָה לָדַעַת זֹאת עָמָל (היא) הוּא בְעֵינָי: יז עַד-אָבוֹא אֶל-מִקְדְּשֵׁי-אֵל אָבִינָה לְאַחֲרִיתָם: יח

אַךְ בַּחֲלָקוֹת תָּשִׁית לָמוֹ הִפַּלְתָּם לְמַשּׁוּאוֹת: יט אֵיךְ הָיוּ
לְשַׁמָּה כְרָגַע סָפוּ תַמּוּ מִן-בַּלָּהוֹת: כ כַּחֲלוֹם מֵהָקִיץ אֲדֹנָי
בָּעִיר | צַלְמָם תִּבְזֶה: כא כִּי יִתְחַמֵּץ לְבָבִי וְכִלְיוֹתַי אֶשְׁתּוֹנָן:
כב וַאֲנִי-בַעַר וְלֹא אֵדָע בְּהֵמוֹת הָיִיתִי עִמָּךְ: כג וַאֲנִי תָּמִיד
עִמָּךְ אָחַזְתָּ בְּיַד-יְמִינִי: כד בַּעֲצָתְךָ תַנְחֵנִי וְאַחַר כָּבוֹד
תִּקָּחֵנִי: כה מִי-לִי בַשָּׁמָיִם וְעִמְּךָ לֹא-חָפַצְתִּי בָאָרֶץ: כו כָּלָה
שְׁאֵרִי וּלְבָבִי צוּר-לְבָבִי וְחֶלְקִי אֱלֹהִים לְעוֹלָם: כז כִּי-הִנֵּה
רְחֵקֶיךָ יֹאבֵדוּ הִצְמַתָּה כָּל-זוֹנֶה מִמֶּךָּ: כח וַאֲנִי | קִרֲבַת
אֱלֹהִים לִי-טוֹב שַׁתִּי | בַּאדֹנָי (יְהוָה) אֱלֹהִים מַחְסִי לְסַפֵּר
כָּל-מַלְאֲכוֹתֶיךָ:

Psaume 74

Tehilim du Mercredi - Tehilim du jour: jour 14

Plusieurs questions trottent dans l'esprit du juste. D. s'en prend à son troupeau avec qui, une alliance éternelle a été conclue. Les ennemis s'acharnent avec plus de conviction en prétextant la punition divine contre son peuple. On oublie présentement les miracles accomplis à nos pères: briser la mer, fracasser le Léviathan (surnom donné au Pharaon).
La prière du psalmiste à D. se résume en une phrase. Les ennemis du peuple d'Israël sont les ennemis de D.

- Si vous craignez des ennemis

יד לחודש - ליום רביעי

פרק עד

א מַשְׂכִּיל לְאָסָף לָמָה אֱלֹהִים זָנַחְתָּ לָנֶצַח יֶעְשַׁן אַפְּךָ
בְּצֹאן מַרְעִיתֶךָ: ב זְכֹר עֲדָתְךָ | קָנִיתָ קֶּדֶם גָּאַלְתָּ שֵׁבֶט
נַחֲלָתֶךָ הַר-צִיּוֹן זֶה | שָׁכַנְתָּ בּוֹ: ג הָרִימָה פְעָמֶיךָ לְמַשֻּׁאוֹת
נֶצַח כָּל-הֵרַע אוֹיֵב בַּקֹּדֶשׁ: ד שָׁאֲגוּ צֹרְרֶיךָ בְּקֶרֶב מוֹעֲדֶךָ
שָׂמוּ אוֹתֹתָם אֹתוֹת: ה יִוָּדַע כְּמֵבִיא לְמָעְלָה בִּסְבָךְ-עֵץ
קַרְדֻּמּוֹת: ו (ועת) וְעַתָּה פִּתּוּחֶיהָ יָּחַד בְּכַשִּׁיל וְכֵילַפֹּת
יַהֲלֹמוּן: ז שִׁלְחוּ בָאֵשׁ מִקְדָּשֶׁךָ לָאָרֶץ חִלְּלוּ מִשְׁכַּן-שְׁמֶךָ:
ח אָמְרוּ בְלִבָּם נִינָם יָחַד שָׂרְפוּ כָל-מוֹעֲדֵי-אֵל בָּאָרֶץ: ט
אוֹתֹתֵינוּ לֹא רָאִינוּ אֵין-עוֹד נָבִיא וְלֹא-אִתָּנוּ יֹדֵעַ עַד-מָה:
י עַד-מָתַי אֱלֹהִים יְחָרֶף צָר יְנָאֵץ אוֹיֵב שִׁמְךָ לָנֶצַח: יא לָמָּה

תָּשִׁיב יָדְךָ וִימִינֶךָ מִקֶּרֶב (חוקך) חֵיקְךָ כַלֵּה: יב וֵאלֹהִים
מַלְכִּי מִקֶּדֶם פֹּעֵל יְשׁוּעוֹת בְּקֶרֶב הָאָרֶץ: יג אַתָּה פוֹרַרְתָּ
בְעָזְּךָ יָם שִׁבַּרְתָּ רָאשֵׁי תַנִּינִים עַל-הַמָּיִם: יד אַתָּה רִצַּצְתָּ
רָאשֵׁי לִוְיָתָן תִּתְּנֶנּוּ מַאֲכָל לְעָם לְצִיִּים: טו אַתָּה בָקַעְתָּ
מַעְיָן וָנָחַל אַתָּה הוֹבַשְׁתָּ נַהֲרוֹת אֵיתָן: טז לְךָ יוֹם אַף-לְךָ
לָיְלָה אַתָּה הֲכִינוֹתָ מָאוֹר וָשָׁמֶשׁ: יז אַתָּה הִצַּבְתָּ כָּל-
גְּבוּלוֹת אָרֶץ קַיִץ וָחֹרֶף אַתָּה יְצַרְתָּם: יח זְכָר-זֹאת אוֹיֵב
חֵרֵף | יְהוָה וְעַם נָבָל נִאֲצוּ שְׁמֶךָ: יט אַל-תִּתֵּן לְחַיַּת נֶפֶשׁ
תּוֹרֶךָ חַיַּת עֲנִיֶּיךָ אַל-תִּשְׁכַּח לָנֶצַח: כ הַבֵּט לַבְּרִית כִּי
מָלְאוּ מַחֲשַׁכֵּי-אֶרֶץ נְאוֹת חָמָס: כא אַל-יָשֹׁב דַּךְ נִכְלָם עָנִי
וְאֶבְיוֹן יְהַלְלוּ שְׁמֶךָ: כב קוּמָה אֱלֹהִים רִיבָה רִיבֶךָ זְכֹר
חֶרְפָּתְךָ מִנִּי-נָבָל כָּל-הַיּוֹם: כג אַל-תִּשְׁכַּח קוֹל צֹרְרֶיךָ שְׁאוֹן
קָמֶיךָ עֹלֶה תָמִיד:

Psaume 75

Tehilim du Mercredi - Tehilim du jour: jour 14

Le maître mot est la reconnaissance. D. dirige le monde avec justice et clairvoyance. Le méchant finira par se briser ses cornes alors que le juste les relèvera avec fierté.

- Pour éliminer l’orgueil

יד לחודש - ליום רביעי

פרק עה

א לַמְנַצֵּחַ אַל-תַּשְׁחֵת מִזְמוֹר לְאָסָף שִׁיר: ב הוֹדִינוּ לְּךָ |
אֱלֹהִים הוֹדִינוּ וְקָרוֹב שְׁמֶךָ סִפְּרוּ נִפְלְאוֹתֶיךָ: ג כִּי אֶקַּח
מוֹעֵד אֲנִי מֵישָׁרִים אֶשְׁפֹּט: ד נְמֹגִים אֶרֶץ וְכָל-יֹשְׁבֶיהָ
אָנֹכִי תִכַּנְתִּי עַמּוּדֶיהָ סֶּלָה: ה אָמַרְתִּי לַהוֹלְלִים אַל-תָּהֹלּוּ
וְלָרְשָׁעִים אַל-תָּרִימוּ קָרֶן: ו אַל-תָּרִימוּ לַמָּרוֹם קַרְנְכֶם
תְּדַבְּרוּ בְצַוָּאר עָתָק: ז כִּי לֹא מִמּוֹצָא וּמִמַּעֲרָב וְלֹא
מִמִּדְבַּר הָרִים: ח כִּי-אֱלֹהִים שֹׁפֵט זֶה יַשְׁפִּיל וְזֶה יָרִים: ט
כִּי כוֹס בְּיַד-יְהוָה וְיַיִן חָמַר | מָלֵא מֶסֶךְ וַיַּגֵּר מִזֶּה אַךְ-
שְׁמָרֶיהָ יִמְצוּ יִשְׁתּוּ כֹּל רִשְׁעֵי-אָרֶץ: י וַאֲנִי אַגִּיד לְעֹלָם
אֲזַמְּרָה לֵאלֹהֵי יַעֲקֹב: יא וְכָל-קַרְנֵי רְשָׁעִים אֲגַדֵּעַ
תְּרוֹמַמְנָה קַרְנוֹת צַדִּיק:

Psaume 76

Psaume 76

Tehilim du Mercredi - Tehilim du jour: jour 14

L'honneur de Jérusalem (appelée Chalem, proche du terme paix: Chalom) capitale de la Judée a dépassé les frontières, grâce notamment à son Temple. Lorsque le peuple d'Israël suit les préceptes de D., les armes se taisent et les rois de l'univers reconnaissent le D. de Jacob.

- Pour échapper à l’eau et au feu

יד לחודש - ליום רביעי

פרק עו

א לַמְנַצֵּחַ בִּנְגִינֹת מִזְמוֹר לְאָסָף שִׁיר: ב נוֹדָע בִּיהוּדָה
אֱלֹהִים בְּיִשְׂרָאֵל גָּדוֹל שְׁמוֹ: ג וַיְהִי בְשָׁלֵם סֻכּוֹ וּמְעוֹנָתוֹ
בְצִיּוֹן: ד שָׁמָּה שִׁבַּר רִשְׁפֵי-קָשֶׁת מָגֵן וְחֶרֶב וּמִלְחָמָה סֶלָה:
ה נָאוֹר אַתָּה אַדִּיר מֵהַרְרֵי-טָרֶף: ו אֶשְׁתּוֹלְלוּ | אַבִּירֵי לֵב
נָמוּ שְׁנָתָם וְלֹא-מָצְאוּ כָל-אַנְשֵׁי-חַיִל יְדֵיהֶם: ז מִגַּעֲרָתְךָ
אֱלֹהֵי יַעֲקֹב נִרְדָּם וְרֶכֶב וָסוּס: ח אַתָּה | נוֹרָא אַתָּה וּמִי-
יַעֲמֹד לְפָנֶיךָ מֵאָז אַפֶּךָ: ט מִשָּׁמַיִם הִשְׁמַעְתָּ דִּין אֶרֶץ יָרְאָה
וְשָׁקָטָה: י בְּקוּם-לַמִּשְׁפָּט אֱלֹהִים לְהוֹשִׁיעַ כָּל-עַנְוֵי-אֶרֶץ
סֶלָה: יא כִּי-חֲמַת אָדָם תּוֹדֶךָּ שְׁאֵרִית חֵמֹת תַּחְגֹּר: יב נִדְרוּ
וְשַׁלְּמוּ לַיהוָה אֱלֹהֵיכֶם כָּל-סְבִיבָיו יוֹבִילוּ שַׁי לַמּוֹרָא: יג
יִבְצֹר רוּחַ נְגִידִים נוֹרָא לְמַלְכֵי-אָרֶץ:

Psaume 77

Tehilim du Mercredi - Tehilim du jour: jour 15

Assaf, mot générique de tous les cantors de la tribu de Lévi est reconnu grâce à sa voix mélodieuse. Son timbre puissant (Kol est répété quatre fois dans ce psaume) fuse le jour comme la nuit lorsqu'il doit célébrer les prodiges divins. Ces rappels ont comme effet d'oublier les malheurs actuels qui restent temporels. Le lien indéfectible reste d'actualité sachant que les garants sont Jacob, Joseph, Moché et Aaron.

- Pour se protéger de toute souffrance

טו לחודש - ליום רביעי

פרק עז

א לַמְנַצֵּחַ עַל־(ידיתון) יְדוּתוּן לְאָסָף מִזְמוֹר׃ ב קוֹלִי אֶל־
אֱלֹהִים וְאֶצְעָקָה קוֹלִי אֶל־אֱלֹהִים וְהַאֲזִין אֵלָי׃ ג בְּיוֹם
צָרָתִי אֲדֹנָי דָּרָשְׁתִּי יָדִי ׀ לַיְלָה נִגְּרָה וְלֹא תָפוּג מֵאֲנָה
הִנָּחֵם נַפְשִׁי׃ ד אֶזְכְּרָה אֱלֹהִים וְאֶהֱמָיָה אָשִׂיחָה ׀
וְתִתְעַטֵּף רוּחִי סֶלָה׃ ה אָחַזְתָּ שְׁמֻרוֹת עֵינָי נִפְעַמְתִּי וְלֹא
אֲדַבֵּר׃ ו חִשַּׁבְתִּי יָמִים מִקֶּדֶם שְׁנוֹת עוֹלָמִים׃ ז אֶזְכְּרָה
נְגִינָתִי בַּלָּיְלָה עִם־לְבָבִי אָשִׂיחָה וַיְחַפֵּשׂ רוּחִי׃ ח
הַלְעוֹלָמִים יִזְנַח ׀ אֲדֹנָי וְלֹא־יֹסִיף לִרְצוֹת עוֹד׃ ט הֶאָפֵס
לָנֶצַח חַסְדּוֹ גָּמַר אֹמֶר לְדֹר וָדֹר׃ י הֲשָׁכַח חַנּוֹת אֵל אִם־
קָפַץ בְּאַף רַחֲמָיו סֶלָה׃ יא וָאֹמַר חַלּוֹתִי הִיא שְׁנוֹת יְמִין
עֶלְיוֹן׃ יב (אזכיר) אֶזְכּוֹר מַעַלְלֵי־יָהּ כִּי־אֶזְכְּרָה מִקֶּדֶם פִּלְאֶךָ׃
יג וְהָגִיתִי בְכָל־פָּעֳלֶךָ וּבַעֲלִילוֹתֶיךָ אָשִׂיחָה׃ יד אֱלֹהִים
בַּקֹּדֶשׁ דַּרְכֶּךָ מִי־אֵל גָּדוֹל כֵּאלֹהִים׃ טו אַתָּה הָאֵל עֹשֵׂה
פֶלֶא הוֹדַעְתָּ בָעַמִּים עֻזֶּךָ׃ טז גָּאַלְתָּ בִּזְרוֹעַ עַמֶּךָ בְּנֵי־יַעֲקֹב
וְיוֹסֵף סֶלָה׃ יז רָאוּךָ מַּיִם ׀ אֱלֹהִים רָאוּךָ מַּיִם יָחִילוּ אַף
יִרְגְּזוּ תְהֹמוֹת׃ יח זֹרְמוּ מַיִם ׀ עָבוֹת קוֹל נָתְנוּ שְׁחָקִים אַף־
חֲצָצֶיךָ יִתְהַלָּכוּ׃ יט קוֹל רַעַמְךָ ׀ בַּגַּלְגַּל הֵאִירוּ בְרָקִים תֵּבֵל
רָגְזָה וַתִּרְעַשׁ הָאָרֶץ׃ כ בַּיָּם דַּרְכֶּךָ (ושביליך) וּשְׁבִילְךָ בְּמַיִם
רַבִּים וְעִקְּבוֹתֶיךָ לֹא נֹדָעוּ׃ כא נָחִיתָ כַצֹּאן עַמֶּךָ בְּיַד־מֹשֶׁה
וְאַהֲרֹן׃

Psaume 78

Tehilim du Mercredi - Tehilim du jour: jour 15

En réalité ce psaume est le plus long de tout le livre. Il contient soixante-douze versets. Il est vrai que le psaume 119 en a 176 sauf que ce dernier est subdivisé en vingt-deux petits paragraphes de huit versets chacun. (On l'appelle l'alphabêta parce qu'il contient toutes les lettres de l'alphabet hébraïque)

Il ressemble dans son début au chant composé par Moché à la veille de sa mort (voir Deutéronome ch. 32). Ce beau texte est une sérénade à D. pour tous les bienfaits octroyés à son peuple et surtout les prodiges accomplis en Égypte dont les

plus évidents, les dix plaies. Le psalmiste énumère bien entendu la traversée du désert durant quarante années. D. a dressé la table avec toutes les victuailles sans oublier l'eau pour chaque enfant d'Israël. Le psalmiste rappelle plusieurs des rébellions d'une partie de cette population. D. est obligé de sévir sévèrement.
L'entrée au pays promis à ses ancêtres constituera le cadeau ultime. Mais l'esprit agitateur déjà dénoncé dans le désert allait tout compromettre. La résolution définitive de D. sera prise par le choix judicieux de David comme le pâtre de son troupeau.

- Pour trouver grâce devant les autorités

טו לחודש - ליום רביעי

פרק עח

א מַשְׂכִּיל לְאָסָף הַאֲזִינָה עַמִּי תּוֹרָתִי הַטּוּ אָזְנְכֶם לְאִמְרֵי-
פִי: ב אֶפְתְּחָה בְמָשָׁל פִּי אַבִּיעָה חִידוֹת מִנִּי-קֶדֶם: ג אֲשֶׁר
שָׁמַעְנוּ וַנֵּדָעֵם וַאֲבוֹתֵינוּ סִפְּרוּ-לָנוּ: ד לֹא נְכַחֵד | מִבְּנֵיהֶם
לְדוֹר אַחֲרוֹן מְסַפְּרִים תְּהִלּוֹת יְהוָה וֶעֱזוּזוֹ וְנִפְלְאוֹתָיו
אֲשֶׁר עָשָׂה: ה וַיָּקֶם עֵדוּת | בְּיַעֲקֹב וְתוֹרָה שָׂם בְּיִשְׂרָאֵל
אֲשֶׁר צִוָּה אֶת-אֲבוֹתֵינוּ לְהוֹדִיעָם לִבְנֵיהֶם: ו לְמַעַן יֵדְעוּ |
דּוֹר אַחֲרוֹן בָּנִים יִוָּלֵדוּ יָקֻמוּ וִיסַפְּרוּ לִבְנֵיהֶם: ז וְיָשִׂימוּ
בֵאלֹהִים כִּסְלָם וְלֹא יִשְׁכְּחוּ מַעַלְלֵי-אֵל וּמִצְוֹתָיו יִנְצֹרוּ: ח
וְלֹא יִהְיוּ | כַּאֲבוֹתָם דּוֹר סוֹרֵר וּמֹרֶה דּוֹר לֹא-הֵכִין לִבּוֹ
וְלֹא-נֶאֶמְנָה אֶת-אֵל רוּחוֹ: ט בְּנֵי-אֶפְרַיִם נוֹשְׁקֵי רוֹמֵי-
קֶשֶׁת הָפְכוּ בְּיוֹם קְרָב: י לֹא שָׁמְרוּ בְּרִית אֱלֹהִים
וּבְתוֹרָתוֹ מֵאֲנוּ לָלֶכֶת: יא וַיִּשְׁכְּחוּ עֲלִילוֹתָיו וְנִפְלְאוֹתָיו
אֲשֶׁר הֶרְאָם: יב נֶגֶד אֲבוֹתָם עָשָׂה פֶלֶא בְּאֶרֶץ מִצְרַיִם
שְׂדֵה-צֹעַן: יג בָּקַע יָם וַיַּעֲבִירֵם וַיַּצֶּב-מַיִם כְּמוֹ-נֵד: יד וַיַּנְחֵם
בֶּעָנָן יוֹמָם וְכָל-הַלַּיְלָה בְּאוֹר אֵשׁ: טו יְבַקַּע צֻרִים בַּמִּדְבָּר
וַיַּשְׁק כִּתְהֹמוֹת רַבָּה: טז וַיּוֹצִא נוֹזְלִים מִסָּלַע וַיּוֹרֶד
כַּנְּהָרוֹת מָיִם: יז וַיּוֹסִיפוּ עוֹד לַחֲטֹא-לוֹ לַמְרוֹת עֶלְיוֹן
בַּצִּיָּה: יח וַיְנַסּוּ-אֵל בִּלְבָבָם לִשְׁאָל-אֹכֶל לְנַפְשָׁם: יט וַיְדַבְּרוּ
בֵּאלֹהִים אָמְרוּ הֲיוּכַל אֵל לַעֲרֹךְ שֻׁלְחָן בַּמִּדְבָּר: כ הֵן הִכָּה-
צוּר | וַיָּזוּבוּ מַיִם וּנְחָלִים יִשְׁטֹפוּ הֲגַם-לֶחֶם יוּכַל תֵּת אִם-

יָכִין שְׁאֵר לְעַמּוֹ: כא לָכֵן | שָׁמַע יְהֹוָה וַיִּתְעַבָּר וְאֵשׁ נִשְּׂקָה
בְיַעֲקֹב וְגַם-אַף עָלָה בְיִשְׂרָאֵל: כב כִּי לֹא הֶאֱמִינוּ בֵּאלֹהִים
וְלֹא בָטְחוּ בִּישׁוּעָתוֹ: כג וַיְצַו שְׁחָקִים מִמָּעַל וְדַלְתֵי שָׁמַיִם
פָּתָח: כד וַיַּמְטֵר עֲלֵיהֶם מָן לֶאֱכֹל וּדְגַן-שָׁמַיִם נָתַן לָמוֹ: כה
לֶחֶם אַבִּירִים אָכַל אִישׁ צֵידָה שָׁלַח לָהֶם לָשֹׂבַע: כו יַסַּע
קָדִים בַּשָּׁמָיִם וַיְנַהֵג בְּעֻזּוֹ תֵימָן: כז וַיַּמְטֵר עֲלֵיהֶם כֶּעָפָר
שְׁאֵר וּכְחוֹל יַמִּים עוֹף כָּנָף: כח וַיַּפֵּל בְּקֶרֶב מַחֲנֵהוּ סָבִיב
לְמִשְׁכְּנֹתָיו: כט וַיֹּאכְלוּ וַיִּשְׂבְּעוּ מְאֹד וְתַאֲוָתָם יָבִא לָהֶם:
ל לֹא-זָרוּ מִתַּאֲוָתָם עוֹד אָכְלָם בְּפִיהֶם: לא וְאַף אֱלֹהִים |
עָלָה בָהֶם וַיַּהֲרֹג בְּמִשְׁמַנֵּיהֶם וּבַחוּרֵי יִשְׂרָאֵל הִכְרִיעַ: לב
בְּכָל-זֹאת חָטְאוּ-עוֹד וְלֹא-הֶאֱמִינוּ בְּנִפְלְאוֹתָיו: לג וַיְכַל-
בַּהֶבֶל יְמֵיהֶם וּשְׁנוֹתָם בַּבֶּהָלָה: לד אִם-הֲרָגָם וּדְרָשׁוּהוּ
וְשָׁבוּ וְשִׁחֲרוּ-אֵל: לה וַיִּזְכְּרוּ כִּי-אֱלֹהִים צוּרָם וְאֵל עֶלְיוֹן
גֹּאֲלָם: לו וַיְפַתּוּהוּ בְּפִיהֶם וּבִלְשׁוֹנָם יְכַזְּבוּ-לוֹ: לז וְלִבָּם לֹא-
נָכוֹן עִמּוֹ וְלֹא נֶאֶמְנוּ בִּבְרִיתוֹ: לח וְהוּא רַחוּם | יְכַפֵּר עָוֹן
וְלֹא-יַשְׁחִית וְהִרְבָּה לְהָשִׁיב אַפּוֹ וְלֹא-יָעִיר כָּל-חֲמָתוֹ: לט
וַיִּזְכֹּר כִּי-בָשָׂר הֵמָּה רוּחַ הוֹלֵךְ וְלֹא יָשׁוּב: מ כַּמָּה יַמְרוּהוּ
בַמִּדְבָּר יַעֲצִיבוּהוּ בִּישִׁימוֹן: מא וַיָּשׁוּבוּ וַיְנַסּוּ אֵל וּקְדוֹשׁ
יִשְׂרָאֵל הִתְווּ: מב לֹא-זָכְרוּ אֶת-יָדוֹ יוֹם אֲשֶׁר-פָּדָם מִנִּי-צָר:
מג אֲשֶׁר-שָׂם בְּמִצְרַיִם אֹתוֹתָיו וּמוֹפְתָיו בִּשְׂדֵה-צֹעַן: מד
וַיַּהֲפֹךְ לְדָם יְאֹרֵיהֶם וְנֹזְלֵיהֶם בַּל-יִשְׁתָּיוּן: מה יְשַׁלַּח בָּהֶם
עָרֹב וַיֹּאכְלֵם וּצְפַרְדֵּעַ וַתַּשְׁחִיתֵם: מו וַיִּתֵּן לֶחָסִיל יְבוּלָם
וִיגִיעָם לָאַרְבֶּה: מז יַהֲרֹג בַּבָּרָד גַּפְנָם וְשִׁקְמוֹתָם בַּחֲנָמַל:
מח וַיַּסְגֵּר לַבָּרָד בְּעִירָם וּמִקְנֵיהֶם לָרְשָׁפִים: מט יְשַׁלַּח-בָּם |
חֲרוֹן אַפּוֹ עֶבְרָה וָזַעַם וְצָרָה מִשְׁלַחַת מַלְאֲכֵי רָעִים: נ
יְפַלֵּס נָתִיב לְאַפּוֹ לֹא-חָשַׂךְ מִמָּוֶת נַפְשָׁם וְחַיָּתָם לַדֶּבֶר
הִסְגִּיר: נא וַיַּךְ כָּל-בְּכוֹר בְּמִצְרָיִם רֵאשִׁית אוֹנִים בְּאָהֳלֵי-
חָם: נב וַיַּסַּע כַּצֹּאן עַמּוֹ וַיְנַהֲגֵם כַּעֵדֶר בַּמִּדְבָּר: נג וַיַּנְחֵם
לָבֶטַח וְלֹא פָחָדוּ וְאֶת-אוֹיְבֵיהֶם כִּסָּה הַיָּם: נד וַיְבִיאֵם אֶל-
גְּבוּל קָדְשׁוֹ הַר-זֶה קָנְתָה יְמִינוֹ: נה וַיְגָרֶשׁ מִפְּנֵיהֶם | גּוֹיִם
וַיַּפִּילֵם בְּחֶבֶל נַחֲלָה וַיַּשְׁכֵּן בְּאָהֳלֵיהֶם שִׁבְטֵי יִשְׂרָאֵל: נו
וַיְנַסּוּ וַיַּמְרוּ אֶת-אֱלֹהִים עֶלְיוֹן וְעֵדוֹתָיו לֹא שָׁמָרוּ: נז
וַיִּסֹּגוּ וַיִּבְגְּדוּ כַּאֲבוֹתָם נֶהְפְּכוּ כְּקֶשֶׁת רְמִיָּה: נח וַיַּכְעִיסוּהוּ
בְּבָמוֹתָם וּבִפְסִילֵיהֶם יַקְנִיאוּהוּ: נט שָׁמַע אֱלֹהִים וַיִּתְעַבָּר

וַיִּמְאַס מְאֹד בְּיִשְׂרָאֵל: ס וַיִּטֹּשׁ מִשְׁכַּן שִׁלוֹ אֹהֶל שִׁכֵּן
בָּאָדָם: סא וַיִּתֵּן לַשְּׁבִי עֻזּוֹ וְתִפְאַרְתּוֹ בְיַד-צָר: סב וַיַּסְגֵּר
לַחֶרֶב עַמּוֹ וּבְנַחֲלָתוֹ הִתְעַבָּר: סג בַּחוּרָיו אָכְלָה-אֵשׁ
וּבְתוּלֹתָיו לֹא הוּלָּלוּ: סד כֹּהֲנָיו בַּחֶרֶב נָפָלוּ וְאַלְמְנֹתָיו לֹא
תִבְכֶּינָה: סה וַיִּקַץ כְּיָשֵׁן | אֲדֹנָי כְּגִבּוֹר מִתְרוֹנֵן מִיָּיִן: סו וַיַּךְ-
צָרָיו אָחוֹר חֶרְפַּת עוֹלָם נָתַן לָמוֹ: סז וַיִּמְאַס בְּאֹהֶל יוֹסֵף
וּבְשֵׁבֶט אֶפְרַיִם לֹא בָחָר: סח וַיִּבְחַר אֶת-שֵׁבֶט יְהוּדָה אֶת-
הַר צִיּוֹן אֲשֶׁר אָהֵב: סט וַיִּבֶן כְּמוֹ-רָמִים מִקְדָּשׁוֹ כְּאֶרֶץ
יְסָדָהּ לְעוֹלָם: ע וַיִּבְחַר בְּדָוִד עַבְדּוֹ וַיִּקָּחֵהוּ מִמִּכְלְאֹת
צֹאן: עא מֵאַחַר עָלוֹת הֱבִיאוֹ לִרְעוֹת בְּיַעֲקֹב עַמּוֹ וּבְיִשְׂרָאֵל
נַחֲלָתוֹ: עב וַיִּרְעֵם כְּתֹם לְבָבוֹ וּבִתְבוּנוֹת כַּפָּיו יַנְחֵם:

Psaume 79

Tehilim du Mercredi - Tehilim du jour: jour 16

On comprend bien que ces beaux textes sont presque intemporels. La période précise de l'histoire de notre peuple est si vaste. La preuve est donnée ici où il est question de la destruction du premier Temple de Jérusalem. Pourquoi employer Mizmor, chant pour un événement tragique? (voir le psaume 3) Abraham Ibn Ezra donne deux explications. Mizmor peut signifier en même temps un chant ou un poème de lamentations, une sorte d'élégie. La seconde explication prouve que la confiance du peuple d'Israël dans son D. est telle que les événements les plus atroces cachent aussi la promesse d'un avenir serein. On anticipe en imaginant le retour des exilés et la reconstruction du Temple. Le dernier verset confirme cet optimisme inébranlable

- Pour vaincre des ennemis

טז לחודש - ליום רביעי

פרק עט

א מִזְמוֹר לְאָסָף אֱלֹהִים בָּאוּ גוֹיִם | בְּנַחֲלָתֶךָ טִמְּאוּ אֶת-
הֵיכַל קָדְשֶׁךָ שָׂמוּ אֶת-יְרוּשָׁלַם לְעִיִּים: ב נָתְנוּ אֶת-נִבְלַת
עֲבָדֶיךָ מַאֲכָל לְעוֹף הַשָּׁמָיִם בְּשַׂר חֲסִידֶיךָ לְחַיְתוֹ-אָרֶץ: ג
שָׁפְכוּ דָמָם | כַּמַּיִם סְבִיבוֹת יְרוּשָׁלָם וְאֵין קוֹבֵר: ד הָיִינוּ

חֶרְפָּה לִשְׁכֵנֵינוּ לַעַג וָקֶלֶס לִסְבִיבוֹתֵינוּ׃ ה עַד־מָה יְהוָה
תֶּאֱנַף לָנֶצַח תִּבְעַר כְּמוֹ־אֵשׁ קִנְאָתֶךָ׃ ו שְׁפֹךְ חֲמָתְךָ אֶל־
הַגּוֹיִם אֲשֶׁר לֹא־יְדָעוּךָ וְעַל מַמְלָכוֹת אֲשֶׁר בְּשִׁמְךָ לֹא
קָרָאוּ׃ ז כִּי אָכַל אֶת־יַעֲקֹב וְאֶת־נָוֵהוּ הֵשַׁמּוּ׃ ח אַל־תִּזְכָּר־
לָנוּ עֲוֺנֹת רִאשֹׁנִים מַהֵר יְקַדְּמוּנוּ רַחֲמֶיךָ כִּי דַלּוֹנוּ מְאֹד׃
ט עָזְרֵנוּ ׀ אֱלֹהֵי יִשְׁעֵנוּ עַל־דְּבַר כְּבוֹד־שְׁמֶךָ וְהַצִּילֵנוּ וְכַפֵּר
עַל־חַטֹּאתֵינוּ לְמַעַן שְׁמֶךָ׃ י לָמָּה ׀ יֹאמְרוּ הַגּוֹיִם אַיֵּה
אֱלֹהֵיהֶם יִוָּדַע (בגיים) בַּגּוֹיִם לְעֵינֵינוּ נִקְמַת דַּם־עֲבָדֶיךָ
הַשָּׁפוּךְ׃ יא תָּבוֹא לְפָנֶיךָ אֶנְקַת אָסִיר כְּגֹדֶל זְרוֹעֲךָ הוֹתֵר
בְּנֵי תְמוּתָה׃ יב וְהָשֵׁב לִשְׁכֵנֵינוּ שִׁבְעָתַיִם אֶל־חֵיקָם
חֶרְפָּתָם אֲשֶׁר חֵרְפוּךָ אֲדֹנָי׃ יג וַאֲנַחְנוּ עַמְּךָ ׀ וְצֹאן מַרְעִיתֶךָ
נוֹדֶה לְּךָ לְעוֹלָם לְדֹר וָדֹר נְסַפֵּר תְּהִלָּתֶךָ׃

Psaume 80

Tehilim du Mercredi - Tehilim du jour: jour 16

Rachi considère ce poème écrit par l'esprit prophétique, qui célèbre trois retours (trois fois le mot Hachivénou, ramène-nous, est énoncé). Pour Abraham Ibn Ezra il s'agit des malheurs qui ont frappé en particulier les enfants de Rachel (Joseph et Benjamin). On sait par ailleurs que cette matriarche pleure les vicissitudes tragiques de leur histoire (Jérémie ch.31 v. 15). Elle ne cessera de verser des larmes qu'à leur retour au bercail.
Le poète décrit les coups subis (v.13) et tout de suite après il se projette dans la réhabilitation de ce peuple promise par D. depuis la nuit des temps (v. 15)

- Pour se protéger de l'idolâtrie

טז לחודש - ליום רביעי

פרק פ

א לַמְנַצֵּחַ אֶל־שֹׁשַׁנִּים עֵדוּת לְאָסָף מִזְמוֹר׃ ב רֹעֵה יִשְׂרָאֵל
׀ הַאֲזִינָה נֹהֵג כַּצֹּאן יוֹסֵף יֹשֵׁב הַכְּרוּבִים הוֹפִיעָה׃ ג לִפְנֵי
אֶפְרַיִם ׀ וּבִנְיָמִן וּמְנַשֶּׁה עוֹרְרָה אֶת־גְּבוּרָתֶךָ וּלְכָה
לִישֻׁעָתָה לָּנוּ׃ ד אֱלֹהִים הֲשִׁיבֵנוּ וְהָאֵר פָּנֶיךָ וְנִוָּשֵׁעָה׃ ה
יְהוָה אֱלֹהִים צְבָאוֹת עַד־מָתַי עָשַׁנְתָּ בִּתְפִלַּת עַמֶּךָ׃ ו

הֶאֱכַלְתָּם לֶחֶם דִּמְעָה וַתַּשְׁקֵמוֹ בִּדְמָעוֹת שָׁלִישׁ׃ ז
תְּשִׂימֵנוּ מָדוֹן לִשְׁכֵנֵינוּ וְאֹיְבֵינוּ יִלְעֲגוּ-לָמוֹ׃ ח אֱלֹהִים
צְבָאוֹת הֲשִׁיבֵנוּ וְהָאֵר פָּנֶיךָ וְנִוָּשֵׁעָה׃ ט גֶּפֶן מִמִּצְרַיִם
תַּסִּיעַ תְּגָרֵשׁ גּוֹיִם וַתִּטָּעֶהָ׃ י פִּנִּיתָ לְפָנֶיהָ וַתַּשְׁרֵשׁ שָׁרָשֶׁיהָ
וַתְּמַלֵּא-אָרֶץ׃ יא כָּסּוּ הָרִים צִלָּהּ וַעֲנָפֶיהָ אַרְזֵי-אֵל׃ יב
תְּשַׁלַּח קְצִירֶהָ עַד-יָם וְאֶל-נָהָר יוֹנְקוֹתֶיהָ׃ יג לָמָּה פָּרַצְתָּ
גְדֵרֶיהָ וְאָרוּהָ כָּל-עֹבְרֵי דָרֶךְ׃ יד יְכַרְסְמֶנָּה חֲזִיר מִיָּעַר וְזִיז
שָׂדַי יִרְעֶנָּה׃ טו אֱלֹהִים צְבָאוֹת שׁוּב-נָא הַבֵּט מִשָּׁמַיִם
וּרְאֵה וּפְקֹד גֶּפֶן זֹאת׃ טז וְכַנָּה אֲשֶׁר-נָטְעָה יְמִינֶךָ וְעַל-בֵּן
אִמַּצְתָּה לָּךְ׃ יז שְׂרֻפָה בָאֵשׁ כְּסוּחָה מִגַּעֲרַת פָּנֶיךָ יֹאבֵדוּ׃
יח תְּהִי-יָדְךָ עַל-אִישׁ יְמִינֶךָ עַל-בֶּן-אָדָם אִמַּצְתָּ לָּךְ׃ יט וְלֹא-
נָסוֹג מִמֶּךָּ תְּחַיֵּנוּ וּבְשִׁמְךָ נִקְרָא׃ כ יְהוָה אֱלֹהִים צְבָאוֹת
הֲשִׁיבֵנוּ הָאֵר פָּנֶיךָ וְנִוָּשֵׁעָה׃

Psaume 81

Tehilim du Mercredi - Tehilim du jour: jour 16

Il est connu parce qu'il est lu tous les jeudi et il introduit l'office de Roch Hachana. On parle des sonneries du Choffar entendues au début du mois qui est KESSE (racine du verbe cacher) c'est-à-dire où la lune n'est presque pas visible. Il est vrai que tous les mois lunaires ont cette caractéristique. Le seul mois qui n'est pas annoncé le Chabbat le précédent est le mois de Tichri. On cite Yosseph parce que la tradition nous apprend qu'il a été élargi de sa prison à Roch Hachana. Le jeudi était un jour de rassemblement des marchés et les tribunaux avaient fort à faire comme le jour de Roch Hachana appelé aussi jour de jugement.

- Pour se protéger de l'idolâtrie

טז לחודש - ליום רביעי

פרק פא

א לַמְנַצֵּחַ | עַל-הַגִּתִּית לְאָסָף׃ ב הַרְנִינוּ לֵאלֹהִים עוּזֵּנוּ
הָרִיעוּ לֵאלֹהֵי יַעֲקֹב׃ ג שְׂאוּ-זִמְרָה וּתְנוּ-תֹף כִּנּוֹר נָעִים
עִם-נָבֶל׃ ד תִּקְעוּ בַחֹדֶשׁ שׁוֹפָר בַּכֵּסֶה לְיוֹם חַגֵּנוּ׃ ה כִּי חֹק
לְיִשְׂרָאֵל הוּא מִשְׁפָּט לֵאלֹהֵי יַעֲקֹב׃ ו עֵדוּת | בִּיהוֹסֵף שָׂמוֹ

בְּצֵאתוֹ עַל-אֶרֶץ מִצְרָיִם שְׂפַת לֹא-יָדַעְתִּי אֶשְׁמָע: ז
הֲסִירוֹתִי מִסֵּבֶל שִׁכְמוֹ כַּפָּיו מִדּוּד תַּעֲבֹרְנָה: ח בַּצָּרָה
קָרָאתָ וָאֲחַלְּצֶךָּ אֶעֶנְךָ בְּסֵתֶר רַעַם אֶבְחָנְךָ עַל-מֵי מְרִיבָה
סֶלָה: ט שְׁמַע עַמִּי וְאָעִידָה בָּךְ יִשְׂרָאֵל אִם-תִּשְׁמַע-לִי: י
לֹא-יִהְיֶה בְךָ אֵל זָר וְלֹא תִשְׁתַּחֲוֶה לְאֵל נֵכָר: יא אָנֹכִי ׀
יְהוָה אֱלֹהֶיךָ הַמַּעַלְךָ מֵאֶרֶץ מִצְרָיִם הַרְחֶב-פִּיךָ וַאֲמַלְאֵהוּ:
יב וְלֹא-שָׁמַע עַמִּי לְקוֹלִי וְיִשְׂרָאֵל לֹא-אָבָה לִי: יג וָאֲשַׁלְּחֵהוּ
בִּשְׁרִירוּת לִבָּם יֵלְכוּ בְּמוֹעֲצוֹתֵיהֶם: יד לוּ עַמִּי שֹׁמֵעַ לִי
יִשְׂרָאֵל בִּדְרָכַי יְהַלֵּכוּ: טו כִּמְעַט אוֹיְבֵיהֶם אַכְנִיעַ וְעַל
צָרֵיהֶם אָשִׁיב יָדִי: טז מְשַׂנְאֵי יְהוָה יְכַחֲשׁוּ-לוֹ וִיהִי עִתָּם
לְעוֹלָם: יז וַיַּאֲכִילֵהוּ מֵחֵלֶב חִטָּה וּמִצּוּר דְּבַשׁ אַשְׂבִּיעֶךָ:

Psaume 82

Tehilim du Mercredi - Tehilim du jour: jour 16

C'est le psaume du mardi. Il fait partie des psaumes aux huit versets, signe de l'éternité. Il s'agit de justice immanente qui s'est concrétisée pour la première fois un mardi. En effet D. a ordonné à la Terre d’émerger des eaux et de produire les nourritures pour les futurs habitants. Ce jour est reconnu par deux Ki Tov (c'est bien) contrairement aux autres jours de la Création qui ont eu droit qu'un Ki Tov. Le monde de la justice rigoureuse est atténué par la miséricorde impérative pour le maintien de ce monde.

- Pour celui qui perd ses membres

טז לחודש - ליום רביעי

פרק פב

א מִזְמוֹר לְאָסָף אֱלֹהִים נִצָּב בַּעֲדַת-אֵל בְּקֶרֶב אֱלֹהִים
יִשְׁפֹּט: ב עַד-מָתַי תִּשְׁפְּטוּ-עָוֶל וּפְנֵי רְשָׁעִים תִּשְׂאוּ-סֶלָה:
ג שִׁפְטוּ-דַל וְיָתוֹם עָנִי וָרָשׁ הַצְדִּיקוּ: ד פַּלְּטוּ-דַל וְאֶבְיוֹן
מִיַּד רְשָׁעִים הַצִּילוּ: ה לֹא יָדְעוּ ׀ וְלֹא יָבִינוּ בַּחֲשֵׁכָה
יִתְהַלָּכוּ יִמּוֹטוּ כָּל-מוֹסְדֵי אָרֶץ: ו אֲנִי-אָמַרְתִּי אֱלֹהִים
אַתֶּם וּבְנֵי עֶלְיוֹן כֻּלְּכֶם: ז אָכֵן כְּאָדָם תְּמוּתוּן וּכְאַחַד
הַשָּׂרִים תִּפֹּלוּ: ח קוּמָה אֱלֹהִים שָׁפְטָה הָאָרֶץ כִּי-אַתָּה
תִנְחַל בְּכָל-הַגּוֹיִם:

Psaume 83

Tehilim du Mercredi - Tehilim du jour: jour 17

Assaf, dans les onze psaumes de ce chapitre, utilise le nom de Elo-him, Nom rappelant la justice et la rigueur contrairement aux autres noms, plus cléments. Ici le psalmiste réclame de D. un jugement sans appel contre les ennemis d'Israël qui ont décidé d'éliminer ce peuple physiquement et effacer jusqu'à son souvenir. La liste n'est pas exhaustive.

- En cas de guerre

יז לחודש - ליום רביעי

פרק פג

א שִׁיר מִזְמוֹר לְאָסָף: ב אֱלֹהִים אַל-דֳּמִי-לָךְ אַל-תֶּחֱרַשׁ
וְאַל-תִּשְׁקֹט אֵל: ג כִּי-הִנֵּה אוֹיְבֶיךָ יֶהֱמָיוּן וּמְשַׂנְאֶיךָ נָשְׂאוּ
רֹאשׁ: ד עַל-עַמְּךָ יַעֲרִימוּ סוֹד וְיִתְיָעֲצוּ עַל-צְפוּנֶיךָ: ה אָמְרוּ
לְכוּ וְנַכְחִידֵם מִגּוֹי וְלֹא-יִזָּכֵר שֵׁם-יִשְׂרָאֵל עוֹד: ו כִּי נוֹעֲצוּ
לֵב יַחְדָּו עָלֶיךָ בְּרִית יִכְרֹתוּ: ז אָהֳלֵי אֱדוֹם וְיִשְׁמְעֵאלִים
מוֹאָב וְהַגְרִים: ח גְּבָל וְעַמּוֹן וַעֲמָלֵק פְּלֶשֶׁת עִם-יֹשְׁבֵי צוֹר:
ט גַּם-אַשּׁוּר נִלְוָה עִמָּם הָיוּ זְרוֹעַ לִבְנֵי-לוֹט סֶלָה: י עֲשֵׂה-
לָהֶם כְּמִדְיָן כְּסִיסְרָא כְיָבִין בְּנַחַל קִישׁוֹן: יא נִשְׁמְדוּ בְעֵין-
דֹּאר הָיוּ דֹּמֶן לָאֲדָמָה: יב שִׁיתֵמוֹ נְדִיבֵמוֹ כְּעֹרֵב וְכִזְאֵב
וּכְזֶבַח וּכְצַלְמֻנָּע כָּל-נְסִיכֵמוֹ: יג אֲשֶׁר אָמְרוּ נִירֲשָׁה לָּנוּ
אֵת נְאוֹת אֱלֹהִים: יד אֱלֹהַי שִׁיתֵמוֹ כַגַּלְגַּל כְּקַשׁ לִפְנֵי-רוּחַ:
טו כְּאֵשׁ תִּבְעַר-יָעַר וּכְלֶהָבָה תְּלַהֵט הָרִים: טז כֵּן תִּרְדְּפֵם
בְּסַעֲרֶךָ וּבְסוּפָתְךָ תְבַהֲלֵם: יז מַלֵּא פְנֵיהֶם קָלוֹן וִיבַקְשׁוּ
שִׁמְךָ יְהוָה: יח יֵבֹשׁוּ וְיִבָּהֲלוּ עֲדֵי-עַד וְיַחְפְּרוּ וְיֹאבֵדוּ: יט
וְיֵדְעוּ כִּי-אַתָּה שִׁמְךָ יְהוָה לְבַדֶּךָ עֶלְיוֹן עַל-כָּל-הָאָרֶץ:

Psaume 84

Tehilim du Mercredi - Tehilim du jour: jour 17

Nous retrouvons les enfants de Korah dans un psaume célèbre: Il est l'introduction de l'office de Minha de tous les

jours avant de réciter la Kétorete, ensemble de textes bibliques et talmudiques faisant référence des encens parfumant le Temple.

Le choix de ce texte est judicieux parce qu'il parle de l'envie de résider en permanence dans les demeures célestes. La nostalgie du service sacerdotal est encore plus grande l'après-midi car la prière de Minha est la seule qui se déroule alors que chacun est occupé dans ses activités matérielles.

- Pour un malade qui maigrit

יז לחודש - ליום רביעי
פרק פד

א לַמְנַצֵּחַ עַל-הַגִּתִּית לִבְנֵי-קֹרַח מִזְמוֹר: ב מַה-יְּדִידוֹת
מִשְׁכְּנוֹתֶיךָ יְהֹוָה צְבָאוֹת: ג נִכְסְפָה וְגַם-כָּלְתָה | נַפְשִׁי
לְחַצְרוֹת יְהֹוָה לִבִּי וּבְשָׂרִי יְרַנְּנוּ אֶל אֵל-חָי: ד גַּם-צִפּוֹר |
מָצְאָה בַיִת וּדְרוֹר | קֵן לָהּ אֲשֶׁר-שָׁתָה אֶפְרֹחֶיהָ אֶת-
מִזְבְּחוֹתֶיךָ יְהֹוָה צְבָאוֹת מַלְכִּי וֵאלֹהָי: ה אַשְׁרֵי יוֹשְׁבֵי
בֵיתֶךָ עוֹד יְהַלְלוּךָ סֶּלָה: ו אַשְׁרֵי אָדָם עוֹז-לוֹ בָךְ מְסִלּוֹת
בִּלְבָבָם: ז עֹבְרֵי | בְּעֵמֶק הַבָּכָא מַעְיָן יְשִׁיתוּהוּ גַּם-בְּרָכוֹת
יַעְטֶה מוֹרֶה: ח יֵלְכוּ מֵחַיִל אֶל-חָיִל יֵרָאֶה אֶל-אֱלֹהִים
בְּצִיּוֹן: ט יְהֹוָה אֱלֹהִים צְבָאוֹת שִׁמְעָה תְפִלָּתִי הַאֲזִינָה
אֱלֹהֵי יַעֲקֹב סֶלָה: י מָגִנֵּנוּ רְאֵה אֱלֹהִים וְהַבֵּט פְּנֵי מְשִׁיחֶךָ:
יא כִּי טוֹב-יוֹם בַּחֲצֵרֶיךָ מֵאָלֶף בָּחַרְתִּי הִסְתּוֹפֵף בְּבֵית
אֱלֹהַי מִדּוּר בְּאָהֳלֵי-רֶשַׁע: יב כִּי שֶׁמֶשׁ | וּמָגֵן יְהֹוָה אֱלֹהִים
חֵן וְכָבוֹד יִתֵּן יְהֹוָה לֹא יִמְנַע-טוֹב לַהֹלְכִים בְּתָמִים:
יג יְהֹוָה צְבָאוֹת אַשְׁרֵי אָדָם בֹּטֵחַ בָּךְ:

Psaume 85

Tehilim du Mercredi - Tehilim du jour: jour 17

Il ne s'agit plus du monde extérieur. Le poète s'adresse à D. pour qu'Il s'intéresse à «la résidence de Jacob», la renforcer en lui procurant paix, bienfaisance, vérité et justice. Les rabbins ont commenté ces quatre sujets comme antinomiques. Les deux premières sont des situations circonstancielles

alors que les deux suivantes plutôt des axiomes. Seul D. arrive à installer la paix et la bienveillance dans un monde qui pratique la rigueur véridique malgré la difficulté ambiante.

- Pour contenter un ami

יז לחודש - ליום רביעי

פרק פה

א לַמְנַצֵּחַ | לִבְנֵי-קֹרַח מִזְמוֹר: ב רָצִיתָ יְהוָה אַרְצֶךָ שַׁבְתָּ
(שבות) שְׁבִית יַעֲקֹב: ג נָשָׂאתָ עֲוֹן עַמֶּךָ כִּסִּיתָ כָל-חַטָּאתָם
סֶלָה: ד אָסַפְתָּ כָל-עֶבְרָתֶךָ הֱשִׁיבוֹתָ מֵחֲרוֹן אַפֶּךָ: ה שׁוּבֵנוּ
אֱלֹהֵי יִשְׁעֵנוּ וְהָפֵר כַּעַסְךָ עִמָּנוּ: ו הַלְעוֹלָם תֶּאֱנַף-בָּנוּ
תִּמְשֹׁךְ אַפְּךָ לְדֹר וָדֹר: ז הֲלֹא-אַתָּה תָּשׁוּב תְּחַיֵּנוּ וְעַמְּךָ
יִשְׂמְחוּ-בָךְ: ח הַרְאֵנוּ יְהוָה חַסְדֶּךָ וְיֶשְׁעֲךָ תִּתֶּן-לָנוּ: ט
אֶשְׁמְעָה מַה-יְדַבֵּר הָאֵל | יְהוָה כִּי | יְדַבֵּר שָׁלוֹם אֶל-עַמּוֹ
וְאֶל-חֲסִידָיו וְאַל-יָשׁוּבוּ לְכִסְלָה: י אַךְ | קָרוֹב לִירֵאָיו
יִשְׁעוֹ לִשְׁכֹּן כָּבוֹד בְּאַרְצֵנוּ: יא חֶסֶד-וֶאֱמֶת נִפְגָּשׁוּ צֶדֶק
וְשָׁלוֹם נָשָׁקוּ: יב אֱמֶת מֵאֶרֶץ תִּצְמָח וְצֶדֶק מִשָּׁמַיִם נִשְׁקָף:
יג גַּם-יְהוָה יִתֵּן הַטּוֹב וְאַרְצֵנוּ תִּתֵּן יְבוּלָהּ: יד צֶדֶק לְפָנָיו
יְהַלֵּךְ וְיָשֵׂם לְדֶרֶךְ פְּעָמָיו:

Psaume 86

Tehilim du Mercredi - Tehilim du jour: jour 17

Quatre psaumes sont introduits par Téfila, prière à.. (Psaume 17, 90 et 92). Il est dédié à David par un poète anonyme. On le lit tous les jours avant d'annoncer le psaume du jour (seulement les jours avec supplications). On se présente devant D. tel un serviteur ou un pauvre devant le Roi. La miséricorde divine est incommensurable parce que D. accepte d'écouter la complainte de celui qui souffre. C'est uniquement par ce biais que la sauvegarde de l'homme peut se maintenir.

- Pour échapper à un mauvais sort

יז לחודש - ליום רביעי

פרק פו

א תְּפִלָּה לְדָוִד הַטֵּה-יְהוָה אָזְנְךָ עֲנֵנִי כִּי-עָנִי וְאֶבְיוֹן אָנִי:
ב שָׁמְרָה נַפְשִׁי כִּי-חָסִיד אָנִי הוֹשַׁע עַבְדְּךָ אַתָּה אֱלֹהַי
הַבּוֹטֵחַ אֵלֶיךָ: ג חָנֵּנִי אֲדֹנָי כִּי אֵלֶיךָ אֶקְרָא כָּל-הַיּוֹם: ד
שַׂמֵּחַ נֶפֶשׁ עַבְדֶּךָ כִּי אֵלֶיךָ אֲדֹנָי נַפְשִׁי אֶשָּׂא: ה כִּי-אַתָּה
אֲדֹנָי טוֹב וְסַלָּח וְרַב-חֶסֶד לְכָל-קֹרְאֶיךָ: ו הַאֲזִינָה יְהוָה
תְּפִלָּתִי וְהַקְשִׁיבָה בְּקוֹל תַּחֲנוּנוֹתָי: ז בְּיוֹם צָרָתִי אֶקְרָאֶךָּ
כִּי תַעֲנֵנִי: ח אֵין-כָּמוֹךָ בָאֱלֹהִים | אֲדֹנָי וְאֵין כְּמַעֲשֶׂיךָ: ט
כָּל-גּוֹיִם | אֲשֶׁר עָשִׂיתָ יָבוֹאוּ | וְיִשְׁתַּחֲווּ לְפָנֶיךָ אֲדֹנָי
וִיכַבְּדוּ לִשְׁמֶךָ: י כִּי-גָדוֹל אַתָּה וְעֹשֵׂה נִפְלָאוֹת אַתָּה
אֱלֹהִים לְבַדֶּךָ: יא הוֹרֵנִי יְהוָה | דַּרְכֶּךָ אֲהַלֵּךְ בַּאֲמִתֶּךָ יַחֵד
לְבָבִי לְיִרְאָה שְׁמֶךָ: יב אוֹדְךָ | אֲדֹנָי אֱלֹהַי בְּכָל-לְבָבִי
וַאֲכַבְּדָה שִׁמְךָ לְעוֹלָם: יג כִּי-חַסְדְּךָ גָּדוֹל עָלָי וְהִצַּלְתָּ נַפְשִׁי
מִשְּׁאוֹל תַּחְתִּיָּה: יד אֱלֹהִים | זֵדִים קָמוּ-עָלַי וַעֲדַת עָרִיצִים
בִּקְשׁוּ נַפְשִׁי וְלֹא שָׂמוּךָ לְנֶגְדָּם: טו וְאַתָּה אֲדֹנָי אֵל-רַחוּם
וְחַנּוּן אֶרֶךְ אַפַּיִם וְרַב-חֶסֶד וֶאֱמֶת: טז פְּנֵה אֵלַי וְחָנֵּנִי תְּנָה-
עֻזְּךָ לְעַבְדֶּךָ וְהוֹשִׁיעָה לְבֶן-אֲמָתֶךָ: יז עֲשֵׂה-עִמִּי אוֹת
לְטוֹבָה וְיִרְאוּ שֹׂנְאַי וְיֵבֹשׁוּ כִּי-אַתָּה יְהוָה עֲזַרְתַּנִי
וְנִחַמְתָּנִי:

Psaume 87

Tehilim du Mercredi - Tehilim du jour: jour 17

Ce psaume a été écrit par les enfants de Korah ainsi que le suivant. Les traditionnels voisins d'Israël se trouvent être: l'Égypte se dit Rahav, Babel, la Babylonie, Tyr, la Syrie, Péléchete ce sont les philistins, Kouch, l'Éthiopie. D'après le midrach arrivera le jour où tous les rois de ces contrées viendront à Sion et déposeront leurs couronnes en signe de soumission et de reconnaissance au Roi Machiah (Mikha ch.4 v.1 et 2).

- Pour sauver la ville

יז לחודש - ליום רביעי

פרק פז

א לִבְנֵי-קֹרַח מִזְמוֹר שִׁיר יְסוּדָתוֹ בְּהַרְרֵי-קֹדֶשׁ: ב אֹהֵב
יְהוָה שַׁעֲרֵי צִיּוֹן מִכֹּל מִשְׁכְּנוֹת יַעֲקֹב: ג נִכְבָּדוֹת מְדֻבָּר בָּךְ

עִיר הָאֱלֹהִים סֶלָה: ד אַזְכִּיר | רַהַב וּבָבֶל לְיֹדְעָי הִנֵּה
פְלֶשֶׁת וְצוֹר עִם-כּוּשׁ זֶה יֻלַּד-שָׁם: ה וּלְצִיּוֹן | יֵאָמַר אִישׁ
וְאִישׁ יֻלַּד-בָּהּ וְהוּא יְכוֹנְנֶהָ עֶלְיוֹן: ו יְהוָה יִסְפֹּר בִּכְתוֹב
עַמִּים זֶה יֻלַּד-שָׁם סֶלָה: ז וְשָׁרִים כְּחֹלְלִים כָּל-מַעְיָנַי בָּךְ:

Psaume 88

Tehilim du Mercredi - Tehilim du jour: jour 18

Dans Chroniques I ch.2 v.6, Les enfants de Korah sont les auteurs de ce psaume interprété par Eytan et Heymane désignés ici et au suivant. Ils sont les enfants de Zérah (ou Ezrahi) de la tribu de Yéhouda. Les deux personnages ont vécu à l'époque des Roi David et Salomon et étaient considérés comme des êtres exceptionnels par leur sagesse. Ils avaient en outre une bonne connaissance dans les instruments musicaux. D'après Rachi, Maskil en général fait référence à l'interprète des propos du prophète. Ils étaient donc aussi des répétiteurs.

Il est question du malade (La communauté d'Israël) qui ne voit pas l'issue de sa guérison à l'instar de Job, frappé de mille maux qui croyait que «la tombe est libératrice». Les amis se sont éloignés et cet être gisant sur sa couche souffre aussi psychiquement de son isolement. Les propos adressés à D. sont une supplique pour entrevoir la fin de cette misère par la guérison promise.

Le Midrach selon le Yalkout Chimoni préfère rapprocher le mot MAHALAT(M.H.L) du verbe pardonner. D. apprécie la prière du juste jusqu'à lui pardonner toutes ses fautes à la seule condition qu'il loue le Saint Béni Soit-Il.

- Pour sauver la ville ou une assemblée

יח לחודש - ליום רביעי

פרק פח

א שִׁיר מִזְמוֹר לִבְנֵי קֹרַח לַמְנַצֵּחַ עַל-מָחֲלַת לְעַנּוֹת
מַשְׂכִּיל לְהֵימָן הָאֶזְרָחִי: ב יְהוָה אֱלֹהֵי יְשׁוּעָתִי יוֹם-צָעַקְתִּי
בַלַּיְלָה נֶגְדֶּךָ: ג תָּבוֹא לְפָנֶיךָ תְּפִלָּתִי הַטֵּה-אָזְנְךָ לְרִנָּתִי: ד
כִּי-שָׂבְעָה בְרָעוֹת נַפְשִׁי וְחַיַּי לִשְׁאוֹל הִגִּיעוּ: ה נֶחְשַׁבְתִּי

עִם-יֽוֹרְדֵי בֽוֹר הָיִיתִי כְּגֶבֶר אֵין-אֱיָל: ו בַּמֵּתִים חָפְשִׁי כְּמוֹ
חֲלָלִים | שֹׁכְבֵי קֶבֶר אֲשֶׁר לֹא זְכַרְתָּם עוֹד וְהֵמָּה מִיָּדְךָ
נִגְזָרוּ: ז שַׁתַּנִי בְּבוֹר תַּחְתִּיּוֹת בְּמַחֲשַׁכִּים בִּמְצֹלוֹת: ח עָלַי
סָמְכָה חֲמָתֶךָ וְכָל-מִשְׁבָּרֶיךָ עִנִּיתָ סֶּלָה: ט הִרְחַקְתָּ מְיֻדָּעַי
מִמֶּנִּי שַׁתַּנִי תוֹעֵבוֹת לָמוֹ כָּלֻא וְלֹא אֵצֵא: י עֵינִי דָאֲבָה
מִנִּי עֹנִי קְרָאתִיךָ יְהוָה בְּכָל-יוֹם שִׁטַּחְתִּי אֵלֶיךָ כַפָּי: יא
הֲלַמֵּתִים תַּעֲשֶׂה-פֶּלֶא אִם-רְפָאִים יָקוּמוּ | יוֹדוּךָ סֶּלָה: יב
הַיְסֻפַּר בַּקֶּבֶר חַסְדֶּךָ אֱמוּנָתְךָ בָּאֲבַדּוֹן: יג הֲיִוָּדַע בַּחֹשֶׁךְ
פִּלְאֶךָ וְצִדְקָתְךָ בְּאֶרֶץ נְשִׁיָּה: יד וַאֲנִי | אֵלֶיךָ יְהוָה שִׁוַּעְתִּי
וּבַבֹּקֶר תְּפִלָּתִי תְקַדְּמֶךָּ: טו לָמָה יְהוָה תִּזְנַח נַפְשִׁי תַּסְתִּיר
פָּנֶיךָ מִמֶּנִּי: טז עָנִי אֲנִי וְגֹוֵעַ מִנֹּעַר נָשָׂאתִי אֵמֶיךָ אָפוּנָה: יז
עָלַי עָבְרוּ חֲרוֹנֶיךָ בִּעוּתֶיךָ צִמְּתוּתֻנִי: יח סַבּוּנִי כַמַּיִם כָּל-
הַיּוֹם הִקִּיפוּ עָלַי יָחַד: יט הִרְחַקְתָּ מִמֶּנִּי אֹהֵב וָרֵעַ מְיֻדָּעַי
מַחְשָׁךְ:

Psaume 89

Tehilim du Mercredi - Tehilim du jour: jour 18

Le dernier psaume du troisième chapitre a été composé pour être interprété par Eytan, l'autre enfant de Zérah. Toutes les grandes personnalités comme Abraham, Moché etc. se sont distinguées par un des sujets essentiels de ce psaume. Le Hessed peut se traduire par la bienfaisance, et aussi la solidarité, le partage et l'apport du bien à autrui dans le domaine matériel que spirituel. C'est une qualité divine, effective pour le maintien de l'univers.
Le roi David se considérait lié par ce contrat céleste qui va lui valoir une alliance pérenne. Elle se concrétisera par la venue du Machiah de souche davidique. (v.37)
La fin de ce psaume pose la question que nous nous posons en permanence. Quand sera annoncée la fin de nos brimades synonymes de l'affront fait à notre Créateur? La réponse est notre certitude de sa réalisation prochaine.

- Pour celui qui perd ses membres

יח לחודש - ליום רביעי

פרק פט

א מַשְׂכִּיל לְאֵיתָן הָאֶזְרָחִי: ב חַסְדֵי יְהוָה עוֹלָם אָשִׁירָה לְדֹר
וָדֹר | אוֹדִיעַ אֱמוּנָתְךָ בְּפִי: ג כִּי-אָמַרְתִּי עוֹלָם חֶסֶד יִבָּנֶה
שָׁמַיִם | תָּכִן אֱמוּנָתְךָ בָהֶם: ד כָּרַתִּי בְרִית לִבְחִירִי
נִשְׁבַּעְתִּי לְדָוִד עַבְדִּי: ה עַד-עוֹלָם אָכִין זַרְעֶךָ וּבָנִיתִי לְדֹר-
וָדוֹר כִּסְאֲךָ סֶלָה: ו וְיוֹדוּ שָׁמַיִם פִּלְאֲךָ יְהוָה אַף-אֱמוּנָתְךָ
בִּקְהַל קְדֹשִׁים: ז כִּי מִי בַשַּׁחַק יַעֲרֹךְ לַיהוָה יִדְמֶה לַיהוָה
בִּבְנֵי אֵלִים: ח אֵל נַעֲרָץ בְּסוֹד-קְדֹשִׁים רַבָּה וְנוֹרָא עַל-כָּל-
סְבִיבָיו: ט יְהוָה | אֱלֹהֵי צְבָאוֹת מִי-כָמוֹךָ חֲסִין | יָהּ
וֶאֱמוּנָתְךָ סְבִיבוֹתֶיךָ: י אַתָּה מוֹשֵׁל בְּגֵאוּת הַיָּם בְּשׂוֹא
גַלָּיו אַתָּה תְשַׁבְּחֵם: יא אַתָּה דִכִּאתָ כֶחָלָל רָהַב בִּזְרוֹעַ עֻזְּךָ
פִּזַּרְתָּ אוֹיְבֶיךָ: יב לְךָ שָׁמַיִם אַף-לְךָ אָרֶץ תֵּבֵל וּמְלֹאָהּ אַתָּה
יְסַדְתָּם: יג צָפוֹן וְיָמִין אַתָּה בְרָאתָם תָּבוֹר וְחֶרְמוֹן בְּשִׁמְךָ
יְרַנֵּנוּ: יד לְךָ זְרוֹעַ עִם-גְּבוּרָה תָּעֹז יָדְךָ תָּרוּם יְמִינֶךָ: טו צֶדֶק
וּמִשְׁפָּט מְכוֹן כִּסְאֶךָ חֶסֶד וֶאֱמֶת יְקַדְּמוּ פָנֶיךָ: טז אַשְׁרֵי
הָעָם יוֹדְעֵי תְרוּעָה יְהוָה בְּאוֹר-פָּנֶיךָ יְהַלֵּכוּן: יז בְּשִׁמְךָ
יְגִילוּן כָּל-הַיּוֹם וּבְצִדְקָתְךָ יָרוּמוּ: יח כִּי-תִפְאֶרֶת עֻזָּמוֹ
אָתָּה וּבִרְצֹנְךָ (תרים) תָּרוּם קַרְנֵנוּ: יט כִּי לַיהוָה מָגִנֵּנוּ
וְלִקְדוֹשׁ יִשְׂרָאֵל מַלְכֵּנוּ: כ אָז דִּבַּרְתָּ-בְחָזוֹן לַחֲסִידֶיךָ
וַתֹּאמֶר שִׁוִּיתִי עֵזֶר עַל-גִּבּוֹר הֲרִימוֹתִי בָחוּר מֵעָם: כא
מָצָאתִי דָּוִד עַבְדִּי בְּשֶׁמֶן קָדְשִׁי מְשַׁחְתִּיו: כב אֲשֶׁר יָדִי תִּכּוֹן
עִמּוֹ אַף-זְרוֹעִי תְאַמְּצֶנּוּ: כג לֹא-יַשִּׁא אוֹיֵב בּוֹ וּבֶן-עַוְלָה לֹא
יְעַנֶּנּוּ: כד וְכַתּוֹתִי מִפָּנָיו צָרָיו וּמְשַׂנְאָיו אֶגּוֹף: כה וֶאֱמוּנָתִי
וְחַסְדִּי עִמּוֹ וּבִשְׁמִי תָּרוּם קַרְנוֹ: כו וְשַׂמְתִּי בַיָּם יָדוֹ
וּבַנְּהָרוֹת יְמִינוֹ: כז הוּא יִקְרָאֵנִי אָבִי אָתָּה אֵלִי וְצוּר
יְשׁוּעָתִי: כח אַף-אָנִי בְּכוֹר אֶתְּנֵהוּ עֶלְיוֹן לְמַלְכֵי-אָרֶץ: כט
לְעוֹלָם (אשמור) אֶשְׁמָר-לוֹ חַסְדִּי וּבְרִיתִי נֶאֱמֶנֶת לוֹ: ל
וְשַׂמְתִּי לָעַד זַרְעוֹ וְכִסְאוֹ כִּימֵי שָׁמָיִם: לא אִם-יַעַזְבוּ בָנָיו
תּוֹרָתִי וּבְמִשְׁפָּטַי לֹא יֵלֵכוּן: לב אִם-חֻקֹּתַי יְחַלֵּלוּ וּמִצְוֺתַי
לֹא יִשְׁמֹרוּ: לג וּפָקַדְתִּי בְשֵׁבֶט פִּשְׁעָם וּבִנְגָעִים עֲוֺנָם: לד
וְחַסְדִּי לֹא-אָפִיר מֵעִמּוֹ וְלֹא-אֲשַׁקֵּר בֶּאֱמוּנָתִי: לה לֹא-
אֲחַלֵּל בְּרִיתִי וּמוֹצָא שְׂפָתַי לֹא אֲשַׁנֶּה: לו אַחַת נִשְׁבַּעְתִּי
בְקָדְשִׁי אִם-לְדָוִד אֲכַזֵּב: לז זַרְעוֹ לְעוֹלָם יִהְיֶה וְכִסְאוֹ
כַשֶּׁמֶשׁ נֶגְדִּי: לח כְּיָרֵחַ יִכּוֹן עוֹלָם וְעֵד בַּשַּׁחַק נֶאֱמָן סֶלָה:

לט וְאַתָּ֣ה זָ֭נַחְתָּ וַתִּמְאָ֑ס הִ֝תְעַבַּ֗רְתָּ עִם־מְשִׁיחֶֽךָ׃ מ נֵ֭אַרְתָּה
בְּרִ֣ית עַבְדֶּ֑ךָ חִלַּ֖לְתָּ לָאָ֣רֶץ נִזְרֽוֹ׃ מא פָּרַ֣צְתָּ כָל־גְּדֵרֹתָ֑יו שַׂ֖מְתָּ
מִבְצָרָ֣יו מְחִתָּֽה׃ מב שַׁ֭סֻּהוּ כָּל־עֹ֣בְרֵי דָ֑רֶךְ הָיָ֥ה חֶ֝רְפָּ֗ה
לִשְׁכֵנָֽיו׃ מג הֲ֭רִימוֹתָ יְמִ֣ין צָרָ֑יו הִ֝שְׂמַ֗חְתָּ כָּל־אוֹיְבָֽיו׃ מד אַף־
תָּ֭שִׁיב צ֣וּר חַרְבּ֑וֹ וְלֹ֥א הֲ֝קֵימֹת֗וֹ בַּמִּלְחָמָֽה׃ מה הִשְׁבַּ֥תָּ
מִטְּהָר֑וֹ וְ֝כִסְא֗וֹ לָאָ֥רֶץ מִגַּֽרְתָּה׃ מו הִ֭קְצַרְתָּ יְמֵ֣י עֲלוּמָ֑יו
הֶֽעֱטִ֨יתָ עָלָ֖יו בּוּשָׁ֣ה סֶֽלָה׃ מז עַד־מָ֣ה יְ֭הוָה תִּסָּתֵ֣ר לָנֶ֑צַח
תִּבְעַ֖ר כְּמוֹ־אֵ֣שׁ חֲמָתֶֽךָ׃ מח זְכָר־אֲנִ֥י מֶה־חָ֑לֶד עַל־מַה־שָּׁ֝֗וְא
בָּרָ֥אתָ כָל־בְּנֵי־אָדָֽם׃ מט מִ֤י גֶ֣בֶר יִ֭חְיֶה וְלֹ֣א יִרְאֶה־מָּ֑וֶת
יְמַלֵּ֖ט נַפְשׁ֥וֹ מִיַּד־שְׁא֣וֹל סֶֽלָה׃ נ אַיֵּ֤ה ׀ חֲסָדֶ֖יךָ הָרִאשֹׁנִ֥ים ׀
אֲדֹנָ֑י נִשְׁבַּ֥עְתָּ לְ֝דָוִ֗ד בֶּאֱמוּנָתֶֽךָ׃ נא זְכֹ֣ר אֲ֭דֹנָי חֶרְפַּ֣ת עֲבָדֶ֑יךָ
שְׂאֵתִ֥י בְ֝חֵיקִ֗י כָּל־רַבִּ֥ים עַמִּֽים׃ נב אֲשֶׁ֤ר חֵרְפ֖וּ אוֹיְבֶ֥יךָ ׀
יְהוָ֑ה אֲשֶׁ֥ר חֵ֝רְפ֗וּ עִקְּב֥וֹת מְשִׁיחֶֽךָ׃ נג בָּר֖וּךְ יְהוָ֥ה לְ֝עוֹלָ֗ם
אָ֤מֵ֨ן ׀ וְאָמֵֽן׃

Quatrième livre

Psaume 90

Tehilim du Jeudi - Tehilim du jour: jour 19

Ce psaume porte la signature de Moché, l'homme de D. Rachi nous apprend que les dix suivants sont aussi de sa facture. En outre, le style de David qui parle au singulier en évoquant souvent ses déboires et ses angoisses change dorénavant. Le psalmiste s'adresse à D. au nom des êtres humains appelés Enoch, dont le pluriel est Anachim, fils de l'Homme (Adam).
Le rapport entre D. et l'homme est multiplié par mille qui n'est une donnée mathématique mais plutôt il s'agit de l'infini. Autant l'homme est assujetti au temps (jour et nuit, soixante-dix ou quatre-vingt ans) autant D. s'inscrit dans l'éternité où il n'y a ni début ni fin (v.2).
Pourtant cet être mortel et fini arrive à obtenir des prouesses exceptionnelles par sa volonté et des actions que D. savoure à leur juste valeur.

- Pour échapper à un lion

יט לחודש - ליום חמישי
פרק צ
א תְּפִלָּה לְמֹשֶׁה אִישׁ-הָאֱלֹהִים אֲדֹנָי מָעוֹן אַתָּה הָיִיתָ לָּנוּ
בְּדֹר וָדֹר: ב בְּטֶרֶם ׀ הָרִים יֻלָּדוּ וַתְּחוֹלֵל אֶרֶץ וְתֵבֵל
וּמֵעוֹלָם עַד-עוֹלָם אַתָּה אֵל: ג תָּשֵׁב אֱנוֹשׁ עַד-דַּכָּא
וַתֹּאמֶר שׁוּבוּ בְנֵי-אָדָם: ד כִּי אֶלֶף שָׁנִים בְּעֵינֶיךָ כְּיוֹם
אֶתְמוֹל כִּי יַעֲבֹר וְאַשְׁמוּרָה בַלָּיְלָה: ה זְרַמְתָּם שֵׁנָה יִהְיוּ
בַּבֹּקֶר כֶּחָצִיר יַחֲלֹף: ו בַּבֹּקֶר יָצִיץ וְחָלָף לָעֶרֶב יְמוֹלֵל
וְיָבֵשׁ: ז כִּי-כָלִינוּ בְאַפֶּךָ וּבַחֲמָתְךָ נִבְהָלְנוּ: ח (שת) שַׁתָּה
עֲוֺנֹתֵינוּ לְנֶגְדֶּךָ עֲלֻמֵנוּ לִמְאוֹר פָּנֶיךָ: ט כִּי כָל-יָמֵינוּ פָּנוּ
בְעֶבְרָתֶךָ כִּלִּינוּ שָׁנֵינוּ כְמוֹ-הֶגֶה: י יְמֵי-שְׁנוֹתֵינוּ בָהֶם
שִׁבְעִים שָׁנָה וְאִם בִּגְבוּרֹת ׀ שְׁמוֹנִים שָׁנָה וְרָהְבָּם עָמָל
וָאָוֶן כִּי-גָז חִישׁ וַנָּעֻפָה: יא מִי-יוֹדֵעַ עֹז אַפֶּךָ וּכְיִרְאָתְךָ
עֶבְרָתֶךָ: יב לִמְנוֹת יָמֵינוּ כֵּן הוֹדַע וְנָבִא לְבַב חָכְמָה: יג

שׁוּבָה יְהוָה עַד-מָתָי וְהִנָּחֵם עַל-עֲבָדֶיךָ׃ יד שַׂבְּעֵנוּ בַבֹּקֶר
חַסְדֶּךָ וּנְרַנְּנָה וְנִשְׂמְחָה בְּכָל-יָמֵינוּ׃ טו שַׂמְּחֵנוּ כִּימוֹת
עִנִּיתָנוּ שְׁנוֹת רָאִינוּ רָעָה׃ טז יֵרָאֶה אֶל-עֲבָדֶיךָ פָעֳלֶךָ
וַהֲדָרְךָ עַל-בְּנֵיהֶם׃ יז וִיהִי | נֹעַם אֲדֹנָי אֱלֹהֵינוּ עָלֵינוּ
וּמַעֲשֵׂה יָדֵינוּ כּוֹנְנָה עָלֵינוּ וּמַעֲשֵׂה יָדֵינוּ כּוֹנְנֵהוּ׃

Psaume 91

Tehilim du Jeudi - Tehilim du jour: jour 19

Ce psaume est des plus célèbres de tous les Téhilim. Il est lu à toutes les fins de Chabbat. Lorsqu'un bébé vient au monde, les rabbins recommandent que le papa récite ces versets tous les soirs, avant le jour de la mila, pour qu'il soit protégé des accidents corporels ou des éventuels mauvais génies.
On accompagne les défunts vers leur séjour éternel en psalmodiant ce texte. Que cache-t-il?
La résidence céleste reste le lieu le plus mystérieux et pourtant D. arrive à diriger l'immensité de l'univers d'une part et chaque individu d'autre part. La seule demande faite à l'homme est de réclamer cette protection au nom de sa Emouna (sa pleine confiance). Le contrat du Ciel est simple: longue vie sur cette terre et délivrance dans les temps messianiques.
Rabbi Yaacov Abéhsseéra dans son livre Pitouhé Hotam apporte une explication cabalistique sur le texte de Deutéronome (Ch.31v.2). En relation avec le premier verset de ce psaume. Il est question de TSEL l'ombre de D. La guématrie de ce mot est égale à 120. Moché a vécu lui aussi 120 ans. J'ajoute que nos souhaits «jusqu'à 120 ans» peuvent paraître des vœux pieux sans lendemain. En réalité Moché après sa mort a atteint les hautes sphères célestes trouvant naturellement sa place à l'ombre de D. Nos souhaits pour tout vivant c'est aussi de pouvoir accomplir assez de mitsvot dans ce bas monde afin de se glisser dans cet espace réservé sous le trône divin, à l'abri perpétuel.

- Contre un mauvais esprit

יט לחודש - ליום חמישי

פרק צא

א יֹשֵׁב בְּסֵתֶר עֶלְיוֹן בְּצֵל שַׁדַּי יִתְלוֹנָן: ב אֹמַר לַיהוָה מַחְסִי
וּמְצוּדָתִי אֱלֹהַי אֶבְטַח-בּוֹ: ג כִּי הוּא יַצִּילְךָ מִפַּח יָקוּשׁ
מִדֶּבֶר הַוּוֹת: ד בְּאֶבְרָתוֹ | יָסֶךְ לָךְ וְתַחַת-כְּנָפָיו תֶּחְסֶה צִנָּה
וְסֹחֵרָה אֲמִתּוֹ: ה לֹא-תִירָא מִפַּחַד לָיְלָה מֵחֵץ יָעוּף יוֹמָם:
ו מִדֶּבֶר בָּאֹפֶל יַהֲלֹךְ מִקֶּטֶב יָשׁוּד צָהֳרָיִם: ז יִפֹּל מִצִּדְּךָ |
אֶלֶף וּרְבָבָה מִימִינֶךָ אֵלֶיךָ לֹא יִגָּשׁ: ח רַק בְּעֵינֶיךָ תַבִּיט
וְשִׁלֻּמַת רְשָׁעִים תִּרְאֶה: ט כִּי-אַתָּה יְהוָה מַחְסִי עֶלְיוֹן
שַׂמְתָּ מְעוֹנֶךָ: י לֹא-תְאֻנֶּה אֵלֶיךָ רָעָה וְנֶגַע לֹא-יִקְרַב
בְּאָהֳלֶךָ: יא כִּי מַלְאָכָיו יְצַוֶּה-לָּךְ לִשְׁמָרְךָ בְּכָל-דְּרָכֶיךָ: יב עַל-
כַּפַּיִם יִשָּׂאוּנְךָ פֶּן-תִּגֹּף בָּאֶבֶן רַגְלֶךָ: יג עַל-שַׁחַל וָפֶתֶן תִּדְרֹךְ
תִּרְמֹס כְּפִיר וְתַנִּין: יד כִּי בִי חָשַׁק וַאֲפַלְּטֵהוּ אֲשַׂגְּבֵהוּ כִּי-
יָדַע שְׁמִי: טו יִקְרָאֵנִי | וְאֶעֱנֵהוּ עִמּוֹ-אָנֹכִי בְצָרָה אֲחַלְּצֵהוּ
וַאֲכַבְּדֵהוּ: טז אֹרֶךְ יָמִים אַשְׂבִּיעֵהוּ וְאַרְאֵהוּ בִּישׁוּעָתִי:

Psaume 92

Tehilim du Jeudi - Tehilim du jour: jour 19

Le psaume du Chabbat: certains commentateurs pensent que c'est Moché qui l'a composé. D'autres l'attribuent à Adam, le premier humain, qui est né la veille du Chabbat (Béréchit Rabba).
Rachi ajoute que ce poème parle de l'avenir à ce jour du monde futur intitulé le jour du repos permanent.
Le psalmiste connaît une gamme d'instruments de musique comme le Assor (lyre à dix cordes), le Navel (luth) ou le Kinor (harpe). Les sons de ces instruments sont appréciés par le juste comparé au palmier et au cèdre du Liban. Ils accompagnent les louanges adressées à D. dans des jardins de délices (Gan Éden). L'ignorant et le sot qui poussent comme la mauvaise herbe, les rejettent et ne bénéficieront pas de la résurrection future.

- Pour assister à de grands miracles

יט לחודש - ליום חמישי

פרק צב

א מִזְמוֹר שִׁיר לְיוֹם הַשַּׁבָּת: ב טוֹב לְהֹדוֹת לַיהוָה וּלְזַמֵּר
לְשִׁמְךָ עֶלְיוֹן: ג לְהַגִּיד בַּבֹּקֶר חַסְדֶּךָ וֶאֱמוּנָתְךָ בַּלֵּילוֹת: ד
עֲלֵי-עָשׂוֹר וַעֲלֵי-נָבֶל עֲלֵי הִגָּיוֹן בְּכִנּוֹר: ה כִּי שִׂמַּחְתַּנִי יְהוָה
בְּפָעֳלֶךָ בְּמַעֲשֵׂי יָדֶיךָ אֲרַנֵּן: ו מַה-גָּדְלוּ מַעֲשֶׂיךָ יְהוָה מְאֹד
עָמְקוּ מַחְשְׁבֹתֶיךָ: ז אִישׁ-בַּעַר לֹא יֵדָע וּכְסִיל לֹא-יָבִין אֶת-
זֹאת: ח בִּפְרֹחַ רְשָׁעִים כְּמוֹ עֵשֶׂב וַיָּצִיצוּ כָּל-פֹּעֲלֵי אָוֶן
לְהִשָּׁמְדָם עֲדֵי-עַד: ט וְאַתָּה מָרוֹם לְעֹלָם יְהוָה: י כִּי הִנֵּה
אֹיְבֶיךָ יְהוָה כִּי-הִנֵּה אֹיְבֶיךָ יֹאבֵדוּ יִתְפָּרְדוּ כָּל-פֹּעֲלֵי אָוֶן:
יא וַתָּרֶם כִּרְאֵים קַרְנִי בַּלֹּתִי בְּשֶׁמֶן רַעֲנָן: יב וַתַּבֵּט עֵינִי
בְּשׁוּרָי בַּקָּמִים עָלַי מְרֵעִים תִּשְׁמַעְנָה אָזְנָי: יג צַדִּיק כַּתָּמָר
יִפְרָח כְּאֶרֶז בַּלְּבָנוֹן יִשְׂגֶּה: יד שְׁתוּלִים בְּבֵית יְהוָה
בְּחַצְרוֹת אֱלֹהֵינוּ יַפְרִיחוּ: טו עוֹד יְנוּבוּן בְּשֵׂיבָה דְּשֵׁנִים
וְרַעֲנַנִּים יִהְיוּ: טז לְהַגִּיד כִּי-יָשָׁר יְהוָה צוּרִי וְלֹא-(עלתה)
עַוְלָתָה בּוֹ:

Psaume 93

Tehilim du Jeudi - Tehilim du jour: jour 19

Ce psaume de cinq versets semble lié au précédent parce
qu'il rappelle la royauté de D. dans l'immédiat et dans l'éter-
nité. Son lieu de résidence ne sera accessible qu'aux seuls
témoins terriens qui ont toujours eu confiance en Lui.

- Pour gagner un procès

יט לחודש - ליום חמישי
פרק צג

א יְהוָה מָלָךְ גֵּאוּת לָבֵשׁ לָבֵשׁ יְהוָה עֹז הִתְאַזָּר אַף-תִּכּוֹן
תֵּבֵל בַּל-תִּמּוֹט: ב נָכוֹן כִּסְאֲךָ מֵאָז מֵעוֹלָם אָתָּה: ג נָשְׂאוּ
נְהָרוֹת יְהוָה נָשְׂאוּ נְהָרוֹת קוֹלָם יִשְׂאוּ נְהָרוֹת דָּכְיָם:
ד מִקֹּלוֹת מַיִם רַבִּים אַדִּירִים מִשְׁבְּרֵי-יָם אַדִּיר בַּמָּרוֹם
יְהוָה: ה עֵדֹתֶיךָ נֶאֶמְנוּ מְאֹד לְבֵיתְךָ נַאֲוָה-קֹדֶשׁ יְהוָה
לְאֹרֶךְ יָמִים:

Psaume 94

Tehilim du Jeudi - Tehilim du jour: jour 19

Ce psaume est lu tous les mercredis. D. a créé ce jour les deux luminaires (le soleil et la lune). Malheureusement ces astres ont été des objets d'adoration par un bon nombre de peuples. On

Rappelle que D. ne supporte pas ces impies et qu'il sera sans pitié contre eux.

L'apparition de D. selon le premier verset répond à une nécessité absolue. La première fois, D. s'est investi pour libérer les hébreux d'Egypte (Psaume 80 v.2). La seconde fois, il se révéla sur le Mont Sinaï et a doté le peuple d'Israël de la Torah (Dévarim ch.33 v.2). La troisième fois lorsque aura lieu la fameuse guerre de Gog et Magog, D. interviendra de manière vengeresse (ce psaume v.1). Enfin la quatrième fois Il présentera le Machiah, libérateur définitif (Psaume 50 v.2). (Yalkout Chimoni).

- Si votre ennemi vous poursuit

יט לחודש - ליום חמישי

פרק צד

א אֵל-נְקָמ֥וֹת יְהוָ֑ה אֵ֖ל נְקָמ֣וֹת הוֹפִֽיעַ׃ ב הִ֭נָּשֵׂא שֹׁפֵ֣ט
הָאָ֑רֶץ הָ֝שֵׁ֗ב גְּ֝מ֗וּל עַל-גֵּאִֽים׃ ג עַד-מָתַ֣י רְשָׁעִ֣ים ׀ יְהוָ֑ה עַד-
מָ֝תַ֗י רְשָׁעִ֥ים יַעֲלֹֽזוּ׃ ד יַבִּ֣יעוּ יְדַבְּר֣וּ עָתָ֑ק יִ֝תְאַמְּר֗וּ כָּל-פֹּ֥עֲלֵי
אָֽוֶן׃ ה עַמְּךָ֣ יְהוָ֣ה יְדַכְּא֑וּ וְֽנַחֲלָתְךָ֥ יְעַנּֽוּ׃ ו אַלְמָנָ֣ה וְגֵ֣ר יַהֲרֹ֑גוּ
וִ֖יתוֹמִ֣ים יְרַצֵּֽחוּ׃ ז וַ֭יֹּאמְרוּ לֹ֣א יִרְאֶה-יָּ֑הּ וְלֹֽא-יָ֝בִ֗ין אֱלֹהֵ֥י
יַעֲקֹֽב׃ ח בִּ֭ינוּ בֹּעֲרִ֣ים בָּעָ֑ם וּ֝כְסִילִ֗ים מָתַ֥י תַּשְׂכִּֽילוּ׃ ט הֲנֹ֣טַֽע
אֹ֭זֶן הֲלֹ֣א יִשְׁמָ֑ע אִם-יֹ֥צֵֽר עַ֝֗יִן הֲלֹ֣א יַבִּֽיט׃ י הֲיֹסֵ֣ר גּ֭וֹיִם הֲלֹ֣א
יוֹכִ֑יחַ הַֽמְלַמֵּ֖ד אָדָ֣ם דָּֽעַת׃ יא יְֽהוָ֗ה יֹ֭דֵעַ מַחְשְׁב֣וֹת אָדָ֑ם כִּי-
הֵ֥מָּה הָֽבֶל׃ יב אַשְׁרֵ֤י ׀ הַגֶּ֣בֶר אֲשֶׁר-תְּיַסְּרֶ֣נּוּ יָּ֑הּ וּֽמִתּוֹרָתְךָ֥
תְלַמְּדֶֽנּוּ׃ יג לְהַשְׁקִ֣יט ל֭וֹ מִ֣ימֵי רָ֑ע עַ֤ד יִכָּרֶ֖ה לָרָשָׁ֣ע שָֽׁחַת׃
יד כִּ֤י ׀ לֹא-יִטֹּ֣שׁ יְהוָ֣ה עַמּ֑וֹ וְ֝נַחֲלָת֗וֹ לֹ֣א יַעֲזֹֽב׃ טו כִּֽי-עַד-צֶ֭דֶק
יָשׁ֣וּב מִשְׁפָּ֑ט וְ֝אַחֲרָ֗יו כָּל-יִשְׁרֵי-לֵֽב׃ טז מִֽי-יָק֣וּם לִ֭י עִם-

מְרֵעִים מִי-יִתְיַצֵּב לִי עִם-פֹּעֲלֵי אָוֶן: יז לוּלֵי יְהוָה עֶזְרָתָה
לִּי כִּמְעַט ׀ שָׁכְנָה דוּמָה נַפְשִׁי: יח אִם-אָמַרְתִּי מָטָה רַגְלִי
חַסְדְּךָ יְהוָה יִסְעָדֵנִי: יט בְּרֹב שַׂרְעַפַּי בְּקִרְבִּי תַּנְחוּמֶיךָ
יְשַׁעַשְׁעוּ נַפְשִׁי: כ הַיְחָבְרְךָ כִּסֵּא הַוּוֹת יֹצֵר עָמָל עֲלֵי-חֹק:
כא יָגוֹדּוּ עַל-נֶפֶשׁ צַדִּיק וְדָם נָקִי יַרְשִׁיעוּ: כב וַיְהִי יְהוָה לִי
לְמִשְׂגָּב וֵאלֹהַי לְצוּר מַחְסִי: כג וַיָּשֶׁב עֲלֵיהֶם ׀ אֶת-אוֹנָם
וּבְרָעָתָם יַצְמִיתֵם יַצְמִיתֵם יְהוָה אֱלֹהֵינוּ:

Psaume 95

Tehilim du Jeudi - Tehilim du jour: jour 19

Ce psaume et les cinq suivants sont connus de tous parce qu'ils sont chantés tous les vendredi soir en introduction à l'hymne Lékha Dodi.
Lékha et au pluriel Lékhou sont une invitation à aller au-devant de la fiancée Chabbat. C'est un appel à l'allégresse collective. Le peuple choisi a une obligation suprême celle d'avoir une écoute perçante et une soumission totale à toutes charges divines. Il faut se souvenir que nos pères ont mis à l'épreuve la performance divine au cours de leur séjour dans le désert. Le résultat a été excellent au-delà de toutes les espérances.

- Pour ne pas être trompé par les gens

יט לחודש - ליום חמישי

פרק צה

א לְכוּ נְרַנְּנָה לַיהוָה נָרִיעָה לְצוּר יִשְׁעֵנוּ: ב נְקַדְּמָה פָנָיו
בְּתוֹדָה בִּזְמִרוֹת נָרִיעַ לוֹ: ג כִּי אֵל גָּדוֹל יְהוָה וּמֶלֶךְ גָּדוֹל
עַל-כָּל-אֱלֹהִים: ד אֲשֶׁר בְּיָדוֹ מֶחְקְרֵי-אָרֶץ וְתוֹעֲפוֹת הָרִים
לוֹ: ה אֲשֶׁר-לוֹ הַיָּם וְהוּא עָשָׂהוּ וְיַבֶּשֶׁת יָדָיו יָצָרוּ: ו בֹּאוּ
נִשְׁתַּחֲוֶה וְנִכְרָעָה נִבְרְכָה לִפְנֵי-יְהוָה עֹשֵׂנוּ: ז כִּי הוּא
אֱלֹהֵינוּ וַאֲנַחְנוּ עַם מַרְעִיתוֹ וְצֹאן יָדוֹ הַיּוֹם אִם-בְּקֹלוֹ
תִשְׁמָעוּ: ח אַל-תַּקְשׁוּ לְבַבְכֶם כִּמְרִיבָה כְּיוֹם מַסָּה
בַּמִּדְבָּר: ט אֲשֶׁר נִסּוּנִי אֲבוֹתֵיכֶם בְּחָנוּנִי גַּם-רָאוּ פָעֳלִי: י
אַרְבָּעִים שָׁנָה ׀ אָקוּט בְּדוֹר וָאֹמַר עַם תֹּעֵי לֵבָב הֵם וְהֵם

לֹא-יָדְעוּ דְרָכָי: יא אֲשֶׁר-נִשְׁבַּעְתִּי בְאַפִּי אִם-יְבֹאוּן אֶל-
מְנוּחָתִי:

Psaume 96

Tehilim du Jeudi - Tehilim du jour: jour 19

Après la joie bruyante, le chant mélodieux s'impose. Alors que les nations s'adonnent au culte païen Israël célèbre le Roi des rois par le rappel de tous Ses prodiges. Les peuples, grâce à nous, sauront pourquoi ils sont dans l'erreur et adopteront à leur tour le D. unique capable de produire une justice sans faille.

Les rabbins ont déduit de ce texte l'ordre des trois premières bénédictions de la Amida. Il y a trois Havou: venez, l'un concerne les Avot les patriarches comme indiqué, Venez enfants de D., le second parle de la force comme dit ici: Venez vers D. glorieux et puissant. Le troisième indique la sainteté divine selon le texte qui stipule: Venez vers D. qui porte un Nom prodigieux.

- Pour réjouir sa famille

יט לחודש - ליום חמישי

פרק צו

א שִׁירוּ לַיהוָה שִׁיר חָדָשׁ שִׁירוּ לַיהוָה כָּל-הָאָרֶץ: ב שִׁירוּ
לַיהוָה בָּרְכוּ שְׁמוֹ בַּשְּׂרוּ מִיּוֹם-לְיוֹם יְשׁוּעָתוֹ: ג סַפְּרוּ
בַגּוֹיִם כְּבוֹדוֹ בְּכָל-הָעַמִּים נִפְלְאוֹתָיו: ד כִּי גָדוֹל יְהוָה
וּמְהֻלָּל מְאֹד נוֹרָא הוּא עַל-כָּל-אֱלֹהִים: ה כִּי | כָּל-אֱלֹהֵי
הָעַמִּים אֱלִילִים וַיהוָה שָׁמַיִם עָשָׂה: ו הוֹד-וְהָדָר לְפָנָיו עֹז
וְתִפְאֶרֶת בְּמִקְדָּשׁוֹ: ז הָבוּ לַיהוָה מִשְׁפְּחוֹת עַמִּים הָבוּ
לַיהוָה כָּבוֹד וָעֹז: ח הָבוּ לַיהוָה כְּבוֹד שְׁמוֹ שְׂאוּ-מִנְחָה
וּבֹאוּ לְחַצְרוֹתָיו: ט הִשְׁתַּחֲווּ לַיהוָה בְּהַדְרַת-קֹדֶשׁ חִילוּ
מִפָּנָיו כָּל-הָאָרֶץ: י אִמְרוּ בַגּוֹיִם | יְהוָה מָלָךְ אַף-תִּכּוֹן תֵּבֵל
בַּל-תִּמּוֹט יָדִין עַמִּים בְּמֵישָׁרִים: יא יִשְׂמְחוּ הַשָּׁמַיִם וְתָגֵל
הָאָרֶץ יִרְעַם הַיָּם וּמְלֹאוֹ: יב יַעֲלֹז שָׂדַי וְכָל-אֲשֶׁר-בּוֹ אָז
יְרַנְּנוּ כָּל-עֲצֵי-יָעַר: יג לִפְנֵי יְהוָה | כִּי בָא כִּי בָא לִשְׁפֹּט
הָאָרֶץ יִשְׁפֹּט-תֵּבֵל בְּצֶדֶק וְעַמִּים בֶּאֱמוּנָתוֹ:

Psaume 97

Tehilim du Jeudi - Tehilim du jour: jour 20

La terre et ses îles se réjouiront elles aussi lorsque D. aura été reconnu définitivement Roi de l'Univers. L'idolâtrie sera bannie. Les justes seront récompensés en bénéficiant du «Or» lumière céleste qui leur sera exclusive.

- Pour réjouir sa famille

כ לחודש - ליום חמישי
פרק צז

א יְהוָה מָלָךְ תָּגֵל הָאָרֶץ יִשְׂמְחוּ אִיִּים רַבִּים: ב עָנָן וַעֲרָפֶל סְבִיבָיו צֶדֶק וּמִשְׁפָּט מְכוֹן כִּסְאוֹ: ג אֵשׁ לְפָנָיו תֵּלֵךְ וּתְלַהֵט סָבִיב צָרָיו: ד הֵאִירוּ בְרָקָיו תֵּבֵל רָאֲתָה וַתָּחֵל הָאָרֶץ: ה הָרִים כַּדּוֹנַג נָמַסּוּ מִלִּפְנֵי יְהוָה מִלִּפְנֵי אֲדוֹן כָּל-הָאָרֶץ: ו הִגִּידוּ הַשָּׁמַיִם צִדְקוֹ וְרָאוּ כָל-הָעַמִּים כְּבוֹדוֹ: ז יֵבֹשׁוּ | כָּל-עֹבְדֵי פֶסֶל הַמִּתְהַלְלִים בָּאֱלִילִים הִשְׁתַּחֲווּ-לוֹ כָּל-אֱלֹהִים: ח שָׁמְעָה וַתִּשְׂמַח | צִיּוֹן וַתָּגֵלְנָה בְּנוֹת יְהוּדָה לְמַעַן מִשְׁפָּטֶיךָ יְהוָה: ט כִּי-אַתָּה יְהוָה עֶלְיוֹן עַל-כָּל-הָאָרֶץ מְאֹד נַעֲלֵיתָ עַל-כָּל-אֱלֹהִים: י אֹהֲבֵי יְהוָה שִׂנְאוּ רָע שֹׁמֵר נַפְשׁוֹת חֲסִידָיו מִיַּד רְשָׁעִים יַצִּילֵם: יא אוֹר זָרֻעַ לַצַּדִּיק וּלְיִשְׁרֵי-לֵב שִׂמְחָה: יב שִׂמְחוּ צַדִּיקִים בַּיהוָה וְהוֹדוּ לְזֵכֶר קָדְשׁוֹ:

Psaume 98

Tehilim du Jeudi - Tehilim du jour: jour 20

Il ressemble au psaume 96 parce qu'il s'agit d'entonner des louanges à D. On ajoute qu'il faut aussi sonner des trompettes déclamant péremptoirement la royauté de D. sur tout l'Univers. Il faut se souvenir de celui qui a pour caractéristique définitive de la bonté (Hessed), c'est Abraham. On indique l'homme de confiance parce que sa spécificité est le Emet: la vérité, c'est Yaakov. L'homme de la rigueur Isaac n'est pas mentionné ici sinon par le Choffar, la corne du bélier, animal qui l'a remplacé sur l'autel dans l'histoire de la ligature d'Isaac.

Psaume 99

- Pour faire la paix avec son prochain

כ לחודש - ליום חמישי

פרק צח

א מִזְמוֹר שִׁירוּ לַיהוָה | שִׁיר חָדָשׁ כִּי-נִפְלָאוֹת עָשָׂה
הוֹשִׁיעָה-לּוֹ יְמִינוֹ וּזְרוֹעַ קָדְשׁוֹ: ב הוֹדִיעַ יְהוָה יְשׁוּעָתוֹ
לְעֵינֵי הַגּוֹיִם גִּלָּה צִדְקָתוֹ: ג זָכַר חַסְדּוֹ | וֶאֱמוּנָתוֹ לְבֵית
יִשְׂרָאֵל רָאוּ כָל-אַפְסֵי-אָרֶץ אֵת יְשׁוּעַת אֱלֹהֵינוּ: ד הָרִיעוּ
לַיהוָה כָּל-הָאָרֶץ פִּצְחוּ וְרַנְּנוּ וְזַמֵּרוּ: ה זַמְּרוּ לַיהוָה בְּכִנּוֹר
בְּכִנּוֹר וְקוֹל זִמְרָה: ו בַּחֲצֹצְרוֹת וְקוֹל שׁוֹפָר הָרִיעוּ לִפְנֵי |
הַמֶּלֶךְ יְהוָה: ז יִרְעַם הַיָּם וּמְלֹאוֹ תֵּבֵל וְיֹשְׁבֵי בָהּ: ח נְהָרוֹת
יִמְחֲאוּ-כָף יַחַד הָרִים יְרַנֵּנוּ: ט לִפְנֵי-יְהוָה כִּי בָא לִשְׁפֹּט
הָאָרֶץ יִשְׁפֹּט-תֵּבֵל בְּצֶדֶק וְעַמִּים בְּמֵישָׁרִים:

Psaume 99

Tehilim du Jeudi - Tehilim du jour: jour 20

Il y a une similitude avec le psaume 97 puisque tous les deux glorifient D. Roi. Ce dernier s'intéresse au passé donc à l'histoire de la Terre qui découvre l'omniprésence divine. Ce psaume ci lui aussi est persuadé que les nations finiront un jour par apprécier l'omniscience de Sa Majesté parce que leurs crédits seront mieux répartis grâce notamment à la justice immanente. L'exemple est vite trouvé. Le célèbre verset (6) met Moché et Aaron ainsi que tous les prêtres dans un plateau de la balance et Samuel le prophète dans l'autre plateau. L'équilibre est parfait. Sans ce verset personne n'aurait osé parier sur cette parité inouïe.

- Pour avoir la foi

כ לחודש - ליום חמישי

פרק צט א יְהוָה מָלָךְ יִרְגְּזוּ עַמִּים יֹשֵׁב כְּרוּבִים תָּנוּט
הָאָרֶץ: ב יְהוָה בְּצִיּוֹן גָּדוֹל וְרָם הוּא עַל-כָּל-הָעַמִּים: ג יוֹדוּ
שִׁמְךָ גָּדוֹל וְנוֹרָא קָדוֹשׁ הוּא: ד וְעֹז מֶלֶךְ מִשְׁפָּט אָהֵב אַתָּה
כּוֹנַנְתָּ מֵישָׁרִים מִשְׁפָּט וּצְדָקָה בְּיַעֲקֹב | אַתָּה עָשִׂיתָ: ה
רוֹמְמוּ יְהוָה אֱלֹהֵינוּ וְהִשְׁתַּחֲווּ לַהֲדֹם רַגְלָיו קָדוֹשׁ הוּא:

ו מֹשֶׁה וְאַהֲרֹן | בְּכֹהֲנָיו וּשְׁמוּאֵל בְּקֹרְאֵי שְׁמוֹ קֹרְאִים אֶל-
יְהוָה וְהוּא יַעֲנֵם: ז בְּעַמּוּד עָנָן יְדַבֵּר אֲלֵיהֶם שָׁמְרוּ עֵדֹתָיו
וְחֹק נָתַן-לָמוֹ: ח יְהוָה אֱלֹהֵינוּ אַתָּה עֲנִיתָם אֵל נֹשֵׂא הָיִיתָ
לָהֶם וְנֹקֵם עַל-עֲלִילוֹתָם: ט רוֹמְמוּ יְהוָה אֱלֹהֵינוּ
וְהִשְׁתַּחֲווּ לְהַר קָדְשׁוֹ כִּי-קָדוֹשׁ יְהוָה אֱלֹהֵינוּ:

Psaume 100

Tehilim du Jeudi - Tehilim du jour: jour 20

Cinq petits versets suffisent pour donner à ce psaume une dimension universelle. Il s'agit de la célébration du sacrifice de remerciements. L'être humain reconnaît la main de D. lorsqu'il échappe à un événement fâcheux ou qu'il se lève de maladie et autres facteurs accidentels et imprévus. Il est heureux de le dire publiquement parce qu'il pense qu'il a obtenu un privilège non négligeable.
Aujourd'hui les paroles remplacent nos lèvres. Ce texte est un prélude à un futur attendu et espéré.

- Pour vaincre son ennemi

כ לחודש - ליום חמישי
פרק ק

א מִזְמוֹר לְתוֹדָה הָרִיעוּ לַיהוָה כָּל-הָאָרֶץ: ב עִבְדוּ אֶת-יְהוָה
בְּשִׂמְחָה בֹּאוּ לְפָנָיו בִּרְנָנָה: ג דְּעוּ כִּי-יְהוָה הוּא אֱלֹהִים
הוּא-עָשָׂנוּ (ולא) וְלוֹ אֲנַחְנוּ עַמּוֹ וְצֹאן מַרְעִיתוֹ: ד בֹּאוּ
שְׁעָרָיו | בְּתוֹדָה חֲצֵרֹתָיו בִּתְהִלָּה הוֹדוּ-לוֹ בָּרְכוּ שְׁמוֹ: ה
כִּי-טוֹב יְהוָה לְעוֹלָם חַסְדּוֹ וְעַד-דֹּר וָדֹר אֱמוּנָתוֹ:

Psaume 101

Tehilim du Jeudi - Tehilim du jour: jour 20

Le Roi David retrouve sa verve pour poursuivre ses louanges à D. pour l'avoir aidé dans deux domaines essentiels: la bienfaisance et l'équité, deux mondes apparemment incompatibles. En effet la bonté et la solidarité réclament de l'indulgence et de l'amnistie alors que la justice rigoureuse ne peut être possible que si le juge est impartial donc sévère

à la limite, insensible. David saura rendre la justice dans cet esprit de probité indiscutable en gardant dans sa mémoire son humanité légendaire. Les méchants le craindront parce qu'il sera intransigeant à leur égard (v.8) et les pieux pourront se frayer un chemin tranquille grâce à sa magnanimité (v.6).

- Contre un mauvais esprit

כ לחודש - ליום חמישי

פרק קא

א לְדָוִד מִזְמוֹר חֶסֶד-וּמִשְׁפָּט אָשִׁירָה לְךָ יְהוָה אֲזַמֵּרָה: ב
אַשְׂכִּילָה | בְּדֶרֶךְ תָּמִים מָתַי תָּבוֹא אֵלָי אֶתְהַלֵּךְ בְּתָם-
לְבָבִי בְּקֶרֶב בֵּיתִי: ג לֹא-אָשִׁית | לְנֶגֶד עֵינַי דְּבַר-בְּלִיָּעַל
עֲשֹׂה-סֵטִים שָׂנֵאתִי לֹא יִדְבַּק בִּי: ד לֵבָב עִקֵּשׁ יָסוּר מִמֶּנִּי
רָע לֹא אֵדָע: ה (מלושני) מְלָשְׁנִי בַסֵּתֶר | רֵעֵהוּ אוֹתוֹ אַצְמִית
גְּבַהּ-עֵינַיִם וּרְחַב לֵבָב אֹתוֹ לֹא אוּכָל: ו עֵינַי | בְּנֶאֶמְנֵי-
אֶרֶץ לָשֶׁבֶת עִמָּדִי הֹלֵךְ בְּדֶרֶךְ תָּמִים הוּא יְשָׁרְתֵנִי: ז לֹא-
יֵשֵׁב | בְּקֶרֶב בֵּיתִי עֹשֵׂה רְמִיָּה דֹּבֵר שְׁקָרִים לֹא-יִכּוֹן לְנֶגֶד
עֵינָי: ח לַבְּקָרִים אַצְמִית כָּל-רִשְׁעֵי-אָרֶץ לְהַכְרִית מֵעִיר-
יְהוָה כָּל-פֹּעֲלֵי אָוֶן:

Psaume 102

Tehilim du Jeudi - Tehilim du jour: jour 20

Ce psaume ressemble à son début aux psaumes 17 et 90 parce qu'il entame une prière (Téfila). C'est la supplique du pauvre. Qui est donc ce malheureux? Rachi pense à toute la communauté d'Israël dans son exil. Abraham Ibn Ezra l'attribue à une personnalité sage qui se débat pour sortir des griffes de ses ennemis. Le Zohar est catégorique ce psaume est l'œuvre du Roi David aussi bien dans son style (il parle à la première personne) que dans son fond. David a vécu soixante-dix ans, «empruntés» à Adam le premier humain. Les trois patriarches voulurent aussi lui accorder soixante-dix autres années. Il est fait allusion au verset 25 (N'enlève pas la moitié de mes jours). Le Zohar rétablit le compte de

cent quarante ans ainsi: David a bénéficié pleinement des jours plus des nuits sans sommeil, le temps réel vécu.
Le texte est poignant. Il s'agit de tout un chacun qui n'arrive pas à trouver une issue favorable (v.11). Sans l'aide de D. il est voué à une mort lente et inexorable. Il sait que son salut est programmé parce que sa confiance en D. n'a jamais souffert du moindre doute (v. 27).

- Pour avoir des enfants

כ לחודש - ליום חמישי

פרק קב

א תְּפִלָּה לְעָנִי כִי-יַעֲטֹף וְלִפְנֵי יְהוָה יִשְׁפֹּךְ שִׂיחוֹ: ב יְהוָה
שִׁמְעָה תְפִלָּתִי וְשַׁוְעָתִי אֵלֶיךָ תָבוֹא: ג אַל-תַּסְתֵּר פָּנֶיךָ ׀
מִמֶּנִּי בְּיוֹם צַר לִי הַטֵּה-אֵלַי אָזְנֶךָ בְּיוֹם אֶקְרָא מַהֵר עֲנֵנִי:
ד כִּי-כָלוּ בְעָשָׁן יָמָי וְעַצְמוֹתַי כְּמוֹקֵד נִחָרוּ: ה הוּכָּה-כָעֵשֶׂב
וַיִּבַשׁ לִבִּי כִּי-שָׁכַחְתִּי מֵאֲכֹל לַחְמִי: ו מִקּוֹל אַנְחָתִי דָּבְקָה
עַצְמִי לִבְשָׂרִי: ז דָּמִיתִי לִקְאַת מִדְבָּר הָיִיתִי כְּכוֹס חֳרָבוֹת:
ח שָׁקַדְתִּי וָאֶהְיֶה כְּצִפּוֹר בּוֹדֵד עַל-גָּג: ט כָּל-הַיּוֹם חֵרְפוּנִי
אוֹיְבָי מְהוֹלָלַי בִּי נִשְׁבָּעוּ: י כִּי-אֵפֶר כַּלֶּחֶם אָכָלְתִּי וְשִׁקֻּוַי
בִּבְכִי מָסָכְתִּי: יא מִפְּנֵי-זַעַמְךָ וְקִצְפֶּךָ כִּי נְשָׂאתַנִי
וַתַּשְׁלִיכֵנִי: יב יָמַי כְּצֵל נָטוּי וַאֲנִי כָּעֵשֶׂב אִיבָשׁ: יג וְאַתָּה
יְהוָה לְעוֹלָם תֵּשֵׁב וְזִכְרְךָ לְדֹר וָדֹר: יד אַתָּה תָקוּם תְּרַחֵם
צִיּוֹן כִּי-עֵת לְחֶנְנָהּ כִּי-בָא מוֹעֵד: טו כִּי-רָצוּ עֲבָדֶיךָ אֶת-
אֲבָנֶיהָ וְאֶת-עֲפָרָהּ יְחֹנֵנוּ: טז וְיִירְאוּ גוֹיִם אֶת-שֵׁם יְהוָה
וְכָל-מַלְכֵי הָאָרֶץ אֶת-כְּבוֹדֶךָ: יז כִּי-בָנָה יְהוָה צִיּוֹן נִרְאָה
בִּכְבוֹדוֹ: יח פָּנָה אֶל-תְּפִלַּת הָעַרְעָר וְלֹא-בָזָה אֶת-תְּפִלָּתָם:
יט תִּכָּתֶב זֹאת לְדוֹר אַחֲרוֹן וְעַם נִבְרָא יְהַלֶּל-יָהּ: כ כִּי-
הִשְׁקִיף מִמְּרוֹם קָדְשׁוֹ יְהוָה מִשָּׁמַיִם ׀ אֶל-אֶרֶץ הִבִּיט: כא
לִשְׁמֹעַ אֶנְקַת אָסִיר לְפַתֵּחַ בְּנֵי תְמוּתָה: כב לְסַפֵּר בְּצִיּוֹן
שֵׁם יְהוָה וּתְהִלָּתוֹ בִּירוּשָׁלִָם: כג בְּהִקָּבֵץ עַמִּים יַחְדָּו
וּמַמְלָכוֹת לַעֲבֹד אֶת-יְהוָה: כד עִנָּה בַדֶּרֶךְ (כחו) כֹּחִי קִצַּר
יָמָי: כה אֹמַר אֵלִי אַל-תַּעֲלֵנִי בַּחֲצִי יָמָי בְּדוֹר דּוֹרִים
שְׁנוֹתֶיךָ: כו לְפָנִים הָאָרֶץ יָסַדְתָּ וּמַעֲשֵׂה יָדֶיךָ שָׁמָיִם: כז
הֵמָּה ׀ יֹאבֵדוּ וְאַתָּה תַעֲמֹד וְכֻלָּם כַּבֶּגֶד יִבְלוּ כַּלְּבוּשׁ

תַּחֲלִיפֵ֣ם וְֽיַחֲלֹֽפוּ: כח וְאַתָּה־ה֑וּא וּ֝שְׁנוֹתֶ֗יךָ לֹ֣א יִתָּֽמּוּ: כט בְּֽנֵי־
עֲבָדֶ֥יךָ יִשְׁכּ֑וֹנוּ וְ֝זַרְעָ֗ם לְפָנֶ֥יךָ יִכּֽוֹן:

Psaume 103

Tehilim du Jeudi - Tehilim du jour: jour 20

L'auteur est nommé d'emblée: David. C'est une poésie par ses rimes (les mots finissent par Khi). Le psalmiste invite les mortels à bénir D. pour ses multiples actions gratuites et généreuses. Il prend exemple sur les anges qui n'ont que cette fonction permanente contrairement aux humains, redevables des bienfaits divins.

- Pour avoir des enfants

כ לחודש - ליום חמישי

פרק קג

א לְדָוִ֨ד ׀ בָּרְכִ֣י נַ֭פְשִׁי אֶת־יְהוָ֑ה וְכָל־קְ֝רָבַ֗י אֶת־שֵׁ֥ם קָדְשֽׁוֹ:
ב בָּרְכִ֣י נַ֭פְשִׁי אֶת־יְהוָ֑ה וְאַל־תִּ֝שְׁכְּחִ֗י כָּל־גְּמוּלָֽיו: ג הַסֹּלֵ֥חַ
לְכָל־עֲוֺנֵ֑כִי הָ֝רֹפֵ֗א לְכָל־תַּחֲלֻאָֽיְכִי: ד הַגּוֹאֵ֣ל מִשַּׁ֣חַת חַיָּ֑יְכִי
הַ֝מְעַטְּרֵ֗כִי חֶ֣סֶד וְרַחֲמִֽים: ה הַמַּשְׂבִּ֣יעַ בַּטּ֣וֹב עֶדְיֵ֑ךְ תִּתְחַדֵּ֥שׁ
כַּ֝נֶּ֗שֶׁר נְעוּרָֽיְכִי: ו עֹשֵׂ֣ה צְדָק֣וֹת יְהוָ֑ה וּ֝מִשְׁפָּטִ֗ים לְכָל־
עֲשׁוּקִֽים: ז יוֹדִ֣יעַ דְּרָכָ֣יו לְמֹשֶׁ֑ה לִבְנֵ֥י יִ֝שְׂרָאֵ֗ל עֲלִילוֹתָֽיו: ח
רַח֣וּם וְחַנּ֣וּן יְהוָ֑ה אֶ֖רֶךְ אַפַּ֣יִם וְרַב־חָֽסֶד: ט לֹֽא־לָנֶ֥צַח יָרִ֑יב
וְלֹ֖א לְעוֹלָ֣ם יִטּֽוֹר: י לֹ֣א כַ֭חֲטָאֵינוּ עָ֣שָׂה לָ֑נוּ וְלֹ֥א כַ֝עֲוֺנֹתֵ֗ינוּ
גָּמַ֥ל עָלֵֽינוּ: יא כִּ֤י כִגְבֹ֣הַּ שָׁ֭מַיִם עַל־הָאָ֑רֶץ גָּבַ֥ר חַ֝סְדּ֗וֹ עַל־
יְרֵאָֽיו: יב כִּרְחֹ֣ק מִ֭זְרָח מִֽמַּעֲרָ֑ב הִֽרְחִ֥יק מִ֝מֶּ֗נּוּ אֶת־פְּשָׁעֵֽינוּ:
יג כְּרַחֵ֣ם אָ֭ב עַל־בָּנִ֑ים רִחַ֥ם יְ֝הוָ֗ה עַל־יְרֵאָֽיו: יד כִּי־ה֭וּא יָדַ֣ע
יִצְרֵ֑נוּ זָ֝כ֗וּר כִּי־עָפָ֥ר אֲנָֽחְנוּ: טו אֱנ֗וֹשׁ כֶּחָצִ֣יר יָמָ֑יו כְּצִ֥יץ
הַ֝שָּׂדֶ֗ה כֵּ֣ן יָצִֽיץ: טז כִּ֤י ר֣וּחַ עָֽבְרָה־בּ֣וֹ וְאֵינֶ֑נּוּ וְלֹא־יַכִּירֶ֖נּוּ
ע֣וֹד מְקוֹמֽוֹ: יז וְחֶ֤סֶד יְהוָ֨ה ׀ מֵעוֹלָ֣ם וְעַד־ע֭וֹלָם עַל־יְרֵאָ֑יו
וְ֝צִדְקָת֗וֹ לִבְנֵ֥י בָנִֽים: יח לְשֹׁמְרֵ֥י בְרִית֑וֹ וּלְזֹכְרֵ֥י פִ֝קֻּדָ֗יו
לַעֲשׂוֹתָֽם: יט יְֽהוָ֗ה בַּ֭שָּׁמַיִם הֵכִ֣ין כִּסְא֑וֹ וּ֝מַלְכוּת֗וֹ בַּכֹּ֥ל
מָשָֽׁלָה: כ בָּרְכ֥וּ יְהוָ֗ה מַלְאָ֫כָ֥יו גִּבֹּ֣רֵי כֹ֭חַ עֹשֵׂ֣י דְבָר֑וֹ לִ֝שְׁמֹ֗עַ
בְּק֣וֹל דְּבָרֽוֹ: כא בָּרְכ֣וּ יְ֭הוָה כָּל־צְבָאָ֑יו מְ֝שָׁרְתָ֗יו עֹשֵׂ֥י רְצוֹנֽוֹ:

כב בָּרְכוּ יְהוָה ׀ כָּל-מַעֲשָׂיו בְּכָל-מְקֹמוֹת מֶמְשַׁלְתּוֹ בָּרְכִי
נַפְשִׁי אֶת-יְהוָה:

Psaume 104

Tehilim du Jeudi - Tehilim du jour: jour 21

Ce psaume est lu à toutes les néoménies probablement grâce au verset 19 qui célèbre la lune pour son apparition au début des mois fixant ainsi les solennités scripturaires.
Il semble anonyme même si la plupart des commentateurs l'attribuent à David. Les œuvres de Roi poète se conjuguent souvent à la première personne comme c'est le cas ici.
Les bénédictions siéent au Créateur étant donné les nombreuses réalisations qu'Il accomplit chaque jour pour le maintien de cet univers dans une harmonie d'orfèvre. On ne peut que s'émerveiller devant la beauté des paysages, l'obéissance des éléments naturels à l'injonction divine pour offrir leurs produits aux saisons indiquées. Le soleil et le Cosmos répondent présents à cet appel lancé aux jours de la Création. Enfin l'homme aussi trouve sa place dans ce beau concert lorsqu'il suit les recommandations célestes. L'âme comme les anges est satisfaite et se prélasse par les bénédictions prononcées sans cesse.

- Pour éloigner une chose nuisible

כא לחודש - ליום חמישי

פרק קד

א בָּרְכִי נַפְשִׁי אֶת-יְהוָה יְהוָה אֱלֹהַי גָּדַלְתָּ מְּאֹד הוֹד וְהָדָר
לָבָשְׁתָּ: ב עֹטֶה-אוֹר כַּשַּׂלְמָה נוֹטֶה שָׁמַיִם כַּיְרִיעָה: ג
הַמְקָרֶה בַמַּיִם עֲלִיּוֹתָיו הַשָּׂם-עָבִים רְכוּבוֹ הַמְהַלֵּךְ עַל-
כַּנְפֵי-רוּחַ: ד עֹשֶׂה מַלְאָכָיו רוּחוֹת מְשָׁרְתָיו אֵשׁ לֹהֵט: ה
יָסַד-אֶרֶץ עַל-מְכוֹנֶיהָ בַּל-תִּמּוֹט עוֹלָם וָעֶד: ו תְּהוֹם
כַּלְּבוּשׁ כִּסִּיתוֹ עַל-הָרִים יַעַמְדוּ-מָיִם: ז מִן-גַּעֲרָתְךָ יְנוּסוּן
מִן-קוֹל רַעַמְךָ יֵחָפֵזוּן: ח יַעֲלוּ הָרִים יֵרְדוּ בְקָעוֹת אֶל-
מְקוֹם זֶה ׀ יָסַדְתָּ לָהֶם: ט גְּבוּל-שַׂמְתָּ בַּל-יַעֲבֹרוּן בַּל-
יְשׁוּבוּן לְכַסּוֹת הָאָרֶץ: י הַמְשַׁלֵּחַ מַעְיָנִים בַּנְּחָלִים בֵּין

הָרִים יְהַלֵּכוּן: יא יַשְׁקוּ כָּל-חַיְתוֹ שָׂדָי יִשְׁבְּרוּ פְרָאִים
צְמָאָם: יב עֲלֵיהֶם עוֹף-הַשָּׁמַיִם יִשְׁכּוֹן מִבֵּין עֳפָאיִם יִתְּנוּ-
קוֹל: יג מַשְׁקֶה הָרִים מֵעֲלִיּוֹתָיו מִפְּרִי מַעֲשֶׂיךָ תִּשְׂבַּע
הָאָרֶץ: יד מַצְמִיחַ חָצִיר | לַבְּהֵמָה וְעֵשֶׂב לַעֲבֹדַת הָאָדָם
לְהוֹצִיא לֶחֶם מִן-הָאָרֶץ: טו וְיַיִן | יְשַׂמַּח לְבַב-אֱנוֹשׁ
לְהַצְהִיל פָּנִים מִשָּׁמֶן וְלֶחֶם לְבַב-אֱנוֹשׁ יִסְעָד: טז יִשְׂבְּעוּ
עֲצֵי יְהוָה אַרְזֵי לְבָנוֹן אֲשֶׁר נָטָע: יז אֲשֶׁר-שָׁם צִפֳּרִים
יְקַנֵּנוּ חֲסִידָה בְּרוֹשִׁים בֵּיתָהּ: יח הָרִים הַגְּבֹהִים לַיְּעֵלִים
סְלָעִים מַחְסֶה לַשְׁפַנִּים: יט עָשָׂה יָרֵחַ לְמוֹעֲדִים שֶׁמֶשׁ יָדַע
מְבוֹאוֹ: כ תָּשֶׁת-חֹשֶׁךְ וִיהִי לָיְלָה בּוֹ-תִרְמֹשׂ כָּל-חַיְתוֹ-יָעַר:
כא הַכְּפִירִים שֹׁאֲגִים לַטָּרֶף וּלְבַקֵּשׁ מֵאֵל אָכְלָם: כב תִּזְרַח
הַשֶּׁמֶשׁ יֵאָסֵפוּן וְאֶל-מְעוֹנֹתָם יִרְבָּצוּן: כג יֵצֵא אָדָם לְפָעֳלוֹ
וְלַעֲבֹדָתוֹ עֲדֵי-עָרֶב: כד מָה-רַבּוּ מַעֲשֶׂיךָ | יְהוָה כֻּלָּם
בְּחָכְמָה עָשִׂיתָ מָלְאָה הָאָרֶץ קִנְיָנֶךָ: כה זֶה | הַיָּם גָּדוֹל וּרְחַב
יָדָיִם שָׁם-רֶמֶשׂ וְאֵין מִסְפָּר חַיּוֹת קְטַנּוֹת עִם-גְּדֹלוֹת: כו
שָׁם אֳנִיּוֹת יְהַלֵּכוּן לִוְיָתָן זֶה-יָצַרְתָּ לְשַׂחֶק-בּוֹ: כז כֻּלָּם
אֵלֶיךָ יְשַׂבֵּרוּן לָתֵת אָכְלָם בְּעִתּוֹ: כח תִּתֵּן לָהֶם יִלְקֹטוּן
תִּפְתַּח יָדְךָ יִשְׂבְּעוּן טוֹב: כט תַּסְתִּיר פָּנֶיךָ יִבָּהֵלוּן תֹּסֵף
רוּחָם יִגְוָעוּן וְאֶל-עֲפָרָם יְשׁוּבוּן: ל תְּשַׁלַּח רוּחֲךָ יִבָּרֵאוּן
וּתְחַדֵּשׁ פְּנֵי אֲדָמָה: לא יְהִי כְבוֹד יְהוָה לְעוֹלָם יִשְׂמַח יְהוָה
בְּמַעֲשָׂיו: לב הַמַּבִּיט לָאָרֶץ וַתִּרְעָד יִגַּע בֶּהָרִים וְיֶעֱשָׁנוּ: לג
אָשִׁירָה לַיהוָה בְּחַיָּי אֲזַמְּרָה לֵאלֹהַי בְּעוֹדִי: לד יֶעֱרַב עָלָיו
שִׂיחִי אָנֹכִי אֶשְׂמַח בַּיהוָה: לה יִתַּמּוּ חַטָּאִים | מִן-הָאָרֶץ
וּרְשָׁעִים | עוֹד אֵינָם בָּרְכִי נַפְשִׁי אֶת-יְהוָה הַלְלוּיָהּ:

Psaume 105

Tehilim du Jeudi - Tehilim du jour: jour 21

On peut dater ce psaume de louanges probablement lorsque David a repris l'Arche divine pour l'installer dans sa ville,(Samuel II ch.6). Moché Rabénou y a déposé les secondes tables en pierres et les bris des premières. David rappelle dans ce psaume l’importance de ce meuble en bois recouvert d'or, mémoire vivante de la parole divine, témoignage de la promesse faite aux trois patriarches. L'histoire

est très concise ici. Elle a commencé par Joseph, vendu par ses frères. Esclave en Egypte, il devient vice-roi et fait descendre toute la maisonnée de son père dans ce pays. Moché et Aaron délivreront le peuple issu de cette famille après avoir fait subir aux égyptiens les dix plaies. Sur ordre de D. ils les feront traverser le désert, les doteront de la Thora. Les hébreux traverseront le Jourdain pour conquérir la Terre des nations.

- Maladie qui récidive une quatrième fois

כא לחודש - ליום חמישי

פרק קה

א הוֹדוּ לַיהוָה קִרְאוּ בִּשְׁמוֹ הוֹדִיעוּ בָעַמִּים עֲלִילוֹתָיו: ב
שִׁירוּ-לוֹ זַמְּרוּ-לוֹ שִׂיחוּ בְּכָל-נִפְלְאוֹתָיו: ג הִתְהַלְלוּ בְּשֵׁם
קָדְשׁוֹ יִשְׂמַח לֵב | מְבַקְשֵׁי יְהוָה: ד דִּרְשׁוּ יְהוָה וְעֻזּוֹ בַּקְּשׁוּ
פָנָיו תָּמִיד: ה זִכְרוּ נִפְלְאוֹתָיו אֲשֶׁר-עָשָׂה מֹפְתָיו וּמִשְׁפְּטֵי-
פִיו: ו זֶרַע אַבְרָהָם עַבְדּוֹ בְּנֵי יַעֲקֹב בְּחִירָיו: ז הוּא יְהוָה
אֱלֹהֵינוּ בְּכָל-הָאָרֶץ מִשְׁפָּטָיו: ח זָכַר לְעוֹלָם בְּרִיתוֹ דָּבָר
צִוָּה לְאֶלֶף דּוֹר: ט אֲשֶׁר כָּרַת אֶת-אַבְרָהָם וּשְׁבוּעָתוֹ
לְיִשְׂחָק: י וַיַּעֲמִידֶהָ לְיַעֲקֹב לְחֹק לְיִשְׂרָאֵל בְּרִית עוֹלָם: יא
לֵאמֹר לְךָ אֶתֵּן אֶת-אֶרֶץ-כְּנָעַן חֶבֶל נַחֲלַתְכֶם: יב בִּהְיוֹתָם
מְתֵי מִסְפָּר כִּמְעַט וְגָרִים בָּהּ: יג וַיִּתְהַלְּכוּ מִגּוֹי אֶל-גּוֹי
מִמַּמְלָכָה אֶל-עַם אַחֵר: יד לֹא-הִנִּיחַ אָדָם לְעָשְׁקָם וַיּוֹכַח
עֲלֵיהֶם מְלָכִים: טו אַל-תִּגְּעוּ בִמְשִׁיחָי וְלִנְבִיאַי אַל-תָּרֵעוּ:
טז וַיִּקְרָא רָעָב עַל-הָאָרֶץ כָּל-מַטֵּה-לֶחֶם שָׁבָר: יז שָׁלַח
לִפְנֵיהֶם אִישׁ לְעֶבֶד נִמְכַּר יוֹסֵף: יח עִנּוּ בַכֶּבֶל (רגליו) רַגְלוֹ
בַּרְזֶל בָּאָה נַפְשׁוֹ: יט עַד-עֵת בֹּא-דְבָרוֹ אִמְרַת יְהוָה
צְרָפָתְהוּ: כ שָׁלַח מֶלֶךְ וַיַּתִּירֵהוּ מֹשֵׁל עַמִּים וַיְפַתְּחֵהוּ: כא
שָׂמוֹ אָדוֹן לְבֵיתוֹ וּמֹשֵׁל בְּכָל-קִנְיָנוֹ: כב לֶאְסֹר שָׂרָיו בְּנַפְשׁוֹ
וּזְקֵנָיו יְחַכֵּם: כג וַיָּבֹא יִשְׂרָאֵל מִצְרָיִם וְיַעֲקֹב גָּר בְּאֶרֶץ-
חָם: כד וַיֶּפֶר אֶת-עַמּוֹ מְאֹד וַיַּעֲצִמֵהוּ מִצָּרָיו: כה הָפַךְ לִבָּם
לִשְׂנֹא עַמּוֹ לְהִתְנַכֵּל בַּעֲבָדָיו: כו שָׁלַח מֹשֶׁה עַבְדּוֹ אַהֲרֹן
אֲשֶׁר בָּחַר-בּוֹ: כז שָׂמוּ-בָם דִּבְרֵי אֹתוֹתָיו וּמֹפְתִים בְּאֶרֶץ
חָם: כח שָׁלַח חֹשֶׁךְ וַיַּחְשִׁךְ וְלֹא-מָרוּ אֶת-(דברוו) דְּבָרוֹ: כט

הָפַךְ אֶת-מֵימֵיהֶם לְדָם וַיָּמֶת אֶת-דְּגָתָם: ל שָׁרַץ אַרְצָם
צְפַרְדְּעִים בְּחַדְרֵי מַלְכֵיהֶם: לא אָמַר וַיָּבֹא עָרֹב כִּנִּים בְּכָל-
גְּבוּלָם: לב נָתַן גִּשְׁמֵיהֶם בָּרָד אֵשׁ לֶהָבוֹת בְּאַרְצָם: לג וַיַּךְ
גַּפְנָם וּתְאֵנָתָם וַיְשַׁבֵּר עֵץ גְּבוּלָם: לד אָמַר וַיָּבֹא אַרְבֶּה
וְיֶלֶק וְאֵין מִסְפָּר: לה וַיֹּאכַל כָּל-עֵשֶׂב בְּאַרְצָם וַיֹּאכַל פְּרִי
אַדְמָתָם: לו וַיַּךְ כָּל-בְּכוֹר בְּאַרְצָם רֵאשִׁית לְכָל-אוֹנָם: לז
וַיּוֹצִיאֵם בְּכֶסֶף וְזָהָב וְאֵין בִּשְׁבָטָיו כּוֹשֵׁל: לח שָׂמַח מִצְרַיִם
בְּצֵאתָם כִּי-נָפַל פַּחְדָּם עֲלֵיהֶם: לט פָּרַשׂ עָנָן לְמָסָךְ וְאֵשׁ
לְהָאִיר לָיְלָה: מ שָׁאַל וַיָּבֵא שְׂלָו וְלֶחֶם שָׁמַיִם יַשְׂבִּיעֵם: מא
פָּתַח צוּר וַיָּזוּבוּ מָיִם הָלְכוּ בַּצִּיּוֹת נָהָר: מב כִּי-זָכַר אֶת-
דְּבַר קָדְשׁוֹ אֶת-אַבְרָהָם עַבְדּוֹ: מג וַיּוֹצִא עַמּוֹ בְשָׂשׂוֹן בְּרִנָּה
אֶת-בְּחִירָיו: מד וַיִּתֵּן לָהֶם אַרְצוֹת גּוֹיִם וַעֲמַל לְאֻמִּים
יִירָשׁוּ: מה בַּעֲבוּר | יִשְׁמְרוּ חֻקָּיו וְתוֹרֹתָיו יִנְצֹרוּ הַלְלוּיָהּ:

Psaume 106

Tehilim du Jeudi - Tehilim du jour: jour 22

Nous rencontrerons plusieurs psaumes qui commencent soit par une de cette double introduction soit comme ici par les deux unies: Halléloua, louez D. ou Hodou.. Hassdo, remerciez D. parce qu'Il est bon, Sa bienfaisance est infinie.

Il s'agit de psaumes de louanges qui reprennent le thème le plus connu, la sortie d'Egypte mais aussi les innombrables prodiges divins, globaux ou détaillés destinés à Son peuple. Le psalmiste tout en reconnaissant les bienfaits célestes se désole de l'ingratitude humaine qui commet des fautes envers son Bienfaiteur.

Le parallélisme est saisissant. La traversée miraculeuse de la mer des joncs s'achève par les envies absurdes de ceux qui ont vécu cet événement. Moché le libérateur est jalousé par Datan et Aviram, deux conspirateurs invétérés. On oublie l'affaire grave du veau d'or pour s'intéresser aux dix explorateurs qui ont provoqué l'errance de tout un peuple durant quarante ans. On se souvient de Pinhas et de sa courageuse initiative de sauver ses semblables et de mériter la reconnaissance éternelle de D. La fin de ce psaume est une sorte de

conclusion de tout le chapitre, une prière adressée au Très-Haut, dans la tradition pure juive d'adresser ses remerciements fervents.

- Maladie qui récidive une troisième fois

כב לחודש - ליום חמישי

פרק קו

א הַֽלְלוּיָ֨הּ ׀ הוֹד֣וּ לַיהֹוָ֣ה כִּי־ט֑וֹב כִּ֖י לְעוֹלָ֣ם חַסְדּֽוֹ׃ ב מִ֗י
יְ֭מַלֵּל גְּבוּר֣וֹת יְהֹוָ֑ה יַ֝שְׁמִ֗יעַ כָּל־תְּהִלָּתֽוֹ׃ ג אַ֭שְׁרֵי שֹׁמְרֵ֣י
מִשְׁפָּ֑ט עֹשֵׂ֖ה צְדָקָ֣ה בְכָל־עֵֽת׃ ד זָכְרֵ֣נִי יְ֭הֹוָה בִּרְצ֣וֹן עַמֶּ֑ךָ
פָּ֝קְדֵ֗נִי בִּישׁוּעָתֶֽךָ׃ ה לִרְא֤וֹת ׀ בְּטוֹבַ֬ת בְּחִירֶ֗יךָ לִ֭שְׂמֹחַ
בְּשִׂמְחַ֣ת גּוֹיֶ֑ךָ לְ֝הִתְהַלֵּ֗ל עִם־נַחֲלָתֶֽךָ׃ ו חָטָ֥אנוּ עִם־
אֲבוֹתֵ֑ינוּ הֶ֝עֱוִ֗ינוּ הִרְשָֽׁעְנוּ׃ ז אֲבוֹתֵ֬ינוּ בְמִצְרַ֨יִם ׀ לֹֽא־
הִשְׂכִּ֡ילוּ נִפְלְאוֹתֶ֗יךָ לֹ֣א זָ֭כְרוּ אֶת־רֹ֣ב חֲסָדֶ֑יךָ וַיַּמְר֖וּ עַל־יָ֣ם
בְּיַם־סֽוּף׃ ח וַ֭יּוֹשִׁיעֵם לְמַ֣עַן שְׁמ֑וֹ לְ֝הוֹדִ֗יעַ אֶת־גְּבוּרָתֽוֹ׃ ט
וַיִּגְעַ֣ר בְּיַם־ס֭וּף וַיֶּחֱרָ֑ב וַיּוֹלִיכֵ֥ם בַּ֝תְּהֹמ֗וֹת כַּמִּדְבָּֽר׃ י
וַ֭יּוֹשִׁיעֵם מִיַּ֣ד שׂוֹנֵ֑א וַ֝יִּגְאָלֵ֗ם מִיַּ֥ד אוֹיֵֽב׃ יא וַיְכַסּוּ־מַ֭יִם
צָרֵיהֶ֑ם אֶחָ֥ד מֵ֝הֶ֗ם לֹ֣א נוֹתָֽר׃ יב וַיַּאֲמִ֥ינוּ בִדְבָרָ֑יו יָ֝שִׁ֗ירוּ
תְּהִלָּתֽוֹ׃ יג מִ֭הֲרוּ שָׁכְח֣וּ מַעֲשָׂ֑יו לֹֽא־חִ֝כּ֗וּ לַעֲצָתֽוֹ׃ יד וַיִּתְאַוּ֣וּ
תַ֭אֲוָה בַּמִּדְבָּ֑ר וַיְנַסּוּ־אֵ֝֗ל בִּישִׁימֽוֹן׃ טו וַיִּתֵּ֣ן לָ֭הֶם שֶׁאֱלָתָ֑ם
וַיְשַׁלַּ֖ח רָז֣וֹן בְּנַפְשָֽׁם׃ טז וַיְקַנְא֣וּ לְ֭מֹשֶׁה בַּֽמַּחֲנֶ֑ה לְ֝אַהֲרֹ֗ן
קְד֣וֹשׁ יְהֹוָֽה׃ יז תִּפְתַּח־אֶ֭רֶץ וַתִּבְלַ֣ע דָּתָ֑ן וַ֝תְּכַ֗ס עַל־עֲדַ֥ת
אֲבִירָֽם׃ יח וַתִּבְעַר־אֵ֥שׁ בַּעֲדָתָ֑ם לֶ֝הָבָ֗ה תְּלַהֵ֥ט רְשָׁעִֽים׃ יט
יַעֲשׂוּ־עֵ֥גֶל בְּחֹרֵ֑ב וַ֝יִּשְׁתַּחֲוּ֗וּ לְמַסֵּכָֽה׃ כ וַיָּמִ֥ירוּ אֶת־כְּבוֹדָ֑ם
בְּתַבְנִ֥ית שׁ֝֗וֹר אֹכֵ֥ל עֵֽשֶׂב׃ כא שָׁ֭כְחוּ אֵ֣ל מוֹשִׁיעָ֑ם עֹשֶׂ֖ה
גְדֹל֣וֹת בְּמִצְרָֽיִם׃ כב נִ֭פְלָאוֹת בְּאֶ֣רֶץ חָ֑ם נ֝וֹרָא֗וֹת עַל־יַם־
סֽוּף׃ כג וַיֹּ֗אמֶר לְהַשְׁמִ֫ידָ֥ם לוּלֵ֡י מֹ֘שֶׁ֤ה בְחִיר֗וֹ עָמַ֣ד בַּפֶּ֣רֶץ
לְפָנָ֑יו לְהָשִׁ֥יב חֲ֝מָת֗וֹ מֵֽהַשְׁחִֽית׃ כד וַֽ֭יִּמְאֲסוּ בְּאֶ֣רֶץ חֶמְדָּ֑ה
לֹא־הֶ֝אֱמִ֗ינוּ לִדְבָרֽוֹ׃ כה וַיֵּרָגְנ֥וּ בְאָהֳלֵיהֶ֑ם לֹ֥א שָׁ֝מְע֗וּ בְּק֣וֹל
יְהֹוָֽה׃ כו וַיִּשָּׂ֣א יָד֣וֹ לָהֶ֑ם לְהַפִּ֥יל א֝וֹתָ֗ם בַּמִּדְבָּֽר׃ כז וּלְהַפִּ֣יל
זַ֭רְעָם בַּגּוֹיִ֑ם וּ֝לְזָר֗וֹתָם בָּאֲרָצֽוֹת׃ כח וַ֭יִּצָּמְדוּ לְבַ֣עַל פְּע֑וֹר
וַ֝יֹּאכְל֗וּ זִבְחֵ֥י מֵתִֽים׃ כט וַ֭יַּכְעִיסוּ בְּמַעַלְלֵיהֶ֑ם וַתִּפְרָץ־בָּ֝֗ם
מַגֵּפָֽה׃ ל וַיַּעֲמֹ֣ד פִּ֭ינְחָס וַיְפַלֵּ֑ל וַ֝תֵּעָצַ֗ר הַמַּגֵּפָֽה׃ לא וַתֵּחָ֣שֶׁב
ל֭וֹ לִצְדָקָ֑ה לְדֹ֥ר וָ֝דֹ֗ר עַד־עוֹלָֽם׃ לב וַ֭יַּקְצִיפוּ עַל־מֵ֣י מְרִיבָ֑ה

וַיֵּרַע לְמֹשֶׁה בַּעֲבוּרָם: לג כִּי-הִמְרוּ אֶת-רוּחוֹ וַיְבַטֵּא
בִּשְׂפָתָיו: לד לֹא-הִשְׁמִידוּ אֶת-הָעַמִּים אֲשֶׁר אָמַר יְהוָה
לָהֶם: לה וַיִּתְעָרְבוּ בַגּוֹיִם וַיִּלְמְדוּ מַעֲשֵׂיהֶם: לו וַיַּעַבְדוּ אֶת-
עֲצַבֵּיהֶם וַיִּהְיוּ לָהֶם לְמוֹקֵשׁ: לז וַיִּזְבְּחוּ אֶת-בְּנֵיהֶם וְאֶת-
בְּנוֹתֵיהֶם לַשֵּׁדִים: לח וַיִּשְׁפְּכוּ דָם נָקִי דַּם-בְּנֵיהֶם
וּבְנוֹתֵיהֶם אֲשֶׁר זִבְּחוּ לַעֲצַבֵּי כְנָעַן וַתֶּחֱנַף הָאָרֶץ בַּדָּמִים:
לט וַיִּטְמְאוּ בְמַעֲשֵׂיהֶם וַיִּזְנוּ בְּמַעַלְלֵיהֶם: מ וַיִּחַר-אַף יְהוָה
בְּעַמּוֹ וַיְתָעֵב אֶת-נַחֲלָתוֹ: מא וַיִּתְּנֵם בְּיַד-גּוֹיִם וַיִּמְשְׁלוּ
בָהֶם שֹׂנְאֵיהֶם: מב וַיִּלְחָצוּם אוֹיְבֵיהֶם וַיִּכָּנְעוּ תַּחַת יָדָם:
מג פְּעָמִים רַבּוֹת יַצִּילֵם וְהֵמָּה יַמְרוּ בַעֲצָתָם וַיָּמֹכּוּ בַּעֲוֺנָם:
מד וַיַּרְא בַּצַּר לָהֶם בְּשָׁמְעוֹ אֶת-רִנָּתָם: מה וַיִּזְכֹּר לָהֶם בְּרִיתוֹ
וַיִּנָּחֵם כְּרֹב (חסדו) חֲסָדָיו: מו וַיִּתֵּן אוֹתָם לְרַחֲמִים לִפְנֵי
כָּל-שׁוֹבֵיהֶם: מז הוֹשִׁיעֵנוּ ׀ יְהוָה אֱלֹהֵינוּ וְקַבְּצֵנוּ מִן-הַגּוֹיִם
לְהֹדוֹת לְשֵׁם קָדְשֶׁךָ לְהִשְׁתַּבֵּחַ בִּתְהִלָּתֶךָ: מח בָּרוּךְ-יְהוָה
אֱלֹהֵי יִשְׂרָאֵל מִן-הָעוֹלָם ׀ וְעַד הָעוֹלָם וְאָמַר כָּל-הָעָם
אָמֵן הַלְלוּ-יָהּ:

Cinquième livre

Psaume 107

Tehilim du Vendredi - Tehilim du jour: jour 22

Il est lu durant toute la fête de Pessah, soir et matin. Il se distingue par cinq paragraphes entrecoupés par ce refrain: Yodou ..Livné Adam, Qu'on loue D. pour Sa bonté et Ses prodiges aux enfants d'Adam.

Il ressemble au précédent dans la mesure où D. répond présent aux appels anxieux de ses enfants.

Nous aurons à faire le distinguo entre le cri (Tséaka) et celui du désespoir (Zéaka) auxquels D. s'empresse de porter Son concours salvateur.

Les rabbins voient dans ce psaume l'allusion aux quatre adversités qui pourraient être fatales sans le secours divin. Les êtres ainsi sauvés doivent remercier D. le Bienfaiteur par une bénédiction adéquate intitulées Bircat Hodaya (Talmud Berahot 117a). Il s'agit du voyageur traversant un désert, du prisonnier le jour où il est élargi, du malade alité sans la certitude d'une rémission certaine mais qui guérit. Le dernier est celui qui traverse des mers et échappe aux tempêtes et autres dangers marins.

- Contre une maladie persistante

כב לחודש - ליום שישי
פרק קז

א הֹדוּ לַיהוָה כִּי־טוֹב כִּי לְעוֹלָם חַסְדּוֹ: ב יֹאמְרוּ גְּאוּלֵי יְהוָה אֲשֶׁר גְּאָלָם מִיַּד־צָר: ג וּמֵאֲרָצוֹת קִבְּצָם מִמִּזְרָח וּמִמַּעֲרָב מִצָּפוֹן וּמִיָּם: ד תָּעוּ בַמִּדְבָּר בִּישִׁימוֹן דָּרֶךְ עִיר מוֹשָׁב לֹא מָצָאוּ: ה רְעֵבִים גַּם־צְמֵאִים נַפְשָׁם בָּהֶם תִּתְעַטָּף: ו וַיִּצְעֲקוּ אֶל־יְהוָה בַּצַּר לָהֶם מִמְּצוּקוֹתֵיהֶם יַצִּילֵם: ז וַיַּדְרִיכֵם בְּדֶרֶךְ יְשָׁרָה לָלֶכֶת אֶל־עִיר מוֹשָׁב: ח יוֹדוּ לַיהוָה חַסְדּוֹ וְנִפְלְאוֹתָיו לִבְנֵי אָדָם: ט כִּי־הִשְׂבִּיעַ נֶפֶשׁ שֹׁקֵקָה וְנֶפֶשׁ רְעֵבָה מִלֵּא־טוֹב: י יֹשְׁבֵי חֹשֶׁךְ וְצַלְמָוֶת אֲסִירֵי עֳנִי וּבַרְזֶל: יא כִּי־הִמְרוּ אִמְרֵי־אֵל וַעֲצַת עֶלְיוֹן נָאָצוּ: יב וַיַּכְנַע בֶּעָמָל לִבָּם כָּשְׁלוּ וְאֵין עֹזֵר: יג וַיִּזְעֲקוּ אֶל־

110

יְהוָה בַּצַּר לָהֶם מִמְּצֻקוֹתֵיהֶם יוֹשִׁיעֵם: יד יוֹצִיאֵם מֵחֹשֶׁךְ
וְצַלְמָוֶת וּמוֹסְרוֹתֵיהֶם יְנַתֵּק: טו יוֹדוּ לַיהוָה חַסְדּוֹ
וְנִפְלְאוֹתָיו לִבְנֵי אָדָם: טז כִּי-שִׁבַּר דַּלְתוֹת נְחֹשֶׁת וּבְרִיחֵי
בַרְזֶל גִּדֵּעַ: יז אֱוִלִים מִדֶּרֶךְ פִּשְׁעָם וּמֵעֲוֺנֹתֵיהֶם יִתְעַנּוּ: יח
כָּל-אֹכֶל תְּתַעֵב נַפְשָׁם וַיַּגִּיעוּ עַד-שַׁעֲרֵי מָוֶת: יט וַיִּזְעֲקוּ
אֶל-יְהוָה בַּצַּר לָהֶם מִמְּצֻקוֹתֵיהֶם יוֹשִׁיעֵם: כ יִשְׁלַח דְּבָרוֹ
וְיִרְפָּאֵם וִימַלֵּט מִשְּׁחִיתוֹתָם: כא יוֹדוּ לַיהוָה חַסְדּוֹ
וְנִפְלְאוֹתָיו לִבְנֵי אָדָם: כב וְיִזְבְּחוּ זִבְחֵי תוֹדָה וִיסַפְּרוּ
מַעֲשָׂיו בְּרִנָּה: כג יוֹרְדֵי הַיָּם בָּאֳנִיּוֹת עֹשֵׂי מְלָאכָה בְּמַיִם
רַבִּים: כד הֵמָּה רָאוּ מַעֲשֵׂי יְהוָה וְנִפְלְאוֹתָיו בִּמְצוּלָה: כה
וַיֹּאמֶר וַיַּעֲמֵד רוּחַ סְעָרָה וַתְּרוֹמֵם גַּלָּיו: כו יַעֲלוּ שָׁמַיִם
יֵרְדוּ תְהוֹמוֹת נַפְשָׁם בְּרָעָה תִתְמוֹגָג: כז יָחוֹגּוּ וְיָנוּעוּ
כַּשִּׁכּוֹר וְכָל-חָכְמָתָם תִּתְבַּלָּע: כח וַיִּצְעֲקוּ אֶל-יְהוָה בַּצַּר
לָהֶם וּמִמְּצוּקֹתֵיהֶם יוֹצִיאֵם: כט יָקֵם סְעָרָה לִדְמָמָה
וַיֶּחֱשׁוּ גַּלֵּיהֶם: ל וַיִּשְׂמְחוּ כִי-יִשְׁתֹּקוּ וַיַּנְחֵם אֶל-מְחוֹז
חֶפְצָם: לא יוֹדוּ לַיהוָה חַסְדּוֹ וְנִפְלְאוֹתָיו לִבְנֵי אָדָם: לב
וִירֹמְמוּהוּ בִּקְהַל-עָם וּבְמוֹשַׁב זְקֵנִים יְהַלְלוּהוּ: לג יָשֵׂם
נְהָרוֹת לְמִדְבָּר וּמֹצָאֵי מַיִם לְצִמָּאוֹן: לד אֶרֶץ פְּרִי לִמְלֵחָה
מֵרָעַת יֹשְׁבֵי בָהּ: לה יָשֵׂם מִדְבָּר לַאֲגַם-מַיִם וְאֶרֶץ צִיָּה
לְמֹצָאֵי מָיִם: לו וַיּוֹשֶׁב שָׁם רְעֵבִים וַיְכוֹנְנוּ עִיר מוֹשָׁב: לז
וַיִּזְרְעוּ שָׂדוֹת וַיִּטְּעוּ כְרָמִים וַיַּעֲשׂוּ פְּרִי תְבוּאָה: לח וַיְבָרְכֵם
וַיִּרְבּוּ מְאֹד וּבְהֶמְתָּם לֹא יַמְעִיט: לט וַיִּמְעֲטוּ וַיָּשֹׁחוּ מֵעֹצֶר
רָעָה וְיָגוֹן: מ שֹׁפֵךְ בּוּז עַל-נְדִיבִים וַיַּתְעֵם בְּתֹהוּ לֹא-דָרֶךְ:
מא וַיְשַׂגֵּב אֶבְיוֹן מֵעוֹנִי וַיָּשֶׂם כַּצֹּאן מִשְׁפָּחוֹת: מב יִרְאוּ
יְשָׁרִים וְיִשְׂמָחוּ וְכָל-עַוְלָה קָפְצָה פִּיהָ: מג מִי-חָכָם וְיִשְׁמָר-
אֵלֶּה וְיִתְבּוֹנְנוּ חַסְדֵי יְהוָה:

Psaume 108

Tehilim du Vendredi - Tehilim du jour: jour 23

Ce psaume raconte une histoire personnelle de David, déjà narrée dans Midrach Rabba Bémidbar. Les rois se lèvent après le lever du soleil mais David «réveille» l'aube. Il y avait au-dessus de son lit une Lyre qui émettait des sons

grâce au vent du nord qui en soufflant à minuit faisait vibrer ses cordes.
Les versets 8 et suivants reprennent mot pour mot les termes des dix derniers versets du psaume 60. Les commentateurs ont eu du mal à comprendre le sens de ces versets ainsi que leur redondance ici et là-bas. Il se peut que dans le chapitre 60 il s'agissait de la guerre que David a livrée aux ennemis d'Israël dans la conquête voulue par D.
Dans les paroles de ce psaume, on se projette dans les temps messianiques pour un retour triomphant des exilés vers cette terre si convoitée.

- Pour la réussite

כג לחודש - ליום שישי

פרק קח

א שִׁיר מִזְמוֹר לְדָוִד: ב נָכוֹן לִבִּי אֱלֹהִים אָשִׁירָה וַאֲזַמְּרָה
אַף-כְּבוֹדִי: ג עוּרָה הַנֵּבֶל וְכִנּוֹר אָעִירָה שָּׁחַר: ד אוֹדְךָ
בָעַמִּים | יְהוָה וַאֲזַמֶּרְךָ בַּל-אֻמִּים: ה כִּי-גָדוֹל מֵעַל-שָׁמַיִם
חַסְדֶּךָ וְעַד-שְׁחָקִים אֲמִתֶּךָ: ו רוּמָה עַל-שָׁמַיִם אֱלֹהִים וְעַל
כָּל-הָאָרֶץ כְּבוֹדֶךָ: ז לְמַעַן יֵחָלְצוּן יְדִידֶיךָ הוֹשִׁיעָה יְמִינְךָ
וַעֲנֵנִי: ח אֱלֹהִים | דִּבֶּר בְּקָדְשׁוֹ אֶעְלֹזָה אֲחַלְּקָה שְׁכֶם וְעֵמֶק
סֻכּוֹת אֲמַדֵּד: ט לִי גִלְעָד | לִי מְנַשֶּׁה וְאֶפְרַיִם מָעוֹז רֹאשִׁי
יְהוּדָה מְחֹקְקִי: י מוֹאָב | סִיר רַחְצִי עַל-אֱדוֹם אַשְׁלִיךְ נַעֲלִי
עֲלֵי-פְלֶשֶׁת אֶתְרוֹעָע: יא מִי יֹבִלֵנִי עִיר מִבְצָר מִי נָחַנִי עַד-
אֱדוֹם: יב הֲלֹא-אֱלֹהִים זְנַחְתָּנוּ וְלֹא-תֵצֵא אֱלֹהִים
בְּצִבְאֹתֵינוּ: יג הָבָה-לָּנוּ עֶזְרָת מִצָּר וְשָׁוְא תְּשׁוּעַת אָדָם: יד
בֵּאלֹהִים נַעֲשֶׂה-חָיִל וְהוּא יָבוּס צָרֵינוּ:

Psaume 109

Tehilim du Vendredi - Tehilim du jour: jour 23

Rachi explique que ce psaume ne concerne pas David seulement. Le peuple d'Israël a besoin d'être aidé par Son Libérateur sachant l'acharnement de ses ennemis, jaloux de sa position privilégiée.

Psaume 109

La qualité innée et imposée par D. à chaque enfant d'Israël est d'être à l'écoute d'autrui pour le secourir, lui proposer ses services et partager son bien. Les nations ne reconnaissent pas la réciprocité. Elles veulent nous maudire mais D. transforme leurs paroles haineuses en bénédiction.

- Si votre ennemi vous poursuit

כג לחודש - ליום שישי

פרק קט

א לַמְנַצֵּחַ לְדָוִד מִזְמוֹר אֱלֹהֵי תְהִלָּתִי אַל-תֶּחֱרַשׁ: ב כִּי פִי
רָשָׁע וּפִי-מִרְמָה עָלַי פָּתָחוּ דִּבְּרוּ אִתִּי לְשׁוֹן שָׁקֶר: ג וְדִבְרֵי
שִׂנְאָה סְבָבוּנִי וַיִּלָּחֲמוּנִי חִנָּם: ד תַּחַת-אַהֲבָתִי יִשְׂטְנוּנִי
וַאֲנִי תְפִלָּה: ה וַיָּשִׂימוּ עָלַי רָעָה תַּחַת טוֹבָה וְשִׂנְאָה תַּחַת
אַהֲבָתִי: ו הַפְקֵד עָלָיו רָשָׁע וְשָׂטָן יַעֲמֹד עַל-יְמִינוֹ: ז
בְּהִשָּׁפְטוֹ יֵצֵא רָשָׁע וּתְפִלָּתוֹ תִּהְיֶה לַחֲטָאָה: ח יִהְיוּ-יָמָיו
מְעַטִּים פְּקֻדָּתוֹ יִקַּח אַחֵר: ט יִהְיוּ-בָנָיו יְתוֹמִים וְאִשְׁתּוֹ
אַלְמָנָה: י וְנוֹעַ יָנוּעוּ בָנָיו וְשִׁאֵלוּ וְדָרְשׁוּ מֵחָרְבוֹתֵיהֶם: יא
יְנַקֵּשׁ נוֹשֶׁה לְכָל-אֲשֶׁר-לוֹ וְיָבֹזּוּ זָרִים יְגִיעוֹ: יב אַל-יְהִי-לוֹ
מֹשֵׁךְ חָסֶד וְאַל-יְהִי חוֹנֵן לִיתוֹמָיו: יג יְהִי-אַחֲרִיתוֹ לְהַכְרִית
בְּדוֹר אַחֵר יִמַּח שְׁמָם: יד יִזָּכֵר | עֲוֹן אֲבֹתָיו אֶל-יְהוָה
וְחַטַּאת אִמּוֹ אַל-תִּמָּח: טו יִהְיוּ נֶגֶד-יְהוָה תָּמִיד וְיַכְרֵת
מֵאֶרֶץ זִכְרָם: טז יַעַן אֲשֶׁר | לֹא זָכַר עֲשׂוֹת חָסֶד וַיִּרְדֹּף
אִישׁ-עָנִי וְאֶבְיוֹן וְנִכְאֵה לֵבָב לְמוֹתֵת: יז וַיֶּאֱהַב קְלָלָה
וַתְּבוֹאֵהוּ וְלֹא-חָפֵץ בִּבְרָכָה וַתִּרְחַק מִמֶּנּוּ: יח וַיִּלְבַּשׁ קְלָלָה
כְּמַדּוֹ וַתָּבֹא כַמַּיִם בְּקִרְבּוֹ וְכַשֶּׁמֶן בְּעַצְמוֹתָיו: יט תְּהִי-לוֹ
כְּבֶגֶד יַעְטֶה וּלְמֵזַח תָּמִיד יַחְגְּרֶהָ: כ זֹאת פְּעֻלַּת שֹׂטְנַי
מֵאֵת יְהוָה וְהַדֹּבְרִים רָע עַל-נַפְשִׁי: כא וְאַתָּה | (יֱהֹוִה) אֱלֹהִים
אֲדֹנָי עֲשֵׂה-אִתִּי לְמַעַן שְׁמֶךָ כִּי-טוֹב חַסְדְּךָ הַצִּילֵנִי: כב כִּי-
עָנִי וְאֶבְיוֹן אָנֹכִי וְלִבִּי חָלַל בְּקִרְבִּי: כג כְּצֵל-כִּנְטוֹתוֹ
נֶהֱלָכְתִּי נִנְעַרְתִּי כָּאַרְבֶּה: כד בִּרְכַּי כָּשְׁלוּ מִצּוֹם וּבְשָׂרִי
כָּחַשׁ מִשָּׁמֶן: כה וַאֲנִי | הָיִיתִי חֶרְפָּה לָהֶם יִרְאוּנִי יְנִיעוּן
רֹאשָׁם: כו עָזְרֵנִי יְהוָה אֱלֹהָי הוֹשִׁיעֵנִי כְחַסְדֶּךָ: כז וְיֵדְעוּ כִּי-
יָדְךָ זֹּאת אַתָּה יְהוָה עֲשִׂיתָהּ: כח יְקַלְלוּ-הֵמָּה וְאַתָּה תְבָרֵךְ
קָמוּ | וַיֵּבֹשׁוּ וְעַבְדְּךָ יִשְׂמָח: כט יִלְבְּשׁוּ שׂוֹטְנַי כְּלִמָּה וְיַעֲטוּ

כַמְעִיל בָּשְׁתָּם׃ ל אוֹדֶה יְהוָה מְאֹד בְּפִי וּבְתוֹךְ רַבִּים
אֲהַלְלֶנּוּ׃ לא כִּי־יַעֲמֹד לִימִין אֶבְיוֹן לְהוֹשִׁיעַ מִשֹּׁפְטֵי נַפְשׁוֹ׃

Psaume 110

Tehilim du Vendredi - Tehilim du jour: jour 23

Six versets illustrent ce psaume faisant l'apologie de la droite (Main magnanime) contrairement à la gauche (main rigoureuse). Les commentateurs sont divisés sur son auteur. Les uns attribuent à Abraham, proche de MalkiTsédék (v.4). D'autres pensent à un auteur anonyme qui s'adresse à David pour le supplier de ne pas prendre part à la guerre. En se basant sur Pessahim 119a certains osent dire que c'est D. qui a demandé à David de se tenir à Sa droite afin de préserver sa vie. Il est utile de le lire lorsque les ennemis sont menaçants.

- Pour faire la paix avec son ennemi

כג לחודש - ליום שישי

פרק קי

א לְדָוִד מִזְמוֹר נְאֻם יְהוָה ׀ לַאדֹנִי שֵׁב לִימִינִי עַד־אָשִׁית
אֹיְבֶיךָ הֲדֹם לְרַגְלֶיךָ׃ ב מַטֵּה־עֻזְּךָ יִשְׁלַח יְהוָה מִצִּיּוֹן רְדֵה
בְּקֶרֶב אֹיְבֶיךָ׃ ג עַמְּךָ נְדָבֹת בְּיוֹם חֵילֶךָ בְּהַדְרֵי־קֹדֶשׁ מֵרֶחֶם
מִשְׁחָר לְךָ טַל יַלְדֻתֶיךָ׃ ד נִשְׁבַּע יְהוָה ׀ וְלֹא יִנָּחֵם אַתָּה־
כֹהֵן לְעוֹלָם עַל־דִּבְרָתִי מַלְכִּי־צֶדֶק׃ ה אֲדֹנָי עַל־יְמִינְךָ מָחַץ
בְּיוֹם־אַפּוֹ מְלָכִים׃ ו יָדִין בַּגּוֹיִם מָלֵא גְוִיּוֹת מָחַץ רֹאשׁ
עַל־אֶרֶץ רַבָּה׃ ז מִנַּחַל בַּדֶּרֶךְ יִשְׁתֶּה עַל־כֵּן יָרִים רֹאשׁ׃

Psaume 111

Tehilim du Vendredi - Tehilim du jour: jour 23

Comme le suivant, ce psaume de dix versets suit l'alphabet par demi-strophes. Nous le lisons à Minha de Chabbat comme un tremplin parce qu'il contient des louanges, des souvenirs et surtout le dernier verset qui promet la sagesse par la crainte de D. qui garantit le bien céleste à profusion.

- Pour se faire des amis

Psaume 112

כג לחודש - ליום שישי

פרק קיא

א הַלְלוּיָהּ ׀ אוֹדֶה יְהוָה בְּכָל־לֵבָב בְּסוֹד יְשָׁרִים וְעֵדָה: ב
גְּדֹלִים מַעֲשֵׂי יְהוָה דְּרוּשִׁים לְכָל־חֶפְצֵיהֶם: ג הוֹד־וְהָדָר
פָּעֳלוֹ וְצִדְקָתוֹ עֹמֶדֶת לָעַד: ד זֵכֶר עָשָׂה לְנִפְלְאֹתָיו חַנּוּן
וְרַחוּם יְהוָה: ה טֶרֶף נָתַן לִירֵאָיו יִזְכֹּר לְעוֹלָם בְּרִיתוֹ: ו כֹּחַ
מַעֲשָׂיו הִגִּיד לְעַמּוֹ לָתֵת לָהֶם נַחֲלַת גּוֹיִם: ז מַעֲשֵׂי יָדָיו
אֱמֶת וּמִשְׁפָּט נֶאֱמָנִים כָּל־פִּקּוּדָיו: ח סְמוּכִים לָעַד לְעוֹלָם
עֲשׂוּיִם בֶּאֱמֶת וְיָשָׁר: ט פְּדוּת ׀ שָׁלַח לְעַמּוֹ צִוָּה־לְעוֹלָם
בְּרִיתוֹ קָדוֹשׁ וְנוֹרָא שְׁמוֹ: י רֵאשִׁית חָכְמָה ׀ יִרְאַת יְהוָה
שֵׂכֶל טוֹב לְכָל־עֹשֵׂיהֶם תְּהִלָּתוֹ עֹמֶדֶת לָעַד:

Psaume 112

Tehilim du Vendredi - Tehilim du jour: jour 23

Il commence comme le précédent et le suivant par Halléloua, louez D. Il rappelle la crainte comme le 111 mais ajoute que l'homme atteint le bonheur lorsqu'il applique les mitsvot notamment sociales. Le partage de ses biens est une assurance contre les impies qui voient leur philosophie arrogante vouée à l'échec.

- Pour devenir fort et puissant

כג לחודש - ליום שישי

פרק קיב

א הַלְלוּיָהּ ׀ אַשְׁרֵי־אִישׁ יָרֵא אֶת־יְהוָה בְּמִצְוֹתָיו חָפֵץ מְאֹד:
ב גִּבּוֹר בָּאָרֶץ יִהְיֶה זַרְעוֹ דּוֹר יְשָׁרִים יְבֹרָךְ: ג הוֹן־וָעֹשֶׁר
בְּבֵיתוֹ וְצִדְקָתוֹ עֹמֶדֶת לָעַד: ד זָרַח בַּחֹשֶׁךְ אוֹר לַיְשָׁרִים
חַנּוּן וְרַחוּם וְצַדִּיק: ה טוֹב־אִישׁ חוֹנֵן וּמַלְוֶה יְכַלְכֵּל דְּבָרָיו
בְּמִשְׁפָּט: ו כִּי־לְעוֹלָם לֹא־יִמּוֹט לְזֵכֶר עוֹלָם יִהְיֶה צַדִּיק: ז
מִשְּׁמוּעָה רָעָה לֹא יִירָא נָכוֹן לִבּוֹ בָּטֻחַ בַּיהוָה: ח סָמוּךְ
לִבּוֹ לֹא יִירָא עַד אֲשֶׁר־יִרְאֶה בְצָרָיו: ט פִּזַּר ׀ נָתַן לָאֶבְיוֹנִים
צִדְקָתוֹ עֹמֶדֶת לָעַד קַרְנוֹ תָּרוּם בְּכָבוֹד: י רָשָׁע יִרְאֶה ׀
וְכָעַס שִׁנָּיו יַחֲרֹק וְנָמָס תַּאֲוַת רְשָׁעִים תֹּאבֵד:

Psaume 113

Tehilim du Vendredi - Tehilim du jour: jour 24

Une petite introduction s'impose avant de commenter les six psaumes (113 à 118) intitulés: le hallel. Les jours solennels sont ponctués par ces chants selon une spécificité rabbinique particulière. Le Hallel complet comprend tous les psaumes cités sans restriction. Il est lu notamment pendant les deux premiers jours de Pessah (un jour en Israël), Chavouot, Souccot, Chemini Atséret et les huit jours de Hanoucca. Les six jours suivants de Pessah et au cours des néoménies de toute l'année (à part Tévet), on lit le Hallel abrégé. Cela consiste à déclamer tous les psaumes en sautant la moitié supérieure des psaumes 115 et 116. La différence existe aussi dans la bénédiction avant la lecture du Hallel. Lorsqu'il est complet tout le monde est d'accord pour prononcer la bénédiction: ligmor ete hahallel. Lorsqu'il est abrégé, les avis diffèrent. Les uns les lisent sans bénédiction. Les autres comme ceux issus d'Afrique du Nord ajoutent la bénédiction: likro ete Hahallel.
On trouve douze fois le terme Hallélou: louez, comme un clin d'œil aux douze néoménies de l'année (Le monde des prières d'Elie MUNK)
Concernant ce psaume, il salue les serviteurs de D. qui louent le Créateur quelques soient les circonstances. La mère entourée de ses enfants jubile. Elle est fière du fruit de ses entrailles.

- Contre l'hérésie

כד לחודש - ליום שישי

פרק קיג

א הַלְלוּיָהּ ׀ הַלְלוּ עַבְדֵי יְהוָה הַלְלוּ אֶת-שֵׁם יְהוָה׃ ב יְהִי
שֵׁם יְהוָה מְבֹרָךְ מֵעַתָּה וְעַד-עוֹלָם׃ ג מִמִּזְרַח-שֶׁמֶשׁ עַד-
מְבוֹאוֹ מְהֻלָּל שֵׁם יְהוָה׃ ד רָם עַל-כָּל-גּוֹיִם ׀ יְהוָה עַל
הַשָּׁמַיִם כְּבוֹדוֹ׃ ה מִי כַּיהוָה אֱלֹהֵינוּ הַמַּגְבִּיהִי לָשָׁבֶת׃ ו
הַמַּשְׁפִּילִי לִרְאוֹת בַּשָּׁמַיִם וּבָאָרֶץ׃ ז מְקִימִי מֵעָפָר דָּל

מֵאַשְׁפֹּת יָרִים אֶבְיוֹן: ח לְהוֹשִׁיבִי עִם-נְדִיבִים עִם נְדִיבֵי
עַמּוֹ: ט מוֹשִׁיבִי ׀ עֲקֶרֶת הַבַּיִת אֵם-הַבָּנִים שְׂמֵחָה הַלְלוּיָהּ:

Psaume 114

Tehilim du Vendredi - Tehilim du jour: jour 24

Un des leitmotives dans toute la liturgie est la sortie d'Egypte et la traversée de la mer des Joncs. C'est la référence, la jonction de l'histoire plus jamais reproduite. On pense que les prodiges divins auront un tel impact seulement à l'époque messianique. En attendant, nous nous délectons de ce souvenir où la nature (la mer, les montagnes) ont pris une part active dans le processus de la libération spectaculaire des enfants d'Israël.

- Avant d'acheter et de vendre

כד לחודש - ליום שישי

פרק קיד

א בְּצֵאת יִשְׂרָאֵל מִמִּצְרָיִם בֵּית יַעֲקֹב מֵעַם לֹעֵז: ב הָיְתָה
יְהוּדָה לְקָדְשׁוֹ יִשְׂרָאֵל מַמְשְׁלוֹתָיו: ג הַיָּם רָאָה וַיָּנֹס
הַיַּרְדֵּן יִסֹּב לְאָחוֹר: ד הֶהָרִים רָקְדוּ כְאֵילִים גְּבָעוֹת כִּבְנֵי-
צֹאן: ה מַה-לְּךָ הַיָּם כִּי תָנוּס הַיַּרְדֵּן תִּסֹּב לְאָחוֹר: ו הֶהָרִים
תִּרְקְדוּ כְאֵילִים גְּבָעוֹת כִּבְנֵי-צֹאן: ז מִלִּפְנֵי אָדוֹן חוּלִי
אָרֶץ מִלִּפְנֵי אֱלוֹהַּ יַעֲקֹב: ח הַהֹפְכִי הַצּוּר אֲגַם-מָיִם
חַלָּמִישׁ לְמַעְיְנוֹ-מָיִם:

Psaume 115

Tehilim du Vendredi - Tehilim du jour: jour 24

Les onze premiers versets ne sont pas lus lorsque le Hallel est abrégé. Ce fut une décision rabbinique. Il est question des douleurs de l'enfantement, signes avant-coureurs des temps messianiques.
L'être humain n'est pas à une contradiction près lorsqu'il s'adonne à l'idolâtrie. Il sait que la statue ne parle pas, ne voit pas, n'entend pas, ne marche pas et n'a aucun sentiment. Il finira par être comme elle sans réaction humaine.

Le peuple de D. sait par contre que D. l'a béni. Il attend de nous de Lui adresser nos louanges en signe de reconnaissance.

- Avant de discuter avec ses pareils

כד לחודש - ליום שישי
פרק קטו

א לֹא לָנוּ יְהוָה לֹא לָנוּ כִּי-לְשִׁמְךָ תֵּן כָּבוֹד עַל-חַסְדְּךָ עַל-אֲמִתֶּךָ: ב לָמָּה יֹאמְרוּ הַגּוֹיִם אַיֵּה-נָא אֱלֹהֵיהֶם: ג וֵאלֹהֵינוּ בַשָּׁמָיִם כֹּל אֲשֶׁר-חָפֵץ עָשָׂה: ד עֲצַבֵּיהֶם כֶּסֶף וְזָהָב מַעֲשֵׂה יְדֵי אָדָם: ה פֶּה-לָהֶם וְלֹא יְדַבֵּרוּ עֵינַיִם לָהֶם וְלֹא יִרְאוּ: ו אָזְנַיִם לָהֶם וְלֹא יִשְׁמָעוּ אַף לָהֶם וְלֹא יְרִיחוּן: ז יְדֵיהֶם | וְלֹא יְמִישׁוּן רַגְלֵיהֶם וְלֹא יְהַלֵּכוּ לֹא-יֶהְגּוּ בִּגְרוֹנָם: ח כְּמוֹהֶם יִהְיוּ עֹשֵׂיהֶם כֹּל אֲשֶׁר-בֹּטֵחַ בָּהֶם: ט יִשְׂרָאֵל בְּטַח בַּיהוָה עֶזְרָם וּמָגִנָּם הוּא: י בֵּית אַהֲרֹן בִּטְחוּ בַיהוָה עֶזְרָם וּמָגִנָּם הוּא: יא יִרְאֵי יְהוָה בִּטְחוּ בַיהוָה עֶזְרָם וּמָגִנָּם הוּא: יב יְהוָה זְכָרָנוּ יְבָרֵךְ יְבָרֵךְ אֶת-בֵּית יִשְׂרָאֵל יְבָרֵךְ אֶת-בֵּית אַהֲרֹן: יג יְבָרֵךְ יִרְאֵי יְהוָה הַקְּטַנִּים עִם-הַגְּדֹלִים: יד יֹסֵף יְהוָה עֲלֵיכֶם עֲלֵיכֶם וְעַל-בְּנֵיכֶם: טו בְּרוּכִים אַתֶּם לַיהוָה עֹשֵׂה שָׁמַיִם וָאָרֶץ: טז הַשָּׁמַיִם שָׁמַיִם לַיהוָה וְהָאָרֶץ נָתַן לִבְנֵי-אָדָם: יז לֹא הַמֵּתִים יְהַלְלוּ-יָהּ וְלֹא כָּל-יֹרְדֵי דוּמָה: יח וַאֲנַחְנוּ נְבָרֵךְ יָהּ מֵעַתָּה וְעַד-עוֹלָם הַלְלוּיָהּ:

Psaume 116

Tehilim du Vendredi - Tehilim du jour: jour 24

Comme le précédent, les onze premiers versets ne sont pas lus lorsque le Hallel est abrégé. On parle de la résurrection des morts. Est-ce ce côté anxieux qui a décidé les rabbins de l'abréger tout au long des vingt-six fois où il est écourté ? L'écoute céleste est permanente. Le verre de la délivrance (probablement celui qui est destiné au prophète Elie) annonçant les temps messianiques sera porté à la gloire de D., c'est notre conviction.

- Pour échapper à une mort violente

כד לחודש - ליום שישי
פרק קטז

א אָהַבְתִּי כִּי-יִשְׁמַע | יְהֹוָה אֶת-קוֹלִי תַּחֲנוּנָי: ב כִּי-הִטָּה אָזְנוֹ לִי וּבְיָמַי אֶקְרָא: ג אֲפָפוּנִי | חֶבְלֵי-מָוֶת וּמְצָרֵי שְׁאוֹל מְצָאוּנִי צָרָה וְיָגוֹן אֶמְצָא: ד וּבְשֵׁם-יְהֹוָה אֶקְרָא אָנָּה יְהֹוָה מַלְּטָה נַפְשִׁי: ה חַנּוּן יְהֹוָה וְצַדִּיק וֵאלֹהֵינוּ מְרַחֵם: ו שֹׁמֵר פְּתָאיִם יְהֹוָה דַּלּוֹתִי וְלִי יְהוֹשִׁיעַ: ז שׁוּבִי נַפְשִׁי לִמְנוּחָיְכִי כִּי-יְהֹוָה גָּמַל עָלָיְכִי: ח כִּי חִלַּצְתָּ נַפְשִׁי מִמָּוֶת אֶת-עֵינִי מִן-דִּמְעָה אֶת-רַגְלִי מִדֶּחִי: ט אֶתְהַלֵּךְ לִפְנֵי יְהֹוָה בְּאַרְצוֹת הַחַיִּים: י הֶאֱמַנְתִּי כִּי אֲדַבֵּר אֲנִי עָנִיתִי מְאֹד: יא אֲנִי אָמַרְתִּי בְחָפְזִי כָּל-הָאָדָם כֹּזֵב: יב מָה-אָשִׁיב לַיהֹוָה כָּל-תַּגְמוּלוֹהִי עָלָי: יג כּוֹס-יְשׁוּעוֹת אֶשָּׂא וּבְשֵׁם יְהֹוָה אֶקְרָא: יד נְדָרַי לַיהֹוָה אֲשַׁלֵּם נֶגְדָה-נָּא לְכָל-עַמּוֹ: טו יָקָר בְּעֵינֵי יְהֹוָה הַמָּוְתָה לַחֲסִידָיו: טז אָנָּה יְהֹוָה כִּי-אֲנִי עַבְדֶּךָ אֲנִי-עַבְדְּךָ בֶּן-אֲמָתֶךָ פִּתַּחְתָּ לְמוֹסֵרָי: יז לְךָ-אֶזְבַּח זֶבַח תּוֹדָה וּבְשֵׁם יְהֹוָה אֶקְרָא: יח נְדָרַי לַיהֹוָה אֲשַׁלֵּם נֶגְדָה-נָּא לְכָל-עַמּוֹ: יט בְּחַצְרוֹת | בֵּית יְהֹוָה בְּתוֹכֵכִי יְרוּשָׁלַםִ הַלְלוּיָהּ:

Psaume 117

Tehilim du Vendredi - Tehilim du jour: jour 24

Il ne comporte que deux versets. Il introduit en fait le prochain par cette invitation à la louange.

- Si on vous a dénoncé à tort

כד לחודש - ליום שישי
פרק קיז

א הַלְלוּ אֶת-יְהֹוָה כָּל-גּוֹיִם שַׁבְּחוּהוּ כָּל-הָאֻמִּים: ב כִּי גָבַר עָלֵינוּ | חַסְדּוֹ וֶאֱמֶת-יְהֹוָה לְעוֹלָם הַלְלוּיָהּ:

Psaume 118

Tehilim du Vendredi - Tehilim du jour: jour 24

Nous avons un devoir de gratitude pour notre Sauveur. D. a toujours pris notre parti alors que notre position de détresse

a atteint des profondeurs sans fond. L'abri sûr c'est bien entendu l'ombre divine. Les nations comme les épines ou les abeilles piquent sans relâche. Il reste notre prière gratifiante. Ce psaume commence et finit par le plus beau des versets: « Louez D. car il est agréable de se rappeler que sa bonté est infinie».

- Avant de répondre à un mécréant

כד לחודש - ליום שישי

פרק קיח

א הוֹדוּ לַיהוָה כִּי-טוֹב כִּי לְעוֹלָם חַסְדּוֹ: ב יֹאמַר-נָא יִשְׂרָאֵל
כִּי לְעוֹלָם חַסְדּוֹ: ג יֹאמְרוּ-נָא בֵית-אַהֲרֹן כִּי לְעוֹלָם חַסְדּוֹ:
ד יֹאמְרוּ-נָא יִרְאֵי יְהוָה כִּי לְעוֹלָם חַסְדּוֹ: ה מִן-הַמֵּצַר
קָרָאתִי יָּהּ עָנָנִי בַמֶּרְחָב יָהּ: ו יְהוָה לִי לֹא אִירָא מַה-
יַּעֲשֶׂה לִי אָדָם: ז יְהוָה לִי בְּעֹזְרָי וַאֲנִי אֶרְאֶה בְשֹׂנְאָי: ח
טוֹב לַחֲסוֹת בַּיהוָה מִבְּטֹחַ בָּאָדָם: ט טוֹב לַחֲסוֹת בַּיהוָה
מִבְּטֹחַ בִּנְדִיבִים: י כָּל-גּוֹיִם סְבָבוּנִי בְּשֵׁם יְהוָה כִּי אֲמִילַם:
יא סַבּוּנִי גַם-סְבָבוּנִי בְּשֵׁם יְהוָה כִּי אֲמִילַם: יב סַבּוּנִי
כִדְבוֹרִים דֹּעֲכוּ כְּאֵשׁ קוֹצִים בְּשֵׁם יְהוָה כִּי אֲמִילַם: יג דַּחֹה
דְחִיתַנִי לִנְפֹּל וַיהוָה עֲזָרָנִי: יד עָזִּי וְזִמְרָת יָהּ וַיְהִי-לִי
לִישׁוּעָה: טו קוֹל | רִנָּה וִישׁוּעָה בְּאָהֳלֵי צַדִּיקִים יְמִין יְהוָה
עֹשָׂה חָיִל: טז יְמִין יְהוָה רוֹמֵמָה יְמִין יְהוָה עֹשָׂה חָיִל: יז
לֹא אָמוּת כִּי-אֶחְיֶה וַאֲסַפֵּר מַעֲשֵׂי יָהּ: יח יַסֹּר יִסְּרַנִּי יָּהּ
וְלַמָּוֶת לֹא נְתָנָנִי: יט פִּתְחוּ-לִי שַׁעֲרֵי-צֶדֶק אָבֹא-בָם אוֹדֶה
יָהּ: כ זֶה-הַשַּׁעַר לַיהוָה צַדִּיקִים יָבֹאוּ בוֹ: כא אוֹדְךָ כִּי
עֲנִיתָנִי וַתְּהִי-לִי לִישׁוּעָה: כב אֶבֶן מָאֲסוּ הַבּוֹנִים הָיְתָה
לְרֹאשׁ פִּנָּה: כג מֵאֵת יְהוָה הָיְתָה זֹּאת הִיא נִפְלָאת
בְּעֵינֵינוּ: כד זֶה-הַיּוֹם עָשָׂה יְהוָה נָגִילָה וְנִשְׂמְחָה בוֹ: כה אָנָּא
יְהוָה הוֹשִׁיעָה נָּא אָנָּא יְהוָה הַצְלִיחָה נָּא: כו בָּרוּךְ הַבָּא
בְּשֵׁם יְהוָה בֵּרַכְנוּכֶם מִבֵּית יְהוָה: כז אֵל | יְהוָה וַיָּאֶר לָנוּ
אִסְרוּ-חַג בַּעֲבֹתִים עַד-קַרְנוֹת הַמִּזְבֵּחַ: כח אֵלִי אַתָּה וְאוֹדֶךָּ
אֱלֹהַי אֲרוֹמְמֶךָּ: כט הוֹדוּ לַיהוָה כִּי-טוֹב כִּי לְעוֹלָם חַסְדּוֹ:

Psaume 119

Tehilim du Vendredi - Tehilim du jour: jour 25

Psaume 119

On l'appelle l'Alpha-bêta et il est le plus long (176 versets). Il s'agit de vingt-deux paragraphes de huit strophes chacun. Chaque verset commence par une des vingt-deux lettres de l'alphabet hébraïque. L'acrostiche alphabétique reste un moyen efficace pour renforcer le symbole de la poésie prophétique.

Il est souvent lu avant l'issue du Chabbat ainsi que les quinze suivants appelés les chants des degrés. Il est utilisé pour rappeler la mémoire d'un défunt à travers ses prénoms et ceux de sa mère. Exemple: Réuven fils de Léa. Nous récitons les paragraphes de ce psaume correspondant aux lettres Rech, Aleph, Vav, Beth, Noun puis Beth Noun ou Rech (soit Ben ou Bar) et enfin les lettres de Lamed, Aleph et Hé.

Certains commentateurs disent que le nombre de «Achré» dans tout le livre des psaumes est égal à 22 comme le nombre des lettres hébraïques. Ce terme ouvre ce livre, se trouve ici. Il ne peut pas être fortuit. D. apprécie les êtres qui marchent dans ses voies et acceptent avec simplicité et naïveté ses préceptes. Ils sont heureux dans ce monde et béats dans l'autre monde.

Tous les rabbins ne sont pas d'accord sur l'auteur de ce psaume. Les uns l'attribuent à David mais d'autres pensent que l'auteur est inconnu. Le fait qu'ils soient utilisés à la première personne suffit pour donner raison à ceux qui considèrent que David les a composés.

Aleph : le psalmiste reconnaît la qualité des hommes qui se vouent à D. sans calcul.

Beth : Le corps à travers ses organes comme les lèvres et le cœur agissent sur tout l'être.

Guimel : La temporalité de l'homme n'est pas une excuse mais une opportunité de bien faire.

Dalet : La seule voie qui amène à la croyance en D. est la confiance totale.

Hé : L'homme ne peut pas arriver à ses fins sans le Guide Suprême. On appelle à son aide.

Vav : les obstacles nombreux doivent être affrontés pour faire connaître D. et Son espace.

Zain : quel pouvoir a l'homme face à des adversaires redoutables ? La mémoire.

Het : Tous les instants de la vie, nuit comprise il faut être sur le qui-vive dans l'invocation de D.

Tet : le bien est répété plusieurs fois tant le mal est permanent. C'est le choix du psalmiste.

Youd : Un constat s'impose. D. est le Créateur de l'humain. Le remercier est une évidence.

Khaf : Le combat paraît inégal avec le mensonge, les blasphémateurs. Le tout est de résister.

Lamed : L'univers fut créé à travers le Ciel et la Terre pour contenir la Thora, rappel permanent.

Mem : L'amour du joyau offert au peuple d'Israël est chanté par le psalmiste, c'est notre philosophie.

Noun : la Thora est un phare dans la nuit évitant les méandres trompeuses des impies.

Samékh : Nos pensées errantes détournent fatalement l'homme. Les Mitsvot le raisonnent.

'Ain : L'or et le diamant sont une valeur sûre. D. a doté ses serviteurs des mitsvot encore plus chers.

Pé : C'est prodigieux de s'adonner à l'étude. S'en priver comme c'est dommage jusqu'à en pleurer.

Tsadé : La justice immanente offre la vie. Pour ce faire, il suffit de chercher la source.

Kof : Le cri du psalmiste à toute heure aura écho parce que D. est toujours proche.

Rech : La supplique n'est pas vaine tant la miséricorde de D. est incommensurable.

Chin : Le butin de la guerre est un fantasme réalisé par l'étude pacifique des trésors du texte sacré.

Tav : La prière, le chant ou la requête sont acceptées par D. lorsqu'elles sont adressées sincèrement.

- Avant d'accomplir une mitsva

כה לחודש - ליום שישי

פרק קיט

(Alpha Beta)

א

א אַשְׁרֵ֥י תְמִֽימֵי-דָ֑רֶךְ הַ֝הֹלְכִ֗ים בְּתוֹרַ֥ת יְהוָֽה׃ ב אַ֭שְׁרֵי נֹצְרֵ֣י
עֵדֹתָ֑יו בְּכָל-לֵ֥ב יִדְרְשֽׁוּהוּ׃ ג אַ֭ף לֹא-פָעֲל֣וּ עַוְלָ֑ה בִּדְרָכָ֥יו
הָלָֽכוּ׃ ד אַ֭תָּה צִוִּ֣יתָה פִקֻּדֶ֑יךָ לִשְׁמֹ֥ר מְאֹֽד׃ ה אַ֭חֲלַי יִכֹּ֣נוּ
דְרָכָ֑י לִשְׁמֹ֥ר חֻקֶּֽיךָ׃ ו אָ֥ז לֹא-אֵב֑וֹשׁ בְּ֝הַבִּיטִ֗י אֶל-כָּל-
מִצְוֺתֶֽיךָ׃ ז א֭וֹדְךָ בְּיֹ֣שֶׁר לֵבָ֑ב בְּ֝לָמְדִ֗י מִשְׁפְּטֵ֥י צִדְקֶֽךָ׃ ח אֶת-
חֻקֶּ֥יךָ אֶשְׁמֹ֑ר אַל-תַּעַזְבֵ֥נִי עַד-מְאֹֽד׃

ב

ט בַּמֶּ֣ה יְזַכֶּה-נַּ֭עַר אֶת-אָרְח֑וֹ לִ֝שְׁמֹ֗ר כִּדְבָרֶֽךָ׃ י בְּכָל-לִבִּ֥י
דְרַשְׁתִּ֑יךָ אַל-תַּ֝שְׁגֵּ֗נִי מִמִּצְוֺתֶֽיךָ׃ יא בְּ֭לִבִּי צָפַ֣נְתִּי אִמְרָתֶ֑ךָ
לְ֝מַ֗עַן לֹ֣א אֶֽחֱטָא-לָֽךְ׃ יב בָּר֥וּךְ אַתָּ֥ה יְהוָ֗ה לַמְּדֵ֥נִי חֻקֶּֽיךָ׃ יג
בִּשְׂפָתַ֥י סִפַּ֑רְתִּי כֹּ֝֗ל מִשְׁפְּטֵי-פִֽיךָ׃ יד בְּדֶ֖רֶךְ עֵדְוֺתֶ֥יךָ שַׂ֗שְׂתִּי
כְּעַ֣ל כָּל-הֽוֹן׃ טו בְּפִקֻּדֶ֥יךָ אָשִׂ֑יחָה וְ֝אַבִּ֗יטָה אֹרְחֹתֶֽיךָ׃ טז
בְּחֻקֹּתֶ֥יךָ אֶֽשְׁתַּעֲשָׁ֑ע לֹ֖א אֶשְׁכַּ֣ח דְּבָרֶֽךָ׃

ג

יז גְּמֹ֖ל עַל-עַבְדְּךָ֥ אֶחְיֶ֗ה וְאֶשְׁמְרָ֥ה דְבָרֶֽךָ׃ יח גַּל-עֵינַ֥י וְאַבִּ֑יטָה
נִ֝פְלָא֗וֹת מִתּוֹרָתֶֽךָ׃ יט גֵּ֣ר אָנֹכִ֣י בָאָ֑רֶץ אַל-תַּסְתֵּ֥ר מִ֝מֶּ֗נִּי
מִצְוֺתֶֽיךָ׃ כ גָּרְסָ֣ה נַפְשִׁ֣י לְתַאֲבָ֑ה אֶל-מִשְׁפָּטֶ֥יךָ בְכָל-עֵֽת׃ כא
גָּ֭עַרְתָּ זֵדִ֣ים אֲרוּרִ֑ים הַ֝שֹּׁגִ֗ים מִמִּצְוֺתֶֽיךָ׃ כב גַּ֣ל מֵ֭עָלַי חֶרְפָּ֣ה
וָב֑וּז כִּ֖י עֵדֹתֶ֣יךָ נָצָֽרְתִּי׃ כג גַּ֤ם יָֽשְׁב֣וּ שָׂ֭רִים בִּ֣י נִדְבָּ֑רוּ עַ֝בְדְּךָ֗
יָשִׂ֥יחַ בְּחֻקֶּֽיךָ׃ כד גַּם-עֵ֭דֹתֶיךָ שַׁעֲשֻׁעָ֗י אַנְשֵׁ֥י עֲצָתִֽי׃

ד

כה דָּבְקָ֣ה לֶעָפָ֣ר נַפְשִׁ֑י חַ֝יֵּ֗נִי כִּדְבָרֶֽךָ׃ כו דְּרָכַ֣י סִ֭פַּרְתִּי וַֽתַּעֲנֵ֗נִי
לַמְּדֵ֥נִי חֻקֶּֽיךָ׃ כז דֶּרֶךְ-פִּקּוּדֶ֥יךָ הֲבִינֵ֑נִי וְ֝אָשִׂ֗יחָה בְּנִפְלְאוֹתֶֽיךָ׃
כח דָּלְפָ֣ה נַ֭פְשִׁי מִתּוּגָ֑ה קַ֝יְּמֵ֗נִי כִּדְבָרֶֽךָ׃ כט דֶּרֶךְ-שֶׁ֭קֶר הָסֵ֣ר
מִמֶּ֑נִּי וְתוֹרָתְךָ֥ חָנֵּֽנִי׃ ל דֶּרֶךְ-אֱמוּנָ֥ה בָחָ֑רְתִּי מִשְׁפָּטֶ֥יךָ

שׁוִֽיתִי׃ לא דָּבַקְתִּי בְעֵדְוֺתֶיךָ יְהוָה אַל־תְּבִישֵֽׁנִי׃ לב דֶּֽרֶךְ־
מִצְוֺתֶיךָ אָרוּץ כִּי תַרְחִיב לִבִּֽי׃

ה

לג הוֹרֵנִי יְהוָה דֶּרֶךְ חֻקֶּיךָ וְאֶצְּרֶנָּה עֵֽקֶב׃ לד הֲבִינֵנִי וְאֶצְּרָה
תֽוֹרָתֶךָ וְאֶשְׁמְרֶנָּה בְכָל־לֵֽב׃ לה הַדְרִיכֵנִי בִּנְתִיב מִצְוֺתֶיךָ כִּי־
בוֹ חָפָֽצְתִּי׃ לו הַט־לִבִּי אֶל־עֵדְוֺתֶיךָ וְאַל אֶל־בָּֽצַע׃ לז הַעֲבֵר
עֵינַי מֵרְאוֹת שָׁוְא בִּדְרָכֶךָ חַיֵּֽנִי׃ לח הָקֵם לְעַבְדְּךָ אִמְרָתֶךָ
אֲשֶׁר לְיִרְאָתֶֽךָ׃ לט הַעֲבֵר חֶרְפָּתִי אֲשֶׁר יָגֹרְתִּי כִּי מִשְׁפָּטֶיךָ
טוֹבִֽים׃ מ הִנֵּה תָּאַבְתִּי לְפִקֻּדֶיךָ בְּצִדְקָתְךָ חַיֵּֽנִי׃

ו

מא וִיבֹאֻנִי חֲסָדֶךָ יְהוָה תְּשׁוּעָתְךָ כְּאִמְרָתֶֽךָ׃ מב וְאֶעֱנֶה חֹרְפִי
דָבָר כִּֽי־בָטַחְתִּי בִּדְבָרֶֽךָ׃ מג וְאַל־תַּצֵּל מִפִּי דְבַר־אֱמֶת עַד־
מְאֹד כִּי לְמִשְׁפָּטֶךָ יִחָֽלְתִּי׃ מד וְאֶשְׁמְרָה תוֹרָתְךָ תָמִיד
לְעוֹלָם וָעֶֽד׃ מה וְאֶתְהַלְּכָה בָרְחָבָה כִּי פִקֻּדֶיךָ דָרָֽשְׁתִּי׃ מו
וַאֲדַבְּרָה בְעֵדֹתֶיךָ נֶגֶד מְלָכִים וְלֹא אֵבֽוֹשׁ׃ מז וְאֶשְׁתַּעֲשַׁע
בְּמִצְוֺתֶיךָ אֲשֶׁר אָהָֽבְתִּי׃ מח וְאֶשָּׂא־כַפַּי אֶֽל־מִצְוֺתֶיךָ אֲשֶׁר
אָהָבְתִּי וְאָשִׂיחָה בְחֻקֶּֽיךָ׃

ז

מט זְכֹר־דָּבָר לְעַבְדֶּךָ עַל אֲשֶׁר יִחַלְתָּֽנִי׃ נ זֹאת נֶחָמָתִי בְעָנְיִי
כִּי אִמְרָתְךָ חִיָּֽתְנִי׃ נא זֵדִים הֱלִיצֻנִי עַד־מְאֹד מִתּוֹרָתְךָ לֹא
נָטִֽיתִי׃ נב זָכַרְתִּי מִשְׁפָּטֶיךָ מֵעוֹלָם ׀ יְהוָה וָאֶתְנֶחָֽם׃ נג
זַלְעָפָה אֲחָזַתְנִי מֵרְשָׁעִים עֹזְבֵי תּוֹרָתֶֽךָ׃ נד זְמִרוֹת הָֽיוּ־לִי
חֻקֶּיךָ בְּבֵית מְגוּרָֽי׃ נה זָכַרְתִּי בַלַּיְלָה שִׁמְךָ יְהוָה וָֽאֶשְׁמְרָה
תּוֹרָתֶֽךָ׃ נו זֹאת הָֽיְתָה־לִּי כִּי פִקֻּדֶיךָ נָצָֽרְתִּי׃

ח

נז חֶלְקִי יְהוָה אָמַרְתִּי לִשְׁמֹר דְּבָרֶֽיךָ׃ נח חִלִּיתִי פָנֶיךָ בְכָל־
לֵב חָנֵּנִי כְּאִמְרָתֶֽךָ׃ נט חִשַּׁבְתִּי דְרָכָי וָאָשִׁיבָה רַגְלַי אֶל־
עֵדֹתֶֽיךָ׃ ס חַשְׁתִּי וְלֹא הִתְמַהְמָהְתִּי לִשְׁמֹר מִצְוֺתֶֽיךָ׃ סא
חֶבְלֵי רְשָׁעִים עִוְּדֻנִי תּוֹרָתְךָ לֹא שָׁכָֽחְתִּי׃ סב חֲצֽוֹת־לַיְלָה

אָקוּם לְהוֹדוֹת לָךְ עַל מִשְׁפְּטֵי צִדְקֶךָ׃ סג חָבֵר אָנִי לְכׇל־
אֲשֶׁר יְרֵאוּךָ וּלְשֹׁמְרֵי פִּקּוּדֶיךָ׃ סד חַסְדְּךָ יְהוָה מָלְאָה הָאָרֶץ
חֻקֶּיךָ לַמְּדֵנִי׃

ט

סה טוֹב עָשִׂיתָ עִם־עַבְדְּךָ יְהוָה כִּדְבָרֶךָ׃ סו טוּב טַעַם וָדַעַת
לַמְּדֵנִי כִּי בְמִצְוֺתֶיךָ הֶאֱמָנְתִּי׃ סז טֶרֶם אֶעֱנֶה אֲנִי שֹׁגֵג
וְעַתָּה אִמְרָתְךָ שָׁמָרְתִּי׃ סח טוֹב־אַתָּה וּמֵטִיב לַמְּדֵנִי חֻקֶּיךָ׃
סט טָפְלוּ עָלַי שֶׁקֶר זֵדִים אֲנִי בְּכׇל־לֵב ׀ אֱצֹּר פִּקּוּדֶיךָ׃ ע טָפַשׁ
כַּחֵלֶב לִבָּם אֲנִי תּוֹרָתְךָ שִׁעֲשָׁעְתִּי׃ עא טוֹב־לִי כִי־עֻנֵּיתִי
לְמַעַן אֶלְמַד חֻקֶּיךָ׃ עב טוֹב־לִי תוֹרַת־פִּיךָ מֵאַלְפֵי זָהָב
וָכָסֶף׃

י

עג יָדֶיךָ עָשׂוּנִי וַיְכוֹנְנוּנִי הֲבִינֵנִי וְאֶלְמְדָה מִצְוֺתֶיךָ׃ עד יְרֵאֶיךָ
יִרְאוּנִי וְיִשְׂמָחוּ כִּי לִדְבָרְךָ יִחָלְתִּי׃ עה יָדַעְתִּי יְהוָה כִּי־צֶדֶק
מִשְׁפָּטֶיךָ וֶאֱמוּנָה עִנִּיתָנִי׃ עו יְהִי־נָא חַסְדְּךָ לְנַחֲמֵנִי
כְּאִמְרָתְךָ לְעַבְדֶּךָ׃ עז יְבֹאוּנִי רַחֲמֶיךָ וְאֶחְיֶה כִּי־תוֹרָתְךָ
שַׁעֲשֻׁעָי׃ עח יֵבֹשׁוּ זֵדִים כִּי־שֶׁקֶר עִוְּתוּנִי אֲנִי אָשִׂיחַ
בְּפִקּוּדֶיךָ׃ עט יָשׁוּבוּ לִי יְרֵאֶיךָ (וידעו) וְיֹדְעֵי עֵדֹתֶיךָ׃ פ יְהִי־
לִבִּי תָמִים בְּחֻקֶּיךָ לְמַעַן לֹא אֵבוֹשׁ׃

כ

פא כָּלְתָה לִתְשׁוּעָתְךָ נַפְשִׁי לִדְבָרְךָ יִחָלְתִּי׃ פב כָּלוּ עֵינַי
לְאִמְרָתֶךָ לֵאמֹר מָתַי תְּנַחֲמֵנִי׃ פג כִּי־הָיִיתִי כְּנֹאד בְּקִיטוֹר
חֻקֶּיךָ לֹא שָׁכָחְתִּי׃ פד כַּמָּה יְמֵי־עַבְדֶּךָ מָתַי תַּעֲשֶׂה בְרֹדְפַי
מִשְׁפָּט׃ פה כָּרוּ־לִי זֵדִים שִׁיחוֹת אֲשֶׁר לֹא כְתוֹרָתֶךָ׃ פו כׇּל־
מִצְוֺתֶיךָ אֱמוּנָה שֶׁקֶר רְדָפוּנִי עׇזְרֵנִי׃ פז כִּמְעַט כִּלּוּנִי בָאָרֶץ
וַאֲנִי לֹא־עָזַבְתִּי פִקֻּדֶיךָ׃ פח כְּחַסְדְּךָ חַיֵּנִי וְאֶשְׁמְרָה עֵדוּת
פִּיךָ׃

ל

פט לְעוֹלָם יְהוָה דְּבָרְךָ נִצָּב בַּשָּׁמָיִם: צ לְדֹר וָדֹר אֱמוּנָתֶךָ
כּוֹנַנְתָּ אֶרֶץ וַתַּעֲמֹד: צא לְמִשְׁפָּטֶיךָ עָמְדוּ הַיּוֹם כִּי הַכֹּל
עֲבָדֶיךָ: צב לוּלֵי תוֹרָתְךָ שַׁעֲשֻׁעָי אָז אָבַדְתִּי בְעָנְיִי: צג לְעוֹלָם
לֹא-אֶשְׁכַּח פִּקּוּדֶיךָ כִּי בָם חִיִּיתָנִי: צד לְךָ-אֲנִי הוֹשִׁיעֵנִי כִּי
פִקּוּדֶיךָ דָרָשְׁתִּי: צה לִי קִוּוּ רְשָׁעִים לְאַבְּדֵנִי עֵדֹתֶיךָ
אֶתְבּוֹנָן: צו לְכָל תִּכְלָה רָאִיתִי קֵץ רְחָבָה מִצְוָתְךָ מְאֹד:

Tehilim du Vendredi - Tehilim du jour: jour 26

כו לחודש - ליום שישי

מ

צז מָה-אָהַבְתִּי תוֹרָתֶךָ כָּל-הַיּוֹם הִיא שִׂיחָתִי: צח מֵאֹיְבַי
תְּחַכְּמֵנִי מִצְוֹתֶךָ כִּי לְעוֹלָם הִיא-לִי: צט מִכָּל-מְלַמְּדַי
הִשְׂכַּלְתִּי כִּי עֵדְוֹתֶיךָ שִׂיחָה לִי: ק מִזְּקֵנִים אֶתְבּוֹנָן כִּי
פִקּוּדֶיךָ נָצָרְתִּי: קא מִכָּל-אֹרַח רָע כָּלִאתִי רַגְלָי לְמַעַן
אֶשְׁמֹר דְּבָרֶךָ: קב מִמִּשְׁפָּטֶיךָ לֹא-סָרְתִּי כִּי-אַתָּה הוֹרֵתָנִי: קג
מַה-נִּמְלְצוּ לְחִכִּי אִמְרָתֶךָ מִדְּבַשׁ לְפִי: קד מִפִּקּוּדֶיךָ אֶתְבּוֹנָן
עַל-כֵּן שָׂנֵאתִי | כָּל-אֹרַח שָׁקֶר:

נ

קה נֵר-לְרַגְלִי דְבָרֶךָ וְאוֹר לִנְתִיבָתִי: קו נִשְׁבַּעְתִּי וָאֲקַיֵּמָה
לִשְׁמֹר מִשְׁפְּטֵי צִדְקֶךָ: קז נַעֲנֵיתִי עַד-מְאֹד יְהוָה חַיֵּנִי
כִדְבָרֶךָ: קח נִדְבוֹת פִּי רְצֵה-נָא יְהוָה וּמִשְׁפָּטֶיךָ לַמְּדֵנִי: קט
נַפְשִׁי בְכַפִּי תָמִיד וְתוֹרָתְךָ לֹא שָׁכָחְתִּי: קי נָתְנוּ רְשָׁעִים
פַּח לִי וּמִפִּקּוּדֶיךָ לֹא תָעִיתִי: קיא נָחַלְתִּי עֵדְוֹתֶיךָ לְעוֹלָם
כִּי-שְׂשׂוֹן לִבִּי הֵמָּה: קיב נָטִיתִי לִבִּי לַעֲשׂוֹת חֻקֶּיךָ לְעוֹלָם
עֵקֶב:

ס

קיג סֵעֲפִים שָׂנֵאתִי וְתוֹרָתְךָ אָהָבְתִּי: קיד סִתְרִי וּמָגִנִּי אָתָּה
לִדְבָרְךָ יִחָלְתִּי: קטו סוּרוּ-מִמֶּנִּי מְרֵעִים וְאֶצְּרָה מִצְוֹת
אֱלֹהָי: קטז סָמְכֵנִי כְאִמְרָתְךָ וְאֶחְיֶה וְאַל-תְּבִישֵׁנִי מִשִּׂבְרִי: קיז
סְעָדֵנִי וְאִוָּשֵׁעָה וְאֶשְׁעָה בְחֻקֶּיךָ תָמִיד: קיח סָלִיתָ כָּל-
שׁוֹגִים מֵחֻקֶּיךָ כִּי-שֶׁקֶר תַּרְמִיתָם: קיט סִגִים הִשְׁבַּתָּ כָל-

רִשְׁעֵי-אָרֶץ לָכֵן אָהַבְתִּי עֵדֹתֶיךָ׃ קכ סָמַר מִפַּחְדְּךָ בְשָׂרִי
וּמִמִּשְׁפָּטֶיךָ יָרֵאתִי׃

ע

קכא עָשִׂיתִי מִשְׁפָּט וָצֶדֶק בַּל-תַּנִּיחֵנִי לְעֹשְׁקָי׃ קכב עֲרֹב עַבְדְּךָ
לְטוֹב אַל-יַעַשְׁקֻנִי זֵדִים׃ קכג עֵינַי כָּלוּ לִישׁוּעָתֶךָ וּלְאִמְרַת
צִדְקֶךָ׃ קכד עֲשֵׂה עִם-עַבְדְּךָ כְחַסְדֶּךָ וְחֻקֶּיךָ לַמְּדֵנִי׃ קכה עַבְדְּךָ-
אָנִי הֲבִינֵנִי וְאֵדְעָה עֵדֹתֶיךָ׃ קכו עֵת לַעֲשׂוֹת לַיהוָה הֵפֵרוּ
תּוֹרָתֶךָ׃ קכז עַל-כֵּן אָהַבְתִּי מִצְוֹתֶיךָ מִזָּהָב וּמִפָּז׃ קכח עַל-כֵּן ׀
כָּל-פִּקּוּדֵי כֹל יִשָּׁרְתִּי כָּל-אֹרַח שֶׁקֶר שָׂנֵאתִי׃

פ

קכט פְּלָאוֹת עֵדְוֺתֶיךָ עַל-כֵּן נְצָרָתַם נַפְשִׁי׃ קל פֵּתַח דְּבָרֶיךָ
יָאִיר מֵבִין פְּתָיִים׃ קלא פִּי-פָעַרְתִּי וָאֶשְׁאָפָה כִּי לְמִצְוֺתֶיךָ
יָאָבְתִּי׃ קלב פְּנֵה-אֵלַי וְחָנֵּנִי כְּמִשְׁפָּט לְאֹהֲבֵי שְׁמֶךָ׃ קלג פְּעָמַי
הָכֵן בְּאִמְרָתֶךָ וְאַל-תַּשְׁלֶט-בִּי כָל-אָוֶן׃ קלד פְּדֵנִי מֵעֹשֶׁק
אָדָם וְאֶשְׁמְרָה פִּקּוּדֶיךָ׃ קלה פָּנֶיךָ הָאֵר בְּעַבְדֶּךָ וְלַמְּדֵנִי אֶת-
חֻקֶּיךָ׃ קלו פַּלְגֵי-מַיִם יָרְדוּ עֵינָי עַל לֹא-שָׁמְרוּ תוֹרָתֶךָ׃

צ

קלז צַדִּיק אַתָּה יְהוָה וְיָשָׁר מִשְׁפָּטֶיךָ׃ קלח צִוִּיתָ צֶדֶק עֵדֹתֶיךָ
וֶאֱמוּנָה מְאֹד׃ קלט צִמְּתַתְנִי קִנְאָתִי כִּי-שָׁכְחוּ דְבָרֶיךָ צָרָי׃
קמ צְרוּפָה אִמְרָתְךָ מְאֹד וְעַבְדְּךָ אֲהֵבָהּ׃ קמא צָעִיר אָנֹכִי
וְנִבְזֶה פִּקֻּדֶיךָ לֹא שָׁכָחְתִּי׃ קמב צִדְקָתְךָ צֶדֶק לְעוֹלָם וְתוֹרָתְךָ
אֱמֶת׃ קמג צַר-וּמָצוֹק מְצָאוּנִי מִצְוֺתֶיךָ שַׁעֲשֻׁעָי׃ קמד צֶדֶק
עֵדְוֺתֶיךָ לְעוֹלָם הֲבִינֵנִי וְאֶחְיֶה׃

ק

קמה קָרָאתִי בְכָל-לֵב עֲנֵנִי יְהוָה חֻקֶּיךָ אֶצֹּרָה׃ קמו קְרָאתִיךָ
הוֹשִׁיעֵנִי וְאֶשְׁמְרָה עֵדֹתֶיךָ׃ קמז קִדַּמְתִּי בַנֶּשֶׁף וָאֲשַׁוֵּעָה
(לדבריך) לִדְבָרְךָ יִחָלְתִּי׃ קמח קִדְּמוּ עֵינַי אַשְׁמֻרוֹת לָשִׂיחַ
בְּאִמְרָתֶךָ׃ קמט קוֹלִי שִׁמְעָה כְחַסְדֶּךָ יְהוָה כְּמִשְׁפָּטֶךָ חַיֵּנִי׃ קנ

קָרְבוּ רֹדְפֵי זִמָּה מִתּוֹרָתְךָ רָחָקוּ׃ קנא קָרוֹב אַתָּה יְהוָה וְכָל־
מִצְוֺתֶיךָ אֱמֶת׃ קנב קֶדֶם יָדַעְתִּי מֵעֵדֹתֶיךָ כִּי לְעוֹלָם יְסַדְתָּם׃

ר

קנג רְאֵה־עָנְיִי וְחַלְּצֵנִי כִּי־תוֹרָתְךָ לֹא שָׁכָחְתִּי׃ קנד רִיבָה רִיבִי
וּגְאָלֵנִי לְאִמְרָתְךָ חַיֵּנִי׃ קנה רָחוֹק מֵרְשָׁעִים יְשׁוּעָה כִּי־חֻקֶּיךָ
לֹא דָרָשׁוּ׃ קנו רַחֲמֶיךָ רַבִּים ׀ יְהוָה כְּמִשְׁפָּטֶיךָ חַיֵּנִי׃ קנז רַבִּים
רֹדְפַי וְצָרָי מֵעֵדְוֺתֶיךָ לֹא נָטִיתִי׃ קנח רָאִיתִי בֹגְדִים
וָאֶתְקוֹטָטָה אֲשֶׁר אִמְרָתְךָ לֹא שָׁמָרוּ׃ קנט רְאֵה כִּי־פִקּוּדֶיךָ
אָהָבְתִּי יְהוָה כְּחַסְדְּךָ חַיֵּנִי׃ קס רֹאשׁ־דְּבָרְךָ אֱמֶת וּלְעוֹלָם
כָּל־מִשְׁפַּט צִדְקֶךָ׃

ש

קסא שָׂרִים רְדָפוּנִי חִנָּם (ומדבריך) וּמִדְּבָרְךָ פָּחַד לִבִּי׃ קסב שָׂשׂ
אָנֹכִי עַל־אִמְרָתֶךָ כְּמוֹצֵא שָׁלָל רָב׃ קסג שֶׁקֶר שָׂנֵאתִי
וַאֲתַעֵבָה תּוֹרָתְךָ אָהָבְתִּי׃ קסד שֶׁבַע בַּיּוֹם הִלַּלְתִּיךָ עַל
מִשְׁפְּטֵי צִדְקֶךָ׃ קסה שָׁלוֹם רָב לְאֹהֲבֵי תוֹרָתֶךָ וְאֵין־לָמוֹ
מִכְשׁוֹל׃ קסו שִׂבַּרְתִּי לִישׁוּעָתְךָ יְהוָה וּמִצְוֺתֶיךָ עָשִׂיתִי׃ קסז
שָׁמְרָה נַפְשִׁי עֵדֹתֶיךָ וָאֹהֲבֵם מְאֹד׃ קסח שָׁמַרְתִּי פִקּוּדֶיךָ
וְעֵדֹתֶיךָ כִּי כָל־דְּרָכַי נֶגְדֶּךָ׃

ת

קסט תִּקְרַב רִנָּתִי לְפָנֶיךָ יְהוָה כִּדְבָרְךָ הֲבִינֵנִי׃ קע תָּבוֹא
תְּחִנָּתִי לְפָנֶיךָ כְּאִמְרָתְךָ הַצִּילֵנִי׃ קעא תַּבַּעְנָה שְׂפָתַי תְּהִלָּה
כִּי תְלַמְּדֵנִי חֻקֶּיךָ׃ קעב תַּעַן לְשׁוֹנִי אִמְרָתֶךָ כִּי כָל־מִצְוֺתֶיךָ
צֶּדֶק׃ קעג תְּהִי־יָדְךָ לְעָזְרֵנִי כִּי פִקּוּדֶיךָ בָחָרְתִּי׃ קעד תָּאַבְתִּי
לִישׁוּעָתְךָ יְהוָה וְתוֹרָתְךָ שַׁעֲשֻׁעָי׃ קעה תְּחִי־נַפְשִׁי וּתְהַלְלֶךָּ
וּמִשְׁפָּטֶךָ יַעֲזְרֻנִי׃ קעו תָּעִיתִי כְּשֶׂה אֹבֵד בַּקֵּשׁ עַבְדֶּךָ כִּי
מִצְוֺתֶיךָ לֹא שָׁכָחְתִּי׃

Psaume 120

Tehilim du Samedi - Tehilim du jour: jour 27

Psaume 121

Introduction sur les prochains quinze psaumes ayant un début identique : chir Hamaalot, le cantique des marches ou des degrés.

Les lévites, chantres du Temple, se devaient de déclamer ces psaumes lorsque le Cohen descendait les quinze marches qui séparaient les deux parvis, celui d'Israël de celui des femmes (selon Ibn Ezra). L'auteur serait David mais Rachi pense que c'est l'Esprit Saint qui a été l'instigateur afin de permettre à quiconque dans la détresse de pouvoir s'en sortir.

La cause a un effet immédiat. J'appelle dans la détresse, D. me répond à condition de m'éloigner de tous les systèmes comme le mensonge, la fourberie, formant des murs insonores.

- Pour faire la paix

כז לחודש - ליום שבת
פרק קכ

א שִׁיר הַמַּעֲלוֹת אֶל-יְהוָה בַּצָּרָתָה לִּי קָרָאתִי וַיַּעֲנֵנִי: ב יְהוָה הַצִּילָה נַפְשִׁי מִשְּׂפַת-שֶׁקֶר מִלָּשׁוֹן רְמִיָּה: ג מַה-יִּתֵּן לְךָ וּמַה-יֹּסִיף לָךְ לָשׁוֹן רְמִיָּה: ד חִצֵּי גִבּוֹר שְׁנוּנִים עִם גַּחֲלֵי רְתָמִים: ה אוֹיָה-לִי כִּי-גַרְתִּי מֶשֶׁךְ שָׁכַנְתִּי עִם-אָהֳלֵי קֵדָר: ו רַבַּת שָׁכְנָה-לָּהּ נַפְשִׁי עִם שׂוֹנֵא שָׁלוֹם: ז אֲנִי-שָׁלוֹם וְכִי אֲדַבֵּר הֵמָּה לַמִּלְחָמָה:

Psaume 121

Tehilim du Samedi - Tehilim du jour: jour 27

Il est le seul à être écrit Lamaalot au lieu de Hamaalot. Le sens est le même. Il se peut que ce psaume soit le premier à être chanté. Il invite les Lévites à monter les marches dans le Temple.

D. ne sommeille ni ne dort. C'est une garantie supplémentaire pour les humains en général et ceux qui ont confiance en D. en particulier. Il a huit versets comme le psaume 67. Les termes s'introduisent harmonieusement en formant la Ménora, le candélabre. Les Kabbalistes considèrent comme

un bon présage de lire ces deux psaumes dans leur enlumi-
nure.

- Bon pour la guérison

כז לחודש - ליום שבת
פרק קכא

א שִׁיר לַמַּעֲלוֹת אֶשָּׂא עֵינַי אֶל-הֶהָרִים מֵאַיִן יָבֹא עֶזְרִי: ב עֶזְרִי מֵעִם יְהוָה עֹשֵׂה שָׁמַיִם וָאָרֶץ: ג אַל-יִתֵּן לַמּוֹט רַגְלֶךָ אַל-יָנוּם שֹׁמְרֶךָ: ד הִנֵּה לֹא-יָנוּם וְלֹא יִישָׁן שׁוֹמֵר יִשְׂרָאֵל: ה יְהוָה שֹׁמְרֶךָ יְהוָה צִלְּךָ עַל-יַד יְמִינֶךָ: ו יוֹמָם הַשֶּׁמֶשׁ לֹא-יַכֶּכָּה וְיָרֵחַ בַּלָּיְלָה: ז יְהוָה יִשְׁמָרְךָ מִכָּל-רָע יִשְׁמֹר אֶת-נַפְשֶׁךָ: ח יְהוָה יִשְׁמָר-צֵאתְךָ וּבוֹאֶךָ מֵעַתָּה וְעַד-עוֹלָם:

Psaume 122

Tehilim du Samedi - Tehilim du jour: jour 27

Il s'agit du Temple de Jérusalem, mais lequel ? Les commen-
tateurs sont divisés. Les premiers pensent que c'est le Roi
David qui s'est réjoui du petit sanctuaire qu'il a érigé pour
l'arche. Les seconds considèrent que c'est toujours David qui
a été averti par D. de la prochaine construction du premier
Temple par son fils Salomon. Enfin les derniers l'attribuent
dans le temps futur lorsque enfin D. décidera de l'érection du
Temple définitif.

- Avant de rencontrer un homme important

כז לחודש - ליום שבת
פרק קכב

א שִׁיר הַמַּעֲלוֹת לְדָוִד שָׂמַחְתִּי בְּאֹמְרִים לִי בֵּית יְהוָה נֵלֵךְ: ב עֹמְדוֹת הָיוּ רַגְלֵינוּ בִּשְׁעָרַיִךְ יְרוּשָׁלִָם: ג יְרוּשָׁלִַם הַבְּנוּיָה כְּעִיר שֶׁחֻבְּרָה-לָּהּ יַחְדָּו: ד שֶׁשָּׁם עָלוּ שְׁבָטִים שִׁבְטֵי-יָהּ עֵדוּת לְיִשְׂרָאֵל לְהֹדוֹת לְשֵׁם יְהוָה: ה כִּי שָׁמָּה | יָשְׁבוּ כִסְאוֹת לְמִשְׁפָּט כִּסְאוֹת לְבֵית דָּוִיד: ו שַׁאֲלוּ שְׁלוֹם יְרוּשָׁלִָם יִשְׁלָיוּ אֹהֲבָיִךְ: ז יְהִי-שָׁלוֹם בְּחֵילֵךְ שַׁלְוָה בְּאַרְמְנוֹתָיִךְ: ח לְמַעַן אַחַי וְרֵעָי אֲדַבְּרָה-נָּא שָׁלוֹם בָּךְ: ט לְמַעַן בֵּית-יְהוָה אֱלֹהֵינוּ אֲבַקְשָׁה טוֹב לָךְ:

Psaume 123

Tehilim du Samedi - Tehilim du jour: jour 27

Le dilemme pour le croyant est de savoir si D. le considère comme son fils ou son esclave. L'homme doit être toujours prêt à servir D. dans toutes les circonstances.

- Pour un esclave en fuite

כז לחודש - ליום שבת

פרק קכג

א שִׁיר הַמַּעֲלוֹת אֵלֶיךָ נָשָׂאתִי אֶת-עֵינַי הַיֹּשְׁבִי בַּשָּׁמָיִם: ב
הִנֵּה כְעֵינֵי עֲבָדִים אֶל-יַד אֲדוֹנֵיהֶם כְּעֵינֵי שִׁפְחָה אֶל-יַד
גְּבִרְתָּהּ כֵּן עֵינֵינוּ אֶל-יְהוָה אֱלֹהֵינוּ עַד שֶׁיְּחָנֵּנוּ: ג חָנֵּנוּ
יְהוָה חָנֵּנוּ כִּי-רַב שָׂבַעְנוּ בוּז: ד רַבַּת שָׂבְעָה-לָּהּ נַפְשֵׁנוּ
הַלַּעַג הַשַּׁאֲנַנִּים הַבּוּז לִגְאֵיוֹנִים:

Psaume 124

Tehilim du Samedi - Tehilim du jour: jour 27

Comment le peuple d'Israël a survécu à toutes les tentatives de destruction dont il fut l'objet depuis des siècles ? La sauvegarde que D. lui accordée est la seule protection garantie.

- Pour une traversée en bateau

כז לחודש - ליום שבת

פרק קכד

א שִׁיר הַמַּעֲלוֹת לְדָוִד לוּלֵי יְהוָה שֶׁהָיָה לָנוּ יֹאמַר-נָא
יִשְׂרָאֵל: ב לוּלֵי יְהוָה שֶׁהָיָה לָנוּ בְּקוּם עָלֵינוּ אָדָם: ג אֲזַי
חַיִּים בְּלָעוּנוּ בַּחֲרוֹת אַפָּם בָּנוּ: ד אֲזַי הַמַּיִם שְׁטָפוּנוּ
נַחְלָה עָבַר עַל-נַפְשֵׁנוּ: ה אֲזַי עָבַר עַל-נַפְשֵׁנוּ הַמַּיִם
הַזֵּידוֹנִים: ו בָּרוּךְ יְהוָה שֶׁלֹּא נְתָנָנוּ טֶרֶף לְשִׁנֵּיהֶם: ז נַפְשֵׁנוּ
כְּצִפּוֹר נִמְלְטָה מִפַּח יוֹקְשִׁים הַפַּח נִשְׁבָּר וַאֲנַחְנוּ נִמְלָטְנוּ:
ח עֶזְרֵנוּ בְּשֵׁם יְהוָה עֹשֵׂה שָׁמַיִם וָאָרֶץ:

Psaume 125

Tehilim du Samedi - Tehilim du jour: jour 27

Comme les montagnes entourant Jérusalem et la protégeant, ainsi D. a placé une muraille invisible autour de ses intimes, peuple d'Israël aspirant à la paix.

- Contre les ennemis

כז לחודש - ליום שבת

פרק קכה

א שִׁיר הַמַּעֲלוֹת הַבֹּטְחִים בַּיהוָה כְּהַר-צִיּוֹן לֹא-יִמּוֹט
לְעוֹלָם יֵשֵׁב: ב יְרוּשָׁלַם הָרִים סָבִיב לָהּ וַיהוָה סָבִיב לְעַמּוֹ
מֵעַתָּה וְעַד-עוֹלָם: ג כִּי לֹא יָנוּחַ שֵׁבֶט הָרֶשַׁע עַל גּוֹרַל
הַצַּדִּיקִים לְמַעַן לֹא-יִשְׁלְחוּ הַצַּדִּיקִים בְּעַוְלָתָה יְדֵיהֶם: ד
הֵיטִיבָה יְהוָה לַטּוֹבִים וְלִישָׁרִים בְּלִבּוֹתָם: ה וְהַמַּטִּים
עֲקַלְקַלּוֹתָם יוֹלִיכֵם יְהוָה אֶת-פֹּעֲלֵי הָאָוֶן שָׁלוֹם עַל-
יִשְׂרָאֵל:

Psaume 126

Tehilim du Samedi - Tehilim du jour: jour 27

Le rêve dans le long exil a été une espérance réelle d'un retour certain des enfants d'Israël. Il a maintenu la cohésion comme le paysan qui attend la moisson après avoir semé son grain.

- Pour une femme qui a perdu ses enfants

כז לחודש - ליום שבת

פרק קכו

א שִׁיר הַמַּעֲלוֹת בְּשׁוּב יְהוָה אֶת-שִׁיבַת צִיּוֹן הָיִינוּ
כְּחֹלְמִים: ב אָז יִמָּלֵא שְׂחוֹק פִּינוּ וּלְשׁוֹנֵנוּ רִנָּה אָז יֹאמְרוּ
בַגּוֹיִם הִגְדִּיל יְהוָה לַעֲשׂוֹת עִם-אֵלֶּה: ג הִגְדִּיל יְהוָה
לַעֲשׂוֹת עִמָּנוּ הָיִינוּ שְׂמֵחִים: ד שׁוּבָה יְהוָה אֶת-(שבותנו)
שְׁבִיתֵנוּ כַּאֲפִיקִים בַּנֶּגֶב: ה הַזֹּרְעִים בְּדִמְעָה בְּרִנָּה יִקְצֹרוּ:
ו הָלוֹךְ יֵלֵךְ | וּבָכֹה נֹשֵׂא מֶשֶׁךְ-הַזָּרַע בֹּא-יָבוֹא בְרִנָּה נֹשֵׂא
אֲלֻמֹּתָיו:

Psaume 127

Tehilim du Samedi - Tehilim du jour: jour 27

C'est probablement David qui a dédié ce psaume à son fils Salomon comme un bon présage. La bâtisse construite par Salomon avait besoin de prières parce que les obstacles étaient nombreux. Il a fallu l'aide du Ciel pour résoudre toutes les difficultés même si Salomon était le plus grand sage de toute l'humanité.

- Pour un bêbé qui vient de naître

כז לחודש - ליום שבת

פרק קכז

א שִׁיר הַמַּעֲלוֹת לִשְׁלֹמֹה אִם-יְהוָה | לֹא-יִבְנֶה בַיִת שָׁוְא |
עָמְלוּ בוֹנָיו בּוֹ אִם-יְהוָה לֹא-יִשְׁמָר-עִיר שָׁוְא | שָׁקַד
שׁוֹמֵר: ב שָׁוְא לָכֶם | מַשְׁכִּימֵי קוּם מְאַחֲרֵי-שֶׁבֶת אֹכְלֵי
לֶחֶם הָעֲצָבִים כֵּן יִתֵּן לִידִידוֹ שֵׁנָא: ג הִנֵּה נַחֲלַת יְהוָה
בָּנִים שָׂכָר פְּרִי הַבָּטֶן: ד כְּחִצִּים בְּיַד-גִּבּוֹר כֵּן בְּנֵי
הַנְּעוּרִים: ה אַשְׁרֵי הַגֶּבֶר אֲשֶׁר מִלֵּא אֶת-אַשְׁפָּתוֹ מֵהֶם
לֹא-יֵבֹשׁוּ כִּי-יְדַבְּרוּ אֶת-אוֹיְבִים בַּשָּׁעַר:

Psaume 128

Tehilim du Samedi - Tehilim du jour: jour 27

Il paraît que les enfants ne reconnaissent le bien que leurs parents leur ont prodigué que le jour où à leur tour ils deviennent parents. Les uns et les autres retrouvent alors la paix tant espérée.

- Pour une femme enceinte

כז לחודש - ליום שבת

פרק קכח

א שִׁיר הַמַּעֲלוֹת אַשְׁרֵי כָּל-יְרֵא יְהוָה הַהֹלֵךְ בִּדְרָכָיו: ב יְגִיעַ
כַּפֶּיךָ כִּי תֹאכֵל אַשְׁרֶיךָ וְטוֹב לָךְ: ג אֶשְׁתְּךָ | כְּגֶפֶן פֹּרִיָּה
בְּיַרְכְּתֵי בֵיתֶךָ בָּנֶיךָ כִּשְׁתִלֵי זֵיתִים סָבִיב לְשֻׁלְחָנֶךָ: ד הִנֵּה
כִי-כֵן יְבֹרַךְ גָּבֶר יְרֵא יְהוָה: ה יְבָרֶכְךָ יְהוָה מִצִּיּוֹן וּרְאֵה
בְּטוּב יְרוּשָׁלָם כֹּל יְמֵי חַיֶּיךָ: ו וּרְאֵה-בָנִים לְבָנֶיךָ שָׁלוֹם
עַל-יִשְׂרָאֵל:

Psaume 129

Tehilim du Samedi - Tehilim du jour: jour 27

La peur de l'exil n'est pas un vain mot. IL est craint parce que l'habitude aidant, l'espoir s'amenuise. La prière du psalmiste est de s'attacher à D. en le bénissant toujours.

- Pour une mitsva

כז לחודש - ליום שבת

פרק קכט

א שִׁיר הַמַּעֲלוֹת רַבַּת צְרָרוּנִי מִנְּעוּרָי יֹאמַר-נָא יִשְׂרָאֵל: ב
רַבַּת צְרָרוּנִי מִנְּעוּרָי גַּם לֹא-יָכְלוּ לִי: ג עַל-גַּבִּי חָרְשׁוּ
חֹרְשִׁים הֶאֱרִיכוּ (למענותם) לְמַעֲנִיתָם: ד יְהוָה צַדִּיק קִצֵּץ
עֲבוֹת רְשָׁעִים: ה יֵבֹשׁוּ וְיִסֹּגוּ אָחוֹר כֹּל שֹׂנְאֵי צִיּוֹן: ו יִהְיוּ
כַּחֲצִיר גַּגּוֹת שֶׁקַּדְמַת שָׁלַף יָבֵשׁ: ז שֶׁלֹּא מִלֵּא כַפּוֹ קוֹצֵר
וְחִצְנוֹ מְעַמֵּר: ח וְלֹא אָמְרוּ | הָעֹבְרִים בִּרְכַּת-יְהוָה אֲלֵיכֶם
בֵּרַכְנוּ אֶתְכֶם בְּשֵׁם יְהוָה:

Psaume 130

Tehilim du Samedi - Tehilim du jour: jour 27

Il est lu dans des situations de détresse extrême. Au cours des dix jours redoutables qui séparent Roch Hachana de Kippour et à Hochaana rabba il est déclamé par le Hazan avant le Kaddich du Yotser. La fragilité de l'être humain est compensée par sa chance de pouvoir compter sur l'aide du Ciel à condition de le reconnaître et d'en faire appel.

- Avant une traversée en bateau

כז לחודש - ליום שבת

פרק קל

א שִׁיר הַמַּעֲלוֹת מִמַּעֲמַקִּים קְרָאתִיךָ יְהוָה: ב אֲדֹנָי שִׁמְעָה
בְקוֹלִי תִּהְיֶינָה אָזְנֶיךָ קַשֻּׁבוֹת לְקוֹל תַּחֲנוּנָי: ג אִם-עֲוֹנוֹת
תִּשְׁמָר-יָהּ אֲדֹנָי מִי יַעֲמֹד: ד כִּי-עִמְּךָ הַסְּלִיחָה לְמַעַן
תִּוָּרֵא: ה קִוִּיתִי יְהוָה קִוְּתָה נַפְשִׁי וְלִדְבָרוֹ הוֹחָלְתִּי: ו נַפְשִׁי
לַאדֹנָי מִשֹּׁמְרִים לַבֹּקֶר שֹׁמְרִים לַבֹּקֶר: ז יַחֵל יִשְׂרָאֵל אֶל-

יְהֹוָה כִּי-עִם-יְהוָה הַחֶסֶד וְהַרְבֵּה עִמּוֹ פְדוּת: ח וְהוּא יִפְדֶּה
אֶת-יִשְׂרָאֵל מִכֹּל עֲוֹנֹתָיו:

Psaume 131

Tehilim du Samedi - Tehilim du jour: jour 27

C'est la suite logique du précédent. Tout l'espoir des humains repose sur D. sans la moindre hésitation.

- Contre l’orgueilleux

כז לחודש - ליום שבת

פרק קלא

א שִׁיר הַמַּעֲלוֹת לְדָוִד יְהוָה | לֹא-גָבַהּ לִבִּי וְלֹא-רָמוּ עֵינַי
וְלֹא-הִלַּכְתִּי | בִּגְדֹלוֹת וּבְנִפְלָאוֹת מִמֶּנִּי: ב אִם-לֹא שִׁוִּיתִי
| וְדוֹמַמְתִּי נַפְשִׁי כְּגָמֻל עֲלֵי אִמּוֹ כַּגָּמֻל עָלַי נַפְשִׁי: ג יַחֵל
יִשְׂרָאֵל אֶל-יְהוָה מֵעַתָּה וְעַד-עוֹלָם:

Psaume 132

Tehilim du Samedi - Tehilim du jour: jour 27

Les rabbins se posent la question des circonstances qui ont poussé David à composer ce cantique. Il est poignant parce qu'à la détresse s'ajoute le désespoir de l'errance comme si David et ses proches avaient échoué et n'osaient pas demander la rémission. En réalité c'est le cri d'un homme à qui D. n'a pas accordé le droit d'ériger « la tente résidentielle définitive ».
La réponse de D. est connue. D. n'abandonnera jamais la maison de David.

- Pour tenir ses serments

כז לחודש - ליום שבת

פרק קלב

א שִׁיר הַמַּעֲלוֹת זְכוֹר-יְהוָה לְדָוִד אֵת כָּל-עֻנּוֹתוֹ: ב אֲשֶׁר
נִשְׁבַּע לַיהוָה נָדַר לַאֲבִיר יַעֲקֹב: ג אִם-אָבֹא בְּאֹהֶל בֵּיתִי
אִם-אֶעֱלֶה עַל-עֶרֶשׂ יְצוּעָי: ד אִם-אֶתֵּן שְׁנָת לְעֵינָי
לְעַפְעַפַּי תְּנוּמָה: ה עַד-אֶמְצָא מָקוֹם לַיהוָה מִשְׁכָּנוֹת

לַאֲבִיר יַעֲקֹב: ו הִנֵּה-שְׁמַעֲנוּהָ בְאֶפְרָתָה מְצָאנוּהָ בִּשְׂדֵי-
יָעַר: ז נָבוֹאָה לְמִשְׁכְּנוֹתָיו נִשְׁתַּחֲוֶה לַהֲדֹם רַגְלָיו: ח קוּמָה
יְהוָה לִמְנוּחָתֶךָ אַתָּה וַאֲרוֹן עֻזֶּךָ: ט כֹּהֲנֶיךָ יִלְבְּשׁוּ-צֶדֶק
וַחֲסִידֶיךָ יְרַנֵּנוּ: י בַּעֲבוּר דָּוִד עַבְדֶּךָ אַל-תָּשֵׁב פְּנֵי מְשִׁיחֶךָ:
יא נִשְׁבַּע-יְהוָה | לְדָוִד אֱמֶת לֹא-יָשׁוּב מִמֶּנָּה מִפְּרִי בִטְנְךָ
אָשִׁית לְכִסֵּא-לָךְ: יב אִם-יִשְׁמְרוּ בָנֶיךָ | בְּרִיתִי וְעֵדֹתִי זוֹ
אֲלַמְּדֵם גַּם-בְּנֵיהֶם עֲדֵי-עַד יֵשְׁבוּ לְכִסֵּא-לָךְ: יג כִּי-בָחַר
יְהוָה בְּצִיּוֹן אִוָּהּ לְמוֹשָׁב לוֹ: יד זֹאת-מְנוּחָתִי עֲדֵי-עַד פֹּה-
אֵשֵׁב כִּי אִוִּתִיהָ: טו צֵידָהּ בָּרֵךְ אֲבָרֵךְ אֶבְיוֹנֶיהָ אַשְׂבִּיעַ
לָחֶם: טז וְכֹהֲנֶיהָ אַלְבִּישׁ יֶשַׁע וַחֲסִידֶיהָ רַנֵּן יְרַנֵּנוּ: יז שָׁם
אַצְמִיחַ קֶרֶן לְדָוִד עָרַכְתִּי נֵר לִמְשִׁיחִי: יח אוֹיְבָיו אַלְבִּישׁ
בֹּשֶׁת וְעָלָיו יָצִיץ נִזְרוֹ:

Psaume 133

Tehilim du Samedi - Tehilim du jour: jour 27

Le chant est sur toutes les lèvres parce qu'il invite à la réconciliation et au bonheur « des frères » de résider en harmonie totale.

- Pour inspirer l'amitié

כז לחודש - ליום שבת

פרק קלג

א שִׁיר הַמַּעֲלוֹת לְדָוִד הִנֵּה מַה-טּוֹב וּמַה-נָּעִים שֶׁבֶת
אַחִים גַּם-יָחַד: ב כַּשֶּׁמֶן הַטּוֹב | עַל-הָרֹאשׁ יֹרֵד עַל-הַזָּקָן
זְקַן-אַהֲרֹן שֶׁיֹּרֵד עַל-פִּי מִדּוֹתָיו: ג כְּטַל-חֶרְמוֹן שֶׁיֹּרֵד עַל-
הַרְרֵי צִיּוֹן כִּי שָׁם | צִוָּה יְהוָה אֶת-הַבְּרָכָה חַיִּים עַד-
הָעוֹלָם:

Psaume 134

Tehilim du Samedi - Tehilim du jour: jour 27

Comme le précédent il annonce (Hiné, voici que)) une évidence. La bénédiction divine n'a d'effet que si les serviteurs de D. la réclament.

- A dire avant l'étude

כז לחודש - ליום שבת
פרק קלד
א שִׁיר הַֽמַּ֫עֲל֥וֹת הִנֵּ֤ה ׀ בָּרְכ֣וּ אֶת־יְ֭הוָה כָּל־עַבְדֵ֣י יְהוָ֑ה
הָעֹמְדִ֥ים בְּבֵית־יְ֝הוָ֗ה בַּלֵּילֽוֹת׃ ב שְׂאוּ־יְדֵכֶ֥ם קֹ֑דֶשׁ וּ֝בָרְכוּ
אֶת־יְהוָֽה׃ ג יְבָרֶכְךָ֣ יְ֭הוָה מִצִּיּ֑וֹן עֹ֝שֵׂ֗ה שָׁמַ֥יִם וָאָֽרֶץ׃

Psaume 135

Tehilim du Samedi - Tehilim du jour: jour 28

Avant d'entamer le Grand Hallel (Ps. 136) Le psalmiste invite les Lévites à louer D. (hallélouah) pour plusieurs raisons. Le choix divin n'est pas fortuit concernant leur place dans le Temple. En faisant subir aux égyptiens les dix plaies D. s'est acquitté d'une promesse faite à Abraham concernant sa progéniture. La justice immanente a aussi ses effets bénéfiques lorsque le peuple d'Israël a pris possession de la terre de ses ancêtres. L'idolâtrie sera bannie à jamais de l'univers.

- Contre les pensées hérétiques

כח לחודש - ליום שבת
פרק קלה
א הַ֥לְלוּיָ֨הּ ׀ הַ֭לְלוּ אֶת־שֵׁ֣ם יְהוָ֑ה הַ֝לְלוּ עַבְדֵ֥י יְהוָֽה׃ ב
שֶׁ֣עֹמְדִים בְּבֵ֣ית יְהוָ֑ה בְּ֝חַצְר֗וֹת בֵּ֣ית אֱלֹהֵֽינוּ׃ ג הַֽ֭לְלוּיָהּ כִּי־
ט֣וֹב יְהוָ֑ה זַמְּר֥וּ לִ֝שְׁמ֗וֹ כִּ֣י נָעִֽים׃ ד כִּֽי־יַ֭עֲקֹב בָּחַ֣ר ל֣וֹ יָ֑הּ
יִ֝שְׂרָאֵ֗ל לִסְגֻלָּתֽוֹ׃ ה כִּ֤י אֲנִ֣י יָ֭דַעְתִּי כִּֽי־גָד֣וֹל יְהוָ֑ה וַ֝אֲדֹנֵ֗ינוּ
מִכָּל־אֱלֹהִֽים׃ ו כֹּ֤ל אֲשֶׁר־חָפֵ֪ץ יְה֫וָ֥ה עָשָׂ֗ה בַּשָּׁמַ֥יִם וּבָאָ֑רֶץ
בַּ֝יַּמִּ֗ים וְכָל־תְּהֹמֽוֹת׃ ז מַעֲלֶ֪ה נְשִׂאִ֡ים מִקְצֵ֬ה הָאָ֗רֶץ
בְּרָקִ֣ים לַמָּטָ֣ר עָשָׂ֑ה מֽוֹצֵא־ר֝֗וּחַ מֵאֽוֹצְרוֹתָֽיו׃ ח שֶׁ֭הִכָּה
בְּכוֹרֵ֣י מִצְרָ֑יִם מֵ֝אָדָ֗ם עַד־בְּהֵמָֽה׃ ט שָׁלַ֤ח ׀ אוֹתֹ֣ת וּ֭מֹפְתִים
בְּתוֹכֵ֣כִי מִצְרָ֑יִם בְּ֝פַרְעֹ֗ה וּבְכָל־עֲבָדָֽיו׃ י שֶׁ֭הִכָּה גּוֹיִ֣ם רַבִּ֑ים
וְ֝הָרַ֗ג מְלָכִ֥ים עֲצוּמִֽים׃ יא לְסִיח֤וֹן ׀ מֶ֤לֶךְ הָֽאֱמֹרִ֗י וּ֭לְעוֹג מֶ֣לֶךְ
הַבָּשָׁ֑ן וּ֝לְכֹ֗ל מַמְלְכ֥וֹת כְּנָֽעַן׃ יב וְנָתַ֣ן אַרְצָ֣ם נַחֲלָ֑ה נַ֝חֲלָ֗ה
לְיִשְׂרָאֵ֥ל עַמּֽוֹ׃ יג יְ֭הוָה שִׁמְךָ֣ לְעוֹלָ֑ם יְ֝הוָ֗ה זִכְרְךָ֥ לְדֹר־וָדֹֽר׃
יד כִּֽי־יָדִ֣ין יְהוָ֣ה עַמּ֑וֹ וְעַל־עֲ֝בָדָ֗יו יִתְנֶחָֽם׃ טו עֲצַבֵּ֣י הַ֭גּוֹיִם
כֶּ֣סֶף וְזָהָ֑ב מַ֝עֲשֵׂ֗ה יְדֵ֣י אָדָֽם׃ טז פֶּֽה־לָ֭הֶם וְלֹ֣א יְדַבֵּ֑רוּ עֵינַ֥יִם
לָ֝הֶ֗ם וְלֹ֣א יִרְאֽוּ׃ יז אָזְנַ֣יִם לָ֭הֶם וְלֹ֣א יַאֲזִ֑ינוּ אַ֝֗ף אֵין־יֶשׁ־ר֥וּחַ

בְּפִיהֶם: יח כְּמוֹהֶם יִהְיוּ עֹשֵׂיהֶם כֹּל אֲשֶׁר-בֹּטֵחַ בָּהֶם: יט
בֵּית יִשְׂרָאֵל בָּרְכוּ אֶת-יְהוָה בֵּית אַהֲרֹן בָּרְכוּ אֶת-יְהוָה: כ
בֵּית הַלֵּוִי בָּרְכוּ אֶת-יְהוָה יִרְאֵי יְהוָה בָּרְכוּ אֶת-יְהוָה: כא
בָּרוּךְ יְהוָה ׀ מִצִּיּוֹן שֹׁכֵן יְרוּשָׁלָם הַלְלוּיָהּ:

Psaume 136

Tehilim du Samedi - Tehilim du jour: jour 28

Ce psaume est nommé dans la littérature rabbinique par le dénominatif « le Grand Hallel ».
Il a vingt-six versets qui sont composés en deux parties. La première est l'annonce des bienfaits divins et la seconde est une ritournelle « Ki léolam Hasdo », Oui, Sa bonté est permanente.
Dans Pesahim 118a Rabbi Tarphone définit ce psaume comme une entité totale qui s'intègre dans la soirée de la nuit de Pessah et qui se conclut par l'ingurgitation du cinquième verre.
Ces vingt-six hommages selon Rabbi Yéhouchoua Ben Lévi correspondent aux vingt-six générations depuis la Création qui n'ont pas eu la Thora. Malgré cette absence le Saint Béni Soit-Il leur a accordé Ses générosités sans contrepartie.
Les différentes évocations commencent par les prodiges décrits dans la Thora pendant les six jours de la Création. Suivent les miracles que D. a accomplis avant et après la sortie des enfants d'Israël d'Egypte, la traversée du désert et l'entrée de ce peuple dans le pays qu'Il lui a destiné.

- Pour avouer ses fautes

כח לחודש - ליום שבת

פרק קלו

א הוֹדוּ לַיהוָה כִּי-טוֹב כִּי לְעוֹלָם חַסְדּוֹ: ב הוֹדוּ לֵאלֹהֵי
הָאֱלֹהִים כִּי לְעוֹלָם חַסְדּוֹ: ג הוֹדוּ לַאֲדֹנֵי הָאֲדֹנִים כִּי
לְעֹלָם חַסְדּוֹ: ד לְעֹשֵׂה נִפְלָאוֹת גְּדֹלוֹת לְבַדּוֹ כִּי לְעוֹלָם
חַסְדּוֹ: ה לְעֹשֵׂה הַשָּׁמַיִם בִּתְבוּנָה כִּי לְעוֹלָם חַסְדּוֹ: ו לְרֹקַע
הָאָרֶץ עַל-הַמָּיִם כִּי לְעוֹלָם חַסְדּוֹ: ז לְעֹשֵׂה אוֹרִים גְּדֹלִים
כִּי לְעוֹלָם חַסְדּוֹ: ח אֶת-הַשֶּׁמֶשׁ לְמֶמְשֶׁלֶת בַּיּוֹם כִּי לְעוֹלָם

חַסְדּוֹ: ט אֶת-הַיָּרֵחַ וְכוֹכָבִים לְמֶמְשְׁלוֹת בַּלָּיְלָה כִּי לְעוֹלָם
חַסְדּוֹ: י לְמַכֵּה מִצְרַיִם בִּבְכוֹרֵיהֶם כִּי לְעוֹלָם חַסְדּוֹ: יא
וַיּוֹצֵא יִשְׂרָאֵל מִתּוֹכָם כִּי לְעוֹלָם חַסְדּוֹ: יב בְּיָד חֲזָקָה
וּבִזְרוֹעַ נְטוּיָה כִּי לְעוֹלָם חַסְדּוֹ: יג לְגֹזֵר יַם-סוּף לִגְזָרִים
כִּי לְעוֹלָם חַסְדּוֹ: יד וְהֶעֱבִיר יִשְׂרָאֵל בְּתוֹכוֹ כִּי לְעוֹלָם
חַסְדּוֹ: טו וְנִעֵר פַּרְעֹה וְחֵילוֹ בְיַם-סוּף כִּי לְעוֹלָם חַסְדּוֹ: טז
לְמוֹלִיךְ עַמּוֹ בַּמִּדְבָּר כִּי לְעוֹלָם חַסְדּוֹ: יז לְמַכֵּה מְלָכִים
גְּדֹלִים כִּי לְעוֹלָם חַסְדּוֹ: יח וַיַּהֲרֹג מְלָכִים אַדִּירִים כִּי
לְעוֹלָם חַסְדּוֹ: יט לְסִיחוֹן מֶלֶךְ הָאֱמֹרִי כִּי לְעוֹלָם חַסְדּוֹ: כ
וּלְעוֹג מֶלֶךְ הַבָּשָׁן כִּי לְעוֹלָם חַסְדּוֹ: כא וְנָתַן אַרְצָם לְנַחֲלָה
כִּי לְעוֹלָם חַסְדּוֹ: כב נַחֲלָה לְיִשְׂרָאֵל עַבְדּוֹ כִּי לְעוֹלָם חַסְדּוֹ:
כג שֶׁבְּשִׁפְלֵנוּ זָכַר לָנוּ כִּי לְעוֹלָם חַסְדּוֹ: כד וַיִּפְרְקֵנוּ מִצָּרֵינוּ
כִּי לְעוֹלָם חַסְדּוֹ: כה נֹתֵן לֶחֶם לְכָל-בָּשָׂר כִּי לְעוֹלָם חַסְדּוֹ:
כו הוֹדוּ לְאֵל הַשָּׁמָיִם כִּי לְעוֹלָם חַסְדּוֹ:

Psaume 137

Tehilim du Samedi - Tehilim du jour: jour 28

Les rives de Babylonie rappellent l'histoire des plus tristes pour notre peuple. On se souvient du premier exil et de la déportation des judéens. Jérusalem restera dans nos mémoires une ville attachante. Aucune capitale dans le monde ne pourra égaler. Cette élégie est lue à Ticha Béav. A chaque cérémonie de mariage nous brisons un verre en signe de tristesse en récitant le verset 5 comme un cri d'espoir de reconstruction de cette ville éternelle. Les sages ajoutent que D. a montré à David les différentes catastrophes comme les destructions des deux Temples et bien entendu la fin des exils.

- Pour conjurer la Haine

כח לחודש - ליום שבת

פרק קלז

א עַל נַהֲרוֹת | בָּבֶל שָׁם יָשַׁבְנוּ גַּם-בָּכִינוּ בְּזָכְרֵנוּ אֶת-צִיּוֹן:
ב עַל-עֲרָבִים בְּתוֹכָהּ תָּלִינוּ כִּנֹּרוֹתֵינוּ: ג כִּי שָׁם שְׁאֵלוּנוּ
שׁוֹבֵינוּ דִּבְרֵי-שִׁיר וְתוֹלָלֵינוּ שִׂמְחָה שִׁירוּ לָנוּ מִשִּׁיר צִיּוֹן:
ד אֵיךְ נָשִׁיר אֶת-שִׁיר-יְהוָה עַל אַדְמַת נֵכָר: ה אִם-אֶשְׁכָּחֵךְ

יְרוּשָׁלָ֫͏ִם תִּשְׁכַּ֥ח יְמִינִֽי׃ תִּדְבַּק־לְשׁוֹנִ֨י ׀ לְחִכִּי֮ אִם־לֹ֪א
אֶ֫זְכְּרֵ֥כִי אִם־לֹ֣א אַ֭עֲלֶה אֶת־יְרוּשָׁלַ֑͏ִם עַ֝֗ל רֹ֣אשׁ שִׂמְחָתִֽי׃
זְכֹ֤ר יְהֹוָ֨ה ׀ לִבְנֵ֬י אֱד֗וֹם אֵת֮ י֤וֹם יְֽרוּשָׁ֫לָ֥͏ִם הָ֭אֹ֣מְרִים עָ֤רוּ ׀
עָ֑רוּ עַ֝֗ד הַיְס֥וֹד בָּֽהּ׃ בַּת־בָּבֶ֗ל הַשְּׁד֫וּדָ֥ה אַשְׁרֵ֥י שֶׁיְשַׁלֶּם־
לָ֑ךְ אֶת־גְּ֝מוּלֵ֗ךְ שֶׁגָּמַ֥לְתְּ לָֽנוּ׃ אַשְׁרֵ֤י ׀ שֶׁיֹּאחֵ֓ז וְנִפֵּ֬ץ אֶֽת־
עֹ֝לָלַ֗יִךְ אֶל־הַסָּֽלַע׃

Psaume 138

Tehilim du Samedi - Tehilim du jour: jour 28

Les rois à l'instar du Roi David doivent reconnaître leur no-
mination à ce rang grâce à la volonté divine. D. est le seul
qui a le pouvoir d'élever ceux qui sont dans des profondeurs
immenses. Le plus difficile est de l'admettre lorsqu'on est as-
sis sur le trône.

- Pour lutter contre l'orgueil

כח לחודש - ליום שבת
פרק קלח

א לְדָוִ֨ד ׀ אוֹדְךָ֥ בְכָל־לִבִּ֑י נֶ֖גֶד אֱלֹהִ֣ים אֲזַמְּרֶֽךָּ׃ ב אֶשְׁתַּחֲוֶ֨ה
אֶל־הֵיכַ֪ל קׇדְשְׁךָ֡ וְא֘וֹדֶ֤ה אֶת־שְׁמֶ֗ךָ עַל־חַסְדְּךָ֥ וְעַל־אֲמִתֶּ֑ךָ
כִּֽי־הִגְדַּ֥לְתָּ עַל־כׇּל־שִׁ֝מְךָ֗ אִמְרָתֶֽךָ׃ ג בְּי֣וֹם קָ֭רָ֣אתִי וַֽתַּעֲנֵ֑נִי
תַּרְהִבֵ֖נִי בְנַפְשִׁ֣י עֹֽז׃ ד יוֹד֥וּךָ יְהֹוָ֗ה כׇּל־מַלְכֵי־אָ֑רֶץ כִּ֥י שָׁ֝מְע֗וּ
אִמְרֵי־פִֽיךָ׃ ה וְֽ֭יָשִׁירוּ בְּדַרְכֵ֣י יְהֹוָ֑ה כִּֽי־גָ֝ד֗וֹל כְּב֣וֹד יְהֹוָֽה׃
ו כִּי־רָ֣ם יְ֭הֹוָה וְשָׁפָ֣ל יִרְאֶ֑ה וְ֝גָבֹ֗הַּ מִמֶּרְחָ֥ק יְיֵדָֽע׃ ז אִם־אֵלֵ֤ךְ ׀
בְּקֶ֥רֶב צָרָ֗ה תְּחַ֫יֵּ֥נִי עַ֤ל אַ֣ף אֹ֭יְבַי תִּשְׁלַ֣ח יָדֶ֑ךָ וְת֖וֹשִׁיעֵ֣נִי
יְמִינֶֽךָ׃ ח יְהֹוָה֮ יִגְמֹ֪ר בַּ֫עֲדִ֥י יְהֹוָ֗ה חַסְדְּךָ֥ לְעוֹלָ֑ם מַעֲשֵׂ֖י יָדֶ֣יךָ
אַל־תֶּֽרֶף׃

Psaume 139

Tehilim du Samedi - Tehilim du jour: jour 28

Selon Abraham Ibn Ezra ce psaume n'a pas de pareil dans
tout le livre qui a le mieux décrit les voies mystérieuses de
D. Notre âme sait reconnaître ces chemins et elle a la possi-
bilité de nous les communiquer. Il suffit que nous puissions
y être attentifs. Dans le verset 3 par exemple David décrit la

naissance de tout être qui se réalise par l'Orah traduit par cycle féminin et Rivii, organe masculin sous la protection permanente de D.
Nous savons que tout est déjà « programmé » et surveillé. La nuit n'est pas une échappatoire. Pour mener à bien l'existence terrestre que D. nous a confiée, il est impératif de de suivre Ses conseil et Son assistance.

- Pour ramener l'amour entre mari et femme

כח לחודש - ליום שבת

פרק קלט

א לַמְנַצֵּחַ לְדָוִד מִזְמוֹר יְהוָה חֲקַרְתַּנִי וַתֵּדָע: ב אַתָּה יָדַעְתָּ
שִׁבְתִּי וְקוּמִי בַּנְתָּה לְרֵעִי מֵרָחוֹק: ג אָרְחִי וְרִבְעִי זֵרִיתָ
וְכָל-דְּרָכַי הִסְכַּנְתָּה: ד כִּי אֵין מִלָּה בִּלְשׁוֹנִי הֵן יְהוָה יָדַעְתָּ
כֻלָּהּ: ה אָחוֹר וָקֶדֶם צַרְתָּנִי וַתָּשֶׁת עָלַי כַּפֶּכָה: ו (פלאיה)
פְּלִיאָה דַעַת מִמֶּנִּי נִשְׂגְּבָה לֹא-אוּכַל לָהּ: ז אָנָה אֵלֵךְ
מֵרוּחֶךָ וְאָנָה מִפָּנֶיךָ אֶבְרָח: ח אִם-אֶסַּק שָׁמַיִם שָׁם אָתָּה
וְאַצִּיעָה שְּׁאוֹל הִנֶּךָּ: ט אֶשָּׂא כַנְפֵי-שָׁחַר אֶשְׁכְּנָה בְּאַחֲרִית
יָם: י גַּם-שָׁם יָדְךָ תַנְחֵנִי וְתֹאחֲזֵנִי יְמִינֶךָ: יא וָאֹמַר אַךְ-חֹשֶׁךְ
יְשׁוּפֵנִי וְלַיְלָה אוֹר בַּעֲדֵנִי: יב גַּם-חֹשֶׁךְ לֹא-יַחְשִׁיךְ מִמֶּךָ
וְלַיְלָה כַּיּוֹם יָאִיר כַּחֲשֵׁיכָה כָּאוֹרָה: יג כִּי-אַתָּה קָנִיתָ
כִלְיֹתָי תְּסֻכֵּנִי בְּבֶטֶן אִמִּי: יד אוֹדְךָ עַל כִּי נוֹרָאוֹת נִפְלֵיתִי
נִפְלָאִים מַעֲשֶׂיךָ וְנַפְשִׁי יֹדַעַת מְאֹד: טו לֹא-נִכְחַד עָצְמִי
מִמֶּךָּ אֲשֶׁר-עֻשֵּׂיתִי בַסֵּתֶר רֻקַּמְתִּי בְּתַחְתִּיּוֹת אָרֶץ: טז גָּלְמִי
| רָאוּ עֵינֶיךָ וְעַל-סִפְרְךָ כֻּלָּם יִכָּתֵבוּ יָמִים יֻצָּרוּ (ולא) וְלוֹ
אֶחָד בָּהֶם: יז וְלִי מַה-יָּקְרוּ רֵעֶיךָ אֵל מֶה עָצְמוּ רָאשֵׁיהֶם:
יח אֶסְפְּרֵם מֵחוֹל יִרְבּוּן הֱקִיצֹתִי וְעוֹדִי עִמָּךְ: יט אִם-תִּקְטֹל
אֱלוֹהַּ | רָשָׁע וְאַנְשֵׁי דָמִים סוּרוּ מֶנִּי: כ אֲשֶׁר יֹאמְרֻךָ
לִמְזִמָּה נָשֻׂא לַשָּׁוְא עָרֶיךָ: כא הֲלוֹא-מְשַׂנְאֶיךָ יְהוָה | אֶשְׂנָא
וּבִתְקוֹמְמֶיךָ אֶתְקוֹטָט: כב תַּכְלִית שִׂנְאָה שְׂנֵאתִים
לְאוֹיְבִים הָיוּ לִי: כג חָקְרֵנִי אֵל וְדַע לְבָבִי בְּחָנֵנִי וְדַע
שַׂרְעַפָּי: כד וּרְאֵה אִם-דֶּרֶךְ-עֹצֶב בִּי וּנְחֵנִי בְּדֶרֶךְ עוֹלָם:

Psaume 140

Tehilim du Samedi - Tehilim du jour: jour 29

Serait-ce un des premiers psaumes composé par David avant même qu'il soit couronné à la place de Saül ? D'après Abraham Ibn Ezra David a demandé l'aide de D. contre les colporteurs et les fomenteurs de troubles. Les médisants dont le venin est sur leur langue devraient être consumés par le feu qu'ils ont allumé.

- Contre la haine entre mari et femme

כט לחודש - ליום שבת

פרק קמ

א לַמְנַצֵּחַ מִזְמוֹר לְדָוִד: ב חַלְּצֵנִי יְהוָה מֵאָדָם רָע מֵאִישׁ
חֲמָסִים תִּנְצְרֵנִי: ג אֲשֶׁר חָשְׁבוּ רָעוֹת בְּלֵב כָּל-יוֹם יָגוּרוּ
מִלְחָמוֹת: ד שָׁנְנוּ לְשׁוֹנָם כְּמוֹ-נָחָשׁ חֲמַת עַכְשׁוּב תַּחַת
שְׂפָתֵימוֹ סֶלָה: ה שָׁמְרֵנִי יְהוָה | מִידֵי רָשָׁע מֵאִישׁ חֲמָסִים
תִּנְצְרֵנִי אֲשֶׁר חָשְׁבוּ לִדְחוֹת פְּעָמָי: ו טָמְנוּ-גֵאִים | פַּח לִי
וַחֲבָלִים פָּרְשׂוּ רֶשֶׁת לְיַד-מַעְגָּל מֹקְשִׁים שָׁתוּ-לִי סֶלָה: ז
אָמַרְתִּי לַיהוָה אֵלִי אָתָּה הַאֲזִינָה יְהוָה קוֹל תַּחֲנוּנָי: ח
(יְהוִה) אֱלֹהִים אֲדֹנָי עֹז יְשׁוּעָתִי סַכֹּתָה לְרֹאשִׁי בְּיוֹם נָשֶׁק:
ט אַל-תִּתֵּן יְהוָה מַאֲוַיֵּי רָשָׁע זְמָמוֹ אַל-תָּפֵק יָרוּמוּ סֶלָה: י
רֹאשׁ מְסִבָּי עֲמַל שְׂפָתֵימוֹ (יכסומו) יְכַסֵּמוֹ: יא (ימיטו) יִמּוֹטוּ
עֲלֵיהֶם גֶּחָלִים בָּאֵשׁ יַפִּלֵם בְּמַהֲמֹרוֹת בַּל-יָקוּמוּ: יב אִישׁ
לָשׁוֹן בַּל-יִכּוֹן בָּאָרֶץ אִישׁ-חָמָס רָע יְצוּדֶנּוּ לְמַדְחֵפֹת: יג
(ידעת) יָדַעְתִּי כִּי-יַעֲשֶׂה יְהוָה דִּין עָנִי מִשְׁפַּט אֶבְיֹנִים: יד אַךְ
צַדִּיקִים יוֹדוּ לִשְׁמֶךָ יֵשְׁבוּ יְשָׁרִים אֶת-פָּנֶיךָ:

Psaume 141

Tehilim du Samedi - Tehilim du jour: jour 29

L'introduction à la Amida de l'après-midi se trouve dans le verset 2. Le jour qui tend vers le crépuscule fait penser aux temps d'une existence terrestre qui vient de passer le cap de la cinquantaine. La préparation au saut final d'une vie bien remplie peut basculer dans l'oubli de la tombe à cause des embûches parsemées par des malveillants. David prie D. de lui épargner ces épreuves finales.

- Contre les douleurs du coeur

כט לחודש - ליום שבת
פרק קמא
א מִזְמ֗וֹר לְדָ֫וִ֥ד יְהוָ֣ה קְ֭רָאתִיךָ ח֣וּשָׁה לִּ֑י הַאֲזִ֥ינָה ק֝וֹלִ֗י
בְּקָרְאִי-לָֽךְ׃ ב תִּכּ֤וֹן תְּפִלָּתִ֣י קְטֹ֣רֶת לְפָנֶ֑יךָ מַֽשְׂאַ֥ת כַּ֝פַּ֗י
מִנְחַת-עָֽרֶב׃ ג שִׁיתָ֣ה יְ֭הוָה שָׁמְרָ֣ה לְפִ֑י נִ֝צְּרָ֗ה עַל-דַּ֥ל
שְׂפָתָֽי׃ ד אַל-תַּט-לִבִּ֨י לְדָ֬בָר ׀ רָ֗ע לְהִתְע֘וֹלֵ֤ל עֲלִל֨וֹת ׀ בְּרֶ֗שַׁע
אֶת-אִישִׁ֥ים פֹּֽעֲלֵי-אָ֑וֶן וּבַל-אֶ֝לְחַ֗ם בְּמַנְעַמֵּיהֶֽם׃ ה יֶֽהֶלְמֵֽנִי-
צַדִּ֨יק ׀ חֶ֡סֶד וְֽיוֹכִיחֵ֗נִי שֶׁ֣מֶן רֹ֭אשׁ אַל-יָנִ֣י רֹאשִׁ֑י כִּי-ע֥וֹד
וּ֝תְפִלָּתִ֗י בְּרָעוֹתֵיהֶֽם׃ ו נִשְׁמְט֣וּ בִֽידֵי-סֶ֭לַע שֹׁפְטֵיהֶ֑ם
וְשָׁמְע֥וּ אֲ֝מָרַ֗י כִּ֣י נָעֵֽמוּ׃ ז כְּמ֣וֹ פֹלֵ֣חַ וּבֹקֵ֣עַ בָּאָ֑רֶץ נִפְזְר֥וּ
עֲ֝צָמֵ֗ינוּ לְפִ֣י שְׁאֽוֹל׃ ח כִּ֤י אֵלֶ֨יךָ ׀ (יֱהוִה) אֱלֹהִ֣ים אֲדֹנָ֣י עֵינָ֑י
בְּכָ֥ה חָ֝סִ֗יתִי אַל-תְּעַ֥ר נַפְשִֽׁי׃ ט שָׁ֭מְרֵנִי מִ֣ידֵי פַ֣ח יָ֣קְשׁוּ לִ֑י
וּ֝מֹקְשׁ֗וֹת פֹּ֣עֲלֵי אָֽוֶן׃ י יִפְּל֣וּ בְמַכְמֹרָ֣יו רְשָׁעִ֑ים יַ֥חַד אָ֝נֹכִ֗י
עַד-אֶֽעֱבֽוֹר׃

Psaume 142

Tehilim du Samedi - Tehilim du jour: jour 29

La solitude de l'homme droit ressemble à celui qui se trouve piégé dans une fosse sans secours. Ce thème a été abordé dans d'autres cantiques de ce livre. La réflexion de David qui a vécu cette expérience tend à prouver qu'il y a toujours une issue dès lors où l'être fait appel à D. sans calcul mais avec confiance et détermination.

- Pour ceux qui souffrent des cuisses

כט לחודש - ליום שבת
פרק קמב
א מַשְׂכִּ֥יל לְדָוִ֑ד בִּהְיוֹת֖וֹ בַמְּעָרָ֣ה תְפִלָּֽה׃ ב ק֭וֹלִי אֶל-יְהוָ֣ה
אֶזְעָ֑ק ק֝וֹלִ֗י אֶל-יְהוָ֥ה אֶתְחַנָּֽן׃ ג אֶשְׁפֹּ֣ךְ לְפָנָ֣יו שִׂיחִ֑י צָ֝רָתִ֗י
לְפָנָ֥יו אַגִּֽיד׃ ד בְּהִתְעַטֵּ֬ף עָלַ֨י ׀ רוּחִ֗י וְאַתָּה֮ יָדַ֪עְתָּ נְֽתִיבָ֫תִ֥י
בְּאֹֽרַח-ז֥וּ אֲהַלֵּ֑ךְ טָמְנ֖וּ פַ֣ח לִֽי׃ ה הַבֵּ֤יט יָמִ֨ין ׀ וּרְאֵה֮ וְאֵֽין-
לִ֪י מַ֫כִּ֥יר אָבַ֣ד מָנ֣וֹס מִמֶּ֑נִּי אֵ֖ין דּוֹרֵ֣שׁ לְנַפְשִֽׁי׃ ו זָעַ֥קְתִּי אֵלֶ֗יךָ
יְה֫וָ֥ה אָ֭מַרְתִּי אַתָּ֣ה מַחְסִ֑י חֶ֝לְקִ֗י בְּאֶ֣רֶץ הַֽחַיִּֽים׃ ז הַקְשִׁ֤יבָה
׀ אֶֽל-רִנָּתִי֮ כִּֽי-דַלּ֪וֹתִ֫י מְ֥אֹד הַצִּילֵ֣נִי מֵרֹדְפַ֑י כִּ֖י אָמְצ֣וּ מִמֶּֽנִּי׃

ח הוֹצִיאָה מִמַּסְגֵּר ׀ נַפְשִׁי לְהוֹדוֹת אֶת־שְׁמֶךָ בִּי יַכְתִּרוּ
צַדִּיקִים כִּי תִגְמֹל עָלָי׃

Psaume 143

Tehilim du Samedi - Tehilim du jour: jour 29

Il est la suite du précédent dans la mesure où le Roi David a été pourchassé et n'a été épargné que par sa confiance totale en D. Il recommande que l'homme se définisse comme le serviteur de D. qui profitera assurément des bontés divines par l'élimination de ses ennemis connus ou cachés.

- Pour ceux qui souffrent des bras

כט לחודש - ליום שבת

פרק קמג

א מִזְמוֹר לְדָוִד יְהוָה ׀ שְׁמַע תְּפִלָּתִי הַאֲזִינָה אֶל־תַּחֲנוּנָי
בֶּאֱמֻנָתְךָ עֲנֵנִי בְּצִדְקָתֶךָ׃ ב וְאַל־תָּבוֹא בְמִשְׁפָּט אֶת־עַבְדֶּךָ
כִּי לֹא־יִצְדַּק לְפָנֶיךָ כָל־חָי׃ ג כִּי רָדַף אוֹיֵב ׀ נַפְשִׁי דִּכָּא
לָאָרֶץ חַיָּתִי הוֹשִׁיבַנִי בְמַחֲשַׁכִּים כְּמֵתֵי עוֹלָם׃ ד וַתִּתְעַטֵּף
עָלַי רוּחִי בְּתוֹכִי יִשְׁתּוֹמֵם לִבִּי׃ ה זָכַרְתִּי יָמִים ׀ מִקֶּדֶם
הָגִיתִי בְכָל־פָּעֳלֶךָ בְּמַעֲשֵׂה יָדֶיךָ אֲשׂוֹחֵחַ׃ ו פֵּרַשְׂתִּי יָדַי
אֵלֶיךָ נַפְשִׁי ׀ כְּאֶרֶץ־עֲיֵפָה לְךָ סֶלָה׃ ז מַהֵר עֲנֵנִי ׀ יְהוָה
כָּלְתָה רוּחִי אַל־תַּסְתֵּר פָּנֶיךָ מִמֶּנִּי וְנִמְשַׁלְתִּי עִם־יֹרְדֵי
בוֹר׃ ח הַשְׁמִיעֵנִי בַבֹּקֶר ׀ חַסְדֶּךָ כִּי־בְךָ בָטָחְתִּי הוֹדִיעֵנִי
דֶּרֶךְ־זוּ אֵלֵךְ כִּי־אֵלֶיךָ נָשָׂאתִי נַפְשִׁי׃ ט הַצִּילֵנִי מֵאֹיְבַי ׀
יְהוָה אֵלֶיךָ כִסִּתִי׃ י לַמְּדֵנִי ׀ לַעֲשׂוֹת רְצוֹנֶךָ כִּי־אַתָּה אֱלוֹהָי
רוּחֲךָ טוֹבָה תַּנְחֵנִי בְּאֶרֶץ מִישׁוֹר׃ יא לְמַעַן־שִׁמְךָ יְהוָה
תְּחַיֵּנִי בְּצִדְקָתְךָ ׀ תוֹצִיא מִצָּרָה נַפְשִׁי׃ יב וּבְחַסְדְּךָ תַּצְמִית
אֹיְבָי וְהַאֲבַדְתָּ כָּל־צֹרְרֵי נַפְשִׁי כִּי אֲנִי עַבְדֶּךָ׃

Psaume 144

Tehilim du Samedi - Tehilim du jour: jour 29

C'est un des psaumes qui, en le lisant, a un tintement agréable. Il est recommandé de le lire avant l'issue du Chabbat. Il semble que le Roi David en le composant voulait partager son expérience tumultueuse qui s'achève positivement.

Psaume 145

Il a fallu bien évidemment la bienfaisance céleste permanente à ses côtés pour échapper aux mille pièges tendus.
Le dernier verset s'accouple avec le suivant comme une introduction dans les différentes prières de la journée.

- Pour celui qui s’est brisé une main

כט לחודש - ליום שבת

פרק קמד

א לְדָוִד | בָּרוּךְ יְהוָה | צוּרִי הַמְלַמֵּד יָדַי לַקְרָב אֶצְבְּעוֹתַי
לַמִּלְחָמָה: ב חַסְדִּי וּמְצוּדָתִי מִשְׂגַּבִּי וּמְפַלְטִי לִי מָגִנִּי וּבוֹ
חָסִיתִי הָרוֹדֵד עַמִּי תַחְתָּי: ג יְהוָה מָה-אָדָם וַתֵּדָעֵהוּ בֶּן-
אֱנוֹשׁ וַתְּחַשְּׁבֵהוּ: ד אָדָם לַהֶבֶל דָּמָה יָמָיו כְּצֵל עוֹבֵר: ה
יְהוָה הַט-שָׁמֶיךָ וְתֵרֵד גַּע בֶּהָרִים וְיֶעֱשָׁנוּ: ו בְּרוֹק בָּרָק
וּתְפִיצֵם שְׁלַח חִצֶּיךָ וּתְהֻמֵּם: ז שְׁלַח יָדֶיךָ מִמָּרוֹם פְּצֵנִי
וְהַצִּילֵנִי מִמַּיִם רַבִּים מִיַּד בְּנֵי נֵכָר: ח אֲשֶׁר פִּיהֶם דִּבֶּר-
שָׁוְא וִימִינָם יְמִין שָׁקֶר: ט אֱלֹהִים שִׁיר חָדָשׁ אָשִׁירָה לָּךְ
בְּנֵבֶל עָשׂוֹר אֲזַמְּרָה-לָּךְ: י הַנּוֹתֵן תְּשׁוּעָה לַמְּלָכִים הַפּוֹצֶה
אֶת-דָּוִד עַבְדּוֹ מֵחֶרֶב רָעָה: יא פְּצֵנִי וְהַצִּילֵנִי מִיַּד בְּנֵי-נֵכָר
אֲשֶׁר פִּיהֶם דִּבֶּר-שָׁוְא וִימִינָם יְמִין שָׁקֶר: יב אֲשֶׁר בָּנֵינוּ |
כִּנְטִעִים מְגֻדָּלִים בִּנְעוּרֵיהֶם בְּנוֹתֵינוּ כְזָוִיֹּת מְחֻטָּבוֹת
תַּבְנִית הֵיכָל: יג מְזָוֵינוּ מְלֵאִים מְפִיקִים מִזַּן אֶל-זַן צֹאונֵנוּ
מַאֲלִיפוֹת מְרֻבָּבוֹת בְּחוּצוֹתֵינוּ: יד אַלּוּפֵינוּ מְסֻבָּלִים אֵין-
פֶּרֶץ וְאֵין יוֹצֵאת וְאֵין צְוָחָה בִּרְחֹבֹתֵינוּ: טו אַשְׁרֵי הָעָם
שֶׁכָּכָה לּוֹ אַשְׁרֵי הָעָם שֶׁיְהוָה אֱלֹהָיו:

Psaume 145

Tehilim du Samedi - Tehilim du jour: jour 30

Les Pessouké dézimra, les versets mélodieux rassemblent les Psaumes 145 à 150. Ce sont l'exergue à la prière du matin, une approche chantée avant d'aborder le corps de l'office, le Yotser, le chéma et la Amida.
Les sages dans Bérahot 4b conseillent de lire ce psaume au moins trois fois par jour (deux fois à Chaharit et une fois à Minha). Il est introduit par le dernier verset du précédent et se conclut par le premier mot du suivant (Hallélouah). Les

versets suivent l'ordre des vingt-deux lettres de l'alphabet sauf le Noun. Cette dernière ne prédit pas un bon présage (Nofel, tomber) a été « cachée » dans le verset 14 correspondant à la lettre Samékh.
Dans tout ce psaume on multiplie les quémandes et en particulier la plus importante dans le verset 16 : « Il fait ouvrir tes mains et rassasie tout vivant à satiété », qui nous fait réagir en tendant les mains ouvertes vers le Ciel.

- Contre la peur

ל לחודש - ליום שבת

פרק קמה

א תְּהִלָּה לְדָוִד אֲרוֹמִמְךָ אֱלוֹהַי הַמֶּלֶךְ וַאֲבָרְכָה שִׁמְךָ
לְעוֹלָם וָעֶד: ב בְּכָל-יוֹם אֲבָרְכֶךָּ וַאֲהַלְלָה שִׁמְךָ לְעוֹלָם
וָעֶד: ג גָּדוֹל יְהוָה וּמְהֻלָּל מְאֹד וְלִגְדֻלָּתוֹ אֵין חֵקֶר: ד דּוֹר
לְדוֹר יְשַׁבַּח מַעֲשֶׂיךָ וּגְבוּרֹתֶיךָ יַגִּידוּ: ה הֲדַר כְּבוֹד הוֹדֶךָ
וְדִבְרֵי נִפְלְאוֹתֶיךָ אָשִׂיחָה: ו וֶעֱזוּז נוֹרְאוֹתֶיךָ יֹאמֵרוּ
(וגדולתיך) וּגְדוּלָּתְךָ אֲסַפְּרֶנָּה: ז זֵכֶר רַב-טוּבְךָ יַבִּיעוּ
וְצִדְקָתְךָ יְרַנֵּנוּ: ח חַנּוּן וְרַחוּם יְהוָה אֶרֶךְ אַפַּיִם וּגְדָל-חָסֶד:
ט טוֹב-יְהוָה לַכֹּל וְרַחֲמָיו עַל-כָּל-מַעֲשָׂיו: י יוֹדוּךָ יְהוָה כָּל-
מַעֲשֶׂיךָ וַחֲסִידֶיךָ יְבָרְכוּכָה: יא כְּבוֹד מַלְכוּתְךָ יֹאמֵרוּ
וּגְבוּרָתְךָ יְדַבֵּרוּ: יב לְהוֹדִיעַ | לִבְנֵי הָאָדָם גְּבוּרֹתָיו וּכְבוֹד
הֲדַר מַלְכוּתוֹ: יג מַלְכוּתְךָ מַלְכוּת כָּל-עֹלָמִים וּמֶמְשַׁלְתְּךָ
בְּכָל-דּוֹר וָדוֹר: יד סוֹמֵךְ יְהוָה לְכָל-הַנֹּפְלִים וְזוֹקֵף לְכָל-
הַכְּפוּפִים: טו עֵינֵי-כֹל אֵלֶיךָ יְשַׂבֵּרוּ וְאַתָּה נוֹתֵן-לָהֶם אֶת-
אָכְלָם בְּעִתּוֹ: טז פּוֹתֵחַ אֶת-יָדֶךָ וּמַשְׂבִּיעַ לְכָל-חַי רָצוֹן: יז
צַדִּיק יְהוָה בְּכָל-דְּרָכָיו וְחָסִיד בְּכָל-מַעֲשָׂיו: יח קָרוֹב יְהוָה
לְכָל-קֹרְאָיו לְכֹל אֲשֶׁר יִקְרָאֻהוּ בֶאֱמֶת: יט רְצוֹן-יְרֵאָיו
יַעֲשֶׂה וְאֶת-שַׁוְעָתָם יִשְׁמַע וְיוֹשִׁיעֵם: כ שׁוֹמֵר יְהוָה אֶת-
כָּל-אֹהֲבָיו וְאֵת כָּל-הָרְשָׁעִים יַשְׁמִיד: כא תְּהִלַּת יְהוָה יְדַבֶּר-
פִּי וִיבָרֵךְ כָּל-בָּשָׂר שֵׁם קָדְשׁוֹ לְעוֹלָם וָעֶד:

Psaume 146

Tehilim du Samedi - Tehilim du jour: jour 30

Psaume 147

Les cinq derniers psaumes de ce livre commencent par Hallélouah, invitation à louer D. parce qu'Il agit envers les humains avec bonté et sans compter.
Notre âme est la première à Le gratifier pour les bienfaits quotidiens accomplis sur la terre en notant quelques-uns : les aveugles recouvrent la vue, les courbés redressent leur échine, les convertis sont préservés des dénigreurs, la veuve et l'orphelin protégés des escrocs.

- Pour se protéger des coups d'épée

ל לחודש - ליום שבת
פרק קמו

א הַֽלְלוּיָ֡הּ הַלְלִ֥י נַ֝פְשִׁ֗י אֶת־יְהֹוָֽה׃ ב אֲהַלְלָ֣ה יְהֹוָ֣ה בְּחַיָּ֑י
אֲזַמְּרָ֖ה לֵאלֹהַ֣י בְּעוֹדִֽי׃ ג אַל־תִּבְטְח֥וּ בִנְדִיבִ֑ים בְּבֶן־אָדָ֓ם ׀
שֶׁ֤אֵ֖ין ל֣וֹ תְשׁוּעָֽה׃ ד תֵּצֵ֣א ר֭וּחוֹ יָשֻׁ֣ב לְאַדְמָת֑וֹ בַּיּ֥וֹם הַ֝ה֗וּא
אָבְד֥וּ עֶשְׁתֹּנֹתָֽיו׃ ה אַשְׁרֵ֗י שֶׁ֤אֵ֣ל יַעֲקֹ֣ב בְּעֶזְר֑וֹ שִׂ֝בְר֗וֹ עַל־
יְהֹוָ֥ה אֱלֹהָֽיו׃ ו עֹשֶׂ֤ה ׀ שָׁ֘מַ֤יִם וָאָ֗רֶץ אֶת־הַיָּ֥ם וְאֶת־כָּל־
אֲשֶׁר־בָּ֑ם הַשֹּׁמֵ֖ר אֱמֶ֣ת לְעוֹלָֽם׃ ז עֹשֶׂ֤ה מִשְׁפָּ֨ט ׀ לָעֲשׁוּקִ֗ים
נֹתֵ֣ן לֶ֭חֶם לָרְעֵבִ֑ים יְ֝הֹוָ֗ה מַתִּ֥יר אֲסוּרִֽים׃ ח יְהֹוָ֤ה ׀ פֹּ֘קֵ֤חַ
עִוְרִ֗ים יְ֭הֹוָה זֹקֵ֣ף כְּפוּפִ֑ים יְ֝הֹוָ֗ה אֹהֵ֥ב צַדִּיקִֽים׃ ט יְהֹוָ֤ה ׀
שֹׁ֘מֵ֤ר אֶת־גֵּרִ֗ים יָת֣וֹם וְאַלְמָנָ֣ה יְעוֹדֵ֑ד וְדֶ֖רֶךְ רְשָׁעִ֣ים יְעַוֵּֽת׃
י יִמְלֹ֥ךְ יְהֹוָ֨ה ׀ לְעוֹלָ֗ם אֱלֹהַ֣יִךְ צִ֭יּוֹן לְדֹ֥ר וָדֹ֗ר הַֽלְלוּיָֽהּ׃

Psaume 147

Tehilim du Samedi - Tehilim du jour: jour 30

La suite des bienfaits célestes touchent divers domaines : Jérusalem est rebâtie pour accueillir les rescapés d'Israël sur la terre. Dans les cieux D. compte les étoiles selon une nomenclature méticuleuse. Les saisons sont respectées afin que le produit de la terre pousse en son temps. Les animaux et les humains trouvent ainsi leur pitance régulièrement.

- Contre La morsure du serpent

ל לחודש - ליום שבת
פרק קמז

א הַלְלוּיָהּ | כִּי־טוֹב זַמְּרָה אֱלֹהֵינוּ כִּי־נָעִים נָאוָה תְהִלָּה׃
ב בּוֹנֵה יְרוּשָׁלִַם יְהוָה נִדְחֵי יִשְׂרָאֵל יְכַנֵּס׃ ג הָרֹפֵא לִשְׁבוּרֵי
לֵב וּמְחַבֵּשׁ לְעַצְּבוֹתָם׃ ד מוֹנֶה מִסְפָּר לַכּוֹכָבִים לְכֻלָּם
שֵׁמוֹת יִקְרָא׃ ה גָּדוֹל אֲדוֹנֵינוּ וְרַב־כֹּחַ לִתְבוּנָתוֹ אֵין
מִסְפָּר׃ ו מְעוֹדֵד עֲנָוִים יְהוָה מַשְׁפִּיל רְשָׁעִים עֲדֵי־אָרֶץ׃ ז
עֱנוּ לַיהוָה בְּתוֹדָה זַמְּרוּ לֵאלֹהֵינוּ בְכִנּוֹר׃ ח הַמְכַסֶּה שָׁמַיִם
| בְּעָבִים הַמֵּכִין לָאָרֶץ מָטָר הַמַּצְמִיחַ הָרִים חָצִיר׃ ט נוֹתֵן
לִבְהֵמָה לַחְמָהּ לִבְנֵי עֹרֵב אֲשֶׁר יִקְרָאוּ׃ י לֹא בִגְבוּרַת
הַסּוּס יֶחְפָּץ לֹא־בְשׁוֹקֵי הָאִישׁ יִרְצֶה׃ יא רוֹצֶה יְהוָה אֶת־
יְרֵאָיו אֶת־הַמְיַחֲלִים לְחַסְדּוֹ׃ יב שַׁבְּחִי יְרוּשָׁלִַם אֶת־יְהוָה
הַלְלִי אֱלֹהַיִךְ צִיּוֹן׃ יג כִּי־חִזַּק בְּרִיחֵי שְׁעָרָיִךְ בֵּרַךְ בָּנַיִךְ
בְּקִרְבֵּךְ׃ יד הַשָּׂם־גְּבוּלֵךְ שָׁלוֹם חֵלֶב חִטִּים יַשְׂבִּיעֵךְ׃ טו
הַשֹּׁלֵחַ אִמְרָתוֹ אָרֶץ עַד־מְהֵרָה יָרוּץ דְּבָרוֹ׃ טז הַנֹּתֵן שֶׁלֶג
כַּצָּמֶר כְּפוֹר כָּאֵפֶר יְפַזֵּר׃ יז מַשְׁלִיךְ קַרְחוֹ כְפִתִּים לִפְנֵי
קָרָתוֹ מִי יַעֲמֹד׃ יח יִשְׁלַח דְּבָרוֹ וְיַמְסֵם יַשֵּׁב רוּחוֹ יִזְּלוּ־
מָיִם׃ יט מַגִּיד (דברו) דְּבָרָיו לְיַעֲקֹב חֻקָּיו וּמִשְׁפָּטָיו
לְיִשְׂרָאֵל׃ כ לֹא עָשָׂה כֵן | לְכָל־גּוֹי וּמִשְׁפָּטִים בַּל־יְדָעוּם
הַלְלוּיָהּ׃

Psaume 148

Tehilim du Samedi - Tehilim du jour: jour 30

Ce psaume est scindé en deux parties. Le début est dédié à l'espace cosmique là où D. a installé les luminaires et les étoiles. La seconde partie concerne la Terre et les quatre éléments vitaux ainsi que les êtres grouillant sur son sol ou dans les mers. Un seul mot revient sans cesse : louons D. pour toutes ces créations.

- Contre un incendie

ל לחודש - ליום שבת

פרק קמח

א הַלְלוּיָהּ | הַלְלוּ אֶת־יְהוָה מִן־הַשָּׁמַיִם הַלְלוּהוּ
בַּמְּרוֹמִים׃ ב הַלְלוּהוּ כָל־מַלְאָכָיו הַלְלוּהוּ כָּל־(צבאו)
צְבָאָיו׃ ג הַלְלוּהוּ שֶׁמֶשׁ וְיָרֵחַ הַלְלוּהוּ כָּל־כּוֹכְבֵי אוֹר׃ ד

הַֽלְלוּהוּ שְׁמֵי הַשָּׁמָיִם וְהַמַּיִם אֲשֶׁר | מֵעַל הַשָּׁמָיִם: ה
יְֽהַלְלוּ אֶת-שֵׁם יְהֹוָה כִּי הוּא צִוָּה וְנִבְרָאוּ: ו וַיַּעֲמִידֵם לָעַד
לְעוֹלָם חָק-נָתַן וְלֹא יַעֲבוֹר: ז הַלְלוּ אֶת-יְהֹוָה מִן-הָאָרֶץ
תַּנִּינִים וְכָל-תְּהֹמוֹת: ח אֵשׁ וּבָרָד שֶׁלֶג וְקִיטוֹר רוּחַ סְעָרָה
עֹשָׂה דְבָרוֹ: ט הֶהָרִים וְכָל-גְּבָעוֹת עֵץ פְּרִי וְכָל-אֲרָזִים: י
הַחַיָּה וְכָל-בְּהֵמָה רֶמֶשׂ וְצִפּוֹר כָּנָף: יא מַלְכֵי-אֶרֶץ וְכָל-
לְאֻמִּים שָׂרִים וְכָל-שֹׁפְטֵי אָרֶץ: יב בַּחוּרִים וְגַם-בְּתוּלוֹת
זְקֵנִים עִם-נְעָרִים: יג יְהַלְלוּ | אֶת-שֵׁם יְהֹוָה כִּי-נִשְׂגָּב שְׁמוֹ
לְבַדּוֹ הוֹדוֹ עַל-אֶרֶץ וְשָׁמָיִם: יד וַיָּרֶם קֶרֶן | לְעַמּוֹ תְּהִלָּה
לְכָל-חֲסִידָיו לִבְנֵי יִשְׂרָאֵל עַם-קְרֹבוֹ הַלְלוּיָהּ:

Psaume 149

Tehilim du Samedi - Tehilim du jour: jour 30

Quel est le nouveau chant entonné en l'honneur de D. ? Le Hida rapporte les propos de Baba Batra 75b qui annoncent que les justes à la résurrection des morts vont entonner un nouveau chant devant D. Tout le psaume est conjugué au futur même si les instruments de musique restent classiques.

- Contre La propagation d'un incendie

ל לחודש - ליום שבת

פרק קמט

א הַֽלְלוּיָהּ | שִׁירוּ לַיהֹוָה שִׁיר חָדָשׁ תְּהִלָּתוֹ בִּקְהַל
חֲסִידִים: ב יִשְׂמַח יִשְׂרָאֵל בְּעֹשָׂיו בְּנֵי-צִיּוֹן יָגִילוּ בְמַלְכָּם:
ג יְהַלְלוּ שְׁמוֹ בְמָחוֹל בְּתֹף וְכִנּוֹר יְזַמְּרוּ-לוֹ: ד כִּי-רוֹצֶה
יְהֹוָה בְּעַמּוֹ יְפָאֵר עֲנָוִים בִּישׁוּעָה: ה יַעְלְזוּ חֲסִידִים בְּכָבוֹד
יְרַנְּנוּ עַל-מִשְׁכְּבוֹתָם: ו רוֹמְמוֹת אֵל בִּגְרוֹנָם וְחֶרֶב פִּיפִיּוֹת
בְּיָדָם: ז לַעֲשׂוֹת נְקָמָה בַּגּוֹיִם תּוֹכֵחֹת בַּל-אֻמִּים: ח לֶאְסֹר
מַלְכֵיהֶם בְּזִקִּים וְנִכְבְּדֵיהֶם בְּכַבְלֵי בַרְזֶל: ט לַעֲשׂוֹת בָּהֶם
| מִשְׁפָּט כָּתוּב הָדָר הוּא לְכָל-חֲסִידָיו הַלְלוּיָהּ:

Psaume 150

Tehilim du Samedi - Tehilim du jour: jour 30

Les six versets de ce psaume se répètent à l'infini parce que même dans notre sommeil, nos lèvres ébruitent les louanges au D. notre Protecteur. Nous imitons ainsi les habitants des cieux qui utilisent tous les instruments qui émettent un son agréable.
La conclusion même répétée, « toute âme loue D., Qu'Il soit loué » n'en est pas une. Les rabbins recommandent d'ajouter les trois versets du premier psaume avant la fin de chaque lecture globale.
C'est le même symbole lorsqu'on termine l'étude de la Thora ou le Talmud. Il faut s'engager dans un nouveau challenge, celui d'entamer une réflexion nouvelle avec la certitude des découvertes cachées, celles qui n'ont pas sauté à nos yeux la première ou l'énième fois.

- Pour louer Le Saint Béni soit-Il dans toutes ses actions

ל לחודש - ליום שבת

פרק קנ

א הַֽלְלוּיָ֨הּ ׀ הַֽלְלוּ־אֵ֥ל בְּקָדְשׁ֑וֹ הַֽ֝לְל֗וּהוּ בִּרְקִ֥יעַ עֻזּֽוֹ׃ ב
הַֽלְל֥וּהוּ בִגְבוּרֹתָ֑יו הַֽ֝לְל֗וּהוּ כְּרֹ֣ב גֻּדְלֽוֹ׃ ג הַֽ֭לְלוּהוּ בְּתֵ֣קַע
שׁוֹפָ֑ר הַֽ֝לְל֗וּהוּ בְּנֵ֣בֶל וְכִנּֽוֹר׃ ד הַֽ֭לְלוּהוּ בְתֹ֣ף וּמָח֑וֹל הַֽ֝לְל֗וּהוּ
בְּמִנִּ֥ים וְעוּגָֽב׃ ה הַֽלְל֥וּהוּ בְצִלְצְלֵי־שָׁ֑מַע הַֽ֝לְל֗וּהוּ בְּֽצִלְצְלֵ֥י
תְרוּעָֽה׃ ו כֹּ֣ל הַ֭נְּשָׁמָה תְּהַלֵּ֥ל יָ֗הּ הַֽלְלוּיָֽהּ׃

Prière à lire après la lecture

מִי יִתֵּן מִצִּיּוֹן יְשׁוּעַת יִשְׂרָאֵל, בְּשׁוּב יְהוָה שְׁבוּת עַמּוֹ,
יָגֵל יַעֲקֹב יִשְׂמַח יִשְׂרָאֵל. וּתְשׁוּעַת צַדִּיקִים מֵיְיָ מָעוּזָּם
בְּעֵת צָרָה. וַיַּעְזְרֵם יְיָ וַיְפַלְּטֵם, יְפַלְּטֵם מֵרְשָׁעִים וְיוֹשִׁיעֵם
כִּי חָסוּ בוֹ.

Après avoir lu quelques psaumes (sauf Chabbat)

יְהִי רָצוֹן מִלְּפָנֶיךָ יְיָ אֱלֹהֵינוּ וֵאלֹהֵי אֲבוֹתֵינוּ, שֶׁבִּזְכוּת
מִזְמוֹרֵי הַתְּהִלִּים שֶׁקָּרָאנוּ לְפָנֶיךָ, וּבִזְכוּת פְּסוּקֵיהֶם
וְתֵבוֹתֵיהֶם, וְאוֹתִיּוֹתֵיהֶם וּנְקוּדוֹתֵיהֶם, וְטַעֲמֵיהֶם,
וּבִזְכוּת שְׁמוֹתֶיךָ הַקְּדוֹשִׁים וְהַטְּהוֹרִים הַיּוֹצְאִים מֵהֶם.
שֶׁתְּכַפֵּר לָנוּ עַל כָּל חַטֹּאתֵינוּ וְתִסְלַח לָנוּ עַל כָּל
עֲוֹנוֹתֵינוּ, וְתִמְחַל לָנוּ עַל כָּל פְּשָׁעֵינוּ שֶׁחָטָאנוּ וְשֶׁעָוִינוּ
וְשֶׁפָּשַׁעְנוּ לְפָנֶיךָ. וְהַחֲזִירֵנוּ בִּתְשׁוּבָה שְׁלֵמָה לְפָנֶיךָ,
וְהַדְרִיכֵנוּ לַעֲבוֹדָתֶךָ וְתִפְתַּח לִבֵּנוּ בְּתַלְמוּד תּוֹרָתֶךָ.
וְתִשְׁלַח רְפוּאָה שְׁלֵמָה לְחוֹלֵי עַמְּךָ (ולָחולה: לומר את
שם החולה ושם אמו). וְתִקְרָא לִשְׁבוּיִים דְּרוֹר
וְלַאֲסוּרִים פְּקַח קוֹחַ, וּלְכָל הוֹלְכֵי דְרָכִים וְעוֹבְרֵי יָמִים
וּנְהָרוֹת מֵעַמְּךָ יִשְׂרָאֵל תַּצִּילֵם מִכָּל צַעַר וָנֵזֶק, וְתַגִּיעֵם
לִמְחוֹז חֶפְצָם לְחַיִּים וּלְשָׁלוֹם. וְתִפְקוֹד לְכָל חֲשׂוּכֵי בָנִים
בְּזֶרַע שֶׁל קַיָּמָא לַעֲבוֹדָתֶךָ וּלְיִרְאָתֶךָ. וְעוּבָּרוֹת שֶׁל עַמְּךָ
בֵּית יִשְׂרָאֵל תַּצִּילֵן שֶׁלֹּא תַּפֵּלְנָה וְלָדוֹתֵיהֶן, וְהַיּוֹשְׁבוֹת
עַל הַמַּשְׁבֵּר בְּרַחֲמֶיךָ הָרַבִּים תַּצִּילֵן מִכָּל רָע, וְאֶל
הַמֵּנִיקוֹת תַּשְׁפִּיעַ שֶׁלֹּא יֶחְסַר חָלָב מִדַּדֵּיהֶן. וְאַל יִמְשׁוֹל
אַסְכָּרָה וְשֵׁדִין וְרוּחִין וְלִילִין, וְכָל פְּגָעִים וּמַרְעִין בִּישִׁין
בְּכָל יַלְדֵי עַמְּךָ בֵּית יִשְׂרָאֵל, וּתְגַדְּלֵם לְתוֹרָתֶךָ לִלְמוֹד
תּוֹרָה לִשְׁמָהּ, וְתַצִּילֵם מֵעַיִן הָרָע וּמִדֶּבֶר וּמִמַּגֵּפָה וּמִשָּׂטָן
וּמִיֵּצֶר הָרָע. וּתְבַטֵּל מֵעָלֵינוּ וּמִכָּל עַמְּךָ בֵּית יִשְׂרָאֵל, בְּכָל
מָקוֹם שֶׁהֵם, כָּל גְּזֵרוֹת קָשׁוֹת וְרָעוֹת, וְתַטֶּה לֵב הַמַּלְכוּת
עָלֵינוּ לְטוֹבָה. וְתִגְזוֹר עָלֵינוּ גְּזֵרוֹת טוֹבוֹת, וְתִשְׁלַח בְּרָכָה
וְהַצְלָחָה בְּכָל מַעֲשֵׂה יָדֵינוּ, וְהָכֵן פַּרְנָסָתֵינוּ מִיָּדְךָ הָרְחָבָה
וְהַמְּלֵאָה, וְלֹא יִצְטָרְכוּ עַמְּךָ בֵּית יִשְׂרָאֵל זֶה לָזֶה וְלֹא
לְעַם אַחֵר, וְתֵן לְכָל אִישׁ וָאִישׁ דֵּי פַּרְנָסָתוֹ וּלְכָל גְּוִיָּה
וּגְוִיָּה דֵּי מַחְסוֹרָהּ. וּתְמַהֵר וְתָחִישׁ לְגָאֳלֵנוּ וְתִבְנֶה בֵּית

מִקְדָּשֵׁנוּ וְתִפְאַרְתֵּנוּ. וּבִזְכוּת שְׁלוֹשׁ עֶשְׂרֵה מִידּוֹתֶיךָ שֶׁל רַחֲמִים הַכְּתוּבִים בְּתוֹרָתֶךָ כְּמוֹ שֶׁנֶּאֱמַר: יְיָ, יְיָ, אֵל רַחוּם וְחַנּוּן, אֶרֶךְ אַפַּיִם וְרַב חֶסֶד וֶאֱמֶת, נֹצֵר חֶסֶד לָאֲלָפִים נֹשֵׂא עָוֹן וָפֶשַׁע וְחַטָּאָה וְנַקֵּה, שֶׁאֵינָן חוֹזְרוֹת רֵיקָם מִלְּפָנֶיךָ, עָזְרֵנוּ אֱלֹהֵי יִשְׁעֵנוּ עַל דְּבַר כְּבוֹד שְׁמֶךָ וְהַצִּילֵנוּ וְכַפֵּר עַל חַטֹּאתֵינוּ לְמַעַן שְׁמֶךָ. בָּרוּךְ יְיָ לְעוֹלָם אָמֵן וְאָמֵן.

Après avoir lu tout le livre (sauf Chabbat)

יְהִי רָצוֹן מִלְּפָנֶיךָ יְיָ אֱלֹהֵינוּ וֵאלֹהֵי אֲבוֹתֵינוּ, שֶׁבִּזְכוּת סֵפֶר רִאשׁוֹן, שֵׁנִי, שְׁלִישִׁי, רְבִיעִי, חֲמִישִׁי שֶׁבַּתְּהִלִּים שֶׁקָּרָאנוּ לְפָנֶיךָ, שֶׁהוּא כְּנֶגֶד סֵפֶר בְּרֵאשִׁית, שְׁמוֹת, וַיִּקְרָא, בַּמִּדְבָּר, דְּבָרִים וּבִזְכוּת מִזְמוֹרָיו, וּבִזְכוּת פְּסוּקָיו, וּבִזְכוּת תֵּיבוֹתָיו, וּבִזְכוּת אוֹתִיּוֹתָיו, וּבִזְכוּת נְקוּדוֹתָיו, וּבִזְכוּת טְעָמָיו, וּבִזְכוּת שְׁמוֹתֶיךָ הַקְּדוֹשִׁים וְהַטְּהוֹרִים הַיּוֹצְאִים מִמֶּנּוּ, שֶׁתְּכַפֵּר לָנוּ עַל כָּל חַטֹּאתֵינוּ וְתִסְלַח לָנוּ עַל כָּל עֲווֹנוֹתֵינוּ, וְתִמְחַל לָנוּ עַל כָּל פְּשָׁעֵינוּ שֶׁחָטָאנוּ וְשֶׁעָוִינוּ וְשֶׁפָּשַׁעְנוּ לְפָנֶיךָ. וְהַחֲזִירֵנוּ בִּתְשׁוּבָה שְׁלֵמָה לְפָנֶיךָ, וְהַדְרִיכֵנוּ לַעֲבוֹדָתֶךָ וְתִפְתַּח לִבֵּנוּ בְּתַלְמוּד תּוֹרָתֶךָ. וְתִשְׁלַח רְפוּאָה שְׁלֵמָה לְחוֹלֵי עַמֶּךָ (ולָחוֹלה: לומר את שם החולה ושם אמו). וְתִקְרָא לִשְׁבוּיִים דְּרוֹר וְלַאֲסוּרִים פְּקַח קוֹחַ, וּלְכָל הוֹלְכֵי דְרָכִים וְעוֹבְרֵי יַמִּים וּנְהָרוֹת מֵעַמְּךָ יִשְׂרָאֵל תַּצִּילֵם מִכָּל צַעַר וָנֵזֶק, וְתַגִּיעֵם לִמְחוֹז חֶפְצָם לְחַיִּים וּלְשָׁלוֹם. וְתִפְקוֹד לְכָל חֲשׁוּכֵי בָנִים בְּזֶרַע שֶׁל קַיָּמָא לַעֲבוֹדָתֶךָ וּלְיִרְאָתֶךָ. וְעוּבָּרוֹת שֶׁל עַמְּךָ בֵּית יִשְׂרָאֵל תַּצִּילֵן שֶׁלֹּא תַפֵּלְנָה וְלָדוֹתֵיהֶן, וְהַיּוֹשְׁבוֹת עַל הַמַּשְׁבֵּר בְּרַחֲמֶיךָ הָרַבִּים תַּצִּילֵן מִכָּל רָע, וְאַל הַמֵּינִיקוֹת תַּשְׁפִּיעַ שֶׁלֹּא יֶחְסַר חָלָב מִדַּדֵיהֶן. וְאַל יִמְשׁוֹל אַסְכָּרָה וְשֵׁדִין וְרוּחִין וְלִילִין, וְכָל פְּגָעִים וּמַרְעִין בִּישִׁין בְּכָל יַלְדֵי עַמְּךָ בֵּית יִשְׂרָאֵל, וּתְגַדְּלֵם לְתוֹרָתֶךָ לִלְמוֹד תּוֹרָה לִשְׁמָהּ, וְתַצִּילֵם מֵעַיִן הָרָע וּמִדֶּבֶר וּמִמַּגֵּפָה וּמִשָּׂטָן וּמִיֵּצֶר הָרָע. וּתְבַטֵּל מֵעָלֵינוּ וּמִכָּל עַמְּךָ בֵּית יִשְׂרָאֵל, בְּכָל מָקוֹם שֶׁהֵם, כָּל גְּזֵרוֹת קָשׁוֹת וְרָעוֹת, וְתַטֶּה לֵב הַמַּלְכוּת עָלֵינוּ לְטוֹבָה. וְתִגְזוֹר עָלֵינוּ גְּזֵרוֹת טוֹבוֹת, וְתִשְׁלַח בְּרָכָה

וְהַצְלָחָה בְּכָל מַעֲשֵׂה יָדֵינוּ, וְהָכֵן פַּרְנָסָתֵינוּ מִיָּדְךָ הָרְחָבָה וְהַמְלֵאָה, וְלֹא יִצְטָרְכוּ עַמְּךָ בֵּית יִשְׂרָאֵל זֶה לָזֶה וְלֹא לְעַם אַחֵר, וְתֵן לְכָל אִישׁ וָאִישׁ דֵּי פַּרְנָסָתוֹ וּלְכָל גְּוִיָּה וּגְוִיָּה דֵּי מַחְסוֹרָהּ. וּתְמַהֵר וְתָחִישׁ לְגָאֳלֵנוּ וְתִבְנֶה בֵּית מִקְדָּשֵׁנוּ וְתִפְאַרְתֵּנוּ. וּבִזְכוּת שְׁלֹשׁ עֶשְׂרֵה מִידוֹתֶיךָ שֶׁל רַחֲמִים הַכְּתוּבִים בְּתוֹרָתֶךָ כְּמוֹ שֶׁנֶּאֱמַר: יְיָ, יְיָ, אֵל רַחוּם וְחַנּוּן, אֶרֶךְ אַפַּיִם וְרַב חֶסֶד וֶאֱמֶת, נֹצֵר חֶסֶד לָאֲלָפִים נֹשֵׂא עָוֹן וָפֶשַׁע וְחַטָּאָה וְנַקֵּה, שֶׁאֵינָן חוֹזְרוֹת רֵיקָם מִלְּפָנֶיךָ, עָזְרֵנוּ אֱלֹהֵי יִשְׁעֵנוּ עַל דְּבַר כְּבוֹד שְׁמֶךָ וְהַצִּילֵנוּ וְכַפֵּר עַל חַטֹּאתֵינוּ לְמַעַן שְׁמֶךָ. בָּרוּךְ יְיָ לְעוֹלָם אָמֵן וְאָמֵן.

<u>Après avoir lu quelques psaumes pendant Chabbat</u>

יְהִי רָצוֹן מִלְּפָנֶיךָ יְיָ אֱלֹהֵינוּ וֵאלֹהֵי אֲבוֹתֵינוּ, שֶׁבִּזְכוּת מִזְמוֹרֵי הַתְּהִלִּים שֶׁקָּרָאנוּ לְפָנֶיךָ, וּבִזְכוּת פְּסוּקֵיהֶם וְתֵבוֹתֵיהֶם, וְאוֹתִיּוֹתֵיהֶם וּנְקוּדוֹתֵיהֶם וְטַעֲמֵיהֶם, וּבִזְכוּת שְׁמוֹתֶיךָ הַקְּדוֹשִׁים וְהַטְּהוֹרִים הַיּוֹצְאִים מֵהֶם . שֶׁתְּהֵא נֶחֱשֶׁבֶת לָנוּ אֲמִירַת מִזְמוֹרֵי תְהִלִּים אֵלּוּ כְּאִלּוּ, אֲמָרָם דָּוִד מֶלֶךְ יִשְׂרָאֵל בְּעַצְמוֹ, זְכוּתוֹ יָגֵן עָלֵינוּ. וְיַעֲמוֹד לָנוּ לְחַבֵּר אֵשֶׁת נְעוּרִים עִם דּוֹדָהּ בְּאַהֲבָה וְאַחֲוָה וְרֵעוּת, וּמִשָּׁם יִמָּשֵׁךְ לָנוּ שֶׁפַע לְנֶפֶשׁ רוּחַ וּנְשָׁמָה. וּכְשֵׁם שֶׁאֲנַחְנוּ אוֹמְרִים שִׁירִים בָּעוֹלָם הַזֶּה, כַּךְ נִזְכֶּה לוֹמַר לְפָנֶיךָ יְיָ אֱלֹהֵינוּ וֵאלֹהֵי אֲבוֹתֵינוּ, שִׁיר וּשְׁבָחָה לָעוֹלָם הַבָּא, וְעַל יְדֵי אֲמִירַת תְּהִלִּים תִּתְעוֹרֵר חֲבַצֶּלֶת הַשָּׁרוֹן, לָשִׁיר בְּקוֹל נָעִים גִּילַת וְרַנֵּן כְּבוֹד הַלְּבָנוֹן נִיתַּן לָהּ, הוֹד וְהָדָר בְּבֵית אֱלֹהֵינוּ בִּמְהֵרָה בְּיָמֵינוּ, אָמֵן סֶלָה.

<u>Après avoir lu tout le livre pendant Chabbat</u>

יְהִי רָצוֹן מִלְּפָנֶיךָ יְיָ אֱלֹהֵינוּ וֵאלֹהֵי אֲבוֹתֵינוּ, שֶׁבִּזְכוּת סֵפֶר רִאשׁוֹן, שֵׁנִי, שְׁלִישִׁי, רְבִיעִי, חֲמִישִׁי שֶׁבַּתְּהִלִּים שֶׁקָּרָאנוּ לְפָנֶיךָ, שֶׁהוּא כְּנֶגֶד סֵפֶר בְּרֵאשִׁית, שְׁמוֹת, וַיִּקְרָא, בַּמִּדְבַּר, דְּבָרִים וּבִזְכוּת מִזְמוֹרָיו, וּבִזְכוּת פְּסוּקָיו, וּבִזְכוּת תֵּיבוֹתָיו, וּבִזְכוּת אוֹתִיּוֹתָיו, וּבִזְכוּת נְקוּדוֹתָיו, וּבִזְכוּת טְעָמָיו, וּבִזְכוּת שְׁמוֹתֶיךָ הַקְּדוֹשִׁים וְהַטְּהוֹרִים הַיּוֹצְאִים מִמֶּנּוּ, שֶׁתְּהֵא נֶחֱשֶׁבֶת לָנוּ אֲמִירַת

מִזְמוֹרֵי תְהִלִּים אֵלּוּ כְּאִילוּ, אֲמָרָם דָּוִד מֶלֶךְ יִשְׂרָאֵל
בְּעַצְמוֹ, זְכוּתוֹ יָגֵן עָלֵינוּ. וְיַעֲמוֹד לָנוּ לְחַבֵּר אֵשֶׁת נְעוּרִים
עִם דּוֹדָהּ בְּאַהֲבָה וְאַחֲוָה וְרֵעוּת, וּמִשָּׁם יִמָּשֵׁךְ לָנוּ שֶׁפַע
לְנֶפֶשׁ רוּחַ וּנְשָׁמָה. וּכְשֵׁם שֶׁאֲנַחְנוּ אוֹמְרִים שִׁירִים
בָּעוֹלָם הַזֶּה, כַּךְ נִזְכֶּה לוֹמַר לְפָנֶיךָ יְיָ אֱלֹהֵינוּ וֵאלֹהֵי
אֲבוֹתֵינוּ, שִׁיר וּשְׁבָחָה לָעוֹלָם הַבָּא, וְעַל יְדֵי אֲמִירַת
תְּהִלִּים תִּתְעוֹרֵר חֲבַצֶּלֶת הַשָּׁרוֹן, לָשִׁיר בְּקוֹל נָעִים גִּילַת
וְרַנֵּן כְּבוֹד הַלְּבָנוֹן נִיתַּן לָהּ, הוֹד וְהָדָר בְּבֵית אֱלֹהֵינוּ
בִּמְהֵרָה בְּיָמֵינוּ, אָמֵן סֶלָה.

Découpage des Psaumes

Lecture en fonction des jours de la semaine

Jour	1	2	3	4	5	6	7
Psaumes	1 à 30	31 à 50	51 à 72	73 à 89	90 à 106	107 à 119	120 à 150

Lecture en fonction des jours dans le mois

Jour	Psaume	Jour	Psaume	Jour	Psaume
1	1 à 10	11	60 à 65	21	104 à 105
2	10 à 17	12	66 à 68	22	106 à 107
3	18 à 22	13	69 à 71	23	108 à 112
4	23 à 28	14	72 à 76	24	1013 à 118
5	29 à 34	15	77 à 78	25	119 (א - ל)
6	35 à 38	16	79 à 82	26	119 (מ - ת)
7	39 à 43	17	83 à 87	27	120 à 134
8	44 à 48	18	88 à 99	28	135 à 139
9	49 à 54	19	90 à 96	29	140 à 144
10	55 à 59	20	97 à 103	30	145 à 150

Etude

La Hiloula

Mariage ou culte des morts

Le monde juif a-t-il été influencé par les cultes étrangers qui célèbrent les morts jusqu'à leur décerner le titre de saints ?
Les sages considèrent que la mort d'un tsadik, d'un juste, est un pardon pour toute la génération. En outre les justes au moment de leur départ vers un monde meilleur sont considérés comme vivants parce qu'ils deviennent un modèle, une référence pour les mortels, vivants dans ce bas monde. «Yaacov Avinou lo met… David Hamelekh Haï vékayam » ces deux maximes, entre autres, nous permettront de comprendre la raison d'être de notre existence sur cette terre et le sens de la Hiloula.

Yaacov Avinou lo mét.

Des trois patriarches, seul le troisième a obtenu cette appellation. Pourtant dans la sidra Vayhi, le texte atteste de la mort de Yaacov et même de son enterrement au caveau de Makhpela. A Hébron, nous pouvons à ce jour nous rendre sur son tombeau aux côtés de son père et de son grand père. Le chéma lu deux fois par jour vient démentir la réalité. Chaque matin et chaque soir nous nous adressons à notre aïeul, pour lui rappeler la promesse faite par ses douze enfants. En effet, Yaacov sur son lit de mort a réclamé de ses fils un gage de leur fidélité à D. le Midrach reconstitue la scène de et fait dire à sa progéniture le serment du Chéma.

Kalev Ben Yefouné

La première attestation dans la Thora d'aller pèleriner sur une tombe se trouve dans un commentaire sur le comportement de Kalev Ben Yéfouné. On nous dit que deux explorateurs sur douze ont dit du bien de la terre de Canaan, futur état d peuple hébreu. Josué fidèle serviteur de Moché, ne pouvait décemment décevoir son maître. Mais Kalev n'avait aucune obligation de se ranger du côté de Josué. Il s'était rendu sur a tombe des patriarches et a prié pour avoir la

bonne résolution à l'heure de la décision concernant l'avenir de son peuple.

Moché Rabbénou

La Thora atteste que la sépulture de Moché reste introuvable. Dans Sota 34B on résolue cette énigme par cette interprétation. Si le lieu était connu, le peuple d'Israël viendrait sur la tombe, pleurerait sur son sort, et obligerait Moché à aller annuler tous les décrets négatifs décidés par D. contre eux.

La base de la visite sur les tombes semble provenir de cette explication.

David, roi d'Israël est vivant et éternel.

Hier soir, nous avons pu, grâce à la clémence du ciel, apercevoir la lune et lui adresser la bénédiction mensuelle qui fait partie des obligations de tout homme. Au milieu de cette bénédiction, nous déclamons trois fois « le roi d'Israël, David, est vivant et éternel ». Deux raisons sont données dans le Choulhan Aroukh : la lune est comme le peuple d'Israël. Elle a des phases claires et d'autres sombres. Mais elle se renouvelle en permanence. Le peuple juif lui ressemble. Le Roi David représente la dynastie davidique qui enfantera le Machiah. En proclamant le soir de la bénédiction de la lune l'éternité de cette dynastie à travers son meilleur représentant, nous mettons notre confiance en D. qui nous a promis certes des phases sombres dans notre histoire mais aussi des situations plus heureuses. La fin de l'exil se traduit par un retour sur la terre de nos ancêtres et la résurrection des morts. Les justes après leur mort, sont appelés vivants.

La clé de cet engouement que le peuple juif voue aux morts célèbres, se résume par cette maxime. La mort ne représente pas une fin en soi. Elle est une étape pour la félicité dans d'autres lieux que la terre. Contrairement aux autres cultes, il ne doit pas exister une classification des êtres disparus. Chaque personne vient avec un capital appelé : âme. Ce souffle divin offert à chacun des existants retourne à son propriétaire à la fin de la vie, impartie selon des critères divins. Mais il est nécessaire que ce capital se renforce, au cours de

cette existence terrestre, de Mitsvot, actions positives qui personnifient les êtres et en même temps les différencient. Un tsadik, est un être qui a su éviter les écueils des actions négatives et qui endommagent l'âme. On dit que notre Néchama souffre de notre comportement. Lorsque nous allons sur la tombe d'un Tsadik, nous lui reconnaissons ses mérites et en même temps nous lui demandons, en fonction de sa position auprès du trône céleste, d'intercéder auprès de D. en notre faveur. Les dérives sont de plusieurs niveaux.

Rabbin Salomon Malka

Les ACHRE dans les psaumes

On a recensé vingt-cinq « Achré » dans les 150 psaumes du Roi DAVID. Le premier se trouve dans le premier verset du premier psaume On traduit généralement ce mot par le générique HEUREUX : « heureux l'homme qui ne marche pas dans les voies des impies ».

Les sages commentent ce chiffre de 25 .Les uns comme Rabbi Yéhouchoua ben Korha comptent seulement 20 pour compenser les 20 HOY : malheur qu'a prophétisé Isaie. D'autres comme Rabbi trouvent 22 ACHRE chiffre égal au 22 lettres de l'alphabet hébraïque (Talmud YEBAMOT 96B).

Certes le verbe A,CH,R, a le sens de Bonheur comme le prouve le nom d'un des fils de Jacob. Dans Genèse Ch. 30 v.13, Léa appelle le second enfant de sa servante Zilpa ACHER. Elle s'explique pour le choix de ce nom parce que « les femmes l'ont comblée » en pensant qu'elle-même et sa servante ont donné à Jacob huit enfants.

Dans Psaume 2 v.12 c'est le second Achré : « heureux ceux qui se confient en Lui ».

Le 3ème et 4ème Achré dans Ps. 32 v.1 « Heureux celui à qui le méfait est pardonné » v.2 : « Heureux l'homme à qui D. n'impute pas le crime.. »

Le 5ème Achré dans Ps 33 v.12 « heureux le peuple qui a l'E.ternel comme D. »

Etude

Le 6ème dans Ps.34 v.9 « Heureux l'homme qui s'abrite sous la protection divine »

7ème Achré Ps.40 v.5 « heureux l'homme qui a sa confiance en D. »

8ème Achré Ps.41 v.2 « heureux celui qui est attentif au pauvre »

9ème Achré Ps.65.v.5 « heureux celui que tu préfères et que tu rapproches »

Les 10ème 11ème et 12ème Achré se trouvent dans le psaume 84 v.5 « heureux ceux qui habitent Ta maison » et v.6 « heureux l'homme qui trouve sa force en Toi ». v.13 « heureux l'homme qui a confiance en Toi ».

Le 13ème Achré dans Ps.89 v.16 « heureux le peuple qui sait le son de la trompette »

Ps.94 v.12 « Heureux l'homme que D. réprimande » porte le chiffre 14

Le 15 Achré dans Ps.105 v.3 « heureux ceux qui ob-servent le droit ».

Dans Ps. 112 v.1 le 16ème Achré est noté : » heu-reux l'homme qui craint D. »

Les 17ème et 18ème dans Ps.119 au deux premiers ver-sets.v.1 « heureux ceux dont la voie est sincère. » v.2 Heu-reux ceux qui gardent son témoignage. »

Dans Ps.127 v.5: «heureux l'homme qui a rempli son car-quois (de ces flèches)»

Le 20ème Achré dans Ps.128 v.1 « Heureux ceux qui crai-gnent D. »

Les 21ème et 22ème Achré dans Ps. 137 v.8 «heureux celui qui te fera connaître son expiation » et v.9 « heureux ceux qui saisissent tes nourrissons les écraseront sur les rochers »

Les 23ème et 24ème Achré dans Ps. 144 v.15 « heureux le peuple qui jouit d'une telle destinée » « heureux le peuple que L'Eternel est son D.

Le dernier Achré est dans le Ps.146 v.5 « heureux celui qui a pour secours le D. de Jacob.. »

Rabbin Salomon Malka

L'amour de D_ieu, l'amour d'autrui

Le verbe magique que tout être humain digne de ce nom utilise plusieurs fois dans sa vie est le verbe 'aimer'. Il le conjugue à tous les temps et à toutes les personnes. Il aime ses parents, ses enfants, sa femme, ses amis. Il aime la bonne chère et les fines boissons, ou il se prélasse dans son lit. Les loisirs et le sport même s'il ne les usite pas, il dit les aimer ou les détester. Il veut bien aimer D. mais comment ? Ce terme semble un mot de passe qui au fil des années perd un peu de sa magie. Aime-t-on moins qu'avant ou bien c'est une illusion d'optique qui a toujours existé ?

L'amour de soi

Dès les premiers pas le bébé sans le savoir, aime. On appelle cela l'égocentrisme. Il est vrai que cet amour, il le préfère pour lui. Il veut ses jouets et ceux des autres. Il pleure pour rappeler qu'il existe. Son entourage doit cesser toute activité pour lui consacrer son temps et son affection. La liste est longue et les psychologues ont développé plusieurs études sur ce comportement somme toute, normal.

Et pourtant notre préoccupation semble se cristalliser sur notre volonté à briser les velléités dominatrices de ce petit être pour lui enseigner l'amour d'autrui, à commencer pour ces frères et sœurs. On utilise bien entendu la menace et la récompense pour vérifier si l'enfant a saisi le sens de nos desideratas.

Au fond, l'attachement qu'on appelle le relationnel part d'un axiome fort simple du principe du renvoi de l'ascenseur. L'enfant très vite perçoit son intérêt en donnant parce qu'il est persuadé de recevoir plus. Nous utilisons aussi un principe de nos maîtres : « au début l'enfant applique la règle pour son propre compte mais il y viendra par mimétisme ». L'essentiel est le résultat. D'ailleurs le roi Salomon dans le livre des proverbes a édicté une vérité qui doit être méditée pour notre relation avec notre chère progéniture. « Eduque

l'enfant selon son cheminement ». Il commence par s'inté-
resser au sort de son copain lorsqu'il souffre, puis il s'attache
jusqu'au jour où il découvre qu'il l'aime.

L'amour d'autrui

Dans le livre du lévitique ch. 19 v.17 la Thora impose à tout
un chacun le célèbre « tu aimeras ton prochain comme toi-
même ». Dans une discussion récente avec un chrétien, j'ai
eu la surprise d'entendre que cette maxime a été pendant
deux mille ans mal interprétée par l'Eglise. Le commenta-
teur catholique faisait admettre que le seul « prochain »
digne d'être aimé est le coreligionnaire ce qui impliquait ta-
citement la haine de tout autre être humain qui n'a pas em-
brassé la religion chrétienne. Mais les choses s'arrangent
parce que le monde romain considère dorénavant que le texte
scripturaire est universel. Il est donc convenable d'aimer tout
être, même s'il diverge de sa propre religion. L'Islam n'a pas
encore fait son introspection dans ce sens.

Que disent nos textes pour bien comprendre le sens de cet
axiome ?

Les sages ont énuméré un certain nombre de principes qui
font de l'amour d'autrui une base vers l'amour de D. il s'agit
par exemple de proscrire la haine intérieure. Or la pièce maî-
tresse qui crée un espace suspect entre les êtres est la médi-
sance. C'est pourquoi il est important de vérifier les on-dit,
les fausses confidences et les vraies informations. Il ne faut
jamais rester passif devant quiconque qui vous rapporte des
paroles qu'il a entendues et chercher à alerter le supposé au-
teur de tels propos pour en avoir le cœur net. Si la répri-
mande n'est pas aisée à entendre, il est bon de se doter de
patience pour éventuellement corriger notre comportement.
Hillel le prince a explicité la maxime en référence de cette
manière : « tu n'as pas à faire subir à autrui ce que tu n'aimes
pas qu'on te fasse subir ». Se mettre à la place de son pro-
chain semble à prime abord à portée de la main. En réalité,
la situation est toute autre. L'être humain garde en lui l'en-
fant qu'il a été et il veut bien tous les égards et toutes les
attentions égoïstement. Il ne le dira pas certes, mais il fait de

la résistance. Alors le seul moyen pour qu'il apprenne à partager et à se solidariser, c'est par l'expérience ou par la déception. Il existe une autre façon plus lente mais aussi efficace c'est l'enseignement et la mise en pratique des leçons de nos sages. Celle de Hillel s'ajoutant à celle de Rabbi Akiva donne de bons résultats. En effet Rabbi Akiva a toujours prôné l'amour pour son semblable comme l'antichambre de l'amour pour D. la Thora dit-il a énoncé un principe général en déclarant l'amour d'autrui comme suprême. Comprenant la difficulté de l'homme à se substituer à un autre, il décrypte le terme de « KAMOKHA » traduit par l'autre mais compris comme D. lui-même. Comme D. qui aime les humains par les bienfaits qu'il leur prodigue sans attendre d'eux la moindre compensation, ain-si l'homme doit offrir à son semblable ses capacités et ses dispositions de la manière la plus désintéressée.

Lois d'application

Une des lois qui s'applique à ce principe est sans contexte la mitsva de **LEVIYAT HAMETH**, l'accompagnement d'une dépouille mortelle à sa dernière demeure. Elle est la caractéristique du désintéressement par excellence. Un homme qui n'est plus de ce monde n'a plus la possibilité d'accomplir des mitsvot. En nous occupant de sa sépulture nous ne réclamons pas la reconnaissance ni la rémunération d'un tel acte. C'est véritablement une des actions gratuites fondées sur notre devoir.

Le **BIKOUR HOLIM**, la visite aux malades même par téléphone a comme effet premier de remonter le moral d'un être alité, souffrant physiquement mais aussi psychiquement.

Notre ancêtre Abraham a légué à ses descendants la Mitsva de **HAKHNASSAT ORHIM**, offrir gite et couvert aux invités de passage. Nous imaginons nos maisons comme la tente d'Abraham ouverte aux quatre vents.

Les communautés organisées dans les contrées de nos pérégrinations ont souvent créé des organismes ONG avant la

lettre pour disposer de fonds afin de venir en aide aux personnes qui se trouvaient dans des difficultés momentanées ou permanentes. Les sociétés de Hakhnassat Kalla, apport financier à la future mariée, Pidyon chevouyim, libération des otages, la Hévra kadicha, organisme pour la prise en charge des endeuillés ou l'ensevelissent des morts, et d'autres encore ont été les leçons que nos pères ont léguées à leur progéniture pur aimer son prochain au nom de l'image que nous avons, l'image de D.

L'amour de D.

Le célèbre « tu aimeras ton D. de tout ton cœur, de toute ton âme et de tout ton pouvoir » semble indiquer que l'amour de D. est incontournable. Par cette formule le sentiment personnel est relégué à une imposition qui ressemble à s'y méprendre au comportement du devoir plus que du droit.

Selon certains, D. fait connaître à ceux qui veulent gagner du temps que cet amour est une aubaine pour les mortels que nous sommes. On bénéficie de la mansuétude céleste et de la protection divine contre l'attachement que nous formulons au Maître du monde. Nous avons un crédit illimité auprès du Ciel, une gratification permanente en un mot, il est de notre intérêt d'aimer D.

Sommes-nous si mercantiles que cela ? Malheureusement le monde terrien vit dans une atmosphère bassement matérielle que tout est une histoire de marchandage jusqu'à l'acquisition de l'amour de D. A contrario, cet amour devient un choix que certains hommes rejettent pour les mêmes motifs invoqués. Or le judaïsme fixant des mitsvot comme les règles de la cachrout ou du Chabbat ne semble pas prêter un quelconque tri à nos têtes pensantes pour attendre de tout comprendre avant d'exécuter les commandements d'obédience divine. L'amour de D. fait partie intégrante des lois qui régissent le monde et la communauté juive. Ces lois ne passent pas impérativement par une explication rationnelle. Il ne s'agit donc pas d'intérêt personnel à aimer ou à ne pas aimer D.

A partir du moment où nous croyons que le Saint Béni soit-Il dirige l'univers donc il est le tireur de ficelles de la marche ininterrompue du cosmos, notre amour vient renforcer cet esprit et lui donner une consistance physique. Etant nés à l'image de D. nous représentons le monde divin dans un univers où l'homme est un loup pour son prochain. Notre amour au D. unique freine les velléités naturelles destructrices humaines pour leur imposer un regard bienfaiteur et miséricordieux.

C'est la partie élevée de l'être humain qui est mise à l'honneur en respectant ce principe. En effet l'âme, qui en nous est une particule divine qui, tout au long de notre existence, développe nos capacités intellectuelles et morales. Nos reconnaissons chaque matin le pouvoir de cette âme qui le temps d'une nuit est en veilleuse. Le « Modé ani » de chaque matin régule notre journée par un simple merci au Créateur. La partie invisible de notre être donne au D. intemporel une assise réelle. Nous sommes le pivot et le change. C'est pourquoi il va de notre intérêt à aimer D. de tout notre cœur, de toute notre âme et de tout notre pouvoir sinon c'est nous-mêmes qui sommes retranchés de tout l'ensemble.

Rabbin Salomon Malka

Les Bénédictions

Pour un malade (homme)

Dans cette bénédiction, le béni fait un don et on dit :

מִי שֶׁבֵּרַךְ אֲבוֹתֵינוּ אַבְרָהָם יִצְחָק וְיַעֲקֹב מֹשֶׁה וְאַהֲרֹן דָּוִד וּשְׁלֹמֹה הוּא יְבָרֵךְ אֶת הַחוֹלֶה (פב"פ) בַּעֲבוּר (שפב"פ) יִתֵּן מַתָּנָה בַּעֲבוּרוֹ, בִּשְׂכַר זֶה הַקָּדוֹשׁ בָּרוּךְ הוּא יִמָּלֵא רַחֲמִים עָלָיו לְהַחֲלִימוֹ וּלְרַפְּאתוֹ וּלְהַחֲזִיקוֹ וּלְהַחֲיוֹתוֹ, וְיִשְׁלַח לוֹ מְהֵרָה רְפוּאָה שְׁלֵמָה מִן הַשָּׁמַיִם לְרַמַ"ח אֵבָרָיו וּשְׁסָ"ה גִּידָיו בְּתוֹךְ שְׁאָר חוֹלֵי יִשְׂרָאֵל, רְפוּאַת הַנֶּפֶשׁ וּרְפוּאַת הַגּוּף (בשבת שַׁבָּת הִיא מִלִּזְעוֹק וּרְפוּאָה קְרוֹבָה לָבוֹא). (ביו"ט יוֹם טוֹב הוּא מִלִּזְעוֹק וּרְפוּאָה קְרוֹבָה לָבוֹא), הַשְׁתָּא בַּעֲגָלָא וּבִזְמַן קָרִיב. וְנֹאמַר אָמֵן:

Pour le malade on préfère rappeler le nom de sa mère plutôt que le père selon le Zohar :

שהקשה על הכתוב והושיעה לבן אמתך, וכי לא היה בן ישי, למה לא הזכיר אביו? מכאן הוציא רשב"י ע"ה כי כשיבוא האדם להזכיר אצל ב"ד שלמעלה יזכיר דבר שהוא וודאי יותר ולכך לא הזכיר אמו (מעולפת ספירים יום עשירי אות כ"ב, טעמי המנהגים מ"ו ע"ב).

Cependant, il existe des coutumes différentes pour chaque communauté.

Pour une malade (femme)

Dans cette bénédiction, la bénie fait un don et on dit :

מִי שֶׁבֵּרַךְ אֲבוֹתֵינוּ אַבְרָהָם יִצְחָק וְיַעֲקֹב מֹשֶׁה וְאַהֲרֹן דָּוִד וּשְׁלֹמֹה הוּא יְבָרֵךְ אֶת הַחוֹלַנִית (פב"פ) בַּעֲבוּר (שפב"פ) יִתֵּן מַתָּנָה בַּעֲבוּרָהּ, בִּשְׂכַר זֶה הַקָּדוֹשׁ בָּרוּךְ הוּא יִמַּלֵא רַחֲמִים עָלֶיהָ לְהַחֲלִימָהּ וּלְרַפְּאתָהּ וּלְהַחֲזִיקָהּ וּלְהַחֲיוֹתָהּ, וְיִשְׁלַח לָהּ מְהֵרָה רְפוּאָה שְׁלֵמָה מִן הַשָּׁמַיִם לְכָל אֵבָרֶיהָ וּלְכָל גִּידֶיהָ בְּתוֹךְ שְׁאָר חוֹלֵי יִשְׂרָאֵל, רְפוּאַת הַנֶּפֶשׁ וּרְפוּאַת הַגּוּף (בשבת שַׁבָּת הִיא מִלִּזְעוֹק וּרְפוּאָה קְרוֹבָה לָבוֹא). (ביו"ט יוֹם טוֹב הוּא מִלִּזְעוֹק וּרְפוּאָה קְרוֹבָה לָבוֹא), הַשְׁתָּא בַּעֲגָלָא וּבִזְמַן קָרִיב. וְנֹאמַר אָמֵן:

Version générale

Au milieu de cette Bénédiction, on choisira en fonction, si c'est un jeune homme (femme), une personne marié(e), le père (mère) ou une personne malade.
Il est bien de lire le psaume 9, puis 18, puis 49 et ensuite :

Pour un homme

מִי שֶׁבֵּרַךְ אֲבוֹתֵינוּ הַקְּדוֹשִׁים וְהַטְּהוֹרִים, אַבְרָהָם יִצְחָק וְיַעֲקֹב, מֹשֶׁה וְאַהֲרֹן, דָּוִד וּשְׁלֹמֹה, אֵלִיָּהוּ וֶאֱלִישָׁע, הוּא יְבָרֵךְ וְיִשְׁמוֹר וְיִנְצוֹר וְיַעֲזוֹר וִירוֹמֵם וִינַשֵּׂא וְיַעֲלֶה לְמַעְלָה הַשֵּׁם הַטּוֹב <**פלוני בן פלונית**>, הוּא וְכָל אֲשֶׁר לוֹ. מֶלֶךְ מַלְכֵי הַמְּלָכִים בְּרַחֲמָיו יִשְׁמְרֵהוּ וִיחַיֵּהוּ, מִכָּל צַעַר וָנֶזֶק יַצִּילֵהוּ, וְיַאֲרִיךְ יָמָיו בְּטוֹב וּשְׁנוֹתָיו בַּנְּעִימִים.

<u>בחור</u>: וִיזַכֵּהוּ הָאֵל לְחוּפָּתוֹ בְּחַיֵּי אָבִיו וּבְחַיֵּי אִמּוֹ.

<u>לנשוי</u>: וְיִפְקְדֵהוּ הָאֵל בְּבָנִים שֶׁל קַיָּמָא.

<u>לאבא</u>: וְיִשְׁמוֹר לוֹ הָאֵל בָּנָיו הַנְּעִימִים וְיִתֵּן לוֹ עוֹד אֲחֵרִים בְּחַיָּיו.

<u>לחולה</u>: וְיִשְׁלַח לוֹ הָאֵל רְפוּאָה שְׁלֵמָה בְּתוֹךְ כָּל שְׁאַר חוֹלֵי יִשְׂרָאֵל בִּרְמַ"ח אֵבָרָיו וּבִשְׁסָ"ה גִּידָיו. אֵל נָא רְפָא נָא לוֹ, אֵל נָא רְפָא נָא לוֹ, וְהַחֲלִימֵהוּ וְהַחֲזִיקֵהוּ וְהַבְרִיאֵהוּ וְהַחֲזִירֵהוּ לְאֵיתָנוֹ הָרִאשׁוֹן, וְכֵן יְהִי רָצוֹן, וְנֹאמַר אָמֵן.

Pour une femme

מִי שֶׁבֵּרַךְ אִמּוֹתֵינוּ הַקְּדוֹשׁוֹת וְהַטְּהוֹרוֹת, שָׂרָה וְרִבְקָה, רָחֵל וְלֵאָה, מִרְיָם הַנְּבִיאָה וַאֲבִיגַיִל וְאֶסְתֵּר הַמַּלְכָּה בַּת אֲבִיחַיִל, הוּא יְבָרֵךְ וְיִשְׁמוֹר וְיִנְצוֹר אֶת הָאִשָּׁה הַכְּבוּדָה <**פלונית בת פלונית**> הִיא וְכָל אֲשֶׁר לָהּ. מֶלֶךְ מַלְכֵי הַמְּלָכִים בְּרַחֲמָיו יִשְׁמְרֶהָ וִיחַיֶּיהָ וּמִכָּל צַעַר וָנֶזֶק יַצִּילֶהָ וְיַאֲרִיךְ יָמֶיהָ בְּטוֹב וּשְׁנוֹתֶיהָ בַּנְּעִימִים.

<u>לבחורה</u>: וִיזַכֶּהָ הָאֵל לְחוּפָּתָהּ בְּחַיֵּי אָבִיהָ וְאִמָּהּ.

<u>לנשואה</u>: וְיִפְקְדָהּ הָאֵל בְּבָנִים זְכָרִים שֶׁל קַיָּמָא.

לאם: וִישְׁמוֹר לָהּ הָאֵל בָּנֶיהָ הַנְּעִימִים וִיתֵּן לָהּ עוֹד אֲחֵרִים בְּחַיֶּיהָ.

לחולה: וִישְׁלַח לָהּ הָאֵל רפוּאָה שְׁלֵמָה בְּתוֹךְ כׇּל שְׁאַר חוֹלֵי יִשְׂרָאֵל בִּרְנָ"ב אֵבָרֶיהָ וּבִשְׁסָ"ה גִּידֶיהָ. אֵל נָא רְפָא נָא לָהּ, אֵל נָא רְפָא נָא לָהּ, וְהַחֲלִימָהּ וְהַחֲזִיקָהּ וְהַבְרִיאָהּ וְהַחֲזִירָהּ לְאֵיתָנָהּ הָרִאשׁוֹן, וְכֵן יְהִי רָצוֹן, וְנֹאמַר אָמֵן.

Pour les malades hommes et femmes (synagogue)

מִי שֶׁבֵּרַךְ אֲבוֹתֵינוּ וְאִמּוֹתֵינוּ אַבְרָהָם יִצְחָק וְיַעֲקֹב, מֹשֶׁה וְאַהֲרֹן, דָּוִד וּשְׁלֹמֹה, שָׂרָה רִבְקָה רָחֵל וְלֵאָה, הוּא יְבָרֵךְ וִירַפֵּא אֶת כׇּל חוֹלֵינוּ

כאן יפסיק שליח הציבור את רצף התפילה כדי לאפשר למי שרוצה, לייחד את מחשבותיו לחולה הקרוב אליו

הַזְּקוּקִים לִרְפוּאָה שְׁלֵמָה, בַּעֲבוּר שֶׁאֲנַחְנוּ מִתְפַּלְּלִים לְהַחְלָמָתָם. בִּשְׂכַר זֶה הַקָּדוֹשׁ בָּרוּךְ הוּא יִמָּלֵא רַחֲמִים עֲלֵיהֶם לְהַחֲלִימָם וּלְרַפְּאֹתָם וּלְהַחֲזִיקָם וּלְהַחֲיוֹתָם וְיִשְׁלַח לָהֶם מְהֵרָה רְפוּאָה שְׁלֵמָה מִן הַשָּׁמַיִם, עִם כׇּל חוֹלֵי יִשְׂרָאֵל, רְפוּאַת הַנֶּפֶשׁ וּרְפוּאַת הַגּוּף,

בשבת: שַׁבָּת הִיא

ביום טוב: יוֹם טוֹב הוּא

בשבת ויום טוב: שַׁבָּת וְיוֹם טוֹב הֵם

מִלִּזְעוֹק וּרְפוּאָה קְרוֹבָה לָבוֹא, הַשְׁתָּא בַּעֲגָלָא וּבִזְמַן קָרִיב וְנֹאמַר אָמֵן.

Pour la femme qui a accouché d'un garçon

מִי שֶׁבֵּרַךְ אֲבוֹתֵינוּ אַבְרָהָם יִצְחָק וְיַעֲקֹב מֹשֶׁה וְאַהֲרֹן דָּוִד וּשְׁלֹמֹה הוּא יְבָרֵךְ אֶת הָאִשָּׁה הַיּוֹלֶדֶת (פב"פ) וְאֶת בְּנָהּ הַנּוֹלָד לָהּ בְּמַזָּל טוֹב, בַּעֲבוּר שֶׁבַּעְלָהּ יִתֵּן לִצְדָקָה בַּעֲדָהּ, בִּשְׂכַר זֶה יִזְכּוּ אָבִיו וְאִמּוֹ לְהַכְנִיסוֹ בִּבְרִיתוֹ שֶׁל אַבְרָהָם אָבִינוּ (בְּעִתּוֹ וּבִזְמַנּוֹ) וּלְגַדְּלוֹ לְתוֹרָה וּלְחֻפָּה וּלְמַעֲשִׂים טוֹבִים. וְנֹאמַר אָמֵן:

Pour la femme qui a accouché d'une fille

מִי שֶׁבֵּרַךְ אֲבוֹתֵינוּ אַבְרָהָם יִצְחָק וְיַעֲקֹב מֹשֶׁה וְאַהֲרֹן דָּוִד וּשְׁלֹמֹה הוּא יְבָרֵךְ אֶת הָאִשָּׁה הַיּוֹלֶדֶת (פב"פ) וְאֶת בִּתָּהּ הַנּוֹלְדָה לָהּ בְּמַזָּל טוֹב, וְיִקָּרֵא שְׁמָהּ בְּיִשְׂרָאֵל (פב"פ), בַּעֲבוּר שֶׁבַּעְלָהּ יִתֵּן לִצְדָקָה בַּעֲדָהּ, בִּשְׂכַר זֶה יִזְכּוּ אָבִיהָ וְאִמָּהּ לְגַדְּלָהּ לְתוֹרָה וּלְחֻפָּה וּלְמַעֲשִׂים טוֹבִים. וְנֹאמַר אָמֵן:

Pour les soldats de צה"ל

מִי שֶׁבֵּרַךְ אֲבוֹתֵינוּ אַבְרָהָם יִצְחָק וְיַעֲקֹב הוּא יְבָרֵךְ אֶת חַיָּלֵי צְבָא הֲגַנָּה לְיִשְׂרָאֵל, הָעוֹמְדִים עַל מִשְׁמַר אַרְצֵנוּ וְעָרֵי אֱלֹהֵינוּ מִגְּבוּל הַלְּבָנוֹן וְעַד מִדְבַּר מִצְרַיִם וּמִן הַיָּם הַגָּדוֹל עַד לְבוֹא הָעֲרָבָה בַּיַּבָּשָׁה בָּאֲוִיר וּבַיָּם. יִתֵּן ה' אֶת אוֹיְבֵינוּ הַקָּמִים עָלֵינוּ נִגָּפִים לִפְנֵיהֶם. הַקָּדוֹשׁ בָּרוּךְ הוּא יִשְׁמֹר וְיַצִּיל אֶת חַיָּלֵינוּ מִכָּל צָרָה וְצוּקָה וּמִכָּל נֶגַע וּמַחֲלָה וְיִשְׁלַח בְּרָכָה וְהַצְלָחָה בְּכָל מַעֲשֵׂה יְדֵיהֶם. יַדְבֵּר שׂוֹנְאֵינוּ תַּחְתֵּיהֶם וִיעַטְּרֵם בְּכֶתֶר יְשׁוּעָה וּבַעֲטֶרֶת נִצָּחוֹן. וִיקֻיַּם בָּהֶם הַכָּתוּב: כִּי ה' אֱלֹהֵיכֶם הַהֹלֵךְ עִמָּכֶם לְהִלָּחֵם לָכֶם עִם אֹיְבֵיכֶם לְהוֹשִׁיעַ אֶתְכֶם: וְנֹאמַר אָמֵן:

Pour Israël

אָבִינוּ שֶׁבַּשָּׁמַיִם, צוּר יִשְׂרָאֵל וְגוֹאֲלוֹ, בָּרֵךְ אֶת מְדִינַת יִשְׂרָאֵל, רֵאשִׁית צְמִיחַת גְּאֻלָּתֵנוּ. הָגֵן עָלֶיהָ בְּאֶבְרַת חַסְדֶּךָ וּפְרֹשׂ עָלֶיהָ סֻכַּת שְׁלוֹמֶךָ וּשְׁלַח אוֹרְךָ וַאֲמִתְּךָ לְרָאשֶׁיהָ, שָׂרֶיהָ וְיוֹעֲצֶיהָ, וְתַקְּנֵם בְּעֵצָה טוֹבָה מִלְּפָנֶיךָ. חַזֵּק אֶת יְדֵי מְגִנֵּי אֶרֶץ קָדְשֵׁנוּ, וְהַנְחִילֵם אֱלֹהֵינוּ יְשׁוּעָה וַעֲטֶרֶת נִצָּחוֹן תְּעַטְּרֵם, וְנָתַתָּ שָׁלוֹם בָּאָרֶץ וְשִׂמְחַת עוֹלָם לְיוֹשְׁבֶיהָ. וְאֶת אַחֵינוּ כָּל בֵּית יִשְׂרָאֵל, פְּקָד-נָא בְּכָל אַרְצוֹת פְּזוּרֵיהֶם, וְתוֹלִיכֵם מְהֵרָה קוֹמְמִיּוּת לְצִיּוֹן עִירֶךָ וְלִירוּשָׁלַיִם מִשְׁכַּן שְׁמֶךָ, כַּכָּתוּב בְּתוֹרַת מֹשֶׁה עַבְדֶּךָ: אִם יִהְיֶה נִדַּחֲךָ בִּקְצֵה הַשָּׁמַיִם, מִשָּׁם יְקַבֶּצְךָ ה' אֱלֹהֶיךָ וּמִשָּׁם יִקָּחֶךָ: וֶהֱבִיאֲךָ ה' אֱלֹהֶיךָ אֶל הָאָרֶץ אֲשֶׁר

יְרֻשּׁוּ אֲבֹתֶיךָ וִירִשְׁתָּהּ, וְהֵיטִבְךָ וְהִרְבְּךָ מֵאֲבֹתֶיךָ: וְיַחֵד לְבָבֵנוּ לְאַהֲבָה וּלְיִרְאָה אֶת שְׁמֶךָ, וְלִשְׁמֹר אֶת כָּל דִּבְרֵי תּוֹרָתֶךָ, וּשְׁלַח לָנוּ מְהֵרָה בֶּן דָּוִד מְשִׁיחַ צִדְקֶךָ, לִפְדּוֹת מְחַכֵּי קֵץ יְשׁוּעָתֶךָ.
הוֹפַע בַּהֲדַר גְּאוֹן עֻזֶּךָ עַל כָּל יוֹשְׁבֵי תֵּבֵל אַרְצֶךָ, וְיֹאמַר כֹּל אֲשֶׁר נְשָׁמָה בְאַפּוֹ: ה' אֱלֹהֵי יִשְׂרָאֵל מֶלֶךְ וּמַלְכוּתוֹ בַּכֹּל מָשָׁלָה, אָמֵן סֶלָה.

Pour celui qui monte à la torah

מִי שֶׁבֵּרַךְ אֲבוֹתֵינוּ אַבְרָהָם יִצְחָק וְיַעֲקֹב הוּא יְבָרֵךְ אֶת (פב"פ) בַּעֲבוּר שֶׁעָלָה לַתּוֹרָה לִכְבוֹד הַמָּקוֹם לִכְבוֹד הַתּוֹרָה וְלִכְבוֹד הַשַּׁבָּת (ליו"ט וְלִכְבוֹד הָרֶגֶל). (לר"ה ויו"כ וְלִכְבוֹד יוֹם הַדִּין), וּבִשְׂכַר זֶה הַקָּדוֹשׁ בָּרוּךְ הוּא יִשְׁמְרֵהוּ וְיַצִּילֵהוּ מִכָּל צָרָה וְצוּקָה וּמִכָּל נֶגַע וּמַחֲלָה וְיִשְׁלַח בְּרָכָה וְהַצְלָחָה בְּכָל מַעֲשֵׂה יָדָיו (ליו"ט וְיִזְכֶּה לַעֲלוֹת לָרֶגֶל) (לר"ה ויו"כ וְיִכְתְּבֵהוּ וְיַחְתְּמֵהוּ לְחַיִּים טוֹבִים בְּזֶה הַיּוֹם) עִם כָּל יִשְׂרָאֵל אֶחָיו וְנֹאמַר אָמֵן:

Pour celui qui échappe au danger, ou revient de voyage

Rite Sepharade :

אוֹדֶה ה' בְּכָל־לֵבָב, בְּסוֹד יְשָׁרִים וְעֵדָה

בָּרוּךְ אַתָּה יְהֹוָה אֱלֹהֵינוּ מֶלֶךְ הָעוֹלָם. הַגּוֹמֵל לְחַיָּבִים טוֹבוֹת. שֶׁגְּמָלַנִי כָּל טוּב:

Le kahal repond Amen et rajoutent ceci :

אָמֵן, הָאֵל שֶׁגְּמָלְךָ / שֶׁגְּמָלֵךְ כָּל־טוּב, הוּא יִגְמָלְךָ / יִגְמְלֵךְ כָּל־טוּב, סֶלָה

(Rite Achkenase)

אָמֵן. מִי שֶׁגְּמָלְךָ / שֶׁגְּמָלֵךְ כָּל־טוּב, הוּא יִגְמָלְךָ / יִגְמְלֵךְ כָּל־טוּב, סֶלָה

אָמֵן כֵּן יְהִי רָצוֹן

Birkat Hamazone - Sefarad

לַמְנַצֵּחַ בִּנְגִינֹת מִזְמוֹר שִׁיר. אֱלֹהִים יְחָנֵּנוּ וִיבָרְכֵנוּ יָאֵר פָּנָיו אִתָּנוּ סֶלָה. לָדַעַת בָּאָרֶץ דַּרְכֶּךָ בְּכָל גּוֹיִם יְשׁוּעָתֶךָ. יוֹדוּךָ עַמִּים אֱלֹהִים יוֹדוּךָ עַמִּים כֻּלָּם. יִשְׂמְחוּ וִירַנְּנוּ לְאֻמִּים כִּי תִשְׁפֹּט עַמִּים מִישׁוֹר וּלְאֻמִּים בָּאָרֶץ תַּנְחֵם סֶלָה. יוֹדוּךָ עַמִּים אֱלֹהִים יוֹדוּךָ עַמִּים כֻּלָּם. אֶרֶץ נָתְנָה יְבוּלָהּ יְבָרְכֵנוּ אֱלֹהִים אֱלֹהֵינוּ. יְבָרְכֵנוּ אֱלֹהִים וְיִירְאוּ אֹתוֹ כָּל אַפְסֵי אָרֶץ.

אֲבָרְכָה אֶת יְהֹוָה בְּכָל עֵת תָּמִיד תְּהִלָּתוֹ בְּפִי סוֹף דָּבָר הַכֹּל נִשְׁמָע אֶת הָאֱלֹהִים יְרָא וְאֶת מִצְוֹתָיו שְׁמוֹר כִּי זֶה כָּל הָאָדָם תְּהִלַּת יְהֹוָה יְדַבֶּר פִּי וִיבָרֵךְ כָּל בָּשָׂר שֵׁם קָדְשׁוֹ לְעוֹלָם וָעֶד וַאֲנַחְנוּ נְבָרֵךְ יָהּ מֵעַתָּה וְעַד-עוֹלָם הַלְלוּ-יָהּ וַיְדַבֵּר אֵלַי זֶה הַשֻּׁלְחָן אֲשֶׁר לִפְנֵי יְהֹוָה

אם מברכים בזימון המברך אומר: הַב לָן וְנִבְרִיךְ לְמַלְכָּא עִלָּאָה קַדִּישָׁא:

המסובים עונים: שָׁמַיִם:

המברך אומר: בִּרְשׁוּת מַלְכָּא עִלָּאָה קַדִּישָׁא, וּבִרְשׁוּת מוֹרַי וְרַבּוֹתַי וּבִרְשׁוּתְכֶם נְבָרֵךְ (בעשרה: אֱלֹקֵינוּ) שֶׁאָכַלְנוּ מִשֶּׁלּוֹ:

המסובים עונים: בָּרוּךְ (בעשרה: אֱלֹקֵינוּ) שֶׁאָכַלְנוּ מִשֶּׁלּוֹ וּבְטוּבוֹ חָיִינוּ:

המזמן: בָּרוּךְ (אֱלֹהֵינוּ) שֶׁאָכַלְנוּ מִשֶּׁלּוֹ וּבְטוּבוֹ הַגָּדוֹל תָּמִיד חָיִינוּ

בָּרוּךְ אַתָּה יְהֹוָה אֱלֹהֵינוּ מֶלֶךְ הָעוֹלָם הָאֵל הַזָּן אוֹתָנוּ וְאֶת הָעוֹלָם כֻּלּוֹ בְּטוּבוֹ בְּחֵן בְּחֶסֶד בְּרֶוַח וּבְרַחֲמִים רַבִּים נֹתֵן לֶחֶם לְכָל-בָּשָׂר כִּי לְעוֹלָם חַסְדּוֹ וּבְטוּבוֹ הַגָּדוֹל תָּמִיד לֹא חָסַר לָנוּ וְאַל יֶחְסַר לָנוּ מָזוֹן (תָּמִיד) לְעוֹלָם וָעֶד כִּי הוּא אֵל זָן וּמְפַרְנֵס לַכֹּל וְשֻׁלְחָנוֹ עָרוּךְ לַכֹּל וְהִתְקִין מִחְיָה וּמָזוֹן לְכָל-בְּרִיּוֹתָיו אֲשֶׁר בָּרָא בְרַחֲמָיו וּבְרֹב חֲסָדָיו כָּאָמוּר פּוֹתֵחַ אֶת-יָדֶךָ וּמַשְׂבִּיעַ לְכָל-חַי רָצוֹן בָּרוּךְ אַתָּה יְיָ הַזָּן אֶת הַכֹּל.

נוֹדֶה לְּךָ יְהֹוָה אֱלֹהֵינוּ עַל שֶׁהִנְחַלְתָּ לַאֲבוֹתֵינוּ אֶרֶץ חֶמְדָּה טוֹבָה וּרְחָבָה בְּרִית וְתוֹרָה חַיִּים וּמָזוֹן עַל שֶׁהוֹצֵאתָנוּ מֵאֶרֶץ מִצְרַיִם וּפְדִיתָנוּ מִבֵּית עֲבָדִים וְעַל בְּרִיתְךָ שֶׁחָתַמְתָּ בִּבְשָׂרֵנוּ וְעַל תּוֹרָתְךָ שֶׁלִּמַּדְתָּנוּ וְעַל חֻקֵּי רְצוֹנָךְ שֶׁהוֹדַעְתָּנוּ וְעַל חַיִּים וּמָזוֹן שָׁאַתָּה זָן וּמְפַרְנֵס אוֹתָנוּ

בחנוכה ובפורים אומרים כאן על הניסים

עַל הַנִּסִּים וְעַל הַפֻּרְקָן וְעַל הַגְּבוּרוֹת וְעַל הַתְּשׁוּעוֹת וְעַל הַנִּפְלָאוֹת וְעַל הַנֶּחָמוֹת שֶׁעָשִׂיתָ לַאֲבוֹתֵינוּ בַּיָּמִים הָהֵם בַּזְּמַן הַזֶּה.

לחנוכה

בִּימֵי מַתִּתְיָהוּ בֶּן יוֹחָנָן כֹּהֵן גָּדוֹל חַשְׁמוֹנָאִי וּבָנָיו כְּשֶׁעָמְדָה מַלְכוּת יָוָן הָרְשָׁעָה עַל עַמְּךָ יִשְׂרָאֵל לְהַשְׁכִּיחָם מִתּוֹרָתְךָ וּלְהַעֲבִירָם מֵחֻקֵּי רְצוֹנָךְ וְאַתָּה בְּרַחֲמֶיךָ הָרַבִּים עָמַדְתָּ לָהֶם בְּעֵת צָרָתָם רַבְתָּ אֶת רִיבָם דַּנְתָּ אֶת דִּינָם נָקַמְתָּ אֶת נִקְמָתָם מָסַרְתָּ גִּבּוֹרִים בְּיַד חַלָּשִׁים וְרַבִּים בְּיַד מְעַטִּים וּטְמֵאִים בְּיַד טְהוֹרִים וּרְשָׁעִים בְּיַד צַדִּיקִים וְזֵדִים בְּיַד עוֹסְקֵי תוֹרָתֶךָ וּלְךָ עָשִׂיתָ שֵׁם גָּדוֹל וְקָדוֹשׁ בְּעוֹלָמָךְ וּלְעַמְּךָ יִשְׂרָאֵל עָשִׂיתָ תְּשׁוּעָה גְדוֹלָה וּפֻרְקָן כְּהַיּוֹם הַזֶּה וְאַחַר כָּךְ בָּאוּ בָנֶיךָ לִדְבִיר בֵּיתֶךָ וּפִנּוּ אֶת הֵיכָלֶךָ וְטִהֲרוּ

אֶת-מִקְדָּשֶׁךָ וְהִדְלִיקוּ נֵרוֹת בְּחַצְרוֹת קָדְשֶׁךָ וְקָבְעוּ שְׁמוֹנַת יְמֵי חֲנֻכָּה אֵלּוּ לְהוֹדוֹת וּלְהַלֵּל לְשִׁמְךָ הַגָּדוֹל.

לפורים

בִּימֵי מָרְדְּכַי וְאֶסְתֵּר בְּשׁוּשַׁן הַבִּירָה כְּשֶׁעָמַד עֲלֵיהֶם הָמָן הָרָשָׁע בִּקֵּשׁ לְהַשְׁמִיד לַהֲרוֹג וּלְאַבֵּד אֶת-כָּל-הַיְּהוּדִים מִנַּעַר וְעַד זָקֵן טַף וְנָשִׁים בְּיוֹם אֶחָד בִּשְׁלֹשָׁה עָשָׂר לְחֹדֶשׁ שְׁנֵים עָשָׂר הוּא חֹדֶשׁ אֲדָר וּשְׁלָלָם לָבוֹז וְאַתָּה בְּרַחֲמֶיךָ הָרַבִּים הֵפַרְתָּ אֶת עֲצָתוֹ וְקִלְקַלְתָּ אֶת מַחֲשַׁבְתּוֹ וַהֲשֵׁבוֹתָ-לוֹ גְּמוּלוֹ בְּרֹאשׁוֹ וְתָלוּ אוֹתוֹ וְאֶת בָּנָיו עַל הָעֵץ וְעָשִׂיתָ עִמָּהֶם נִסִּים וְנִפְלָאוֹת וְנוֹדֶה לְשִׁמְךָ הַגָּדוֹל סֶלָה

עַל הַכֹּל יְהֹוָה אֱלֹהֵינוּ אֲנַחְנוּ מוֹדִים לָךְ וּמְבָרְכִים אֶת שְׁמָךְ כָּאָמוּר וְאָכַלְתָּ וְשָׂבָעְתָּ וּבֵרַכְתָּ אֶת יְהֹוָה אֱלֹהֶיךָ עַל-הָאָרֶץ הַטֹּבָה אֲשֶׁר נָתַן-לָךְ בָּרוּךְ אַתָּה יְהֹוָה עַל הָאָרֶץ וְעַל הַמָּזוֹן

רַחֵם יְהֹוָה אֱלֹהֵינוּ עָלֵינוּ וְעַל יִשְׂרָאֵל עַמָּךְ וְעַל יְרוּשָׁלַיִם עִירָךְ וְעַל הַר צִיּוֹן מִשְׁכַּן כְּבוֹדָךְ וְעַל הֵיכָלָךְ וְעַל מְעוֹנָךְ וְעַל דְּבִירָךְ וְעַל הַבַּיִת הַגָּדוֹל וְהַקָּדוֹשׁ שֶׁנִּקְרָא שִׁמְךָ עָלָיו אָבִינוּ! רְעֵנוּ זוּנֵנוּ פַּרְנְסֵנוּ כַּלְכְּלֵנוּ הַרְוִיחֵנוּ הַרְוַח לָנוּ מְהֵרָה מִכָּל-צָרוֹתֵינוּ וְאַל תַּצְרִיכֵנוּ יְהֹוָה אֱלֹהֵינוּ לִידֵי מַתְּנוֹת בָּשָׂר וָדָם וְלֹא לִידֵי הַלְוָאָתָם אֶלָּא לְיָדְךָ הַמְּלֵאָה וְהָרְחָבָה הָעֲשִׁירָה וְהַפְּתוּחָה יְהִי רָצוֹן שֶׁלֹּא נֵבוֹשׁ בָּעוֹלָם הַזֶּה וְלֹא נִכָּלֵם לָעוֹלָם הַבָּא וּמַלְכוּת בֵּית דָּוִד מְשִׁיחָךְ תַּחֲזִירֶנָּה לִמְקוֹמָהּ בִּמְהֵרָה בְיָמֵינוּ

בשבת קודש מוסיפים כאן רצה והחליצנו

רְצֵה וְהַחֲלִיצֵנוּ יְהֹוָה אֱלֹהֵינוּ בְּמִצְוֹתֶיךָ וּבְמִצְוַת יוֹם הַשְּׁבִיעִי הַשַּׁבָּת הַגָּדוֹל וְהַקָּדוֹשׁ הַזֶּה. כִּי יוֹם גָּדוֹל וְקָדוֹשׁ הוּא מִלְּפָנֶיךָ נִשְׁבּוֹת בּוֹ וְנָנוּחַ בּוֹ וְנִתְעַנֵּג בּוֹ כְּמִצְוַת חֻקֵּי רְצוֹנָךְ וְאַל תְּהִי צָרָה וְיָגוֹן בְּיוֹם מְנוּחָתֵנוּ וְהַרְאֵנוּ בְּנֶחָמַת צִיּוֹן בִּמְהֵרָה בְיָמֵינוּ כִּי אַתָּה הוּא בַּעַל הַנֶּחָמוֹת וְגַם שֶׁאָכַלְנוּ וְשָׁתִינוּ חָרְבַּן בֵּיתְךָ הַגָּדוֹל וְהַקָּדוֹשׁ לֹא שָׁכַחְנוּ אַל תִּשְׁכָּחֵנוּ לָנֶצַח וְאַל תִּזְנָחֵנוּ לָעַד כִּי אֵל מֶלֶךְ גָּדוֹל וְקָדוֹשׁ אָתָּה

בראש חודש ובמועדים מוסיפים כאן יעלה ויבוא

אֱלֹהֵינוּ וֵאלֹהֵי אֲבוֹתֵינוּ, יַעֲלֶה וְיָבֹא יַגִּיעַ יֵרָאֶה וְיֵרָצֶה יִשָּׁמַע יִפָּקֵד וְיִזָּכֵר זִכְרוֹנֵנוּ וְזִכְרוֹן אֲבוֹתֵינוּ, זִכְרוֹן יְרוּשָׁלַיִם עִירָךְ, וְזִכְרוֹן מָשִׁיחַ בֶּן דָּוִד עַבְדָּךְ, וְזִכְרוֹן כָּל-עַמְּךָ בֵּית יִשְׂרָאֵל לְפָנֶיךָ, לִפְלֵטָה לְטוֹבָה לְחֵן לְחֶסֶד וּלְרַחֲמִים לְחַיִּים טוֹבִים וּלְשָׁלוֹם בְּיוֹם

בראש חודש: רֹאשׁ הַחֹדֶשׁ

בפסח: חַג הַמַּצּוֹת

בסוכות: חַג הַסֻּכּוֹת

בשמיני עצרת: שְׁמִינִי עֲצֶרֶת הַחַג

בשבועות: חַג הַשָּׁבוּעוֹת

בראש השנה: הַזִּכָּרוֹן

במועדים: בְּיוֹם מִקְרָא קֹדֶשׁ

הַזֶּה, לְרַחֵם בּוֹ עָלֵינוּ וּלְהוֹשִׁיעֵנוּ. זָכְרֵנוּ יְהֹוָה אֱלֹהֵינוּ בּוֹ לְטוֹבָה, וּפָקְדֵנוּ בוֹ לִבְרָכָה, וְהוֹשִׁיעֵנוּ בוֹ לְחַיִּים טוֹבִים , בִּדְבַר יְשׁוּעָה וְרַחֲמִים; חוּס וְחָנֵּנוּ, וַחֲמֹל וְרַחֵם עָלֵינוּ, וְהוֹשִׁיעֵנוּ כִּי אֵלֶיךָ עֵינֵינוּ, כִּי אֵל מֶלֶךְ חַנּוּן וְרַחוּם אָתָּה.

וְתִבְנֶה יְרוּשָׁלַיִם עִירָךְ בִּמְהֵרָה בְיָמֵינוּ בָּרוּךְ אַתָּה יְהֹוָה בּוֹנֵה יְרוּשָׁלָיִם (**בלחש** אָמֵן)

בָּרוּךְ אַתָּה יְהֹוָה אֱלֹהֵינוּ מֶלֶךְ הָעוֹלָם, לָעַד הָאֵל אָבִינוּ, מַלְכֵּנוּ, אַדִּירֵנוּ, בּוֹרְאֵנוּ, גּוֹאֲלֵנוּ, קְדוֹשֵׁנוּ קְדוֹשׁ יַעֲקֹב, רוֹעֵנוּ רוֹעֵה יִשְׂרָאֵל, הַמֶּלֶךְ הַטּוֹב וְהַמֵּטִיב לַכֹּל, שֶׁבְּכָל יוֹם וָיוֹם הוּא הֵטִיב לָנוּ, הוּא מֵטִיב לָנוּ, הוּא יֵיטִיב לָנוּ, הוּא גְמָלָנוּ הוּא גוֹמְלֵנוּ הוּא יִגְמְלֵנוּ לָעַד, חֵן וָחֶסֶד וְרַחֲמִים וְרֶוַח וְהַצָּלָה וְכָל-טוֹב.

הָרַחֲמָן הוּא יִשְׁתַּבַּח עַל כִּסֵּא כְבוֹדוֹ.

הָרַחֲמָן הוּא יִשְׁתַּבַּח בַּשָּׁמַיִם וּבָאָרֶץ.

הָרַחֲמָן הוּא יִשְׁתַּבַּח בָּנוּ לְדוֹר דּוֹרִים.

הָרַחֲמָן הוּא קֶרֶן לְעַמּוֹ יָרִים.

הָרַחֲמָן הוּא יִתְפָּאַר בָּנוּ לָנֶצַח נְצָחִים.

הָרַחֲמָן הוּא יְפַרְנְסֵנוּ בְּכָבוֹד וְלֹא בְבִזּוּי, בְּהֶתֵּר וְלֹא בְאִסּוּר, בְּנַחַת וְלֹא בְצַעַר.

הָרַחֲמָן הוּא יִתֵּן שָׁלוֹם בֵּינֵינוּ.

הָרַחֲמָן הוּא יִשְׁלַח בְּרָכָה רְוָחָה וְהַצְלָחָה בְּכָל מַעֲשֵׂה יָדֵינוּ.

הָרַחֲמָן הוּא יַצְלִיחַ אֶת דְּרָכֵינוּ.

הָרַחֲמָן הוּא יִשְׁבֹּר עֹל גָּלוּת מְהֵרָה מֵעַל צַוָּארֵנוּ.

הָרַחֲמָן הוּא יוֹלִיכֵנוּ מְהֵרָה קוֹמְמִיּוּת בְּאַרְצֵנוּ.

הָרַחֲמָן הוּא יִרְפָּאֵנוּ רְפוּאָה שְׁלֵמָה.

הָרַחֲמָן הוּא יִפְתַּח לָנוּ אֶת יָדוֹ הָרְחָבָה.

הָרַחֲמָן הוּא יְבָרֵךְ כָּל אֶחָד וְאֶחָד מִמֶּנּוּ בִּשְׁמוֹ הַגָּדוֹל, כְּמוֹ שֶׁנִּתְבָּרְכוּ אֲבוֹתֵינוּ, אַבְרָהָם יִצְחָק וְיַעֲקֹב, בַּכֹּל מִכֹּל כֹּל, כֵּן יְבָרֵךְ אוֹתָנוּ יַחַד בְּרָכָה שְׁלֵמָה וְכֵן יְהִי רָצוֹן וְנֹאמַר אָמֵן.

הָרַחֲמָן הוּא יִפְרֹשׂ עָלֵינוּ סֻכַּת שְׁלוֹמוֹ.

הָרַחֲמָן הוּא יִטַּע תּוֹרָתוֹ וְאַהֲבָתוֹ בְּלִבֵּנוּ וְתִהְיֶה יִרְאָתוֹ עַל פָּנֵינוּ לְבִלְתִּי נֶחֱטָא, וְיִהְיוּ כָל מַעֲשֵׂינוּ לְשֵׁם שָׁמָיִם.

בשבת: הָרַחֲמָן הוּא יַנְחִילֵנוּ עוֹלָם שֶׁכֻּלּוֹ שַׁבָּת וּמְנוּחָה לְחַיֵּי הָעוֹלָמִים.

בראש חודש: הָרַחֲמָן הוּא יְחַדֵּשׁ עָלֵינוּ אֶת הַחֹדֶשׁ הַזֶּה לְטוֹבָה וְלִבְרָכָה.

בראש השנה: הָרַחֲמָן הוּא יְחַדֵּשׁ עָלֵינוּ שָׁנָה טוֹבָה וּמְבֹרֶכֶת.

בסוכות: הָרַחֲמָן הוּא יְזַכֵּנוּ לֵישֵׁב בְּסֻכַּת עוֹרוֹ שֶׁל לִוְיָתָן. הָרַחֲמָן הוּא יַשְׁפִּיעַ עָלֵינוּ שֶׁפַע קְדֻשָּׁה וְטָהֳרָה מִשִּׁבְעָה אֻשְׁפִּיזִין עִלָּאִין קַדִּישִׁין, זְכוּתָם תְּהֵא מָגֵן וְצִנָּה בַּעֲדֵנוּ. הָרַחֲמָן הוּא יָקִים לָנוּ אֶת-סֻכַּת דָּוִיד הַנּוֹפֶלֶת.

בחול המועד: הָרַחֲמָן הוּא יַגִּיעֵנוּ לְמוֹעֲדִים וְלִרְגָלִים אֲחֵרִים הַבָּאִים לִקְרָאתֵנוּ לְשָׁלוֹם.

ביום טוב: הָרַחֲמָן הוּא יַנְחִילֵנוּ לְיוֹם שֶׁכֻּלּוֹ טוֹב.

ברכת האורח:

Birkat Hamazon - Ashkénaze

הָרַחֲמָן הוּא יְבָרֵךְ אֶת הַשֻּׁלְחָן הַזֶּה שֶׁאָכַלְנוּ עָלָיו, וִיסַדֵּר בּוֹ כָּל מַעֲדַנֵּי עוֹלָם, וְיִהְיֶה כְּשֻׁלְחָנוֹ שֶׁל אַבְרָהָם אָבִינוּ עָלָיו הַשָּׁלוֹם. כָּל רָעֵב מִמֶּנּוּ יֹאכַל, וְכָל צָמֵא מִמֶּנּוּ יִשְׁתֶּה, וְאַל יֶחְסַר מִמֶּנּוּ כָּל טוּב לָעַד וּלְעוֹלְמֵי עוֹלָמִים, אָמֵן. הָרַחֲמָן הוּא יְבָרֵךְ אֶת בַּעַל הַבַּיִת הַזֶּה וּבַעַל הַסְּעֻדָּה הַזֹּאת, הוּא וּבָנָיו וְאִשְׁתּוֹ וְכָל אֲשֶׁר לוֹ, בְּבָנִים שֶׁיִּחְיוּ וּבִנְכָסִים שֶׁיִּרְבּוּ. בָּרֵךְ יְהֹוָה חֵילוֹ וּפֹעַל יָדָיו תִּרְצֶה, וְיִהְיוּ נְכָסָיו וּנְכָסֵינוּ מֻצְלָחִים וּקְרוֹבִים לָעִיר, וְאַל יִזְדַּקֵּק לְפָנָיו וְלֹא לְפָנֵינוּ שׁוּם דְּבַר חֵטְא וְהִרְהוּר עָוֹן, שָׂשׂ וְשָׂמֵחַ כָּל הַיָּמִים בְּעֹשֶׁר וְכָבוֹד מֵעַתָּה וְעַד עוֹלָם, לֹא יֵבוֹשׁ בָּעוֹלָם הַזֶּה וְלֹא יִכָּלֵם לָעוֹלָם הַבָּא, אָמֵן כֵּן יְהִי רָצוֹן.

בסעודת חתן:

הָרַחֲמָן הוּא יְבָרֵךְ אֶת הֶחָתָן וְהַכַּלָּה, בְּבָנִים זְכָרִים שֶׁל קַיָּמָא, לַעֲבוֹדָתוֹ יִתְבָּרֵךְ.
הָרַחֲמָן הוּא יְבָרֵךְ אֶת כָּל הַמְּסֻבִּין בַּשֻּׁלְחָן הַזֶּה, וְיִתֵּן לָנוּ הַקָּדוֹשׁ בָּרוּךְ הוּא, כָּל מִשְׁאֲלוֹת לִבֵּנוּ לְטוֹבָה.

בסעודת מילה:

הָרַחֲמָן הוּא יְבָרֵךְ אֶת בַּעַל הַבַּיִת הַזֶּה, אֲבִי הַבֵּן, הוּא וְאִשְׁתּוֹ הַיּוֹלֶדֶת, מֵעַתָּה וְעַד עוֹלָם.
הָרַחֲמָן הוּא יְבָרֵךְ אֶת הַיֶּלֶד הַנּוֹלָד, וּכְשֵׁם שֶׁזִּכָּהוּ הַקָּדוֹשׁ בָּרוּךְ הוּא לַמִּילָה, כָּךְ יְזַכֵּהוּ לְהִכָּנֵס לַתּוֹרָה וּלַחֻפָּה וּלַמִּצְוֹת וּלְמַעֲשִׂים טוֹבִים, וְכֵן יְהִי רָצוֹן וְנֹאמַר אָמֵן.
הָרַחֲמָן הוּא יְבָרֵךְ אֶת מַעֲלַת הַסַּנְדָּק וְהַמּוֹהֵל וּשְׁאָר הַמִּשְׁתַּדְּלִים בַּמִּצְוָה, הֵם וְכָל אֲשֶׁר לָהֶם.

הָרַחֲמָן הוּא יְחַיֵּינוּ וִיזַכֵּנוּ וִיקָרְבֵנוּ לִימוֹת הַמָּשִׁיחַ וּלְבִנְיַן בֵּית הַמִּקְדָּשׁ וּלְחַיֵּי הָעוֹלָם הַבָּא. מַגְדִּיל (מִגְדּוֹל) יְשׁוּעוֹת מַלְכּוֹ וְעֹשֶׂה חֶסֶד לִמְשִׁיחוֹ לְדָוִד וּלְזַרְעוֹ עַד עוֹלָם. כְּפִירִים רָשׁוּ וְרָעֵבוּ וְדֹרְשֵׁי יְהֹוָה לֹא יַחְסְרוּ כָל טוֹב. נַעַר הָיִיתִי גַּם זָקַנְתִּי וְלֹא רָאִיתִי צַדִּיק נֶעֱזָב וְזַרְעוֹ מְבַקֶּשׁ לָחֶם. כָּל הַיּוֹם חוֹנֵן וּמַלְוֶה וְזַרְעוֹ לִבְרָכָה. מַה שֶּׁאָכַלְנוּ יִהְיֶה לְשָׂבְעָה, וּמַה שֶּׁשָּׁתִינוּ יִהְיֶה לִרְפוּאָה, וּמַה שֶּׁהוֹתַרְנוּ יִהְיֶה לִבְרָכָה, כְּדִכְתִיב: וַיִּתֵּן לִפְנֵיהֶם וַיֹּאכְלוּ וַיּוֹתִרוּ כִּדְבַר יְהֹוָה. בְּרוּכִים אַתֶּם לַיהֹוָה עֹשֵׂה שָׁמַיִם וָאָרֶץ. בָּרוּךְ הַגֶּבֶר אֲשֶׁר יִבְטַח בַּיהֹוָה וְהָיָה יְהֹוָה מִבְטַחוֹ. יְהֹוָה עֹז לְעַמּוֹ יִתֵּן יְהֹוָה יְבָרֵךְ אֶת עַמּוֹ בַשָּׁלוֹם. עוֹשֶׂה שָׁלוֹם בִּמְרוֹמָיו הוּא בְרַחֲמָיו יַעֲשֶׂה שָׁלוֹם עָלֵינוּ וְעַל כָּל עַמּוֹ יִשְׂרָאֵל וְאִמְרוּ אָמֵן.

Birkat Hamazon - Ashkénaze

ביום שאומרים בו תחנון:

עַל נַהֲרוֹת בָּבֶל שָׁם יָשַׁבְנוּ גַּם בָּכִינוּ בְּזָכְרֵנוּ אֶת צִיּוֹן. עַל עֲרָבִים בְּתוֹכָהּ תָּלִינוּ כִּנֹּרוֹתֵינוּ. כִּי שָׁם שְׁאֵלוּנוּ שׁוֹבֵינוּ דִּבְרֵי שִׁיר וְתוֹלָלֵינוּ שִׂמְחָה שִׁירוּ לָנוּ מִשִּׁיר צִיּוֹן. אֵיךְ נָשִׁיר אֶת שִׁיר יְהֹוָה עַל אַדְמַת נֵכָר. אִם אֶשְׁכָּחֵךְ יְרוּשָׁלָםִ תִּשְׁכַּח יְמִינִי. תִּדְבַּק לְשׁוֹנִי לְחִכִּי אִם לֹא אֶזְכְּרֵכִי אִם לֹא אַעֲלֶה אֶת יְרוּשָׁלַםִ עַל רֹאשׁ שִׂמְחָתִי. זְכֹר יְהֹוָה לִבְנֵי אֱדוֹם אֵת יוֹם יְרוּשָׁלָםִ הָאֹמְרִים עָרוּ עָרוּ עַד הַיְסוֹד בָּהּ. בַּת בָּבֶל הַשְּׁדוּדָה אַשְׁרֵי שֶׁיְשַׁלֶּם לָךְ אֶת גְּמוּלֵךְ שֶׁגָּמַלְתְּ לָנוּ. אַשְׁרֵי שֶׁיֹּאחֵז וְנִפֵּץ אֶת עֹלָלַיִךְ אֶל הַסָּלַע.

ביום שאין אומרים בו תחנון:

שִׁיר הַמַּעֲלוֹת בְּשׁוּב יְהוָה אֶת שִׁיבַת צִיּוֹן הָיִינוּ כְּחֹלְמִים. אָז יִמָּלֵא שְׂחוֹק פִּינוּ וּלְשׁוֹנֵנוּ רִנָּה אָז יֹאמְרוּ בַגּוֹיִם הִגְדִּיל יְהוָה לַעֲשׂוֹת עִם אֵלֶּה. הִגְדִּיל יְהוָה לַעֲשׂוֹת עִמָּנוּ הָיִינוּ שְׂמֵחִים. שׁוּבָה יְהוָה אֶת שְׁבִיתֵנוּ כַּאֲפִיקִים בַּנֶּגֶב. הַזֹּרְעִים בְּדִמְעָה בְּרִנָּה יִקְצֹרוּ. הָלוֹךְ יֵלֵךְ וּבָכֹה נֹשֵׂא מֶשֶׁךְ הַזָּרַע בֹּא יָבוֹא בְרִנָּה נֹשֵׂא אֲלֻמֹּתָיו.

שְׁלֹשָׁה שֶׁאָכְלוּ כְּאֶחָד חַיָּבִין לְזַמֵּן וְהַמְזַמֵּן פּוֹתֵחַ: רַבּוֹתַי, נְבָרֵךְ!
הַמְסֻבִּים עוֹנִים: יְהִי שֵׁם יְיָ מְבֹרָךְ מֵעַתָּה וְעַד עוֹלָם.
הַמְזַמֵּן אוֹמֵר: בִּרְשׁוּת מָרָנָן וְרַבָּנָן וְרַבּוֹתַי, נְבָרֵךְ (בעשרה אֱלֹהֵינוּ) שֶׁאָכַלְנוּ מִשֶּׁלּוֹ.
הַמְסֻבִּים עוֹנִים: בָּרוּךְ (אֱלֹהֵינוּ) שֶׁאָכַלְנוּ מִשֶּׁלּוֹ וּבְטוּבוֹ חָיִינוּ.
הַמְזַמֵּן חוֹזֵר וְאוֹמֵר: בָּרוּךְ (אֱלֹהֵינוּ) שֶׁאָכַלְנוּ מִשֶּׁלּוֹ וּבְטוּבוֹ חָיִינוּ.

בָּרוּךְ אַתָּה יְהוָה אֱלֹהֵינוּ מֶלֶךְ הָעוֹלָם הַזָּן אֶת הָעוֹלָם כֻּלּוֹ בְּטוּבוֹ בְּחֵן בְּחֶסֶד וּבְרַחֲמִים , הוּא נֹתֵן לֶחֶם לְכָל-בָּשָׂר כִּי לְעוֹלָם חַסְדּוֹ וּבְטוּבוֹ הַגָּדוֹל תָּמִיד לֹא חָסַר לָנוּ וְאַל יֶחְסַר לָנוּ מָזוֹן (תָּמִיד) לְעוֹלָם וָעֶד בַּעֲבוּר שְׁמוֹ הַגָּדוֹל כִּי הוּא אֵל זָן וּמְפַרְנֵס לַכֹּל וּמֵטִיב לַכֹּל וּמֵכִין מָזוֹן לְכָל-בְּרִיּוֹתָיו אֲשֶׁר בָּרָא בָּרוּךְ אַתָּה יְיָ הַזָּן אֶת הַכֹּל.

נוֹדֶה לְךָ יְהוָה אֱלֹהֵינוּ עַל שֶׁהִנְחַלְתָּ לַאֲבוֹתֵינוּ אֶרֶץ חֶמְדָּה טוֹבָה וּרְחָבָה וְעַל שֶׁהוֹצֵאתָנוּ יְיָ אֱלֹהֵינוּ מֵאֶרֶץ מִצְרַיִם וּפְדִיתָנוּ מִבֵּית עֲבָדִים וְעַל בְּרִיתְךָ שֶׁחָתַמְתָּ בִּבְשָׂרֵנוּ וְעַל תּוֹרָתְךָ שֶׁלִּמַּדְתָּנוּ וְעַל חֻקֶּיךָ שֶׁהוֹדַעְתָּנוּ וְעַל חַיִּים חֵן וָחֶסֶד שֶׁחוֹנַנְתָּנוּ, וְעַל אֲכִילַת מָזוֹן שָׁאַתָּה זָן וּמְפַרְנֵס אוֹתָנוּ תָּמִיד, בְּכָל יוֹם וּבְכָל עֵת וּבְכָל שָׁעָה.

בחנוכה ובפורים אומרים כאן על הניסים
עַל הַנִּסִּים וְעַל הַפֻּרְקָן וְעַל הַגְּבוּרוֹת וְעַל הַתְּשׁוּעוֹת וְעַל הַמִּלְחָמוֹת שֶׁעָשִׂיתָ לַאֲבוֹתֵינוּ בַּיָּמִים הָהֵם בַּזְּמַן הַזֶּה.
לחנוכה
בִּימֵי מַתִּתְיָהוּ בֶּן יוֹחָנָן כֹּהֵן גָּדוֹל חַשְׁמוֹנָאִי וּבָנָיו כְּשֶׁעָמְדָה מַלְכוּת יָוָן הָרְשָׁעָה עַל עַמְּךָ יִשְׂרָאֵל לְהַשְׁכִּיחָם מִתּוֹרָתֶךָ וּלְהַעֲבִירָם מֵחֻקֵּי רְצוֹנֶךָ וְאַתָּה בְּרַחֲמֶיךָ הָרַבִּים עָמַדְתָּ לָהֶם בְּעֵת צָרָתָם רַבְתָּ אֶת רִיבָם דַּנְתָּ אֶת דִּינָם נָקַמְתָּ אֶת נִקְמָתָם מָסַרְתָּ גִבּוֹרִים בְּיַד חַלָּשִׁים וְרַבִּים בְּיַד מְעַטִּים וּטְמֵאִים בְּיַד טְהוֹרִים וּרְשָׁעִים בְּיַד צַדִּיקִים וְזֵדִים בְּיַד עוֹסְקֵי תוֹרָתֶךָ וּלְךָ עָשִׂיתָ שֵׁם גָּדוֹל וְקָדוֹשׁ בְּעוֹלָמֶךָ וּלְעַמְּךָ יִשְׂרָאֵל עָשִׂיתָ תְּשׁוּעָה גְדוֹלָה וּפֻרְקָן כְּהַיּוֹם הַזֶּה וְאַחַר כָּךְ בָּאוּ בָנֶיךָ לִדְבִיר בֵּיתֶךָ וּפִנּוּ אֶת הֵיכָלֶךָ וְטִהֲרוּ אֶת-מִקְדָּשֶׁךָ וְהִדְלִיקוּ נֵרוֹת בְּחַצְרוֹת קָדְשֶׁךָ וְקָבְעוּ שְׁמוֹנַת יְמֵי חֲנֻכָּה אֵלּוּ לְהוֹדוֹת וּלְהַלֵּל לְשִׁמְךָ הַגָּדוֹל.
לפורים
בִּימֵי מָרְדְּכַי וְאֶסְתֵּר בְּשׁוּשַׁן הַבִּירָה כְּשֶׁעָמַד עֲלֵיהֶם הָמָן הָרָשָׁע בִּקֵּשׁ לְהַשְׁמִיד לַהֲרוֹג וּלְאַבֵּד אֶת-כָּל-הַיְּהוּדִים מִנַּעַר וְעַד זָקֵן טַף וְנָשִׁים בְּיוֹם אֶחָד בִּשְׁלֹשָׁה עָשָׂר לְחֹדֶשׁ שְׁנֵים עָשָׂר הוּא חֹדֶשׁ אֲדָר וּשְׁלָלָם לָבוֹז וְאַתָּה בְּרַחֲמֶיךָ הָרַבִּים הֵפַרְתָּ אֶת עֲצָתוֹ

וְקִלְקַלְתָּ אֶת מַחֲשַׁבְתּוֹ וַהֲשֵׁבוֹתָ-לּוֹ גְּמוּלוֹ בְרֹאשׁוֹ וְתָלוּ אוֹתוֹ וְאֶת בָּנָיו עַל הָעֵץ
וְעָשִׂיתָ עִמָּהֶם נִסִּים וְנִפְלָאוֹת וְנוֹדֶה לְשִׁמְךָ הַגָּדוֹל סֶלָה

וְעַל הַכֹּל יְיָ אֱלֹהֵינוּ אֲנַחְנוּ מוֹדִים לָךְ וּמְבָרְכִים אוֹתָךְ, יִתְבָּרַךְ שִׁמְךָ בְּפִי כָּל חַי תָּמִיד לְעוֹלָם וָעֶד, כַּכָּתוּב: וְאָכַלְתָּ וְשָׂבָעְתָּ, וּבֵרַכְתָּ אֶת יְיָ אֱלֹהֶיךָ עַל הָאָרֶץ הַטּוֹבָה אֲשֶׁר נָתַן לָךְ. בָּרוּךְ אַתָּה יְיָ, עַל הָאָרֶץ וְעַל הַמָּזוֹן.

רַחֶם נָא יְיָ אֱלֹהֵינוּ עַל יִשְׂרָאֵל עַמֶּךָ, וְעַל יְרוּשָׁלַיִם עִירֶךָ, וְעַל צִיּוֹן מִשְׁכַּן כְּבוֹדֶךָ, וְעַל מַלְכוּת בֵּית דָּוִד מְשִׁיחֶךָ, וְעַל הַבַּיִת הַגָּדוֹל וְהַקָּדוֹשׁ שֶׁנִּקְרָא שִׁמְךָ עָלָיו. אֱלֹהֵינוּ, אָבִינוּ, רְעֵנוּ, זוּנֵנוּ, פַּרְנְסֵנוּ וְכַלְכְּלֵנוּ וְהַרְוִיחֵנוּ, וְהַרְוַח לָנוּ יְיָ אֱלֹהֵינוּ מְהֵרָה מִכָּל צָרוֹתֵינוּ. וְנָא אַל תַּצְרִיכֵנוּ יְיָ אֱלֹהֵינוּ, לֹא לִידֵי מַתְּנַת בָּשָׂר וָדָם וְלֹא לִידֵי הַלְוָאָתָם, כִּי אִם לְיָדְךָ הַמְּלֵאָה הַפְּתוּחָה הַקְּדוֹשָׁה וְהָרְחָבָה, שֶׁלֹּא נֵבוֹשׁ וְלֹא נִכָּלֵם לְעוֹלָם וָעֶד.

בשבת קודש מוסיפים כאן רצה והחליצנו
רְצֵה וְהַחֲלִיצֵנוּ יְיָ אֱלֹהֵינוּ בְּמִצְוֹתֶיךָ וּבְמִצְוַת יוֹם הַשְּׁבִיעִי הַשַּׁבָּת הַגָּדוֹל וְהַקָּדוֹשׁ הַזֶּה. כִּי יוֹם זֶה גָּדוֹל וְקָדוֹשׁ הוּא לְפָנֶיךָ לִשְׁבָּת בּוֹ וְלָנוּחַ בּוֹ בְּאַהֲבָה כְּמִצְוַת רְצוֹנֶךָ. וּבִרְצוֹנְךָ הָנִיחַ לָנוּ יְיָ אֱלֹהֵינוּ שֶׁלֹּא תְהֵא צָרָה וְיָגוֹן וַאֲנָחָה בְּיוֹם מְנוּחָתֵנוּ. וְהַרְאֵנוּ יְיָ אֱלֹהֵינוּ בְּנֶחָמַת צִיּוֹן עִירֶךָ וּבְבִנְיַן יְרוּשָׁלַיִם עִיר קָדְשֶׁךָ כִּי אַתָּה הוּא בַּעַל הַיְשׁוּעוֹת וּבַעַל הַנֶּחָמוֹת.
בראש חודש ובמועדים מוסיפים כאן יעלה ויבוא
אֱלֹהֵינוּ וֵאלֹהֵי אֲבוֹתֵינוּ, יַעֲלֶה וְיָבֹא יַגִּיעַ יֵרָאֶה וְיֵרָצֶה יִשָּׁמַע יִפָּקֵד וְיִזָּכֵר זִכְרוֹנֵנוּ וְזִכְרוֹן אֲבוֹתֵינוּ, זִכְרוֹן יְרוּשָׁלַיִם עִירֶךָ, וְזִכְרוֹן מָשִׁיחַ בֶּן דָּוִד עַבְדֶּךָ, וְזִכְרוֹן כָּל-עַמְּךָ בֵּית יִשְׂרָאֵל לְפָנֶיךָ, לִפְלֵטָה לְטוֹבָה לְחֵן לְחֶסֶד וּלְרַחֲמִים לְחַיִּים וּלְשָׁלוֹם בְּיוֹם
בראש חודש: רֹאשׁ הַחֹדֶשׁ
בפסח: חַג הַמַּצּוֹת
בסוכות: חַג הַסֻּכּוֹת
בשמיני עצרת: שְׁמִינִי עֲצֶרֶת הַחַג
בשבועות: חַג הַשָּׁבוּעוֹת
בראש השנה: הַזִּכָּרוֹן,
הַזֶּה, זָכְרֵנוּ יְהוָה אֱלֹהֵינוּ בּוֹ לְטוֹבָה, וּפָקְדֵנוּ בוֹ לִבְרָכָה, וְהוֹשִׁיעֵנוּ בוֹ לְחַיִּים , בִּדְבַר יְשׁוּעָה וְרַחֲמִים; חוּס וְחָנֵּנוּ, וְרַחֵם עָלֵינוּ, וְהוֹשִׁיעֵנוּ כִּי אֵלֶיךָ עֵינֵינוּ, כִּי אֵל מֶלֶךְ חַנּוּן וְרַחוּם אָתָּה.

וּבְנֵה יְרוּשָׁלַיִם עִיר הַקֹּדֶשׁ בִּמְהֵרָה בְיָמֵינוּ. בָּרוּךְ אַתָּה יְיָ, בּוֹנֵה בְרַחֲמָיו יְרוּשָׁלַיִם. אָמֵן.
בָּרוּךְ אַתָּה יְיָ אֱלֹהֵינוּ, מֶלֶךְ הָעוֹלָם, הָאֵל אָבִינוּ, מַלְכֵּנוּ, אַדִּירֵנוּ, בּוֹרְאֵנוּ, גֹּאֲלֵנוּ, יוֹצְרֵנוּ, קְדוֹשֵׁנוּ קְדוֹשׁ יַעֲקֹב, רוֹעֵנוּ רוֹעֵה יִשְׂרָאֵל, הַמֶּלֶךְ הַטּוֹב וְהַמֵּיטִיב לַכֹּל, שֶׁבְּכָל יוֹם וָיוֹם הוּא הֵיטִיב, הוּא מֵיטִיב, הוּא יֵיטִיב לָנוּ, הוּא

גְּמָלָנוּ, הוּא גוֹמְלֵנוּ, הוּא יִגְמְלֵנוּ לָעַד, לְחֵן וּלְחֶסֶד וּלְרַחֲמִים וּלְרֶוַח הַצָּלָה וְהַצְלָחָה, בְּרָכָה וִישׁוּעָה, נֶחָמָה פַּרְנָסָה וְכַלְכָּלָה וְרַחֲמִים וְחַיִּים וְשָׁלוֹם, וְכָל טוֹב; וּמִכָּל טוּב לְעוֹלָם אַל יְחַסְּרֵנוּ.

הָרַחֲמָן הוּא יִמְלוֹךְ עָלֵינוּ לְעוֹלָם וָעֶד.

הָרַחֲמָן הוּא יִתְבָּרַךְ בַּשָּׁמַיִם וּבָאָרֶץ.

הָרַחֲמָן הוּא יִשְׁתַּבַּח לְדוֹר דּוֹרִים, וְיִתְפָּאַר בָּנוּ לָעַד וּלְנֵצַח נְצָחִים, וְיִתְהַדַּר בָּנוּ לָעַד וּלְעוֹלְמֵי עוֹלָמִים.

הָרַחֲמָן הוּא יְפַרְנְסֵנוּ בְּכָבוֹד.

הָרַחֲמָן הוּא יִשְׁבּוֹר עֻלֵּנוּ מֵעַל צַוָּארֵנוּ, וְהוּא יוֹלִיכֵנוּ קוֹמְמִיּוּת לְאַרְצֵנוּ.

הָרַחֲמָן הוּא יִשְׁלַח לָנוּ בְּרָכָה מְרֻבָּה בַּבַּיִת הַזֶּה, וְעַל שֻׁלְחָן זֶה שֶׁאָכַלְנוּ עָלָיו.

הָרַחֲמָן הוּא יִשְׁלַח לָנוּ אֶת אֵלִיָּהוּ הַנָּבִיא זָכוּר לַטּוֹב, וִיבַשֶּׂר לָנוּ בְּשׂוֹרוֹת טוֹבוֹת יְשׁוּעוֹת וְנֶחָמוֹת.

בבית אביו אומר: הָרַחֲמָן הוּא יְבָרֵךְ אֶת אָבִי מוֹרִי בַּעַל הַבַּיִת הַזֶּה, וְאֶת אִמִּי מוֹרָתִי בַּעֲלַת הַבַּיִת הַזֶּה.

נשוי אומר: הָרַחֲמָן הוּא יְבָרֵךְ אוֹתִי, (אם אביו ואמו בחיים: וְאֶת אָבִי מוֹרִי, וְאֶת אִמִּי מוֹרָתִי,) וְאֶת אִשְׁתִּי, וְאֶת זַרְעִי, וְאֶת כָּל אֲשֶׁר לִי.

נשואה אומרת: הָרַחֲמָן הוּא יְבָרֵךְ אוֹתִי, (אם אביה ואמה בחיים: וְאֶת אָבִי מוֹרִי, וְאֶת אִמִּי מוֹרָתִי,) וְאֶת בַּעְלִי, וְאֶת זַרְעִי, וְאֶת כָּל אֲשֶׁר לִי.

אורח אומר: הָרַחֲמָן הוּא יְבָרֵךְ אֶת בַּעַל הַבַּיִת הַזֶּה וְאֶת בַּעֲלַת הַבַּיִת הַזֶּה, אוֹתָם וְאֶת בֵּיתָם וְאֶת זַרְעָם וְאֶת כָּל אֲשֶׁר לָהֶם. יְהִי רָצוֹן, שֶׁלֹּא יֵבוֹשׁ בַּעַל הַבַּיִת בָּעוֹלָם הַזֶּה, וְלֹא יִכָּלֵם לָעוֹלָם הַבָּא, וְיִצְלַח מְאֹד בְּכָל נְכָסָיו, וְיִהְיוּ נְכָסָיו וּנְכָסֵינוּ מֻצְלָחִים וּקְרוֹבִים לָעִיר, וְאַל יִשְׁלֹט שָׂטָן לֹא בְּמַעֲשֵׂי יָדָיו וְלֹא בְּמַעֲשֵׂי יָדֵינוּ, וְאַל יִזְדַּקֵּק לֹא לְפָנָיו וְלֹא לְפָנֵינוּ שׁוּם דְּבַר הִרְהוּר חֵטְא וַעֲבֵרָה וְעָוֹן מֵעַתָּה וְעַד עוֹלָם.

אוֹתָנוּ וְאֶת כָּל אֲשֶׁר לָנוּ, כְּמוֹ שֶׁנִּתְבָּרְכוּ אֲבוֹתֵינוּ אַבְרָהָם יִצְחָק וְיַעֲקֹב בַּכֹּל מִכֹּל כֹּל – כֵּן יְבָרֵךְ אוֹתָנוּ כֻּלָּנוּ יַחַד בִּבְרָכָה שְׁלֵמָה. וְנֹאמַר: אָמֵן.

בַּמָּרוֹם יְלַמְּדוּ עֲלֵיהֶם וְעָלֵינוּ זְכוּת שֶׁתְּהֵא לְמִשְׁמֶרֶת שָׁלוֹם. וְנִשָּׂא בְרָכָה מֵאֵת יְיָ, וּצְדָקָה מֵאֱלֹהֵי יִשְׁעֵנוּ, וְנִמְצָא חֵן וְשֵׂכֶל טוֹב בְּעֵינֵי אֱלֹהִים וְאָדָם.

בשבת: הָרַחֲמָן הוּא יַנְחִילֵנוּ יוֹם שֶׁכֻּלּוֹ שַׁבָּת וּמְנוּחָה לְחַיֵּי הָעוֹלָמִים.

ביום טוב: הָרַחֲמָן הוּא יַנְחִילֵנוּ יוֹם שֶׁכֻּלּוֹ טוֹב.

בראש חודש: הָרַחֲמָן הוּא יְחַדֵּשׁ עָלֵינוּ אֶת הַחֹדֶשׁ הַזֶּה לְטוֹבָה וְלִבְרָכָה.

בראש השנה: הָרַחֲמָן הוּא יְחַדֵּשׁ עָלֵינוּ אֶת הַשָּׁנָה הַזֹּאת לְטוֹבָה וְלִבְרָכָה.

בסוכות: הָרַחֲמָן הוּא יָקִים לָנוּ אֶת סֻכַּת דָּוִד הַנּוֹפֶלֶת.

הָרַחֲמָן הוּא יְזַכֵּנוּ לִימוֹת הַמָּשִׁיחַ וּלְחַיֵּי הָעוֹלָם הַבָּא. מַגְדִּיל (**ביום שמתפללים בו מוסף ובמלווה מלכה:** מִגְדּוֹל) יְשׁוּעוֹת מַלְכּוֹ, וְעֹשֶׂה חֶסֶד

לִמְשִׁיחוֹ, לְדָוִד וּלְזַרְעוֹ עַד עוֹלָם. עֹשֶׂה שָׁלוֹם בִּמְרוֹמָיו, הוּא יַעֲשֶׂה שָׁלוֹם עָלֵינוּ וְעַל כָּל יִשְׂרָאֵל. וְאִמְרוּ: "אָמֵן".
יְראוּ אֶת יְיָ קְדֹשָׁיו, כִּי אֵין מַחְסוֹר לִירֵאָיו. כְּפִירִים רָשׁוּ וְרָעֵבוּ, וְדֹרְשֵׁי יְיָ לֹא יַחְסְרוּ כָל טוֹב. הוֹדוּ לַיְיָ כִּי טוֹב, כִּי לְעוֹלָם חַסְדּוֹ. פּוֹתֵחַ אֶת יָדֶךָ, וּמַשְׂבִּיעַ לְכָל חַי רָצוֹן. בָּרוּךְ הַגֶּבֶר אֲשֶׁר יִבְטַח בַּיְיָ, וְהָיָה יְיָ מִבְטַחוֹ. נַעַר הָיִיתִי גַּם זָקַנְתִּי, וְלֹא רָאִיתִי צַדִּיק נֶעֱזָב, וְזַרְעוֹ מְבַקֶּשׁ לָחֶם. יְיָ עֹז לְעַמּוֹ יִתֵּן, יְיָ יְבָרֵךְ אֶת עַמּוֹ בַשָּׁלוֹם.

Birkat Hanehenin

בָּרוּךְ אַתָּה יְהֹוָה , אֱלֹהֵינוּ מֶלֶךְ הָעוֹלָם

אם אכל מזונות יאמר עַל הַמִּחְיָה וְעַל הַכַּלְכָּלָה

אם שתה יין יאמר עַל הַגֶּפֶן וְעַל פְּרִי הַגֶּפֶן

אם אכל פֵּרוֹת משבעת מינים יאמר עַל הָעֵץ וְעַל פְּרִי הָעֵץ

וְעַל תְּנוּבַת הַשָּׂדֶה, וְעַל אֶרֶץ חֶמְדָּה, טוֹבָה וּרְחָבָה, שֶׁרָצִיתָ וְהִנְחַלְתָּ לַאֲבוֹתֵינוּ, לֶאֱכוֹל מִפִּרְיָהּ, וְלִשְׂבֹּעַ מִטּוּבָהּ. רַחֵם יְהֹוָה אֱלֹהֵינוּ עָלֵינוּ, וְעַל יִשְׂרָאֵל עַמֶּךָ, וְעַל יְרוּשָׁלַיִם עִירֶךָ, וְעַל הַר צִיּוֹן מִשְׁכַּן כְּבוֹדֶךָ, וְעַל מִזְבְּחֶךָ, וְעַל הֵיכָלֶךָ, וּבְנֵה יְרוּשָׁלַיִם עִיר הַקֹּדֶשׁ, בִּמְהֵרָה בְיָמֵינוּ, וְהַעֲלֵנוּ לְתוֹכָהּ, וְשַׂמְּחֵנוּ בְּבִנְיָנָהּ, וּנְבָרֶכְךָ עָלֶיהָ בִּקְדֻשָּׁה וּבְטָהֳרָה.

בשבת וּרְצֵה וְהַחֲלִיצֵנוּ בְּיוֹם הַשַּׁבָּת הַזֶּה.

בראש-חודש וְזָכְרֵנוּ לְטוֹבָה בְּיוֹם רֹאשׁ הַחֹדֶשׁ הַזֶּה.

בראש-השנה וְזָכְרֵנוּ לְטוֹבָה בְּיוֹם הַזִּכָּרוֹן הַזֶּה. בְּיוֹם טוֹב מִקְרָא קֹדֶשׁ הַזֶּה.

בפסח וְשַׂמְּחֵנוּ בְּיוֹם חַג הַמַּצּוֹת הַזֶּה בְּיוֹם (**ביום טוב:** טוֹב) מִקְרָא קֹדֶשׁ הַזֶּה.

בשבועות וְשַׂמְּחֵנוּ בְּיוֹם חַג הַשָּׁבוּעוֹת הַזֶּה בְּיוֹם טוֹב מִקְרָא קֹדֶשׁ הַזֶּה.

בסוכות וְשַׂמְּחֵנוּ חַג הַסֻּכּוֹת הַזֶּה בְּיוֹם (**ביום טוב:** טוֹב) מִקְרָא קֹדֶשׁ הַזֶּה.

בשמיני עצרת וְשַׂמְּחֵנוּ בְּיוֹם שְׁמִינִי חַג עֲצֶרֶת הַזֶּה בְּיוֹם טוֹב מִקְרָא קֹדֶשׁ הַזֶּה.

כִּי אַתָּה טוֹב וּמֵטִיב לַכֹּל, וְנוֹדֶה לְּךָ [יְהֹוָה אֱלֹהֵינוּ] עַל הָאָרֶץ

אם אכל מזונות וְעַל הַמִּחְיָה וְעַל הַכַּלְכָּלָה **של ארץ ישראל** וְעַל מִחְיָתָהּ וְעַל כַּלְכָּלָתָהּ

אם שתה יין וְעַל פְּרִי הַגֶּפֶן **של ארץ ישראל** וְעַל פְּרִי גַפְנָהּ

פירות שבעת המינים וְעַל הַפֵּרוֹת **של ארץ ישראל** וְעַל פֵּרוֹתֶיהָ

בָּרוּךְ אַתָּה יְהֹוָה , עַל הָאָרֶץ וְעַל

אם אכל מזונות הַמִּחְיָה: **של ארץ ישראל** מִחְיָתָהּ:

אם שתה יין פְּרִי הַגֶּפֶן: **של ארץ ישראל** פְּרִי גַפְנָהּ:

פירות שבעת המינים הַפֵּרוֹת: **של ארץ ישראל** פֵּרוֹתֶיהָ:

Les « Cheva Berakhot »

Les 7 bénédictions

1) בָּרוּךְ אַתָּה ה' אֱלֹהֵינוּ מֶלֶךְ הָעוֹלָם, בּוֹרֵא פְּרִי הַגָּפֶן.

2) בָּרוּךְ אַתָּה ה' אֱלֹהֵינוּ מֶלֶךְ הָעוֹלָם, שֶׁהַכֹּל בָּרָא לִכְבוֹדוֹ.

3) בָּרוּךְ אַתָּה ה' אֱלֹהֵינוּ מֶלֶךְ הָעוֹלָם, יוֹצֵר הָאָדָם.

4) בָּרוּךְ אַתָּה ה' אֱלֹהֵינוּ מֶלֶךְ הָעוֹלָם, אֲשֶׁר יָצַר אֶת הָאָדָם בְּצַלְמוֹ, בְּצֶלֶם דְּמוּת תַּבְנִיתוֹ, וְהִתְקִין לוֹ מִמֶּנּוּ בִּנְיַן עֲדֵי עַד. בָּרוּךְ אַתָּה ה', יוֹצֵר הָאָדָם.

5) שׂוֹשׂ תָּשִׂישׂ וְתָגֵל עֲקָרָה, בְּקִבּוּץ בָּנֶיהָ לְתוֹכָהּ (בִּמְהֵרָה) בְּשִׂמְחָה. בָּרוּךְ אַתָּה ה', מְשַׂמֵּחַ צִיּוֹן בְּבָנֶיהָ.

6) שַׂמֵּחַ תְּשַׂמַּח רֵעִים הָאֲהוּבִים, כְּשַׂמֵּחֲךָ יְצִירְךָ בְּגַן עֵדֶן מִקֶּדֶם. בָּרוּךְ אַתָּה ה', מְשַׂמֵּחַ חָתָן וְכַלָּה.

7) בָּרוּךְ אַתָּה ה' אֱלֹהֵינוּ מֶלֶךְ הָעוֹלָם, אֲשֶׁר בָּרָא שָׂשׂוֹן וְשִׂמְחָה חָתָן וְכַלָּה, גִּילָה רִנָּה דִּיצָה וְחֶדְוָה, אַהֲבָה וְאַחְוָה וְשָׁלוֹם וְרֵעוּת. מְהֵרָה ה' אֱלֹהֵינוּ יִשָּׁמַע בְּעָרֵי יְהוּדָה וּבְחוּצוֹת יְרוּשָׁלָיִם, קוֹל שָׂשׂוֹן וְקוֹל שִׂמְחָה, קוֹל חָתָן וְקוֹל כַּלָּה, קוֹל מִצְהֲלוֹת חֲתָנִים מֵחֻפָּתָם, וּנְעָרִים מִמִּשְׁתֵּה נְגִינָתָם. בָּרוּךְ אַתָּה ה', מְשַׂמֵּחַ הֶחָתָן עִם הַכַּלָּה. (וּמַצְלִיחַ)

Segoulot et Réfoua Chelema

Voici une liste de Psaumes à lire pour la guérison d'un malade et en d'autre circonstance similaire :

Pour un malade
Lire les psaumes **1, 6, 13, 20, 102, 130**

Pour un bon accouchement
Lire les psaumes **1, 8, 20, 57, 93, 142**

Pour le chalom bait (paix du ménage)
Lire le psaume **119** aux chapitres correspondant au mot
« **שלום הבית** » *
(*cf l'exemple p.203)

Pour remercier le ciel
Lire le psaume **100**

Psaumes pour la réussite
Lire le psaume **4, 57**

Pour être exaucé
Lire les psaumes **4, 5, 8, 20 37, 57**

Pour se marier
Lire les psaumes **32, 38, 70, 71, 124**

Tikoun Haklali
Lire les psaumes **16, 32, 41, 42, 59, 77, 90, 105, 137, 150**

Avant l'opération d'une connaissance

Lire les psaumes **1, 6, 13, 20, 102, 130**

Puis on lira

מִי שֶׁבֵּרַךְ אֲבוֹתֵינוּ וְאִמּוֹתֵינוּ אַבְרָהָם יִצְחָק וְיַעֲקֹב, מֹשֶׁה וְאַהֲרֹן, דָּוִד וּשְׁלֹמֹה, שָׂרָה רִבְקָה רָחֵל וְלֵאָה, הוּא יְבָרֵךְ וִירַפֵּא אֶת כָּל חוֹלֵינוּ (שמות הזקוקים לרפואה) בַּעֲבוּר שֶׁאֲנַחְנוּ מִתְפַּלְלִים לְהַחְלָמָתָם. בִּשְׂכַר זֶה הַקָּדוֹשׁ בָּרוּךְ הוּא יִמָּלֵא רַחֲמִים עֲלֵיהֶם לְהַחֲלִימָם וּלְרַפְּאֹתָם וּלְהַחֲזִיקָם וּלְהַחֲיוֹתָם וְיִשְׁלַח לָהֶם מְהֵרָה רְפוּאָה שְׁלֵמָה מִן הַשָּׁמַיִם, עִם כָּל חוֹלֵי יִשְׂרָאֵל, רְפוּאַת הַנֶּפֶשׁ וּרְפוּאַת הַגּוּף, מִלִּזְעוֹק וּרְפוּאָה קְרוֹבָה לָבוֹא, הַשְׁתָּא בַּעֲגָלָא וּבִזְמַן קָרִיב וְנֹאמַר אָמֵן.

ה' ה' אל רחום וחנון ארך אפיים ורב חסד ואמת נוצר חסד לאלפים נושא עוון פשע וחטאה ונקה, לְךָ ה' הַגְּדֻלָּה וְהַגְּבוּרָה וְהַתִּפְאֶרֶת וְהַנֵּצַח וְהַהוֹד כִּי־כֹל בַּשָּׁמַיִם וּבָאָרֶץ. לְךָ ה' הַמַּמְלָכָה וְהַמִּתְנַשֵּׂא לכל לְרֹאשׁ:

ואתה בידך נפש כל חי ורוח כל בשר איש. ובידך כח וגבורה לגדל ולחזק ולרפאות אנוש עד דכא, עד דכדוכה של נפש ולא יפלא ממך כל דבר, ובידך נפש כל חי. לכן יהי רצון מלפניך האל הנאמן אב הרחמים הרופא לכל תחלואי עמך ישראל הקרובים עד שערי מות, והמחבש מזור ותעלה לידידיו, והגואל משחת חסידיו, והמציל ממות נפש מרודיו, אתה רופא נאמן. שלח מרפא וארוכה ותעלה ברוב חסד וחנינה וחמלה לנפש (פלוני בן פלונית), לרוחו ונפשו האומללה, ולא תרד נפשו לשאול, ותתמלא רחמים עליו להחלימו ולרפאותו ולהחזיקו ולהחיותו כרצון כל קרוביו ואוהביו, ויראו לפניך זכיותיו וצדקותיו, ותשליך במצלות ים כל חטאתיו, ויכבשו רחמיך את כעסך מעליו, ותשלח לו רפואה שלימה רפואת הנפש ורפואת הגוף, ותחדש כנשר נעוריו, ותשלח לו.. ולכל חולי ישראל מרפא ארוכה, מרפא ברכה, מרפא תרופה ותעלה, מרפא חנינה וחמלה, מרפא ידועים וגלוים, מרפא רחמים ושלום וחיים, מרפא אורך ימים ושנים טובים, ויקוים בו (בה) ובכל חולי עמך ישראל מקרא שכתוב על ידי משה עבדך נאמן ביתך, ויאמר: אם שמוע תשמע לקול יהוה אלהיך והישר בעיניו תעשה והאזנת למצותיו ושמרת כל חקיו כל המחלה אשר שמתי במצרים לא אשים עליך כי אני יהוה רופאך: ועבדתם את

אלהיכם וברך את לחמך ואת מימיך והסירותי מחלה מקרבך: לא תהיה משכלה ועקרה בארצך את מספר ימיך אמלא: והסיר יהוה ממך כל חולי וכל מדוי מצרים הרעים אשר ידעת לא ישימם בך ונתנם בכל שונאיך: ועל ידי עבדיך הנביאים כתוב לאמר ואכלתם אכול ושבוע והללתם את שם יהוה אלהיכם אשר עשה עמכם להפליא ולא יבושו עמי לעולם: דרכיו ראיתי וארפאהו ואנחהו ואשלם ניחומים לו ולאבליו: בורא ניב שפתיים שלום שלום לרחוק ולקרוב אמר יהוה ורפאתיו: וזרחה לכם יראי שמי שמש צדקה ומרפא בכנפיה: אז יבקע כשחר אורך וארוכתך מהרה תצמח: רפאינו יהוה ונרפא הושיענו ונושעה כי תהילתנו אתה:

והעלה רפואה שלימה לכל מכות עמך ישראל ובפרט לפלוני בן פלונית רפואה שלימה לרמ"ח איבריו ושס"ה גידיו, לרפאות אותו כחזקיהו מלך יהודה מחליו, וכמרים הנביאה מצרעתה, בשם השמות הקדושים של שלש עשרה מדותיך, אל נא רפא נא לפלוני בן פלוני להקים אותו מחליו זה, ולהאריך עוד ימי חייו

חיים של רחמים, חיים של בריאות, חיים של שלום, חיים של ברכה, כדכתיב כי אורך ימים ושנות חיים ושלום יוספו לך, אמן סלה.

Avant une opération personnelle

A faire pour soi-même

אנא ה' בידך נפש כל חי ורוח כל בשר איש. ובידך כח וגבורה לגדל ולחזק ולרפאות אנוש עד דכא, עד דכדוכה של נפש ולא יפלא ממך כל דבר, ובידך נפש כל חי. לכן יהי רצון מלפניך האל הנאמן אב הרחמים הרופא לכל תחלואי עמך ישראל והמחבש מזור ותעלה לידידיו, והגואל משחת חסידיו, והמציל ממות נפש מרודיו, אתה רופא נאמן. שלח מרפא וארוכה ותעלה ברוב חסד וחנינה וחמלה לי אני עבדך (פלוני בן פלוני) ותתמלא רחמים עלי לרפאותי ולהחזיקי.

רפאינו ה' ונרפא הושיענו ונושעה כי תהילתנו אתה

ותשלח מחשבה טובה ומעשה טוב בידי הרופאים לבל יכשלו במלאכתם .אמץ את רוחם וחזק את ידיהם ויהיה עסק זה לי לרפואה כי רופא נאמן ורחמן אתה. ברוך רופא חולי עמו ישראל.

Puis lire les psaumes : **1, 6, 13, 20, 102, 130**

<u>Segoula du Rav Kadouri zt'l, contre le cancer.</u>

On a demandé une fois au rabbin Kadouri s'il existait une amulette contre la maladie (Cancer), qui en a déjà emporté beaucoup de personnes, et sa réponse était qu'il avait essayé de chercher une amulette spéciale pendant longtemps, mais sans succès car cela venait d'un décret du ciel.

Cependant, il dit avoir un conseil pour y échapper, ainsi que contre tout mauvais décret.

Il s'agit de lire le "Pitom Haketoret", comme rapporté dans le Zohar, dans Parachat Vayakhel.

Quiconque est habitué à cette prière, est sauvé de tout mal.

<u>Voici la version du texte en question:</u>

אַתָּה הוּא ה' אֱלֹהֵינוּ שֶׁהִקְטִירוּ אֲבוֹתֵינוּ לְפָנֶיךָ אֶת קְטֹרֶת הַסַּמִּים בִּזְמַן שֶׁבֵּית הַמִּקְדָּשׁ קַיָּם כַּאֲשֶׁר צִוִּיתָ אוֹתָם עַל יַד מֹשֶׁה נְבִיאָךְ כַּכָּתוּב בְּתוֹרָתָךְ:

וַיֹּאמֶר ה' אֶל מֹשֶׁה קַח לְךָ סַמִּים נָטָף וּשְׁחֵלֶת וְחֶלְבְּנָה סַמִּים וּלְבֹנָה זַכָּה. בַּד בְּבַד יִהְיֶה:

וְעָשִׂיתָ אֹתָהּ קְטֹרֶת רֹקַח מַעֲשֵׂה רוֹקֵחַ. מְמֻלָּח טָהוֹר קֹדֶשׁ:

וְשָׁחַקְתָּ מִמֶּנָּה הָדֵק וְנָתַתָּה מִמֶּנָּה לִפְנֵי הָעֵדֻת בְּאֹהֶל מוֹעֵד אֲשֶׁר אִוָּעֵד לְךָ שָׁמָּה. קֹדֶשׁ קָדָשִׁים תִּהְיֶה לָכֶם:

וְנֶאֱמַר וְהִקְטִיר עָלָיו אַהֲרֹן קְטֹרֶת סַמִּים. בַּבֹּקֶר בַּבֹּקֶר בְּהֵיטִיבוֹ אֶת הַנֵּרֹת יַקְטִירֶנָּה:

וּבְהַעֲלֹת אַהֲרֹן אֶת הַנֵּרֹת בֵּין הָעַרְבַּיִם יַקְטִירֶנָּה קְטֹרֶת תָּמִיד לִפְנֵי ה' לְדֹרֹתֵיכֶם:

תָּנוּ רַבָּנָן פִּטּוּם הַקְּטֹרֶת כֵּיצַד. שְׁלֹשׁ מֵאוֹת וְשִׁשִּׁים וּשְׁמוֹנָה מָנִים הָיוּ בָהּ. שְׁלֹשׁ מֵאוֹת וְשִׁשִּׁים וַחֲמִשָּׁה כְּמִנְיַן יְמוֹת הַחַמָּה מָנֶה בְּכָל יוֹם. מַחֲצִיתוֹ בַּבֹּקֶר וּמַחֲצִיתוֹ בָּעֶרֶב. וּשְׁלֹשָׁה מָנִים יְתֵרִים שֶׁמֵּהֶם מַכְנִיס כֹּהֵן גָּדוֹל וְנוֹטֵל מֵהֶם מְלֹא חָפְנָיו בְּיוֹם הַכִּפּוּרִים. וּמַחֲזִירָן לְמַכְתֶּשֶׁת בְּעֶרֶב יוֹם הַכִּפּוּרִים כְּדֵי לְקַיֵּם מִצְוַת דַּקָּה מִן הַדַּקָּה.

וְאַחַד עָשָׂר סַמָּנִים הָיוּ בָהּ. וְאֵלּוּ הֵן:

(א) הַצֳּרִי. (ב) וְהַצִּפֹּרֶן. (ג) וְהַחֶלְבְּנָה. (ד) וְהַלְּבוֹנָה. מִשְׁקַל שִׁבְעִים שִׁבְעִים מָנֶה.

(ה) מוֹר. (ו) וּקְצִיעָה. (ז) וְשִׁבֹּלֶת נֵרְדְּ. (ח) וְכַרְכֹּום. מִשְׁקַל שִׁשָּׁה עָשָׂר שִׁשָּׁה עָשָׂר מָנֶה.

(ט) קוֹשְׁטְ שְׁנֵים עָשָׂר.
(י) קְלוּפָה שְׁלֹשָׁה.
(יא) קִנָּמוֹן תִּשְׁעָה.
בּוֹרִית כַּרְשִׁינָא תִּשְׁעָה קַבִּין.
יֵין קַפְרִיסִין סְאִין תְּלָת וְקַבִּין תְּלָתָא. וְאִם לֹא מָצָא יֵין קַפְרִיסִין מֵבִיא חֲמַר חִיוָר עַתִּיק.
מֶלַח סְדוֹמִית רוֹבַע. מַעֲלֶה עָשָׁן כָּל שֶׁהוּא.
רִבִּי נָתָן הַבַּבְלִי אוֹמֵר: אַף כִּפַּת הַיַּרְדֵּן כָּל שֶׁהִיא.
אִם נָתַן בָּהּ דְּבַשׁ פְּסָלָהּ.
וְאִם חִסֵּר אַחַת מִכָּל סַמְמָנֶיהָ חַיָּב מִיתָה:
רַבָּן שִׁמְעוֹן בֶּן גַּמְלִיאֵל אוֹמֵר: הַצֳּרִי אֵינוֹ אֶלָּא שְׂרָף הַנּוֹטֵף מֵעֲצֵי הַקְּטָף. בּוֹרִית כַּרְשִׁינָא לְמָה הִיא בָאָה כְּדֵי לְשַׁפּוֹת בָּהּ אֶת הַצִּפּוֹרֶן כְּדֵי שֶׁתְּהֵא נָאָה. יֵין קַפְרִיסִין לְמָה הוּא בָא כְּדֵי לִשְׁרוֹת בּוֹ אֶת הַצִּפּוֹרֶן כְּדֵי שֶׁתְּהֵא עַזָּה. וַהֲלֹא מֵי רַגְלַיִם יָפִין לָהּ אֶלָּא שֶׁאֵין מַכְנִיסִין מֵי רַגְלַיִם בַּמִּקְדָּשׁ מִפְּנֵי הַכָּבוֹד:
תַּנְיָא רִבִּי נָתָן אוֹמֵר: כְּשֶׁהוּא שׁוֹחֵק אוֹמֵר הָדֵק הֵיטֵב. הֵיטֵב הָדֵק. מִפְּנֵי שֶׁהַקּוֹל יָפֶה לַבְּשָׂמִים. פִּטְּמָהּ לַחֲצָאִין כְּשֵׁרָה. לִשְׁלִישׁ וּלִרְבִיעַ לֹא שָׁמַעְנוּ. אָמַר רִבִּי יְהוּדָה זֶה הַכְּלָל אִם כְּמִדָּתָהּ כְּשֵׁרָה לַחֲצָאִין. וְאִם חִסֵּר אַחַת מִכָּל סַמְמָנֶיהָ חַיָּב מִיתָה:
תָּנֵי בַר קַפָּרָא: אַחַת לְשִׁשִּׁים אוֹ לְשִׁבְעִים שָׁנָה הָיְתָה בָאָה שֶׁל שִׁירַיִם לַחֲצָאִין.
וְעוֹד תָּנֵי בַר קַפָּרָא אִלּוּ הָיָה נוֹתֵן בָּהּ קָרְטוֹב שֶׁל דְּבַשׁ אֵין אָדָם יָכוֹל לַעֲמוֹד מִפְּנֵי רֵיחָהּ.
וְלָמָּה אֵין מְעָרְבִין בָּהּ דְּבַשׁ?
מִפְּנֵי שֶׁהַתּוֹרָה אָמְרָה כִּי כל שְׂאֹר וְכָל דְּבַשׁ לֹא תַקְטִירוּ מִמֶּנּוּ אִשֶּׁה לַה':
ה' צְבָאוֹת עִמָּנוּ. מִשְׂגָּב לָנוּ אֱלֹהֵי יַעֲקֹב סֶלָה:
ה' צְבָאוֹת. אַשְׁרֵי אָדָם בֹּטֵחַ בָּךְ:
ה' הוֹשִׁיעָה. הַמֶּלֶךְ יַעֲנֵנוּ בְיוֹם קָרְאֵנוּ:
וְעָרְבָה לַה' מִנְחַת יְהוּדָה וִירוּשָׁלָיִם. כִּימֵי עוֹלָם וּכְשָׁנִים קַדְמֹנִיּוֹת:

Prière pour la parnassa

C'est une grande Ségoula de lire la Paracha de la manne, pour la Parnassa. On la lit, en général, le mardi de la semaine de la Paracha Béchala'h.

En péambule

Lire d'abord les psaumes : **23, 104, 128, 145**

Puis on lit ceci

יְהִי רָצוֹן מִלְּפָנֶיךָ יְיָ אֱלֹהֵינוּ וֵאלֹהֵי אֲבוֹתֵינוּ שֶׁתַּזְמִין פַּרְנָסָה לְכָל עַמְּךָ בֵּית יִשְׂרָאֵל וּפַרְנָסָתִי וּפַרְנָסַת אַנְשֵׁי בֵיתִי בִּכְלָלָם. בְּנַחַת וְלֹא בְצַעַר בְּכָבוֹד וְלֹא בְּבִזּוּי בְּהֶתֵּר וְלֹא בְּאִסּוּר כְּדֵי שֶׁנּוּכַל לַעֲבוֹד עֲבוֹדָתֶךָ וְלִלְמוֹד תּוֹרָתֶךָ כְּמוֹ שֶׁזַּנְתָּ לַאֲבוֹתֵינוּ מָן בַּמִּדְבָּר בְּאֶרֶץ צִיָּה וַעֲרָבָה:

Début du passage de la Manne, la lecture est similaire au chnaim mikra véehad targoum.

וַיֹּאמֶר יְיָ אֶל מֹשֶׁה הִנְנִי מַמְטִיר לָכֶם לֶחֶם מִן הַשָּׁמָיִם וְיָצָא הָעָם וְלָקְטוּ דְּבַר יוֹם בְּיוֹמוֹ לְמַעַן אֲנַסֶּנּוּ הֲיֵלֵךְ בְּתוֹרָתִי אִם לֹא: וַאֲמַר יְיָ לְמֹשֶׁה הָא אֲנָא מָחֵית לְכוֹן לַחְמָא מִן שְׁמַיָּא וְיִפְּקוּן עַמָּא וְיִלְקְטוּן פִּתְגָם יוֹם בְּיוֹמֵיהּ בְּדִיל דַּאֲנַסֵּנּוּן הֲיִהָכוּן בְּאוֹרַיְתִי אִם לָא: וְהָיָה בַּיּוֹם הַשִּׁשִּׁי וְהֵכִינוּ אֵת אֲשֶׁר יָבִיאוּ וְהָיָה מִשְׁנֶה עַל אֲשֶׁר יִלְקְטוּ יוֹם יוֹם: וִיהֵי בְּיוֹמָא שְׁתִיתָאָה וִיתַקְּנוּן יָת דְּיַיְתוּן וִיהֵי עַל חַד תְּרֵין עַל דְּיִלְקְטוּן יוֹם יוֹם: וַיֹּאמֶר מֹשֶׁה וְאַהֲרֹן אֶל כָּל בְּנֵי יִשְׂרָאֵל עֶרֶב וִידַעְתֶּם כִּי יְיָ הוֹצִיא אֶתְכֶם מֵאֶרֶץ מִצְרָיִם: וַאֲמַר מֹשֶׁה וְאַהֲרֹן לְכָל בְּנֵי יִשְׂרָאֵל בְּרַמְשָׁא וְתִדְּעוּן אֲרֵי יְיָ אַפֵּיק יָתְכוֹן מֵאַרְעָא דְמִצְרָיִם: וּבֹקֶר וּרְאִיתֶם אֶת כְּבוֹד יְיָ בְּשָׁמְעוֹ אֶת תְּלֻנֹּתֵיכֶם עַל יְיָ וְנַחְנוּ מָה כִּי תַלִּינוּ עָלֵינוּ: וּבְצַפְרָא וְתֶחֱזוּן יָת יְקָרָא דַּיְיָ כַּד שְׁמִיעַ (קֳדָמוֹהִי) יָת תֻּרְעֲמוּתְכוֹן עַל מֵימְרָא דַּיְיָ וְנַחְנָא מָה אֲרֵי אִתְרַעַמְתּוּן עֲלָנָא: וַיֹּאמֶר מֹשֶׁה בְּתֵת יְיָ לָכֶם בָּעֶרֶב בָּשָׂר לֶאֱכֹל וְלֶחֶם בַּבֹּקֶר לִשְׂבֹּעַ בִּשְׁמֹעַ יְיָ אֶת תְּלֻנֹּתֵיכֶם אֲשֶׁר אַתֶּם מַלִּינִם עָלָיו וְנַחְנוּ מָה לֹא עָלֵינוּ תְלֻנֹּתֵיכֶם כִּי עַל יְיָ: וַאֲמַר מֹשֶׁה בִּדְיִתֵּן יְיָ לְכוֹן בְּרַמְשָׁא בִּסְרָא לְמֵיכַל וְלַחְמָא בְּצַפְרָא לְמִסְבַּע בְּדִשְׁמִיעַן קֳדָם יְיָ יָת תֻּרְעֲמוּתְכוֹן דִּי אַתּוּן מִתְרַעֲמִין עֲלוֹהִי וְנַחְנָא מָא לָא עֲלָנָא תֻּרְעֲמוּתְכוֹן אֱלָהֵן עַל מֵימְרָא דַּיְיָ:

Prière pour la parnassa

Paracha de la Manne

וַיֹּאמֶר מֹשֶׁה אֶל אַהֲרֹן אֱמֹר אֶל כָּל עֲדַת בְּנֵי יִשְׂרָאֵל קִרְבוּ לִפְנֵי יְיָ כִּי שָׁמַע אֵת תְּלֻנֹּתֵיכֶם: וַאֲמַר מֹשֶׁה לְאַהֲרֹן אֱמַר לְכָל כְּנִשְׁתָּא דִבְנֵי יִשְׂרָאֵל קְרִיבוּ קֳדָם יְיָ אֲרֵי שְׁמִיעַן קֳדָמוֹהִי יָת תֻּרְעֲמוּתְכוֹן: וַיְהִי כְּדַבֵּר אַהֲרֹן אֶל כָּל עֲדַת בְּנֵי יִשְׂרָאֵל וַיִּפְנוּ אֶל הַמִּדְבָּר וְהִנֵּה כְּבוֹד יְיָ נִרְאָה בֶּעָנָן: וַהֲוָה כַּד מַלֵּיל אַהֲרֹן עִם כָּל כְּנִשְׁתָּא דִבְנֵי יִשְׂרָאֵל וְאִתְפְּנִיוּ לְמַדְבְּרָא וְהָא יְקָרָא דַיְיָ אִתְגְּלִי בַּעֲנָנָא: וַיְדַבֵּר יְיָ אֶל מֹשֶׁה לֵּאמֹר: וּמַלֵּיל יְיָ עִם מֹשֶׁה לְמֵימָר: שָׁמַעְתִּי אֶת תְּלוּנֹּת בְּנֵי יִשְׂרָאֵל דַּבֵּר אֲלֵהֶם לֵאמֹר בֵּין הָעַרְבַּיִם תֹּאכְלוּ בָשָׂר וּבַבֹּקֶר תִּשְׂבְּעוּ לָחֶם וִידַעְתֶּם כִּי אֲנִי יְיָ אֱלֹהֵיכֶם: שְׁמִיעַ קֳדָמַי יָת תֻּרְעֲמַת בְּנֵי יִשְׂרָאֵל מַלֵּיל עִמְּהוֹן לְמֵימַר בֵּין שִׁמְשַׁיָּא תֵּיכְלוּן בִּסְרָא וּבְצַפְרָא תִּשְׂבְּעוּן לַחְמָא וְתִדְּעוּן אֲרֵי אֲנָא יְיָ אֱלָהֲכוֹן: וַיְהִי בָעֶרֶב וַתַּעַל הַשְּׂלָו וַתְּכַס אֶת הַמַּחֲנֶה וּבַבֹּקֶר הָיְתָה שִׁכְבַת הַטַּל סָבִיב לַמַּחֲנֶה: וַהֲוָה בְרַמְשָׁא וּסְלֵיקַת סְלָיו וַחֲפַת יָת מַשְׁרִיתָא וּבְצַפְרָא הֲוַת נְחָתַת טַלָּא סְחוֹר סְחוֹר לְמַשְׁרִיתָא: וַתַּעַל שִׁכְבַת הַטָּל וְהִנֵּה עַל פְּנֵי הַמִּדְבָּר דַּק מְחֻסְפָּס דַּק כַּכְּפֹר עַל הָאָרֶץ: וּסְלֵיקַת נְחָתַת טַלָּא וְהָא עַל אַפֵּי מַדְבְּרָא דַּעְדַּק מְקַלַּף דַּעְדַּק כְּגִיר כִּגְלִידָא עַל אַרְעָא: וַיִּרְאוּ בְנֵי יִשְׂרָאֵל וַיֹּאמְרוּ אִישׁ אֶל אָחִיו מָן הוּא כִּי לֹא יָדְעוּ מַה הוּא וַיֹּאמֶר מֹשֶׁה אֲלֵהֶם הוּא הַלֶּחֶם אֲשֶׁר נָתַן יְיָ לָכֶם לְאָכְלָה: וַחֲזוֹ בְנֵי יִשְׂרָאֵל וַאֲמָרוּ גְּבַר לַאֲחוּהִי מַנָּא הוּא אֲרֵי לָא יָדְעוּ מָה הוּא וַאֲמַר מֹשֶׁה לְהוֹן הוּא לַחְמָא דִּיהַב יְיָ לְכוֹן לְמֵיכָל: זֶה הַדָּבָר אֲשֶׁר צִוָּה יְיָ לִקְטוּ מִמֶּנּוּ אִישׁ לְפִי אָכְלוֹ עֹמֶר לַגֻּלְגֹּלֶת מִסְפַּר נַפְשֹׁתֵיכֶם אִישׁ לַאֲשֶׁר בְּאָהֳלוֹ תִּקָּחוּ: דֵּין פִּתְגָּמָא דִּי פַקִּיד יְיָ לְקוּטוּ מִנֵּיהּ גְּבַר לְפוּם מֵיכְלֵיהּ עֻמְרָא לְגֻלְגַּלְתָּא מִנְיַן נַפְשָׁתֵיכוֹן גְּבַר לְדִי בְמַשְׁכְּנֵיהּ תִּסְּבוּן: וַיַּעֲשׂוּ כֵן בְּנֵי יִשְׂרָאֵל וַיִּלְקְטוּ הַמַּרְבֶּה וְהַמַּמְעִיט:

וַעֲבַדוּ כֵן בְּנֵי יִשְׂרָאֵל וּלְקַטוּ דְּאַסְגֵּי וּדְאַזְעֵר: וַיָּמֹדּוּ בָעֹמֶר וְלֹא הֶעְדִּיף הַמַּרְבֶּה וְהַמַּמְעִיט לֹא הֶחְסִיר אִישׁ לְפִי אָכְלוֹ לָקָטוּ: וּכְלוֹ בְעֻמְרָא וְלָא אוֹתַר דְּאַסְגֵּי וּדְאַזְעֵר לָא חֲסִיר גְּבַר לְפוּם מֵיכְלֵיהּ לְקָטוּ: וַיֹּאמֶר מֹשֶׁה אֲלֵהֶם אִישׁ אַל יוֹתֵר מִמֶּנּוּ עַד בֹּקֶר: וַאֲמַר מֹשֶׁה לְהוֹן אֱנָשׁ לָא יַשְׁאַר מִנֵּיהּ עַד צַפְרָא: וְלֹא שָׁמְעוּ אֶל מֹשֶׁה וַיּוֹתִרוּ אֲנָשִׁים מִמֶּנּוּ עַד בֹּקֶר וַיָּרֻם תּוֹלָעִים וַיִּבְאַשׁ וַיִּקְצֹף עֲלֵהֶם מֹשֶׁה: וְלָא קַבִּילוּ מִן מֹשֶׁה וְאַשְׁאַרוּ גֻּבְרַיָּא מִנֵּיהּ עַד צַפְרָא וּרְחֵשׁ רִיחֲשָׁא וּסְרִי וּרְגֵז עֲלֵיהוֹן מֹשֶׁה: וַיִּלְקְטוּ אֹתוֹ בַּבֹּקֶר בַּבֹּקֶר אִישׁ כְּפִי אָכְלוֹ וְחַם הַשֶּׁמֶשׁ וְנָמָס: וּלְקַטוּ יָתֵיהּ בִּצְפַר בִּצְפַר גְּבַר לְפוּם מֵיכְלֵיהּ וּמָה דְמִשְׁתָּאַר מִנֵּיהּ עַל אַפֵּי חַקְלָא כַּד חֲמָא עֲלוֹהִי שִׁמְשָׁא פָּשָׁר: וַיְהִי בַּיּוֹם הַשִּׁשִּׁי לָקְטוּ לֶחֶם מִשְׁנֶה שְׁנֵי הָעֹמֶר

לְאֶחָד וַיָּבֹאוּ כָּל נְשִׂיאֵי הָעֵדָה וַיַּגִּידוּ לְמֹשֶׁה: וַהֲוָה בְּיוֹמָא שְׁתִיתָאָה לְקַטוּ לַחְמָא עַל חַד תְּרֵין תְּרֵין עֻמְרִין לְחַד וַאֲתוֹ כָּל רַבְרְבֵי כְנִשְׁתָּא וְחַוִּיאוּ לְמֹשֶׁה: וַיֹּאמֶר אֲלֵהֶם הוּא אֲשֶׁר דִּבֶּר יְיָ שַׁבָּתוֹן שַׁבַּת קֹדֶשׁ לַייָ מָחָר אֵת אֲשֶׁר תֹּאפוּ אֵפוּ וְאֵת אֲשֶׁר תְּבַשְּׁלוּ בַּשֵּׁלוּ וְאֵת כָּל הָעֹדֵף הַנִּיחוּ לָכֶם לְמִשְׁמֶרֶת עַד הַבֹּקֶר: וַאֲמַר לְהוֹן הוּא דִּי מַלִּיל יְיָ שְׁבָתָא שְׁבַת קוּדְשָׁא קֳדָם יְיָ מְחָר יָת דִּי אַתּוּן עֲתִידִין לְמֵפָא אֱפוֹ וְיָת דִּי אַתּוּן עֲתִידִין לְבַשָּׁלָא בַּשִּׁילוּ וְיָת כָּל מוֹתָרָא אַצְנָעוּ לְכוֹן לְמַטְּרַת עַד צַפְרָא: וַיַּנִּיחוּ אֹתוֹ עַד הַבֹּקֶר כַּאֲשֶׁר צִוָּה מֹשֶׁה וְלֹא הִבְאִישׁ וְרִמָּה לֹא הָיְתָה בּוֹ: וְאַצְנָעוּ יָתֵיהּ עַד צַפְרָא כְּמָא דְּפַקִּיד מֹשֶׁה וְלָא סְרִי וְרִיחֲשָׁא לָא הֲוָה בֵיהּ: וַיֹּאמֶר מֹשֶׁה אִכְלֻהוּ הַיּוֹם כִּי שַׁבָּת הַיּוֹם לַייָ הַיּוֹם לֹא תִמְצָאֻהוּ בַּשָּׂדֶה: וַאֲמַר מֹשֶׁה אִכְלוּהִי יוֹמָא דֵין אֲרֵי שַׁבְּתָא יוֹמָא דֵין קֳדָם יְיָ יוֹמָא דֵין לָא תַשְׁכְּחֻנֵּיהּ בְּחַקְלָא: שֵׁשֶׁת יָמִים תִּלְקְטֻהוּ וּבַיּוֹם הַשְּׁבִיעִי שַׁבָּת לֹא יִהְיֶה בּוֹ: שִׁתָּא יוֹמִין תִּלְקְטֻנֵּיהּ וּבְיוֹמָא שְׁבִיעָאָה שַׁבְּתָא לָא יְהֵי בֵיהּ: וַיְהִי בַּיּוֹם הַשְּׁבִיעִי יָצְאוּ מִן הָעָם לִלְקֹט וְלֹא מָצָאוּ: וַהֲוָה בְּיוֹמָא שְׁבִיעָאָה נְפָקוּ מִן עַמָּא לְמִלְקַט וְלָא אַשְׁכָּחוּ:

וַיֹּאמֶר יְיָ אֶל מֹשֶׁה עַד אָנָה מֵאַנְתֶּם לִשְׁמֹר מִצְוֹתַי וְתוֹרֹתָי: וַאֲמַר יְיָ לְמֹשֶׁה עַד אֵימָתַי אַתּוּן מְסָרְבִין לְמִטַּר פִּקּוּדַי וְאוֹרָיְתָי: רְאוּ כִּי יְיָ נָתַן לָכֶם הַשַּׁבָּת עַל כֵּן הוּא נֹתֵן לָכֶם בַּיּוֹם הַשִּׁשִּׁי לֶחֶם יוֹמָיִם שְׁבוּ אִישׁ תַּחְתָּיו אַל יֵצֵא אִישׁ מִמְּקֹמוֹ בַּיּוֹם הַשְּׁבִיעִי: חֲזוֹ אֲרֵי יְיָ יְהַב לְכוֹן שַׁבְּתָא עַל כֵּן הוּא יָהֵב לְכוֹן בְּיוֹמָא שְׁתִיתָאָה לְחֵם תְּרֵין יוֹמִין תִּיבוּ אֱנַשׁ תְּחוֹתוֹהִי לָא יִפּוֹק אֱנַשׁ מֵאַתְרֵיהּ בְּיוֹמָא שְׁבִיעָאָה: וַיִּשְׁבְּתוּ הָעָם בַּיּוֹם הַשְּׁבִעִי: וְנָחוּ עַמָּא בְּיוֹמָא שְׁבִיעָאָה: וַיִּקְרְאוּ בֵית יִשְׂרָאֵל אֶת שְׁמוֹ מָן וְהוּא כְּזֶרַע גַּד לָבָן וְטַעְמוֹ כְּצַפִּיחִת בִּדְבָשׁ: וּקְרוֹ בֵית יִשְׂרָאֵל יָת שְׁמֵיהּ מָן וְהוּא כְּבַר זְרַע גַּדָּא חִוָּר וְטַעְמֵיהּ כְּאִסְקְרֵיטָוָן בִּדְבָשׁ: וַיֹּאמֶר מֹשֶׁה זֶה הַדָּבָר אֲשֶׁר צִוָּה יְיָ מְלֹא הָעֹמֶר מִמֶּנּוּ לְמִשְׁמֶרֶת לְדֹרֹתֵיכֶם לְמַעַן יִרְאוּ אֶת הַלֶּחֶם אֲשֶׁר הֶאֱכַלְתִּי אֶתְכֶם בַּמִּדְבָּר בְּהוֹצִיאִי אֶתְכֶם מֵאֶרֶץ מִצְרָיִם: וַאֲמַר מֹשֶׁה דֵּין פִּתְגָּמָא דִּי פַקִּיד יְיָ מְלֵי עֻמְרָא מִנֵּיהּ לְמַטְּרָא לְדָרֵיכוֹן בְּדִיל דְּיֶחֱזוּן יָת לַחְמָא דִּי אוֹכָלִית יָתְכוֹן בְּמַדְבְּרָא בְּאַפָּקוּתִי יָתְכוֹן מֵאַרְעָא דְמִצְרָיִם: וַיֹּאמֶר מֹשֶׁה אֶל אַהֲרֹן קַח צִנְצֶנֶת אַחַת וְתֶן שָׁמָּה מְלֹא הָעֹמֶר מָן וְהַנַּח אֹתוֹ לִפְנֵי יְיָ לְמִשְׁמֶרֶת לְדֹרֹתֵיכֶם: וַאֲמַר מֹשֶׁה לְאַהֲרֹן סַב צְלוֹחִית חֲדָא וְהַב תַּמָּן מְלֵי עֻמְרָא מָן וְאַצְנַע יָתֵיהּ קֳדָם יְיָ לְמַטְּרָא לְדָרֵיכוֹן: כַּאֲשֶׁר צִוָּה יְיָ אֶל מֹשֶׁה וַיַּנִּיחֵהוּ אַהֲרֹן לִפְנֵי הָעֵדֻת לְמִשְׁמָרֶת: כְּמָא דִּי פַקִּיד יְיָ לְמֹשֶׁה וְאַצְנְעֵיהּ אַהֲרֹן קֳדָם סַהֲדוּתָא לְמַטְּרָא: וּבְנֵי יִשְׂרָאֵל אָכְלוּ אֶת הַמָּן אַרְבָּעִים שָׁנָה עַד בֹּאָם אֶל אֶרֶץ

Prière pour la parnassa

נוֹשָׁבֶת אֶת הַמָּן אָכְלוּ עַד בֹּאָם אֶל קְצֵה אֶרֶץ כְּנָעַן: וּבְנֵי יִשְׂרָאֵל אֲכָלוּ יָת מַנָּא אַרְבְּעִין שְׁנִין עַד דְּמֵיתֵיהוֹן לְאַרְעָא יָתְבְתָא יָת מַנָּא אֲכָלוּ עַד דְּאָתוֹ לִסְיָפֵי אַרְעָא דִכְנָעַן: וְהָעֹמֶר עֲשִׂרִית הָאֵיפָה הוּא: וְעֻמְרָא חַד מִן עַסְרָא בִּתְלָת סְאִין הוּא:

Prière après la paracha de la Manne

אַתָּה הוּא יְיָ לְבַדֶּךָ אַתָּה עָשִׂיתָ אֶת הַשָּׁמַיִם וּשְׁמֵי הַשָּׁמַיִם הָאָרֶץ וְכָל אֲשֶׁר עָלֶיהָ הַיַּמִּים וְכָל אֲשֶׁר בָּהֶם וְאַתָּה מְחַיֶּה אֶת כֻּלָּם וְאַתָּה הוּא שֶׁעָשִׂיתָ נִסִּים וְנִפְלָאוֹת גְּדוֹלוֹת תָּמִיד עִם אֲבוֹתֵינוּ גַּם בַּמִּדְבָּר הִמְטַרְתָּ לָהֶם לֶחֶם מִן הַשָּׁמַיִם וּמִצּוּר הַחַלָּמִישׁ הוֹצֵאתָ לָהֶם מַיִם וְגַם נָתַתָּ לָהֶם כָּל צָרְכֵיהֶם שִׂמְלוֹתָם לֹא בָלְתָה מֵעֲלֵיהֶם כֵּן בְּרַחֲמֶיךָ הָרַבִּים וּבַחֲסָדֶיךָ הָעֲצוּמִים תְּזוּנֵנוּ וּתְפַרְנְסֵנוּ וּתְכַלְכְּלֵנוּ וְתַסְפִּיק לָנוּ כָּל צָרְכֵנוּ וְצָרְכֵי עַמְּךָ בֵּית יִשְׂרָאֵל הַמְרוּבִּים בְּמִלּוּי וּבְרֶוַח בְּלִי טֹרַח וְעָמָל גָּדוֹל מִתַּחַת יָדְךָ הַנְּקִיָּה וְלֹא מִתַּחַת יְדֵי בָשָׂר וָדָם:
יְהִי רָצוֹן מִלְּפָנֶיךָ יְיָ אֱלֹהַי וֵאלֹהֵי אֲבוֹתַי שֶׁתָּכִין לִי וּלְאַנְשֵׁי בֵיתִי כָּל מַחְסוֹרֵנוּ וְתַזְמִין לָנוּ כָּל צָרְכֵנוּ לְכָל יוֹם וָיוֹם מֵחַיֵּינוּ דֵּי מַחְסוֹרֵנוּ וּלְכָל שָׁעָה וְשָׁעָה מִשְּׁעוֹתֵינוּ דֵּי סִפּוּקֵנוּ וּלְכָל עֶצֶם מֵעֲצָמֵינוּ דֵּי מִחְיָתֵנוּ מִיָּדְךָ הַטּוֹבָה וְהָרְחָבָה וְלֹא כְּמִעוּט מִפְעָלֵינוּ וְקוֹצֶר חֲסָדֵינוּ וּמִזְעֵיר גְּמוּלוֹתֵינוּ וְיִהְיוּ מְזוֹנוֹתַי וּמְזוֹנוֹת אַנְשֵׁי בֵיתִי וְזַרְעִי וְזֶרַע זַרְעִי מְסוּרִים בְּיָדְךָ וְלֹא בְּיַד בָּשָׂר וָדָם:

Atarat Nedarim du Vendredi

סדר התרת נדרים הקצר

כתב בספר "כף החיים" (סי' תקפ"א סקי"ב) "וחסידי בית אל יכב"ץ שבעיר קדשנו ירושת"ו נוהגין לעשות התרה בכל ערב שבת, בכל השנה, ומנהג יפה הוא.

Il est ecrit dans le livre « Kaf Ha'hayim ». « Les gens pieux de Beth el, dans la ville sainte, ont l'habitude de faire l'annulation des vœux chaque veille de Chabbat, tout au long de l'année, et c'est une bonne habitude. »

<u>המבקשים התרה עומדים ואומרים:</u>

<u>Les demandeurs disent devant 3(ou +) personnes</u>

שמעו נא רבותינו: הרי אנחנו מבקשים ממעלתכם להתיר לנו ולנשינו ולבנינו ולבנותינו ולבל הנלוים לנו, כל נדרים, שבועות, חרמות, נדויים, נזיפות, ולבטל כל קללות, שמתות, וכל דברים רעים, וחלומות רעים, וכל מיני עין הרע, הן, וכיוצא בהן.

<u>והמתירים אומרים:</u>

<u>Les « juges » (3 ou+) répondent</u>

בצרוף וברשות קודשא בריך הוא ושכינתה, ובית דין של מעלה ובית דין של מטה:

מֻותָּרִים לָכֶם ,מֻותָּרִים לָכֶם, מֻותָּרִים לָכֶם.

שְׁרוּיִים לָכֶם, שְׁרוּיִים לָכֶם, שְׁרוּיִים לָכֶם.

מְחוּל ם לָכֶם, שְׁרוּיִים לָכֶם, שְׁרוּיִים לָכֶם.

אין כאן נדרים, אין כאן שבועות, אין כאן חרמות, אין כאן שמתות, אין כאן עין-הרע, אין כאן נדויים, אין כאן קללות, בין שקללתם אחרים, בין שאחרים קללו אתכם, בין שקללתם את עצמכם, או שנתחייבתם שום קללה או חרם או קונם או שום גזירה רעה, או חלומות רעים או פתרונות רעים, בין שחלמתם על אחרים או אחרים חלמו עליכם.

כולם בטלים ומבוטלים כחרס הנשבר וכדבר שאין בו ממש

וכשם שהסכימו והתירו לכם בית דין של מטה, כך יסכימו ויתירו לכם בית דין של מעלה. וכל הקללות וחלומות רעים יתהפכו עליכם ועלינו לטובה ולברכה. כדכתיב: "ויהפוך ה, אלהיך לך את הקללה לברכה כי אהבך ה' אלהיך. "וכתיב: "ואתם הדבקים בה' אלהיכם חיים כולכם היום" ."יהיו לרצון אמרי פי והגיון לבי לפניך, ה' צורי וגאלי"

Contre le mauvais œil

Dans le traité de Bera'hot 55b

Il est rapporté au sujet de celui qui a peur du mauvais œil d'agir ainsi (quand il rentre dans une ville): Qu'il prenne le pouce da la main droite et qu'il le mette dans la main gauche, puis qu'il mette le pouce de la main gauche dans sa main droite.
Ensuite il récitera :

אנא פלוני בר פלוני מזרעא דיוסף קאתינא דלא שלטא ביה עינא בישא שנאמר

בֵּן פֹּרָת יוֹסֵף בֵּן פֹּרָת עֲלֵי עָיִן בָּנוֹת צָעֲדָה עֲלֵי שׁוּר: וַיְמָרֲרֻהוּ וָרֹבּוּ וַיִּשְׂטְמֻהוּ בַּעֲלֵי חִצִּים: וַתֵּשֶׁב בְּאֵיתָן קַשְׁתּוֹ וַיָּפֹזּוּ זְרֹעֵי יָדָיו מִידֵי אֲבִיר יַעֲקֹב מִשָּׁם רֹעֶה אֶבֶן יִשְׂרָאֵל: מֵאֵל אָבִיךָ וְיַעְזְרֶךָּ וְאֵת שַׁדַּי וִיבָרְכֶךָּ בִּרְכֹת שָׁמַיִם מֵעָל בִּרְכֹת תְּהוֹם רֹבֶצֶת תָּחַת בִּרְכֹת שָׁדַיִם וָרָחַם: בִּרְכֹת אָבִיךָ גָּבְרוּ עַל בִּרְכֹת הוֹרַי עַד תַּאֲוַת גִּבְעֹת עוֹלָם תִּהְיֶיןָ לְרֹאשׁ יוֹסֵף וּלְקָדְקֹד נְזִיר אֶחָיו: (בראשית מח כב-כו).

אל תקרי עלי עין אלא עולי עין ר' יוסי בר' חנינא אמר מהכא (בראשית מח) וידגו לרוב בקרב הארץ מה דגים שבים מים מכסים עליהם ואין עין רעה שולטת בהם אף זרעו של יוסף אין עין רעה שולטת בהם ואי דחיל מעינא בישא דיליה ליחזי אטרפא דנחיריה דשמאליה

En toute circonstance

Contre le mauvais œil on lira ceci :

מַשְׁבִּיעַ אֲנִי עֲלֵיכֶם כָּל מִין עֵינָא בִּישָׁא, עֵינָא אוּכְמָא, עֵינָא צָרוֹבָא, עֵינָא תִכְלְתָא, עֵינָא יָרוֹקָא, עֵינָא אֲרוּכָה, עֵינָא קְצָרָה, עֵינָא רְחָבָה, עֵינָא צָרָה, עֵינָא יְשָׁרָה, עֵינָא עֲקוּמָה, עֵינָא עֲגוּלָה, עֵינָא שׁוֹקַעַת, עֵינָא בוֹלֶטֶת, עֵינָא רוֹאָה, עֵינָא מַבֶּטֶת, עֵינָא בוֹקַעַת, עֵינָא שׁוֹאֶבֶת, עֵינָא דִדְכוּרָא, עֵינָא דְנוּקְבָא, עֵינָא דְאִישׁ וְאִשְׁתּוֹ, עַיִן דְאִשָּׁה וּבִתָּהּ, עֵינָא דְאִשָּׁה וּקְרוֹבָתָהּ, עַיִן דְבָחוּר, עַיִן דְזָקֵן, עַיִן דִזְקֵנָה, עַיִן דִבְתוּלָה, עַיִן דִבְעוּלָה, עַיִן דְאַלְמָנָה, עַיִן דִנְשׂוּאָה, עַיִן דִגְרוּשָׁה, כָּל מִין עֵינָא בִישָׁא שֶׁיֵּשׁ בָּעוֹלָם שֶׁרָאֲתָה וְהִבִּיטָה וְדִבְּרָה בְּעַיִן הָרָע עַל פב"פ, גָּזְרְנָא וְאַשְׁבַּעְנָא לְכוֹן בְּהַהוּא עֵינָא עִילָּאָה, עֵינָא קַדִּישָׁא, עֵינָא חַדָּא, עֵינָא

חִוָּרָא, עֵינָא דְאִיהִי חִיוַּור גּוֹ חִיוַּור, עֵינָא דְכָלִיל כָּל חִיוַּור, עֵינָא דְכֻלָּא יְמִינָא, עֵינָא פְּקִיחָא, עֵינָא דְאַשְׁגָּחוּתָא תְּדִירָא, עֵינָא דְכֻלָּא רַחֲמֵי, עֵינָא דְאִיהִי רַחֲמֵי גּוֹ רַחֲמֵי, עֵינָא דְכָלִיל כָּל רַחֲמֵי, עֵינָא דְלֵית עֲלָהּ גַּבְנִינֵי, עֵינָא דְלָא אַדְמִיךְ וְלָא נָאִים, עֵינָא דְכָל עַיְינִין בִּישִׁין אִתְכַּפְיָין וְאִתְטַמְּרָן גּוֹ כֵּיפִין מִן קֳדָמוֹהִי, עֵינָא דְנָטִיר לְיִשְׂרָאֵל כְּדִכְתִיב הִנֵּה לֹא יָנוּם וְלֹא יִישָׁן שׁוֹמֵר יִשְׂרָאֵל, וּכְתִיב הִנֵּה עֵין יְיָ אֶל יְרֵאָיו לַמְיַחֲלִים לְחַסְדּוֹ, בְּהַהִיא עֵינָא עִילָאָה גְּזֵרִית וְאַשְׁבָּעִית עֲלֵיכוֹן כָּל מִין עֵינָא בִישָׁא, שֶׁתָּסוּרוּ וְתַעַרְקוּ וְתִבְרְחוּ וְתַרְחִיקוּ מֵעַל (פלוני\ת בן פלונית – שם האדם עליו אומרים את הלחש ושם אמו) וּמֵעַל כָּל בְּנֵי בֵיתוֹ, וְלֹא יִהְיֶה לָכֶם כֹּחַ לִשְׁלוֹט ב(פלוני\ת בן פלונית – שם האדם עליו אומרים את הלחש ושם אמו) וּבְכָל בְּנֵי בֵיתוֹ, לֹא בַיּוֹם וְלֹא בַלַּיְלָה, לֹא בְהָקִיץ וְלֹא בַחֲלוֹם, וְלֹא בְּשׁוּם אֵבֶר מֵרְמַ"ח אֵבָרָיו, וְלֹא בְּשׁוּם גִּיד מִשְּׁסָ"ה גִּידָיו (כשאומרים את הלחש על אשה, אומרים: וְלֹא בְּשׁוּם אֵבֶר מֵאֵבָרֶיהָ, וְלֹא בְּשׁוּם גִּיד מִגִּידֶיהָ), מֵהַיּוֹם וּלְעוֹלָם. אָמֵן נֶצַח סֶלָה וָעֶד.

אַתָּה סֵתֶר לִי מִצַּר תִּצְּרֵנִי רָנֵּי פַלֵּט תְּסוֹבְבֵנִי סֶלָה.

Puis lire le psaume **91**

א יֹשֵׁב בְּסֵתֶר עֶלְיוֹן בְּצֵל שַׁדַּי יִתְלוֹנָן: ב אֹמַר לַיהוָה מַחְסִי וּמְצוּדָתִי
אֱלֹהַי אֶבְטַח-בּוֹ: ג כִּי הוּא יַצִּילְךָ מִפַּח יָקוּשׁ מִדֶּבֶר הַוּוֹת: ד בְּאֶבְרָתוֹ |
יָסֶךְ לָךְ וְתַחַת-כְּנָפָיו תֶּחְסֶה צִנָּה וְסֹחֵרָה אֲמִתּוֹ: ה לֹא-תִירָא מִפַּחַד לָיְלָה
מֵחֵץ יָעוּף יוֹמָם: ו מִדֶּבֶר בָּאֹפֶל יַהֲלֹךְ מִקֶּטֶב יָשׁוּד צָהֳרָיִם: ז יִפֹּל מִצִּדְּךָ
| אֶלֶף וּרְבָבָה מִימִינֶךָ אֵלֶיךָ לֹא יִגָּשׁ: ח רַק בְּעֵינֶיךָ תַבִּיט וְשִׁלֻּמַת
רְשָׁעִים תִּרְאֶה: ט כִּי-אַתָּה יְהוָה מַחְסִי עֶלְיוֹן שַׂמְתָּ מְעוֹנֶךָ: י לֹא-תְאֻנֶּה
אֵלֶיךָ רָעָה וְנֶגַע לֹא-יִקְרַב בְּאָהֳלֶךָ: יא כִּי מַלְאָכָיו יְצַוֶּה-לָּךְ לִשְׁמָרְךָ בְּכָל-
דְּרָכֶיךָ: יב עַל-כַּפַּיִם יִשָּׂאוּנְךָ פֶּן-תִּגֹּף בָּאֶבֶן רַגְלֶךָ: יג עַל-שַׁחַל וָפֶתֶן
תִּדְרֹךְ תִּרְמֹס כְּפִיר וְתַנִּין: יד כִּי בִי חָשַׁק וַאֲפַלְּטֵהוּ אֲשַׂגְּבֵהוּ כִּי-יָדַע שְׁמִי:
טו יִקְרָאֵנִי | וְאֶעֱנֵהוּ עִמּוֹ-אָנֹכִי בְצָרָה אֲחַלְּצֵהוּ וַאֲכַבְּדֵהוּ: טז אֹרֶךְ יָמִים
אַשְׂבִּיעֵהוּ וְאַרְאֵהוּ בִּישׁוּעָתִי:

Lois générales du deuil

Lorsqu'on entend qu'un proche est décédé

Nous sommes, de temps à autres, confrontés à une situation où un proche quitte ce monde et nous avons l'obligation de connaître les différentes lois à appliquer en son honneur. Il s'agit de lois peu connues car il n'est pas habituel de les étudier. Certains craignent, même, de les étudier mais il n'en est rien.

C'est pourquoi, Torah-Box vous propose un bref résumé en espérant que, très bientôt, Hachem anéantira la mort, et fera sécher les larmes sur tout visage :

Les lois du deuil ne sont en vigueur que pour 7 proches : le papa, la maman, le fils, la fille, le frère, la sœur, le mari, la femme. Même s'il s'agit d'un demi-frère / sœur, les lois sont en vigueur.

Il faut distinguer quatre phases :

1. Dès le moment où l'on apprend le décès jusqu'à l'enterrement
2. Depuis l'enterrement jusqu'à la fin des sept jours
3. Depuis la fin des sept jours jusqu'à la fin des trente jours
4. Après les 30 jours jusqu'à la fin des douze mois [pour le décès du père et de la mère, uniquement].

1. Dès le moment où l'on apprend le décès jusqu'à l'enterrement - Aninout

Dès le moment où l'on apprend le décès jusqu'à l'enterrement, le proche a le statut de Onène [même s'il se trouve dans un autre pays].

1. Il ne consomme ni viande, ni vin.
2. Il ne récite pas les Brakhot avant et après la consommation des aliments, ni avant la Nétilat Yadaïm.
3. Il lui est permis de porter le Talith Katan.
4. Il lui est interdit d'étudier la Torah mais il peut étudier les lois du deuil et réciter des Téhilim pour la protection de son proche.

5. Il lui est permis de porter des chaussures en cuir.
6. Les rapports sont interdits.
7. Il lui est interdit de prendre un bain. Dans certaines communautés Séfarades, cela est permis.
8. Il lui est interdit de travailler.
9. Il lui est interdit de se raser la barbe et de se couper les cheveux. Dans certaines communautés Séfarades, cela est permis.
10. Il lui est permis de s'asseoir sur une chaise.
11. Le 'Onen ne peut pas compléter un Minyan.
12. Il ne répond Amen à aucune Brakha.
13. Il ne récite pas Acher Yatsar après les toilettes.
14. Durant le Chabbath qui précède l'enterrement : la consommation de viande et de vin est permise, il doit réciter toutes les Brakhot, il peut étudier tous les textes de Torah mais les rapports sont interdits.

Lorsque l'enterrement n'est, vraiment, pas possible [techniquement] et que toutes les procédures ont déjà été engagées [lieu de l'enterrement fixé, téléphones aux proches, etc.], les lois de la Aninout ne sont plus en vigueur. Cependant, si « l'endeuillé » est un homme, il ne portera pas les Téfilines, le premier jour du [décès], mais uniquement à partir du second jour. La récitation des différentes prières et de toutes les Brakhot est permise, la consommation de la viande et du vin est permise, il est permis de répondre Amen après avoir entendu une Brakha, l'étude de la Torah est permise, il est permis de sortir à l'extérieur.

Voir Nichmat Israël, volume 1, chapitre 1, Halakha 20 et 27, 'Hayé Olam, édition 5772, chapitre 5, Halakha 22 et 48, Yalkout Yossef - Avélout, édition 5767, page 128, Halakha 12, Hilkhot Avélout, édition 5769, chapitre 1, Halakha 22.

Les cas peuvent être différents les uns des autres. Donc, il est toujours conseillé de contacter un Rav et lui soumettre les détails qui permettront de donner une réponse appropriée.

2. Depuis l'enterrement jusqu'à la fin des sept jours

De nos jours, la Brakha Dayan Haémeth et la Kria' [déchirer l'habit] se font au moment de l'enterrement. De suite après l'enterrement, les lois du deuil entrent en vigueur. Si le défunt n'est pas enterré dans le pays où réside le proche, les lois du deuil entrent en vigueur dès le décollage de l'avion ou dès le moment où l'on se dirige vers la maison. Dans les communautés Séfarades, on attend de connaître le moment de l'enterrement par le biais du téléphone.

1. De suite après l'enterrement, il est interdit de porter des chaussures en cuir.
2. Le premier repas de l'endeuillé est préparé en dehors de la maison de l'endeuillé.
3. Il est habituel d'allumer une bougie durant les sept jours.
4. Il est habituel de recouvrir les miroirs.
5. L'endeuillé s'assoit par terre ou sur chaise dont la hauteur n'est pas supérieure à 30 centimètres.
6. Il est permis de dormir dans son lit.
7. Le jour de l'enterrement, l'endeuillé ne met pas ses Téfilines, même après l'enterrement. Pour les Séfarades : si l'enterrement n'a pas lieu le jour du décès : il est bien de porter les Téfilines sans Brakha.
8. Il ne prend pas un bébé dans ses bras.
9. Il n'est pas interdit de consommer de la viande mais il y a différentes coutumes à ce sujet.
10. Il lui est interdit d'étudier la Torah. Les textes qu'il est permis d'étudier sont : Iyov avec les commentaires, Méguilat Ékha avec les commentaires, Les lois de la Avélout, Le troisième chapitre de Michna et du Talmud du traité Mo'èd Katan : Véélou Mégual'hine, Les lois de la Techouva dans le Rambam, Livres de Moussar tels que : Méssilat Yécharim, Cha'aré Techouva, Or'hot Tsadikim, Réchit 'Hokhma, etc.
11. Les rapports sont interdits.
12. Il n'est pas interdit de fumer.
13. Durant les sept jours, le silence est d'or.

14. Il lui est interdit de travailler. Ceux qui ont un commerce, pharmacie, etc. contacteront un Rav pour connaître la procédure à suivre.

15. Il est interdit de prendre un bain. Il est permis de se laver le visage, les mains et les pieds avec de l'eau froide ou très tiède. Il est permis de laver la partie du corps où il y a une saleté.

16. Le maquillage est interdit pour les femmes mais pour les femmes mariées : permis après les sept jours.

17. Les chaussures en cuir sont interdites.

18. Il ne porte pas d'habits fraichement lavés.

19. Le rasage de la barbe et la coupe des cheveux sont interdits. Se brosser : permis.

20. Se couper les ongles : interdit mais avec les dents : permis.

21. Il ne sort pas à l'extérieur sauf pour réciter le Kaddich si cela est nécessaire.

22. Le Chabbath durant les sept jours : il porte les habits du Chabbath [30 minutes avant l'allumage des bougies], les rapports sont interdits, viande, vin et poisson : permis, les chants du Chabbath : permis.

23. Les lois du deuil sont en vigueur jusqu'au septième jour suivant l'enterrement, au matin, après la prière de Cha'harit.

24. Si une fête tombe au milieu des sept jours, les lois du deuil des sept jours s'annulent.

25. L'obligation de réciter le Kaddich commence avec l'enterrement.

26. Il est habituel de se rendre sur la tombe le septième jour.

3. Depuis la fin des sept jours jusqu'à la fin des trente jours, à compter du jour de l'enterrement

1. Prendre un bain - Pour les Séfarades : permis de sans aucune restriction. Pour les Ashkénazes : uniquement avec de l'eau froide, sauf en cas de vrai dérangement. Pour Chabbath - la tête : permis avec de l'eau chaude.

2. Il est permis de travailler.
3. Porter des habits fraichement lavés : Pour les Séfarades : permis. Pour les Ashkénazes : interdit [une autre personne les portera d'abord] mais les sous-vêtements permis.
4. Se raser et se couper les cheveux : interdit. Pour les femmes Séfarades : permis après les sept jours.
5. Se couper les ongles : avec les dents permis. Il est permis de commencer avec un coupe-ongles mais il faudra terminer avec les dents ou les doigts.
6. L'endeuillé ne se marie pas. Dans certains cas : permis après les 7 jours, avant la fin des 30 jours.
7. Il n'assiste pas à un mariage. Il y a des exceptions.
8. Assister à une Brit Mila, Bar Mitsva, Pidyone Habène : permis mais pas au moment de la musique. D'après certains, permis même au moment du repas sauf s'il y a une autre coutume dans la famille.
9. L'interdiction d'étudier la Torah n'est plus en vigueur, après les sept jours.

Si une fête tombe au milieu des trente jours, les lois du deuil des trente jours s'annulent sauf s'il s'agit du père ou de la mère : les lois concernant le rasage de la barbe et la coupe des cheveux sont, encore, en vigueur. Voir paragraphe D. Il est habituel de terminer la construction de la tombe avant la fin des trente jours. Il est habituel de se rendre sur la tombe le trentième jour.

4. Après les 30 jours jusqu'à la fin des douze mois - Pour le décès du père et de la mère, uniquement

1. Après les 30 jours, pour tous les proches, à l'exception du père et de la mère, toutes les lois deuil s'annulent.
2. Après les 30 jours, à partir du moment où les amis de l'endeuillé - pour son père ou sa mère - lui font une remarque concernant ses cheveux [longs], il est permis de les couper. Si personne ne lui fait la remarque - Pour les

Séfarades : cela est permis après 2 mois. Pour les Ashkénazes : après 3 mois.

3. Pour la barbe : après 30 jours, cela est permis, pour les Séfarades et les Ashkénazes.

4. Pour les femmes - Séfarades : permis après les 7 jours. Ashkénazes : permis après les 30 jours.

5. Les ongles : permis après les 30 jours.

6. Porter des habits neufs : il est habituel de ne pas porter d'habits neufs durant les 12 mois mais il est permis d'en acheter.

7. En cas de vrai besoin : une autre personne portera l'habit durant quelques heures et l'endeuillé pourra, ensuite, le porter.

8. La restriction ne concerne pas les chaussettes, les collants, les sous-vêtements.

9. Il est permis d'acheter des nouvelles chaussures et des nouvelles lunettes.

10. Il est permis d'acheter tous les appareils nécessaires dans une maison.

11. L'endeuillé n'assiste pas à un mariage et ne prend pas un repas avec des amis.

A savoir

Le Kaddich

Dans la plupart des communautés Séfarades, pour le père et la mère, le Kaddich est récité durant les onze premiers mois, puis l'on cesse durant la première semaine du douzième mois pour reprendre jusqu'à la fin du douzième mois et du jour anniversaire du décès. Dans les communautés Ashkénazes, le Kaddich est récité durant 11 mois, uniquement.

Le Kaddich doit être récité, avec la même régularité, non seulement, durant le premier mois suivant le décès, mais aussi durant la première année, et ce, jusqu'à la première date anniversaire du décès.

Chaque Kaddich récité est d'une importance majeure. Plus on en récite, plus cela apporte du bien au défunt. L'idée fondamentale de la première partie du Kaddich est une prière

dans laquelle nous évoquons notre profond désir de connaître le dévoilement de D.ieu et le rétablissement de la grandeur et de la royauté du Créateur.

La seconde partie indique quelle doit être la part de chacun dans l'avènement du Machia'h, à savoir : bénir, glorifier, chanter et louer le Nom divin, sans cesse et dans toutes les circonstances de la vie.

Ce n'est pas une mission réalisable sans certaines difficultés. Mais l'envie d'y arriver- en récitant le Kaddich - est le plus grand mérite que l'on puisse offrir aux proches qui ne sont plus de ce monde.

La Azkara - Yortzeït

Durant la cérémonie des « sept jours », « trente jours » et des « douze mois » [et des onze mois, pour ceux qui ont l'habitude de la célébrer], il est habituel :

1. De rassembler des personnes afin qu'ils écoutent des paroles de Torah prononcées par un Rabbin.

2. D'organiser une lecture de Téhilim et de Michnayot.

3. De servir des aliments sur lesquels les invités réciteront les bénédictions.

4. De se renforcer sur la pratique des Mitsvot et d'en choisir quelques-unes que l'on accomplira sans la moindre faille ou le mieux possible. Tout ceci est très bénéfique pour le défunt et c'est la meilleure manière de lui témoigner du respect. Le jour anniversaire du décès, il est habituel de se rendre sur la tombe du proche disparu en présence de dix personnes afin de réciter le Kaddich et certains passages figurant dans les livres de prières.

Source : "Deuil, cycle d'une vie juive" aux Editions Torah-Box, disponible sur le site www.torah-box.com et sous la supervision du Rav Gabriel Dayan
Imprimé avec leur autorisation.

Kadish

Kadish Sepharade : yéhé chélama

יִתְגַּדַּל וְיִתְקַדַּשׁ שְׁמֵיהּ רַבָּא. **[אמן]**
בְּעָלְמָא דִּי בְרָא, כִּרְעוּתֵהּ. וְיַמְלִיךְ מַלְכוּתֵהּ,
וְיַצְמַח פֻּרְקָנֵהּ, וִיקָרֵב מְשִׁיחֵהּ. **[אמן]**
בְּחַיֵּיכוֹן וּבְיוֹמֵיכוֹן וּבְחַיֵּי דְכָל-בֵּית יִשְׂרָאֵל,
בַּעֲגָלָא וּבִזְמַן קָרִיב, וְאִמְרוּ אָמֵן. **[אמן]**
יְהֵא שְׁמֵיהּ רַבָּא מְבָרַךְ, לְעָלַם לְעָלְמֵי
עָלְמַיָּא יִתְבָּרַךְ וְיִשְׁתַּבַּח וְיִתְפָּאַר וְיִתְרוֹמַם
וְיִתְנַשֵּׂא וְיִתְהַדָּר וְיִתְעַלֶּה וְיִתְהַלָּל, שְׁמֵהּ
דְּקֻדְשָׁא בְּרִיךְ הוּא. **[אמן]**
לְעֵלָּא מִן-כָּל-בִּרְכָתָא, שִׁירָתָא, תִּשְׁבְּחָתָא
וְנֶחָמָתָא דַּאֲמִירָן בְּעָלְמָא, וְאִמְרוּ אָמֵן.
[אמן]
יְהֵא שְׁלָמָא רַבָּא מִן שְׁמַיָּא, חַיִּים וְשָׂבָע
וִישׁוּעָה וְנֶחָמָה וְשֵׁיזָבָא וּרְפוּאָה וּגְאֻלָּה
וּסְלִיחָה וְכַפָּרָה וְרֶוַח וְהַצָּלָה, לָנוּ וּלְכָל-עַמּוֹ
יִשְׂרָאֵל, וְאִמְרוּ אָמֵן. **[אמן]**
עֹשֶׂה שָׁלוֹם בִּמְרוֹמָיו, הוּא בְּרַחֲמָיו יַעֲשֶׂה
שָׁלוֹם עָלֵינוּ, וְעַל כָּל-עַמּוֹ יִשְׂרָאֵל, וְאִמְרוּ
אָמֵן. **[אמן]**

Kadish Sepharade : Al ysraël

יִתְגַּדַּל וְיִתְקַדַּשׁ שְׁמֵיהּ רַבָּא. **[אמן]**
בְּעָלְמָא דִּי בְרָא, כִּרְעוּתֵהּ. וְיַמְלִיךְ מַלְכוּתֵהּ,
וְיַצְמַח פֻּרְקָנֵהּ, וִיקָרֵב מְשִׁיחֵהּ. **[אמן]**
בְּחַיֵּיכוֹן וּבְיוֹמֵיכוֹן וּבְחַיֵּי דְכָל-בֵּית יִשְׂרָאֵל,
בַּעֲגָלָא וּבִזְמַן קָרִיב, וְאִמְרוּ אָמֵן. **[אמן]**
יְהֵא שְׁמֵיהּ רַבָּא מְבָרַךְ, לְעָלַם לְעָלְמֵי עָלְמַיָּא
יִתְבָּרַךְ וְיִשְׁתַּבַּח וְיִתְפָּאַר וְיִתְרוֹמַם וְיִתְנַשֵּׂא
וְיִתְהַדָּר וְיִתְעַלֶּה וְיִתְהַלָּל, שְׁמֵהּ דְּקֻדְשָׁא בְּרִיךְ
הוּא. **[אמן]**
לְעֵלָּא מִן-כָּל-בִּרְכָתָא, שִׁירָתָא, תֻּשְׁבְּחָתָא
וְנֶחָמָתָא דַּאֲמִירָן בְּעָלְמָא, וְאִמְרוּ אָמֵן. **[אמן]**
עַל יִשְׂרָאֵל וְעַל רַבָּנָן וְעַל תַּלְמִידֵיהוֹן וְעַל כָּל
תַּלְמִידֵי תַלְמִידֵיהוֹן, דְעָסְקִין בְּאוֹרַיְתָא
קַדִּשְׁתָּא. דִּי בְאַתְרָא הָדֵין וְדִי בְכָל אֲתַר וַאֲתַר.
יְהֵא לָנָא וּלְהוֹן וּלְכוֹן חִנָּא וְחִסְדָּא וְרַחֲמֵי. מִן
קֳדָם מָארֵי שְׁמַיָּא וְאַרְעָא וְאִמְרוּ אָמֵן. **[אמן]**
יְהֵא שְׁלָמָא רַבָּא מִן שְׁמַיָּא, חַיִּים וְשָׂבָע
וִישׁוּעָה וְנֶחָמָה וְשֵׁיזָבָא וּרְפוּאָה וּגְאֻלָּה
וּסְלִיחָה וְכַפָּרָה וְרֶוַח וְהַצָּלָה, לָנוּ וּלְכָל-עַמּוֹ
יִשְׂרָאֵל, וְאִמְרוּ אָמֵן. **[אמן]**
עֹשֶׂה שָׁלוֹם בִּמְרוֹמָיו, הוּא בְּרַחֲמָיו יַעֲשֶׂה
שָׁלוֹם עָלֵינוּ, וְעַל כָּל-עַמּוֹ יִשְׂרָאֵל, וְאִמְרוּ אָמֵן.
[אמן]

Hachkaba

Hachkaba pour un Homme

Version1

Pour un grand homme, un tsadik on rajoute ceci :

[וְהַחָכְמָה מֵאַיִן תִּמָּצֵא. וְאֵיזֶה מְקוֹם בִּינָה: אַשְׁרֵי אָדָם מָצָא חָכְמָה. וְאָדָם יָפִיק תְּבוּנָה: מָה רַב-טוּבְךָ אֲשֶׁר צָפַנְתָּ לִּירֵאֶיךָ. פָּעַלְתָּ לַחוֹסִים בָּךְ, נֶגֶד בְּנֵי אָדָם: מַה-יָּקָר חַסְדְּךָ אֱלֹהִים. וּבְנֵי אָדָם, בְּצֵל כְּנָפֶיךָ יֶחֱסָיוּן: יִרְוְיֻן מִדֶּשֶׁן בֵּיתֶךָ. וְנַחַל עֲדָנֶיךָ תַשְׁקֵם:]

Sinon on démarre ici :

טוֹב שֵׁם מִשֶּׁמֶן טוֹב. וְיוֹם הַמָּוֶת מִיּוֹם הִוָּלְדוֹ: סוֹף דָּבָר הַכֹּל נִשְׁמָע. אֶת-הָאֱלֹהִים יְרָא, וְאֶת מִצְוֹתָיו שְׁמוֹר, כִּי-זֶה כָּל-הָאָדָם: יַעְלְזוּ חֲסִידִים בְּכָבוֹד. יְרַנְּנוּ עַל מְנוּחָה נְכוֹנָה בִּישִׁיבָה עֶלְיוֹנָה, בְּמַעֲלַת מִשְׁכְּבוֹתָם: קְדוֹשִׁים וּטְהוֹרִים, כְּזוֹהַר הָרָקִיעַ מְאִירִים וּמַזְהִירִים. וְחִלּוּץ עֲצָמִים, וְכַפָּרַת אֲשָׁמִים, וְהַרְחָקַת פֶּשַׁע, וְהַקְרָבַת יֶשַׁע, וְחֶמְלָה וַחֲנִינָה, מִלִּפְנֵי שׁוֹכֵן מְעוֹנָה. וְחוּלָקָא טָבָא, לְחַיֵּי הָעוֹלָם הַבָּא, שָׁם תְּהֵא מְנַת וּמְחִיצַת וִישִׁיבַת נֶפֶשׁ הַשֵּׁם הַטּוֹב (פלוני),רוּחַ יְהוָֹה תְּנִיחֶנּוּ בְּגַן עֵדֶן, דְּאִתְפְּטַר מִן עָלְמָא הָדֵין, בִּרְעוּת אֱלָהָא מָרֵא שְׁמַיָּא וְאַרְעָא. מֶלֶךְ מַלְכֵי הַמְּלָכִים בְּרַחֲמָיו יְרַחֵם עָלָיו, וְיָחוּס וְיַחְמוֹל עָלָיו. מֶלֶךְ מַלְכֵי הַמְּלָכִים יַסְתִּירֵהוּ בְּצֵל כְּנָפָיו וּבְסֵתֶר אָהֳלוֹ, לַחֲזוֹת בְּנֹעַם יְהוָֹה וּלְבַקֵּר בְּהֵיכָלוֹ. וּלְקֵץ הַיָּמִין יַעֲמִידֵהוּ, וּמִנַּחַל עֲדָנָיו יַשְׁקֵהוּ. וְיִצְרוֹר בִּצְרוֹר הַחַיִּים נִשְׁמָתוֹ, וְיָשִׂים כָּבוֹד מְנוּחָתוֹ, יְהוָֹה הוּא נַחֲלָתוֹ. וְיִלָּוֶה אֵלָיו הַשָּׁלוֹם, וְעַל מִשְׁכָּבוֹ יִהְיֶה שָׁלוֹם. כִּדְכְתִיב: יָבֹא שָׁלוֹם, יָנוּחוּ עַל-מִשְׁכְּבוֹתָם. הוֹלֵךְ נְכוֹחוֹ: הוּא וְכָל-בְּנֵי יִשְׂרָאֵל הַשּׁוֹכְבִים עִמּוֹ, בִּכְלַל הָרַחֲמִים וְהַסְּלִיחוֹת, וְכֵן יְהִי רָצוֹן וְנֹאמַר אָמֵן:

Hachkaba

Version2

טוֹב שֵׁם מִשֶּׁמֶן טוֹב, וְיוֹם הַמָּוֶת מִיּוֹם הִוָּלְדוֹ. סוֹף דָּבָר הַכֹּל נִשְׁמָע. אֶת-הָאֱלֹהִים יְרָא, וְאֶת מִצְוֹתָיו שְׁמוֹר, כִּי-זֶה כָּל-הָאָדָם. יַעְלְזוּ חֲסִידִים בְּכָבוֹד. יְרַנְּנוּ עַל מִשְׁכְּבוֹתָם.

אֵל מָלֵא רַחֲמִים הוּא יִתְמַלֵּא בְּרַחֲמִים עַל נֶפֶשׁ רוּחַ וּנְשָׁמָה שֶׁל הַנִּפְטָר בְּשֵׁם טוֹב מִן הָעוֹלָם Nom בֶּן Nom.

רוּחַ ה' תְּנִיחֶנּוּ בְּגַן עֵדֶן, דְּאִתְפְּטַר מִן עָלְמָא הָדֵין, כִּרְעוּת אֱלָהָא מָרֵא שְׁמַיָּא וְאַרְעָא. מֶלֶךְ מַלְכֵי הַמְּלָכִים בְּרַחֲמָיו יְרַחֵם עָלָיו, וְיָחוּס וְיַחְמוֹל עָלָיו. מֶלֶךְ מַלְכֵי הַמְּלָכִים יַסְתִּירֵהוּ בְּצֵל כְּנָפָיו וּבְסֵתֶר אָהֳלוֹ, לַחֲזוֹת בְּנֹעַם ה' וּלְבַקֵּר בְּהֵיכָלוֹ. וּלְקֵץ הַיָּמִין יַעֲמִידֵהוּ, וּמִנַּחַל עֲדָנָיו יַשְׁקֵהוּ. וְיִצְרוֹר בִּצְרוֹר הַחַיִּים נִשְׁמָתוֹ, וְיָשִׂים כָּבוֹד מְנוּחָתוֹ, ה' הוּא נַחֲלָתוֹ. וְיִלָּוֶה אֵלָיו הַשָּׁלוֹם, וְעַל מִשְׁכָּבוֹ יִהְיֶה שָׁלוֹם. כְּדִכְתִיב: יָבֹא שָׁלוֹם, יָנוּחוּ עַל-מִשְׁכְּבוֹתָם. הוֹלֵךְ נְכוֹחוֹ: הוּא וְכָל-בְּנֵי יִשְׂרָאֵל הַשּׁוֹכְבִים עִמּוֹ, בִּכְלַל הָרַחֲמִים וְהַסְּלִיחוֹת, וְכֵן יְהִי רָצוֹן וְנֹאמַר אָמֵן:

Hachkaba pour une Femme

Version1

אֵשֶׁת חַיִל מִי יִמְצָא, וְרָחֹק מִפְּנִינִים מִכְרָהּ. שֶׁקֶר הַחֵן וְהֶבֶל הַיֹּפִי, אִשָּׁה יִרְאַת ה' הִיא תִתְהַלָּל. תְּנוּ-לָהּ מִפְּרִי יָדֶיהָ, וִיהַלְלוּהָ בַשְּׁעָרִים מַעֲשֶׂיהָ. אֵל מָלֵא רַחֲמִים הוּא יִתְמַלֵּא בְּרַחֲמִים עַל נֶפֶשׁ רוּחַ וּנְשָׁמָה שֶׁל הַנִּפְטֶרֶת בְּשֵׁם טוֹב מִן הָעוֹלָם Nom בַּת Nom.

רוּחַ ה' תְּנִיחֶנָּה בְּגַן עֵדֶן, הִיא וְכָל-בְּנוֹת יִשְׂרָאֵל הַשּׁוֹכְבוֹת עִמָּהּ, בִּכְלַל הָרַחֲמִים וְהַסְּלִיחוֹת, וְכֵן יְהִי רָצוֹן וְנֹאמַר אָמֵן:

Version 2

אֵשֶׁת חַיִל מִי יִמְצָא, וְרָחֹק מִפְּנִינִים מִכְרָהּ: שֶׁקֶר הַחֵן
וְהֶבֶל הַיֹּפִי, אִשָּׁה יִרְאַת אֲדֹנָי הִיא תִתְהַלָּל: תְּנוּ לָהּ מִפְּרִי
יָדֶיהָ, וִיהַלְלוּהָ בַשְּׁעָרִים מַעֲשֶׂיהָ:

רַחֲמָנָא דִּי רַחֲמָנוּתָא דִּילֵיהּ הִיא, וּבְמֵימְרֵיהּ אִתְבְּרִיאוּ
תְּרֵין עָלְמִין עָלְמָא הָדֵין וְעָלְמָא דְּאָתֵי, וְכַנִּישׁ בֵּיהּ
צַדְקָנִיּוֹת וְחַסְדָּנִיּוֹת דְּעָבְדָן רְעוּתֵיהּ. הוּא בְּמֵימְרֵיהּ
וּבְתָקְפֵּיהּ יֵימַר לְמֵיעַל קֳדָמוֹהִי דְּכְרַן הָאִשָּׁה הַכְּבֵדָה
וְהַצְנוּעָה מָרְתָּא (פלונית בַּת פלוני) דְּאִתְפְּטָרַת מִן
עָלְמָא הָדֵין, כִּרְעוּת אֱלָהֲנָא מָרֵי שְׁמַיָּא וְאַרְעָא. הַמֶּלֶךְ
בְּרַחֲמָיו, יְרַחֵם עָלֶיהָ: (אָמֵן) וְיָחוֹס וְיַחֲמוֹל עָלֶיהָ: (אָמֵן)
וִילַוֶּה אֵלֶיהָ, הַשָּׁלוֹם: (אָמֵן) וְעַל מִשְׁכָּבָהּ, יָבוֹא שָׁלוֹם:
(אָמֵן) כַּכָּתוּב, יָבוֹא שָׁלוֹם יָנוּחוּ עַל מִשְׁכְּבוֹתָם. הִיא וְכָל
בְּנוֹת יִשְׂרָאֵל הַשׁוֹכְבוֹת עִמָּהּ, כֻּלָּן יִהְיוּ בִּכְלַל הָרַחֲמִים
וְהַסְּלִיחוֹת. וְכֵן יְהִי רָצוֹן, וְאִמְרוּ אָמֵן: (אָמֵן)

Seder de l’Izguer /Azkara

Visite au cimetière (7 jours, 30 jours ou année)

Si 30 jours se sont passés sans être allé au cimetière on lira ceci :

"אַתָּה גִּבּוֹר לְעוֹלָם אֲדֹנָי מְחַיֶּה מֵתִים אַתָּה רַב לְהוֹשִׁיעַ
מְכַלְכֵּל חַיִּים בְּחֶסֶד מְחַיֶּה מֵתִים בְּרַחֲמִים רַבִּים סוֹמֵךְ
נוֹפְלִים וְרוֹפֵא חוֹלִים וּמַתִּיר אֲסוּרִים וּמְקַיֵּם אֱמוּנָתוֹ
לִישֵׁנֵי עָפָר מִי כָמוֹךָ בַּעַל גְּבוּרוֹת וּמִי דּוֹמֶה לָּךְ מֶלֶךְ
מֵמִית וּמְחַיֶּה וּמַצְמִיחַ יְשׁוּעָה וְנֶאֱמָן אַתָּה לְהַחֲיוֹת
מֵתִים בָּרוּךְ אַתָּה אֲדֹנָי אֱלֹהֵינוּ מֶלֶךְ הָעוֹלָם אֲשֶׁר יָצַר
אֶתְכֶם בַּדִּין וְזָן אֶתְכֶם בַּדִּין וְכִלְכֵּל אֶתְכֶם בַּדִּין וְהֵמִית
אֶתְכֶם בַּדִּין וְיוֹדֵעַ מִסְפָּר כֻּלְּכֶם וְהוּא עָתִיד לְהַחֲיוֹתְכֶם
וּלְקַיֵּם אֶתְכֶם בַּדִּין בָּרוּךְ אַתָּה אֲדֹנָי מְחַיֵּה הַמֵּתִים."

À l’arrivée du tombeau.

On place la main gauche et on récite :

"וְנָחֲךָ אֲדֹנָי תָּמִיד וְהִשְׂבִּיעַ בְּצַחְצָחוֹת נַפְשֶׁךָ וְעַצְמֹתֶיךָ
יַחֲלִיץ וְהָיִיתָ כְּגַן רָוֶה וּכְמוֹצָא מַיִם אֲשֶׁר לֹא יְכַזְּבוּ
מֵימָיו. וּבָנוּ מִמְּךָ חָרְבוֹת עוֹלָם מוֹסְדֵי דוֹר וָדוֹר תְּקוֹמֵם
וְקֹרָא לְךָ גֹּדֵר פֶּרֶץ מְשֹׁבֵב נְתִיבוֹת לָשָׁבֶת. תִּשְׁכַּב בְּשָׁלוֹם
וְתִישַׁן בְּשָׁלוֹם עַד בֹּא מְנַחֵם מַשְׁמִיעַ שָׁלוֹם."

Seder de la Azkara

1. _Psaumes à lire (selon les coutumes)_

On lira les 7 psaumes suivants dans cet ordre :
Psaumes 33, 16, 17, 72, 91, 104, 130.
(Si on est pressé, on lira tout de même le psaume 91)

2. _Psaume 119 : On enchaine avec le **« Alpha-Beta »**_

On devra connaitre le nom du défunt en hébreux
« **Nom fils du Père** » ou « **Nom fils de la Mère** »

(Selon les communautés, on lira suivant le père, ou suivant la mère, il faudra se renseigner)

Et on lira la partie correspondante aux chapitres du psaume 119.

Le psaume 119 est composé de 22 chapitres, chacun démarrant par une lettre de l'alphabet hébreu.

On lira les chapitres dans l'ordre du nom en hébreu, lettre par lettre.

Par exemple :

Chemouel Ben Moché, en hébreux donne : **שמואל בן משה**

On lira les chapitres correspondants dans le ps 119 :

C'est-à-dire : **ש** *puis* **מ** *puis* **ו** *puis* **א** *puis* **ל** *puis* **ב** *puis* **ן** *puis* **מ** *puis* **ש** *puis* **ה**

On terminera par la lecture des chapitres correspondant au mot **נשמה** **(comme dans l'exemple)**

3. *On procédera à la **Hachkaba.***

4. *Puis le Kadish yéhé chélama*

5. *Puis on procèdera à une **étude de torah***

L'étude se fait « leylou nichmat » untel fils d'untel.

Certains ont l'habitude de lire une série de michnayot commençant par les lettres du nom du défunt, suivant les mêmes règles que l'on a appliqué avec le psaume 119.

On conclura l'étude par ce passage :

רַבִּי חֲנַנְיָא בֶּן עֲקַשְׁיָא אוֹמֵר: רָצָה הַקָּדוֹשׁ בָּרוּךְ הוּא לְזַכּוֹת אֶת יִשְׂרָאֵל, לְפִיכָךְ הִרְבָּה לָהֶם תּוֹרָה וּמִצְוֹת, שֶׁנֶּאֱמַר *(ישעיהו מב, כא):*

"ה' חָפֵץ לְמַעַן צִדְקוֹ,יַגְדִּיל תּוֹרָה וְיַאְדִּיר:"

6. *Puis on terminera avec Kadish al Israël.*

204

Livres à lire

- ## Un homme de torah au quotidien :

**Livre de souvenir des leçons de vie du
Rabbin Solomon Malka zt'l**
Écrit par Elie Malka.

- ## La Haggadah en Rimes :

Le Seder illustré et commenté de Pessa'h avec la traduction en Rimes du Rabbin Salomon Malka zt'l
La traduction des commentaires de la partie Maguid de la haggadah « ko le'hay » du Rav Its'hak 'Hazan.
« Et les souvenir de table » de Avi Nissim Malka.

Compilation de Textes du
Rabbin Salomon Malka zt'l

Mise en pages et ordonnés par Avi Nissim Malka.

- ## Parachat Hachavoua Tome 1

Les Informations Communautaires De BERITH CHA-LOM 5570-5780 Berechith - Chemoth
Ce sont les paroles de torah de la semaine que l'on trouve dans la brochure ou newsletter de la synagogue sur les 10 dernières années. On appréciera l'effort du rabbin d'avoir écrit chaque année un texte différent des années précédentes et d'avoir toujours tenté d'êtres original chaque année.

- ## Parachat Hachavoua Tome 2

Les Informations Communautaires De BERITH CHA-LOM 5570-5780 Vaycra – Bemidbar - Devarim
C'est la suite des brochures de la synagogue.

• Les Fêtes Juives Et Parachat Hachavoua

Les Informations Communautaires De BERITH CHA-LOM

Ensemble de textes écrit pour la communauté ou pour d'autres support concernant les fêtes juives et moment fort du calendrier.

La parachat hachavoua reprend une sélection des informations communautaires de la synagogue Brith Chalom rédigés entre les années 5762 et 5767.

• La Bible du Rimeur Tome 1

Torah

Berechith, Chemoth, Vaycra, Bemidbar, Devarim
C'est une relecture de la bible. Mon père entretenait ce long projet de réécrire une traduction « assistée » de la bible avec ses mots ses analyses et ses connaissances. Le projet n'a pas été terminé mais il avait préparé le terrain avec un nombre de texte destinés à être complété au fil des années.

• La Bible du Rimeur Tome 2

Ketouvim

Psaumes, Michlé, Job, Esther, Daniel, Ezra et Nehémie
Suite de la relecture de la bible, avec des textes originaux d'un ensemble de livre des Ketouvim, le troisième volet du TaNaKh.

• Le Rabbin de Berith Chalom

Articles, Krobatz, Kippour

Recueil des textes ayant trait à la communauté algéroise.
Contient la traduction des poèmes du Krobatz dont ceux qui n'ont pas été publié dans le livre édité pour la synagogue algéroise.
Contient aussi la traduction poétique d'un recueil de texte de la prière de Kippour.

- ## La Sagesse de Salomon זצ"ל

Pensée Juive Et Moussar

Ce sont une serie d'articles de Rav Chlomo Malka zt'l

Le livre contient un ensemble de texte et de fascicule ayant trait aux fêtes juives et aux questions de société qui se sont posé au Rabbin durant sa carrière.

On y trouvera aussi quelques explications sur la paracha sous des formes originales.

Certains textes ont été écrits pour un format radio ou pour des magazines et d'autres pour des colloques ou encore pour des oraisons funèbres.

- ## La Biographie Inachevée

Ecrite de la main du Rabbin, réunie dans le même ouvrage. Elle se présente sous la forme de 3 versions différentes, écrites et remaniées par le Rabbin Salomon Malka zt'l.

Nos sites internet

Tehilim-Online.com

Sur Tehilim-Online.com, vous pouvez écouter les Tehilim, le perek shira, les pirkei avot... et les lire en hebreu, en phonétique ou traduit.

Créez une chaîne de lecture à partager ou construisez le psaume 119 suivant le nom.

Birkat-Hamazon.com

Sur Birkat-Hamazon.com, vous pouvez écouter le Birkat Hamazon, le Kaddish, les Shiva Berakhot, des chants de Chabbat... et les lire en hebreu, en phonétique ou traduit.

Talmud-Bavli.com

Étude de Michna ou de Guemara, sur Talmud-Bavli.com, vous pourrez étudier le daf yomi, a l'aide de l'enregistrement du rabbin de votre choix.

Rabbinmalka.vocavi.fr

Site vitrine à la mémoire du Rabbin Salomon Malka zt'l, avec les liens vers amazon ou autres support pour obtenir les différents ouvrages.

Table Des Matières

INTRODUCTION --2

PRIÈRE AVANT LA LECTURE------------------------------------3

LE CHABBAT, ON COMMENCE DIRECTEMENT ICI : ------------------- 3

PREMIER LIVRE --4

DEUXIÈME LIVRE --- 42

TROISIÈME LIVRE -- 72

QUATRIÈME LIVRE --- 91

CINQUIÈME LIVRE --- 110

PRIÈRE À LIRE APRÈS LA LECTURE --------------------------------151
Après avoir lu quelques psaumes (sauf Chabbat) ------- 151
Après avoir lu tout le livre (sauf Chabbat) --------------- 152
Après avoir lu quelques psaumes pendant Chabbat---- 153
Après avoir lu tout le livre pendant Chabbat------------ 153

DÉCOUPAGE DES PSAUMES ------------------------------- 155

LECTURE EN FONCTION DES JOURS DE LA SEMAINE----------------155
LECTURE EN FONCTION DES JOURS DANS LE MOIS ----------------155

ETUDE --- 156

LA HILOULA --156
Mariage ou culte des morts---------------------------- 156
Yaacov Avinou lo mét.--------------------------------- 156
Moché Rabbénou ------------------------------------- 157
David, roi d'Israël est vivant et éternel. ------------------ 157
LES ACHRE DANS LES PSAUMES --------------------------------158
L'AMOUR DE D_IEU, L'AMOUR D'AUTRUI ------------------------160
L'amour de soi -- 160
L'amour d'autrui -------------------------------------- 161
Lois d'application ------------------------------------- 162
L'amour de D. --- 163

LES BÉNÉDICTIONS --- 165

Pour un malade (homme) ------------------------------------ 165
Pour une malade (femme) ---------------------------------- 165
Version générale -- 166
Pour les malades hommes et femmes (synagogue) ----- 167
Pour la femme qui a accouché d'un garçon --------------- 167
Pour la femme qui a accouché d'une fille ------------------ 168
Pour les soldats de צה"ל ------------------------------------- 168
Pour Israël--- 168
Pour celui qui monte à la torah ----------------------------- 169
Pour celui qui échappe au danger, ou revient de voyage
-- 169

BIRKAT HAMAZONE - SEFARAD --------------------------------- 170

BIRKAT HAMAZON - ASHKÉNAZE -------------------------- 173

BIRKAT HANEHENIN --- 177

LES « CHEVA BERAKHOT » -------------------------------------- 178

Les 7 bénédictions --- 178

SEGOULOT ET REFOUA CHELEMA -------------------------- 179

Pour un malade --- 179
Pour un bon accouchement --------------------------------- 179
Pour le chalom bait (paix du ménage) -------------------- 179
Pour remercier le ciel-- 179
Psaumes pour la réussite ------------------------------------- 179
Pour être exaucé --- 179
Pour se marier--- 179
Tikoun Haklali--- 179
Avant l'opération d'une connaissance --------------------- 180
Avant une opération personnelle --------------------------- 181
Segoula du Rav Kadouri zt'l, contre le cancer. ---------- 182

PRIÈRE POUR LA PARNASSA -------------------------------- 184

En péambule --- 184

Paracha de la Manne -- *185*

Prière après la paracha de la Manne ---------------------- *187*

ATARAT NEDARIM DU VENDREDI ----------------------- **188**

CONTRE LE MAUVAIS ŒIL -------------------------------- **189**

Dans le traité de Bera'hot 55b ------------------------------ *189*

En toute circonstance -- *189*

LOIS GÉNÉRALES DU DEUIL ------------------------------- **191**

Lorsqu'on entend qu'un proche est décédé -------------- *191*

Il faut distinguer quatre phases : --------------------------- *191*

1. Dès le moment où l'on apprend le décès jusqu'à l'enterrement - Aninout -- *191*

2. Depuis l'enterrement jusqu'à la fin des sept jours --- *193*

3. Depuis la fin des sept jours jusqu'à la fin des trente jours, à compter du jour de l'enterrement ---------------- *194*

4. Après les 30 jours jusqu'à la fin des douze mois - Pour le décès du père et de la mère, uniquement ----------------- *195*

Le Kaddich --- *196*

La Azkara - Yortzeït -- *197*

KADISH --- **198**

Kadish Sepharade : yéhé chélama ---------------------------198

Kadish Sepharade : Al ysraël-----------------------------------199

HACHKABA --- **200**

Hachkaba pour un Homme-------------------------------------200

Version1 --- *200*

Version2 --- *201*

Hachkaba pour une Femme -------------------------------------201

Version1 --- *201*

Version 2 -- *202*

SEDER DE L'IZGUER /AZKARA ----------------------------- **203**

Visite au cimetière (7 jours, 30 jours ou année) -------- *203*

À l'arrivée du tombeau. ------------------------------------- *203*

SEDER DE LA AZKARA --- 203

1. *Psaumes à lire (selon les coutumes)* ---------------- *203*

2. *Psaume 119 : On enchaine avec le « **Alpha-Beta** »* *203*

3. *On procédera à la **Hachkaba**.* ------------------------ *204*

4. *Puis le Kadish yéhé chélama* -------------------------- *204*

5. *Puis on procèdera à une **étude de torah*** ----------- *204*

6. *Puis on terminera avec Kadish al Israël.* ----------- *204*

LIVRES À LIRE --- **205**

- UN HOMME DE TORAH AU QUOTIDIEN : --------------------- 205
- LA HAGGADAH EN RIMES : -------------------------------- 205

COMPILATION DE TEXTES DU ------------------------------ **205**

RABBIN SALOMON MALKA ZT'L ---------------------------- **205**

- PARACHAT HACHAVOUA TOME 1 --------------------------- 205
- PARACHAT HACHAVOUA TOME 2 --------------------------- 205
- LES FÊTES JUIVES ET PARACHAT HACHAVOUA ------------- 206
- LA BIBLE DU RIMEUR TOME 1 --------------------------- 206
- LA BIBLE DU RIMEUR TOME 2 --------------------------- 206
- LE RABBIN DE BERITH CHALOM -------------------------- 206
- LA SAGESSE DE SALOMON זצ"ל ------------------------- 207
- LA BIOGRAPHIE INACHEVÉE ----------------------------- 207

GUIDE DES PSAUMES :

- Pour prévenir d'une fausse couche ------------------------------------ 4
- Se sentir rassuré -- 4
- Atteindre un objectif --- 4
- Contre une tempête en mer et le mal de tête --------------------------- 5
- Soulager ses ennuis-- 5
- Retrouver le calme autour de soi --------------------------------------- 5
- Pour le mal à l'épaule ou à la tête-------------------------------------- 6
- En toutes occasions-- 6
- En toutes occasions-- 6
- Pour qu'une demande soit acceptée ------------------------------------ 6
- Pour empêcher le mauvais esprit-- 7
- Ceux qui souffrent des yeux --- 8
A lire sept fois durant trois jours --- 8
- Pour repousser ses ennemis-- 9
- Pour plaire -- 9
- Pour un procès --- 9
- Trouver grâce devant une autorité-------------------------------------- 9
- Calme un enfant en pleurs --- 9
- Pour plaire -- 10
- Pour prévenir d'une fausse couche ------------------------------------- 10
- Se sentir rassuré -- 10
- Atteindre un objectif --- 10
- Pour un enfant malade-- 11
- Pour détruire ses ennemis --- 12
- Pour la tranquillité --- 12
- Contre la faiblesse -- 13
- Contre les mauvais conseils et les mauvaises décisions ----------- 13
- Pour ne pas fauter -- 13
- Pour échapper à une mort violente ------------------------------------- 14
- Remède pour les yeux -- 14
- Contre la peur --- 14
- Donne de l'assurance --- 14
- Pour tuer un démon et un mauvais esprit ----------------------------- 15
- Écarter une mauvaise personne de son entourage ----------------- 15
- Pour être apprécié par autrui --- 15
- Pour découvrir un voleur --- 16
- Aide au déblocage de problèmes financiers -------------------------- 16
- Pour prendre la route--- 16

- Pour se protéger contre les hommes mauvais ----------------------- 18
- Pour se protéger contre les hommes puissants ---------------------- 18
- Pour la sagesse et la bonté -- 19
- Pour un bon accouchement --- 19
- Pour les malades --- 20
- Pour un bon jugement -- 20
- Pour finir à bien un projet --- 20
- Avant d'aller devant une autorité ---------------------------------- 21
- Contre le chagrin -- 22
- Contre tous maux -- 22
- Pour expliquer un rêve --- 23
- Trouver une explication -- 23
- Pour être sauvé d'une inondation ---------------------------------- 24
- Conjurer le malheur -- 25
- Contre le danger et le malheur ------------------------------------- 26
- Contre les bêtes sauvages -- 26
- Pour qu'une prière soit acceptée ----------------------------------- 27
- Pour faire la paix avec un ennemi ---------------------------------- 27
- Pour prier contre l'esprit du mal ----------------------------------- 28
- Contre toutes les mauvaises choses -------------------------------- 29
- Contre le mauvais œil -- 30
- Pour demander miséricorde -- 31
- Pour une mère qui a perdu ses enfants ---------------------------- 32
- Pendant la route --- 33
- Contre ses rivaux et des gens venus se disputer ------------------- 34
- Pour détruire les méchants -- 35
- Pour une location et pour faire passer un moment d'ivresse ------ 36
- Contre les mauvais conseils et les mauvaises paroles des gens sur
nous --- 37
- Pour celui qui jeûne --- 38
- Pour échapper à un mauvais esprit -------------------------------- 39
- Pour ne pas perdre son emploi ------------------------------------ 40
- Aide à la Parnassah -- 40
- Avant de construire une maison ------------------------------------ 42
- Avant d'entreprendre un grand projet ----------------------------- 42
- Avant de construire une maison ------------------------------------ 43
- Pour échapper à un mauvais esprit -------------------------------- 44
- Pour celui qui a une épouse méchante ----------------------------- 45
- Si un homme hait sa femme -- 46

- Pour faire pénitence -- 47
- Pour faire peur à ses ennemis ------------------------------------- 47
- Contre la fièvre -- 48
- Pour échapper aux brigands -- 49
- Contre un débauché -- 50
- Contre la tentation de la médisance ------------------------------- 51
- Pour faire peur à ses ennemis ------------------------------------- 52
- Pour se venger de ses ennemis ------------------------------------- 53
- Contre toutes les mauvaises choses -------------------------------- 54
- Pour un détenu -- 55
- Pour la réussite -- 56
- Contre un chien méchant --- 57
- Contre le Mauvais Penchant -- 58
- Pour aller en Guerre -- 59
- Pour celui qui a peur de rester à la maison ----------------------- 60
- Après les prières de Minha et Arvit ------------------------------- 60
- Pour réussir dans les affaires ------------------------------------ 61
- Avant de traverser une rivière ------------------------------------ 62
- Pour obtenir quelque chose de quelqu'un --------------------------- 63
- Pour un possédé du démon -- 63
- Contre une fièvre persistante ------------------------------------- 64
- Contre le mauvais esprit -- 65
- Pour un homme cupide et débauché ---------------------------------- 67
- En temps de guerre -- 68
- Pour plaire --- 69
- Pour trouver grâce -- 70
- Pour conjurer la haine -- 72
- Si vous craignez des ennemis -------------------------------------- 73
- Pour éliminer l'orgueil --- 74
- Pour échapper à l'eau et au feu ----------------------------------- 75
- Pour se protéger de toute souffrance ------------------------------ 75
- Pour trouver grâce devant les autorités --------------------------- 77
- Pour vaincre des ennemis -- 79
- Pour se protéger de l'idolâtrie ----------------------------------- 80
- Pour se protéger de l'idolâtrie ----------------------------------- 81
- Pour celui qui perd ses membres ----------------------------------- 82
- En cas de guerre -- 83
- Pour un malade qui maigrit -- 84
- Pour contenter un ami --- 85

- Pour échapper à un mauvais sort --------------------------------- 85
- Pour sauver la ville -- 86
- Pour sauver la ville ou une assemblée -------------------------- 87
- Pour celui qui perd ses membres -------------------------------- 88
- Pour échapper à un lion --- 91
- Contre un mauvais esprit-- 92
- Pour assister à de grands miracles ----------------------------- 93
- Pour gagner un procès -- 94
- Si votre ennemi vous poursuit----------------------------------- 95
- Pour ne pas être trompé par les gens --------------------------- 96
- Pour réjouir sa famille --- 97
- Pour réjouir sa famille --- 98
- Pour faire la paix avec son prochain --------------------------- 99
- Pour avoir la foi-- 99
- Pour vaincre son ennemi --------------------------------------- 100
- Contre un mauvais esprit--------------------------------------- 101
- Pour avoir des enfants -- 102
- Pour avoir des enfants -- 103
- Pour éloigner une chose nuisible ------------------------------ 104
- Maladie qui récidive une quatrième fois --------------------- 106
- Maladie qui récidive une troisième fois --------------------- 108
- Pour la réussite --- 112
- Si votre ennemi vous poursuit----------------------------------- 113
- Pour faire la paix avec son ennemi ---------------------------- 114
- Pour se faire des amis --- 114
- Pour devenir fort et puissant ---------------------------------- 115
- Contre l'hérésie--- 116
- Avant d'acheter et de vendre ---------------------------------- 117
- Avant de discuter avec ses pareils ---------------------------- 118
- Pour échapper à une mort violente----------------------------- 118
- Si on vous a dénoncé à tort------------------------------------- 119
- Avant de répondre à un mécréant ---------------------------- 120
- Avant d'accomplir une mitsva ---------------------------------- 122
(Alpha Beta) --- 123
א --- 123
ב --- 123
ג--- 123
ד --- 123
ה --- 124

ו -- 124
ז -- 124
ח -- 124
ט -- 125
י -- 125
כ -- 125
ל -- 125
נ -- 126
ס -- 126
ע -- 127
פ -- 127
צ -- 127
ק -- 127
ר -- 128
ש -- 128
ת -- 128
- Pour faire la paix --- 129
- Bon pour la guérison ------------------------------------- 130
- Avant de rencontrer un homme important------------------ 130
- Pour un esclave en fuite --------------------------------- 131
- Pour une traversée en bateau --------------------------- 131
- Contre les ennemis --------------------------------------- 132
- Pour une femme qui a perdu ses enfants ---------------- 132
- Pour un bêbé qui vient de naître ------------------------ 133
- Pour une femme enceinte --------------------------------- 133
- Pour une mitsva--- 134
- Avant une traversée en bateau--------------------------- 134
- Contre l'orgueilleux -------------------------------------- 135
- Pour tenir ses serments ---------------------------------- 135
- Pour inspirer l'amitié ------------------------------------- 136
- A dire avant l'étude-------------------------------------- 136
- Contre les pensées hérétiques --------------------------- 137
- Pour avouer ses fautes----------------------------------- 138
- Pour conjurer la Haine------------------------------------ 139
- Pour lutter contre l'orgueil ----------------------------- 140
- Pour ramener l'amour entre mari et femme --------------- 141
- Contre la haine entre mari et femme --------------------- 142
- Contre les douleurs du coeur----------------------------- 142
- Pour ceux qui souffrent des cuisses--------------------- 143

- Pour ceux qui souffrent des bras------------------------------------ 144
- Pour celui qui s'est brisé une main ---------------------------------- 145
- Contre la peur--- 146
- Pour se protéger des coups d'épée ---------------------------------- 147
- Contre La morsure du serpent -------------------------------------- 147
- Contre un incendie-- 148
- Contre La propagation d'un incendie ------------------------------ 149
- Pour louer Le Saint Béni soit-Il dans toutes ses actions ---------- 150

75524593R00129

Printed in Great B
by Amazon

CW00486100